Jean Overton-Fuller • Krishnamurti
Der Geist weht, wo er will.

Jean Overton-Fuller

KRISHNAMURTI

Der Geist weht,
wo er will.

Aquamarin Verlag

aus dem Englischen übersetzt von:
Dr. Edith Zorn

Titel der englischen Originalausgabe:
Krishnamurti and the Wind
© Aquamarin Verlag
Voglherd 1 • D-85567 Grafing

Das Photo auf dem Umschlag: J. Krishnamurti von Ziegler (ca. 1927)
mit freundlicher Genehmigung der Krishnamurti Foundation Amerika
Umschlaggestaltung: Annette Wagner
Druck: Ebner Ulm

ISBN 3-89427-149-3

Inhalt

1.

Geburt

Jiddu Krishnamurti wurde in Madanapalle, nahe Chitoor, etwa hundert-
zehn Kilometer westlich und etwas nördlich von Madras geboren.Am
Samstag, dem 11. Mai 1895, gegen elf Uhr abends, fühlte seine Mutter,
die zuvor noch gesungen hatte, ihre Zeit gekommen. Sie bat seinen Vater,
sie nach unten in das Puja-Zimmer zu begleiten, das allein der Andacht
diente und nach dem Essen gewöhnlich nicht betreten wurde. Dort betete sie zu Anjaneya und versank eine Weile in stille Meditation. Dann wandte
sie sich dem vorbereiteten Lager zu, auf dem sie ihrem achten Kind das
Leben schenkte. Außer Jiddu Sanjeevamma waren nur noch eine Kran-
kenschwester und eine Brahmanin zugegen. Jiddu Naraniah* wartete draußen vor der Tür mit einer Uhr in der Hand, damit er dem Astrologen den
genauen Zeitpunkt der Geburt mitteilen konnte. Um 12:30 öffnete sich
die Tür einen Spalt, und die Brahmanin verkündete: „Sirasodayam", was
bedeutet: „Der Kopf ist erschienen." Dies ist der Augenblick, für den das
Horoskop erstellt wird.

Später unterrichtete man den Vater, dass die Mutter während der
Geburt, die ungewöhnlich leicht gewesen war, gemurmelt hatte: „Rama,
Rama, Anjaneya."(1)

Hanuman, der Affengott, der Rama dient und ihm bei der Befreiung
von Sita hilft, wird in Südindien Anjaneya genannt.(2) Der Sohn des
Windes, Hanuman oder Anjaneya, schießt wie ein Pfeil dahin; er ist der

---

*Dieser Name wird von verschiedenen Schriftstellern unterschiedlich buchstabiert. Ich habe
die Schreibweise übernommen, die Annie Besant in ihren Briefen an ihren Rechtsanwalt
David Graham Pole verwendete.

Schriftführer, Gesandte und Berater des Rama, stets schlagfertig und unendlich erfindungsreich. Er scheint der indische Götterbote zu sein. Es mag verwundern, dass Sanjeevamma sich nicht an eine weibliche Gottheit wandte, doch es war dieser Gott, zu dem sie Zuflucht nahm.

Die Frage, ob er am Samstag, dem 11. oder Sonntag, dem 12. Mai geboren wurde, liegt wahrscheinlich darin begründet, dass für die Inder der Tag mit der Morgendämmerung beginnt. Die Zeit kurz nach Mitternacht wird demnach noch zu dem alten Tag gerechnet, während für uns 0:30 bereits zum neuen Tag gehört. Am Morgen wurde dem Astrologen Kumar Shrotulu die Geburtszeit mitgeteilt. Dieser erklärte, dass der Junge ein großer Mann werden würde. Dem Kind wurde der Name Krishnamurti gegeben, nach Sri Krishna, der, wie Krishnamurti, ein achtes Kind gewesen war und der achte Avatar des Vishnu (des zweiten Aspekts der Hindu-Trinität von Shiva, Vishnu und Brahma).

Die Familie gehörte zur Kaste der Brahmanen. Für indische Verhältnisse war sie nicht arm, obwohl sie nach europäischen Maßstäben eher primitiv lebte. Das Haus in Madanapalle lag an einem Weg, an dem die Abflussrinne entlang führte. Im Haus selbst gab es kein Wasser. Es musste von Trägern an einer Quelle geholt werden und wurde in einem Tongefäß aufbewahrt. Straßenkehrer (Unberührbare) beseitigten die Abwässer. Der Reinigungskodex der Brahmanen wurde möglichst peinlich genau befolgt, wobei Öl oft an Stelle von Wasser trat. Die Familie lebte streng vegetarisch und trank keinen Alkohol.

Naraniah war Finanzbeamter der britischen Regierung. Wahrscheinlich musste er von Haus zu Haus gehen und die fälligen Steuern von den einzelnen Distrikten einkassieren, was einen ständigen Wohnungswechsel erforderte. Im November 1896 wurde er nach Cuddapah versetzt. Es war eine ungesunde Gegend. Mit zwei Jahren erkrankte Krishnamurti an Malaria, an der er fast gestorben wäre.

Nach ihm wurden noch zwei Jungen geboren, von denen der erste, Nityananda (Nitya genannt), der am 30. Mai 1898 das Licht der Welt erblickte, Krishnamurti später ganz besonders nahe stand.

Im Jahre 1900 wurde der Vater nach Kadari versetzt, wo die Jungen die Schule besuchen sollten. Die Familie sprach Telugu, aber Naraniah verfügte über genügend Englischkenntnisse, um seine Arbeit zu verrichten und tat sein Bestes, seinen Kindern die fremde Sprache zu lehren.

Doch ihre Mutter hatte sie bereits mit einer anderen Kultur vertraut gemacht. Sie pflegte ihnen Geschichten aus dem Ramayana und dem Mahabharata vorzusingen und zu erzählen. Als Krishnamurti sie fragte, warum auf den Bildern Sri Krishna immer in blauer Farbe dargestellt sei, erwiderte sie, weil er eine blaue Aura habe. Sie besaß die Fähigkeit, die menschliche Aura wahrzunehmen. Er selbst erschaute Sri Krishna beim Flötenspiel genau so, wie es die Mutter beschrieben hatte. Am Abend gingen die Kinder mit ihr in den Narasimbhaswami Tempel zum Gebet.

Bevor sie mit der offiziellen Erziehung beginnen, unterziehen sich alle Brahmanen-Jungen der Zeremonie der heiligen Schnur, des *Upanyanam*, die sie als Brahmacharya ausweist und als Mitglied der Brahmanen- oder Priesterkaste kennzeichnet. Krishnamurti war sechs Jahre alt. Die Familie und ihre Freunde waren eingeladen. Vor ihren Augen wurde er gebadet und völlig neu eingekleidet. Dann setzte man ihn auf die Knie seines Vaters, der ein silbernes, mit Reiskörner bestreutes Tablett hielt. Die Mutter ergriff Krishnas rechten Zeigefinger und zeichnete mit ihm das heilige Wort AUM in den Reis. Dann legte man den Ring des Vaters zwischen Daumen und Zeigefinger des Kindes, und das heilige Wort wurde in Telugu mit dem Ring in den Reis geschrieben. Anschließend wiederholte man das Gleiche noch einmal, aber ohne den Ring. Nach dieser dreimaligen Aufzeichnung des heiligen Wortes trug der amtierende Priester Mantras vor und segnete dabei den Jungen für seine geistige Aufgabe. Danach fuhr Naraniah mit Sanjeevamma und Krishnamurti zum Gebet in den Narasimbhaswami Tempel und anschließend zur Schule, wo sie den Jungen dem Lehrer übergaben, der dieselbe Zeremonie wiederholte, indem er das heilige Wort in den Sand schrieb. Auf diese Weise, so glaubte man, hatte das Kind auf dem richtigen Pfad begonnen.

Seine Erziehung wurde jedoch unterbrochen, da die Familie zweimal vorübergehend fortziehen musste, um dann nach Cuddapah zurückzukehren. Dort starb die älteste Tochter. Obgleich sie an den Tod gewöhnt war, trauerte Sanjeevamma. Nach der Verbrennungszeremonie konnten sie und Krishnamurti das Mädchen manchmal in der Gartenecke sehen. Sie wussten beide, wann sie dort sein würde.

Dann kam der schlimmste Schlag. Am 7. Januar 1905 starb Sanjeev-amma. Als Krishnamurti sich in seinem späteren Leben an diese Szene erinnerte, meinte er, er habe gewusst, dass die vom Arzt gebrachte Medizin nicht gut für sie war. Er hatte sie angefleht, sie nicht einzunehmen.(3) Drei Tage nach der Verbrennung meinte Krishnamurti: „Ich möchte sehen, was sie jetzt macht." Naraniah folgte ihm zu der Stelle, an der ihre Saris über Nacht gewöhnlich zum Trocknen ausgelegt waren und hörte ihn sagen: „Meine Mutter zieht ihre nassen Kleider aus und zieht trockene an." Krishnamurti erzählte in seinen späteren Jahren, dass er sie manchmal die Treppe hinaufgehen sah. Er pflegte ihr zu folgen und versuchte, ihr Kleid zu berühren - was er auch manchmal fühlen konnte - doch oben auf dem Treppenabsatz verschwand sie dann. Er hörte immer den Klang ihrer Armreifen. Man beachte die Symbolik in diesen Visionen.

Der Gesundheit der Kinder zuliebe zog Naraniah zurück nach Madana-palle, wo Krishnamurti und Nitya am 17. Januar in die höhere Schule eintraten. Gegen Ende desselben Jahres musste sich Naraniah im Alter von zweiundfünfzig Jahren für die Hälfte seines früheren Gehaltes pensionieren lassen. Als Schüler von Madame Blavatsky war er eines der ältesten Mitglieder der Theosophischen Gesellschaft. Im Puja-Zimmer hing neben den Hindu-Gottheiten eine Fotografie von Annie Besant in einem indischen Sari auf einem Chowki sitzend. Ihr schrieb er nun einen Brief, in dem er von seiner Stellung berichtete, die er bei der britischen Regierung innegehabt hatte und bot ihr seine Dienste für jede beliebige Arbeit an, da seine einzige Tochter verheiratet und fortgezogen war und es außer ihm niemanden gab, der sich um seine vier Söhne (zwei davon schulpflichtig) kümmerte.

Annie Besant wollte Naraniah eigentlich nicht und versuchte am Anfang, ihn mit der Begründung zu vertrösten, dass die nächste Schule zu abgelegen und eine Fahrt mit dem Pferdewagen dorthin zu teuer sei.

Doch dann, Ende 1908, erwähnte einer ihrer Sekretäre in Adyar, dass er einen Assistenten benötigte, und sie erinnerte sich an Naraniah, der trotz ihrer Einwände nicht aufgegeben hatte und sie weiterhin um eine

Anstellung bat. Sie bot ihm den Posten als Hilfssekretär an, konnte ihn jedoch nicht auf dem Gelände selbst unterbringen. Nur außerhalb gab es ein heruntergekommenes kleines Haus. Am 23. Januar 1909 zog Naraniah mit seinen vier Söhnen dort ein.

2.

Die Theosophische Gesellschaft

Am 10. April 1909, knapp drei Wochen nachdem Naraniah mit seiner Familie eingezogen war, traf Leadbeater ein. Charles Webster Leadbeater ist eine umstrittene Gestalt. In Stockport, nahe Manchester, erfährt man nur wenig über seine frühen Jahre. Bis zu seinem Übertritt zur Theosophie wirkte er in Bramshot, nahe Winchester, als Diakon der Kirche von England. Obschon er einen Vortrag von Madame Blavatsky hörte, die 1884 London besuchte und der er dann später nach Adyar folgte, war es vor allem die Lektüre der Schrift ”Esoterischer Buddhismus“ von Alfred Percival Sinnett, die ihn zu diesem Schritt bewog.

Später kehrte er in Begleitung eines jungen Singhalesen, C. Jinarajadasa, nach London zurück, um Sinnetts Sohn zu unterrichten. Annie Besant, die vom Atheismus zur Theosophie gewechselt war, begegnete ihm 1890 während eines Besuchs in England, ein Jahr vor Blavatskys Tod (8. Mai 1891). Sie war sehr beeindruckt von ihm. 1906 erhielt sie jedoch einen Brief aus Amerika, in dem es hieß, dass er während seines Aufenthalts in den Vereinigten Staaten zwei Jungen zur Masturbation geraten hatte. Sie war erschüttert und gab diesen Brief an Colonel Olcott weiter. Der 1831 geborene Henry Steele Olcott war der erste Präsident der Theosophischen Gesellschaft (gegründet 1875). Er forderte Leadbeater auf, am 16. Mai 1906 in einem Zimmer im Grosvenor Hotel in London vor einem theosophischen Ausschuss zu erscheinen. Leadbeater ließ den Anklagepunkt gelten, erklärte jedoch, dass seiner Ansicht nach Selbstbefriedigung nichts Schädliches wäre. In England (und vielleicht auch in Amerika) erwartete man damals von einem Mann, der heiraten wollte, dass er genügend Geld verdiente, um seiner Frau den Lebensstandard zu bieten, den sie von Hause aus gewöhnt war. Das führte zu einer späten Heirat, und da er bis dahin wohl kaum enthaltsam zu leben pflegte, bliebe nur die Prostitution. Das hingegen wäre, so Leadbeater, eine schlechte Lösung, da so die Sexualität mit Geld und nicht mit Liebe verbunden würde. Nach seinen eigenen Worten hatte Leadbeater nur solchen Jungen zur Selbstbefriedigung geraten, die bereits Probleme mit ihrer Sexualität hatten. Doch da diese Angelegenheit Olcott und die anderen derartig entrüstete, verpflichtete er sich, diese Praxis nicht mehr zu befürworten. Um der Gesellschaft die Bloßstellung zu ersparen, verließ er sie. Annie Besant war verzweifelt, nicht zuletzt weil sie sich auf Leadbeaters hellseherische Fähigkeiten verlassen hatte. Nach dem Tode Olcotts, im Jahre 1907, wurde sie die Präsidentin der Gesellschaft und bat Leadbeater, wieder zurückzukehren. Ein junger Holländer, Johann van Manen, begleitete ihn als sein Sekretär.

Ernest Wood hielt sich bereits seit drei Monaten in Adyar auf. Geboren in Manchester, war er durch Edwin Arnolds Klassiker "The Light of Asia" zum Buddhismus und durch Annie Besant zur Theosophie gestoßen. Er hatte an der Londoner Universität gegen geringe Gebühr die Erlaubnis erhalten, Latein und Griechisch gegen Sanskrit einzutauschen, seinen Briefmarkenladen verkauft und konnte nun Annie Besant seine freien Dienste anbieten. In Adyar hatte er sich mit einem jungen Inder, Subramania Iyer, angefreundet. Gemeinsam mit van Manen pflegten sie abends an den Strand unterhalb des theosophischen Geländes zu gehen und im Meer zu baden. Einige indische Jungen, unter ihnen Krishnamurti und Nityananda, hatten sich ebenfalls dort eingefunden. Sie plantschten mehr im Wasser, als dass sie schwammen, denn sie fürchteten sich ein wenig vor dem Meer, dass sie noch niemals zuvor gesehen hatten. Eines Abends gesellte sich Leadbeater zu der Gruppe. Der stattliche Mann und kraftvolle Schwimmer ermutigte die Jungen, sich furchtlos in die Fluten zu werfen.

Auf dem Heimweg bemerkte Leadbeater zu Wood, dass der Junge namens Krishna eine höchst ungewöhnliche Aura besitze, in der es keine Spur von Selbstsucht gebe. Es war das erste Mal, dass er eine solche Aura bei einem Menschen gesehen hatte. Diesem Jungen sei es beschieden, ein großer Lehrer zu werden.

„Größer als Annie Besant?" fragte Wood.

„Viel größer", erwiderte Leadbeater.(1)

Es sollte darauf hingewiesen werden, dass die Theosophen zum damaligen Zeitpunkt etwas ganz Besonderes erwarteten. Tief im Bewusstsein von Madame Blavatsky hatte sich ein Datum eingeprägt. Am 16. Februar 3102 v. Chr., morgens um zwei Uhr, siebenundzwanzig Minuten und dreißig Sekunden, starb Krishna, als ein Pfeil in seine Ferse drang - und das Kali-Yuga der fünften Wurzelrasse begann. (2) Kali-Yuga bedeutet dunkles Zeitalter. Es war jedoch nicht das Kali-Yuga des Planeten. Dieses herrschte vor ungefähr 800.000 Jahren in der vierten Wurzelrasse, als der Hauptkontinent von Atlantis unterging. Dies war der tiefste Punkt der Erd-Evolution. Jede Wurzelrasse besaß ihr eigenes Kali-Yuga, und unseres begann mit dem Tod Krishnas vor fast fünftausend Jahren. Sie dachte an den bevorstehenden fünftausendsten Jahrestag, der in das Jahr 1897 fallen musste. Ihren Zweifel an dem genauen Tag (16., 17. oder 18. Februar) könnte man auf ihre mangelnde mathematische Ausbildung und die Ungewissheit zurückführen, wie viele Schaltjahre einzubeziehen waren. Außerdem wusste sie, dass es sich je nach dem Meridian, auf dem man sich befand, vor oder nach Mitternacht ereignen konnte. Da sie dieses wichtige Datum der Überlieferung den Tiravaloor-Brahmanen zuschreibt, hatte sie es wahrscheinlich nicht von ihrem Meister Morya erhalten, sondern von einem Manne, den sowohl er als auch Koot Hoomi sehr schätzte, Narayan, den Rishi von Tiravaloor in den Nilgiri-Hügeln, der ihr sehr viel Material für ihr Buch die "Die entschleierte Isis" lieferte.

Es scheint unglaublich zu sein, dass ein Datum aus so fernen Tagen nur durch mündliche Überlieferung erhalten bleiben kann. Doch denken wir an die Sutras. Als Buddha 543 v. Chr. starb, versammelten sich seine Mönche und trugen all das laut vor, was sie von seinen Vorträgen in Erinnerung behalten hatten. Sie korrigierten sich gegenseitig, füllten Gedächtnislücken aus und beschlossen, sich bis an ihr Lebensende täglich zu treffen und die Worte an neu hinzukommende Mönche weiterzugeben, damit sie ihren Tod überdauerten und niemals verloren gingen. Erst im ersten Jahrhundert v. Chr. wurden sie niedergeschrieben. Die fast fünfhundert Jahre lang mündlich überlieferten Worte sind alles, was wir von seinen Lehren besitzen, und sie werden allgemein als authentisch betrachtet. Natürlich handelt es sich dabei um einen kürzeren Zeitraum als den seit dem Tode Krishnas. Man weiß jedoch, dass Menschen, die weder lesen noch schreiben können, über ein ausgezeichnetes Gedächtnis verfügen, und ein so bedeutungsvolles Datum lässt sich wohl einfacher überliefern als vollständige Vorträge.

Narayan war besonders kundig in der Bewegung der Himmelskörper und der Beziehung zwischen dem auf den Sternbildern basierenden Tierkreis und dem Zodiak, der mit dem Frühlingspunkt beginnt und auf Grund dessen Rücklaufbewegung die Tierkreiszeichen rückwärts durchschreitet. Man kann wohl annehmen, dass Blavatsky von ihm ein Datum erhielt, das sich nicht auf den indischen Kalender des Jahres 3102 v. Chr. bezog, sondern von ihm bereits auf den heute gebräuchlichen, gregorianischen Kalender umgerechnet worden war. Nach genau fünftausend Jahren würde der erste Unterzyklus des Kali-Yuga abgeschlossen sein und ein neuer beginnen.

Die Yugas lassen sich mit dem Gold-, Silber-, Bronze- und Eisenzeitalter der Griechen vergleichen, Kali-Yuga mit dem Eisen-Zeitalter. Man sollte es nicht als ein Zeitalter der Verderbtheit betrachten, sondern eher als den Punkt größter Verdichtung in einem Zyklus, der in der Vergeistigung begann und in ihr enden wird. Bewusstsein muss sich in der Materie verkörpern, sei es auch nur in einer einzigen lichtdurchlässigen Zelle, doch am Tiefpunkt eines Zyklus ist es äußerst schwierig, sich selbst als Geist zu erkennen. Mit anderen Worten, es ist schwieriger, in einem schweren Mantel zu tanzen, als in einem Hauch von Chiffon, aber das Verdienst ist größer.

Mit dem Herannahen jenes Datums warnte Blavatsky davor, große Umwälzungen zu erwarten, schrieb jedoch an Olcott, dass sich die Theosophen geduldig und durch aktiven Dienst auf die Ankunft des "Parakleten" vorbereiten sollten, der ihnen wohl noch vor Ablauf des Zyklus gesandt werde. Sie selbst werde ihn nicht mehr erleben, doch Mitglieder der Gesellschaft würden ihn sehen. Seine Ankunft sollte in der Periode zwischen ihrem Tod (1891) und dem Ende der Epoche im Jahre 1897 fallen.(3)

Ich denke, die Theosophen heben den Moment nicht besonders hervor. Man scheint einen anderen, kürzeren Zyklus zu beachten, von dem Blavatsky in diesem Zusammenhang sprach. Sie nannte ihn die "messianische Periode", die sich auf das Vorrücken der Tagundnachtgleichen bezog. Das tropische Jahr der Tagundnachtgleichen geht dem Sternenjahr um etwa zwanzig Minuten voraus (das heißt, es ist kürzer). Dies bedeutet, dass die Tagundnachtgleichen und Sonnenwenden bei den Sternen jedes Jahr ein wenig weiter zurückfallen und ein vollständiger Zyklus in etwa 2600 Jahren abgeschlossen ist. Wenn der Frühjahrspunkt (Null Grad Widder der Astrologen, die mit dem tropischen Jahr arbeiten) in die letzten Grade des vorangehenden Sternzeichens tritt, erscheint ein neuer Lehrer, um den für das neue Zeitalter entsprechenden Grundton anklingen zu lassen. Als das astrologische Sternzeichen Widder in die Konstellation Fische zurückverschoben war, kam Jesus und brachte die Lehre des Fische-Zeitalters. Blavatsky erwähnt nicht, wer ihm in diesem Zyklus vorangegangen war. Doch als der Widder aus dem Stier in sein eigenes Zeichen trat, leitete er vom Erdhaften zum Feurigen über. Sie mag an die zoroastrische Religion gedacht haben, in der das Feuer vorherrschte. Die Frühlingstagundnachtgleiche (Null Grad Widder astrologisch), so sagte sie, werde jetzt aber bald aus den letzten Graden des Fische-Zeichens in die Endgrade des Wassermanns schreiten (zurückgehen), und es werde ein neuer Lehrer kommen, um die für das Wassermann-Zeitalter gemäße Lehre zu verkünden. Dies alles werde sich gegen Ausgang des fünftausendsten Jahrestages des sehr viel längeren Zyklus des Kali-Yuga ereignen, was sich doppelt stark auswirken würde.

Vielleicht dachte Judge, einer ihrer frühen Schüler, an diese Tatsache, als er andeutete, dass beide Zyklen von einem einzigen Lehrer repräsentiert werden könnten: "Der Zyklus der Avatare schließt mehrere kleinere Zyklen mit ein. Die größeren werden durch das Auftreten von Rama und Krishna bei den Hindus, von Menes bei den Ägyptern, Zoroaster bei den Persern und von Buddha für die Hindus und andere Länder des Ostens

16

gekennzeichnet. Buddha ist der letzte große Avatar, der während eines größeren Zyklus auftrat als der, in dem der Jesus der Juden erschien, da dessen Lehren denjenigen Buddhas gleichen und durchdrungen sind von dem, was Buddha jene lehrte, die Jesus unterrichteten. Es wird noch ein anderer großer Avatar auftreten, der die Eigenschaften von Buddha und Krishnamurti in sich vereint."(4)

Es wurde ihnen nicht genau gesagt, was sie erwarten sollten; doch sie warteten auf irgendetwas. Blavatskys spätes Werk "Der Schlüssel zur Theosophie" schloss mit den Worten: „Sollten die gegenwärtigen Bemühungen, unsere Gesellschaft zu gestalten, erfolgreich sein....wird sie als ein geordneter, lebendiger und gesunder Körper existieren, wenn die Zeit für die Anforderungen des zwanzigsten Jahrhunderts herannaht....das nächste wird viele vereinte Menschen sehen, die bereit sind, den neuen Fackelträger der Wahrheit willkommen zu heißen."(5)

Nach Blavatkys Tod schienen sich die Meister zurückzuziehen, was sie zuvor angekündigt hatte. Der einzige "Mahatma-Brief" an Annie Besant aus dem Jahre 1900, den K.H. unterzeichnete, war eine Ermahnung, in dem er ihre fehlerhafte Verhaltensweise hervorhob. Aus recht ersichtlichen Gründen zeigte sie diesen Brief nicht herum. Doch das Jahr 1906 brachte ihr eine Reihe sehr viel aufregenderer Offenbarungen, die sich aus der Schrift "The Link", die dem esoterischen Kreis vorbehalten blieb, nur erahnen lässt. Während der zweiten Zusammenkunft des ersten Quartals hatte sie plötzlich eine Kraftwelle verspürt, die durch das mit den Bildern der Meister geschmückte Heiligtum strömte, in dem sie sich versammelten.

„Sieben der Meister standen vor den Bildern, unser zukünftiger Manu und Bodhisattva Morya und Koot Hoomi und ihre Mitarbeiter. Später erfuhr ich, dass Meister M. gesagt hatte: Die erste Gruppe hat wiedererlangt, was ihr zusteht."(6)

Wessen Stimme war das? Leadbeater befand sich damals im Exil, aber Maria Russak, die Stimmen hörte, saß im Raum. Im Gegensatz zu Blavatsky und Olcott war keiner der Anwesenden Morya und Koot Hoomi leibhaftig begegnet, weshalb sie sich auf übersinnliche Fähigkeiten verlassen mussten. Annie Besant fuhr fort:

„Wir stehen an der Schwelle der sechsten Unterrasse der fünften Wurzelrasse. Sie ist bereits in die Welt geboren, und mit der Geburt einer neuen Unterrasse in die Welt erscheint der "Herr der Liebe" und lässt den Grundton für die kommende Zivilisation erklingen......das letzte Mal kam er vor zweitausend Jahren im Anfangsstadium der fünften Unterrasse der fünften Wurzelrasse. Da trat der Herr Maitreya* auf, der höchste Lehrer, der Jagatguru, der Bodhisattva, den die westliche Welt den Christus nennt. Lehrer der gesamten fünften Rasse ist Er...Er, der der Buddha der sechsten Wurzelrasse sein wird, und Er erscheint von Zeit zu Zeit....

Die Theosophische Gesellschaft sollte nicht nur der Kern der sechsten Wurzelrasse sein, sondern auch ein Johannes der Täufer für den kommenden Christus, der sein Kommen verkündet..."(7)

Hat sie hier nicht die Ausführungen Blavatskys ein wenig durcheinander gebracht? Diese erklärte nämlich, dass sich die Unterrassen, die der germanischen nachfolgen, in Kalifornien, Australien und Neuseeland bilden werden und hatte bei ihrem Aufenthalt in den Vereinigten Staaten sogar angenommen, das Aufkommen einer neuen physischen Art entdeckt zu haben. Doch die Entstehung neuer Unterrassen mit dem messianischen Zyklus zu verknüpfen, würde mit Sicherheit zu viele hervorbringen. Die Rassen und Unterrassen verlaufen im Siebener Rhythmus, und eine Rasse sollte eine Unterrasse für jede zwölfte Periode des messianischen Zyklus haben...? Ich glaube, sie hat irgendetwas falsch verstanden, doch man erkennt den Grundgedanken.

Die Tibeter stellen Maitreya immer als blauäugig dar. Der Buddha - unser Buddha - ist der Buddha für die fünfte Wurzelrasse. Für die sechste wird Maitreya das Amt übernehmen. Das wird erst in Tausenden oder vielleicht sogar Millionen von Jahren sein. Aber er ist hier, an einem entlegenen Ort. Bisweilen tritt er in Erscheinung. Das letzte Mal inkarniert war er als Krishna, er überschattete aber Jesus und würde auch dessen Nachfolger überschatten.

---

*) Weder *Buddha* noch *Maitreya* sind persönliche Namen (obwohl häufig als solche im Gebrauch); es handelt sich dabei um Titel. *Buddha* bedeutet der Erleuchtete, der Weise und *Maitreya* ist der Freundliche, der Liebevolle. Diese unterschiedliche Bezeichnung mag zum Ausdruck bringen, dass sich Letzterer dem Menschen eher zuwendet.

Mit diesen Gedanken beschäftigten sich die Theosophen, als Leadbeater Krishnamurti zum ersten Mal sah. Vor seiner Ankunft hatten Wood und Subramania, die im Atrium wohnten, Krishnamurti und Nitya bei den Hausaufgaben geholfen, die sie aus der Schule mitbrachten. Annie Besant hatte Leadbeater in Adyar begrüßt, war dann aber an einen anderen Ort gereist. Am 9. April war sie für knapp zwei Wochen zurückgekehrt, um am 22. April zu einer Rundreise durch Europa und Amerika aufzubrechen, wo sie Ausschau nach einem Jungen halten wollte. Leadbeater fragte Naraniah, ob Krishnamurti und Nitya ihn im Octagon-Bungalow, den er bewohnte, besuchen dürften, wo der Unterricht regelmäßiger fortgeführt wurde. Man achtete auch auf die Ernährung der beiden Jungen, die fast nur aus Reis und Gemüse bestand, das nach Russell („Dick") Balfour Clarke vor grünen und roten Chillies nur so strotzte. (8) Früchte und Milch wurden hinzugefügt. Man machte die beiden auch mit heißem Wasser und Seife bekannt und entlauste sie. Selbst in ihren Augenbrauen nisteten Läuse.

Inzwischen lernten sie von ihren freiwilligen Tutoren mehr als in der Schule. Dort wurde in Englisch und Tamil unterrichtet. Da sie Telugu sprachen, nützte ihnen letzteres nichts. Eigentlich waren es Leadbeater, Wood und Clarke, die sie Englisch lehrten. Leadbeater schlug dem Vater vor, die Jungen aus der Schule zu nehmen, in der Krishnamurti ständig wegen Unaufmerksamkeit geschlagen wurde. Naraniah gab zu bedenken, dass sie ohne den Besuch einer staatlichen Schule nicht in den Staatsdienst treten könnten. Leadbeater wies jedoch darauf hin, dass Annie Besant nach ihrer Rückkehr ohnehin für eine Erziehung in England sorgen würde.

Im September 1909 sprach Annie Besant in Chicago bei der Jahrestagung der Theosophischen Gesellschaft über die kommende Rasse und den kommenden Lehrer und sagte: „Dieses Mal erwarten wir, dass Er aus der westlichen Welt kommt - nicht aus dem Osten, wie es Christus vor zweitausend Jahren tat." (9) Sie dachte an Hubert, den dreizehnjährigen Sohn von Dr. Weller van Hook, dem Generalsekretär der Gesellschaft in den Vereinigten Staaten. Sie und Leadbeater hatten ihn einige Jahre zuvor gesehen und sich gefragt, ob er es nicht sein könnte. Da sie den künftigen

Lehrer finden sollten, nahmen sie an, dass er in eine theosophische Familie hinein geboren werden müsste, damit sie ihn sähen, doch sie wollte sich ihn noch einmal anschauen, bevor sie öffentlich darüber sprach. Leadbeater hatte begonnen, ihr über den jungen Krishnamurti zu schreiben. Er hatte sie wohl allzu behutsam zur Vorsicht gemahnt, denn sie erklärte Herrn und Frau van Hook, dass Hubert nun nach Adyar gebracht werden sollte. Sie folgten ihr tatsächlich nach.

Leadbeater hatte ihr aber am 2. September über die Jiddu-Familie geschrieben. Er war entsetzt, dass es in dem Haus keine Toilette gab und alle auf dem Fußboden und ohne Moskitonetz schliefen:

„Es würde mich keineswegs überraschen, wenn der Vater hauptsächlich wegen des Sohnes hierher gebracht worden wäre, weshalb mich die abscheuliche Unterbringung der Familie umso mehr erschüttert. Sollte es unser Karma sein, auch nur indirekt zur Erziehung eines Menschen beizutragen, den der Meister in der Vergangenheit benutzt hat und auf dessen Wiederverwendung er wartet, sollten wir ihm wenigstens die Gelegenheit geben, so scheint es mir, unter würdigen Umständen aufwachsen zu können."(10)

Als Annie Besant am 27. November 1909 in Madras aus dem Zug stieg, trat ein schmächtiger indischer Junge aus der Menschenmenge hervor, um ihr zur Begrüßung eine Girlande um den Hals zu legen und sich mit aneinander gelegten Handflächen vor ihr zu verneigen. Es war Krishnamurti.

Es war nicht nur Leadbeater oder der Eindruck, den der Junge auf sie machte, was sie überzeugte. Ein Inder riet ihr, einen heiligen Mann aufzusuchen, der Verbindungen zu Tibet besaß und ihr etwas gesagt haben musste, wie wir später sehen werden.

Leadbeater hatte also Krishnamurti als den von ihnen erwarteten Lehrer entdeckt und führte die ersten Verhandlungen mit Naraniah, der schließlich am 10. März 1910 ein Dokument unterschrieb, mit dem er Annie Besant das Sorgerecht für seine Söhne Krishnamurti und Nityananda übertrug.

3.

Alcyone

Wir wissen nicht, wie und durch wen Krishnamurti seine Erwählung mitgeteilt wurde. Aus seinem "Tagebuch", das er in seinem späteren Leben führte, erfahren wir nur, dass die Erinnerungen an jene frühe Periode verblassten und nur eine einzige in seinem Gedächtnis haften geblieben war. Er ging zum Adyar-Fluss hinunter und folgte ihm bis zu der Stelle, an der er sich ins Meer ergießt. Er erinnerte sich an jede Einzelheit dieser Szene - etwa dass es gerade regnete - nicht aber an seine Gedanken. Vielleicht war er wie gelähmt, dass er nicht einmal denken konnte. Es gab nur diese überwältigende Tatsache. Er war nichts gewesen, nun hielt man ihn für bedeutungsvoll...und er war allein.(1)

Wood, der ihn genau beobachtete, versicherte, dass der Junge niemals eine Spur von Eitelkeit zeigte. Nitya zierte sich ein wenig. (2) Ihr nach Brahmanenart vorne geschorenes Haar, das am Hinterkopf zu einem langen Pferdeschwanz zusammengebunden war, durfte nun rundherum lokkig wachsen.

Inzwischen hatte Leadbeater begonnen, mit Hilfe seiner hellseherischen Fähigkeit die Inkarnationen von Krishnamurti und den Personen, die mit ihm verbunden waren, zurückzuverfolgen. Angefangen mit einem Leben, in dem er Buddha begegnet war (Nitya trug damals die Verantwortung für den Tempel einer Pilgerstätte in Nordindien), kam er auf dreißig Inkarnationen, von denen dieses das neunundzwanzigste war. Als er später dann in den frühen Leben nachforschte, wurde es das siebenundvierzigste aus insgesamt achtundvierzig. Die Untersuchung griff bis zu Beginn der fünften Wurzelrasse (ungefähr 22.622 v. Chr.) zurück, aber nicht weiter. Wood berichtete, dass Leadbeater beim Diktieren auf und ab ging, um nicht einzuschlafen oder vielleicht auch, um zu verhindern, so tief in Trance zu versinken, dass seine Stimme kaum noch zu hören war oder sogar völlig versagte. Wenn er sich hinlegte, konnte es geschehen, dass er völlig still wurde und später glaubte, Wood ganze Passagen diktiert zu haben, obschon kein einziges Wort über seine Lippen gedrungen war. Es hatte sich auf der Mentalebene abgespielt. Einmal stieß er beim Auf-undabgehen mit dem nackten Fuß so heftig gegen die Schreibtischecke, dass er blutete, doch er schien es nicht gemerkt zu haben. (3) Manchmal diktierte er bis zwei oder drei Uhr morgens durch.

Leadbeater gab allen Personen seiner Geschichte einen Decknamen, meistens die Bezeichnungen von Himmelskörpern. Krishnamurti nannte er *Alcyone*, wobei er wie alle anderen das c wie k aussprach. Im Englischen wird es gewöhnlich als Alsyone ausgesprochen, worauf der Norton Sternatlas hindeutet. Mein Griechisch-Englisches Wörterbuch brachte Alcyone mit halcyon - Eisvogel - in Verbindung. Ich erkundigte mich bei Dr. Theodore J. Cadoux, dem Gelehrten für Alte Geschichte an der Universität Edinburgh, nach Ursprung und Bedeutung dieses Namens. Er antwortete mir: „Die griechischen, ins Lateinische umgesetzten Wörter alkyon, alkyonis sind weiblich und Namen für einen Vogel, der oft als Eisvogel bezeichnet wurde, was allerdings fraglich ist. Manchmal schrieb man die Wörter mit einem h (halcyon), irrtümlich abgeleitet von (hals, See oder Salz). Der Buchstabe c stammt aus dem Lateinischen und ersetzt das griechische k. Wir Engländer sprechen das lateinische c gewöhnlich als s aus. Es gibt jedoch Bestrebungen, statt des Buchstabens c ein k zu schreiben. Der Sage nach war Alkyone eine Tochter des Aeolus und seiner Gattin Ceyx - sie wurden beide in Vögel verwandelt."

Es handelt sich natürlich um den hellsten Stern der Plejaden, was Leadbeater beabsichtigt hatte. Es hieß, dass der Halcyon sein Nest auf dem Meer baute. Kein Vogel tut das, weshalb ich weniger an einen Eisvogel als an einen symbolischen Vogel denke. Astronomisch gesehen bilden die Plejaden ein Siebengestirn, das sich vom Sternbild Stier abhebt, aber doch als dazugehörig betrachtet wird. Aus astronomischer Sicht regiert der Planet Venus, dessen Symbol die Taube ist, das Tierkreiszeichen Stier.

Man sagte, dass der Halcyon den Winden gebot und die See an jenen Tagen, an denen er auf ihr nistete, windstill war. Man weiß nicht, ob Leadbeater seinen Sternnamen eine Bedeutung zuschrieb, doch einige Leute glauben, das Namen ganz allgemein, selbst wenn sie willkürlich gegeben werden, eine Wirkung besitzen können. Nitya war Mizar; Sanjeevamma Omega; Naraniah Antares und Leadbeater selbst Sirius. Annie Besant gab sich selbst den Namen Herakles.

Unterdessen war Shiva Rao eingetroffen. Er hatte als sehr junger Lehrer an einer Vorschule unterrichtet, die dem zentralen Hindu-College von Benares angeschlossen war. Als Theosoph kam er nach Adyar, um an der Arbeit mitzuwirken und wurde ein lebenslanger Freund Krishnamurtis. Man stellte die "Leben des Alcyone" in Frage, doch Shiva Rao gab zu bedenken, dass es Leadbeater wohl kaum möglich gewesen wäre, sich an die Eigenschaften und Handlungen von etwa zweihundert Personen zu erinnern und sie auseinander zu halten, wenn er sie lediglich erfunden hätte. Manchmal bemerkte Rao eine Diskrepanz. Leadbeater pflegte dann einen Augenblick lang seine Augen zu schließen und sie zu berichtigen.

„Ersetzen Sie A für B, Y für X und so fort." (4) Die verbesserten Einzelheiten passten immer genau in das Gesamtbild.

Wood bekundete größere Unsicherheit. Er mochte Leadbeater und zweifelte nicht im Geringsten an dessen Aufrichtigkeit. Dennoch beunruhigte es ihn, dass Leadbeater, der die Inkarnationen nach rückwärts verfolgte, Alcyone in seinen frühen Leben, begleitet von den höchsten Eingeweihten der Hierarchie, bedeutendere Stellungen einnehmen sah als in den jüngst vergangenen Leben, in denen er eher zu dem allgemeinen Gesellschaftsstand gehörte.(5) Er fragte sich, ob mit Leadbeaters zunehmend höherer Einschätzung der Bedeutung Krishnas dessen Rang in seinen Visionen ebenfalls stieg.

Der scheinbare Abstieg sollte sich jedoch im Prozess des Absinkens in das Kali-Yuga zeigen. Als die Welt noch jung war und die Könige noch Götter waren (der "Geheimlehre" zufolge sind darunter Wesenheiten zu verstehen, die während einer früheren Inkarnation auf dem Planeten ihre Menschen-Evolution abgeschlossen sowie ihre Befreiung erlangt hatten und es als ihre Aufgabe betrachteten, uns, die wir noch Kinder waren, zu unterrichten), hielten die Eingeweihten, die Beauftragten der Gott-Könige, die hohen Stellungen inne. Als sich die Götter zurückzogen und das Kali-Yuga anbrach, wurden die Hierarchien aufgewirbelt, wobei der Pöbel meistens hoch hinaufstieg und die geistigen Werte niedergetreten wurden. Der spirituellen Individualität fiel es schwer, sich in der Dunkelheit durchzusetzen, und man traf solche Personen häufig in bescheidenen Positionen an.

Ich selbst kritisiere an den "Leben", dass sie in keiner Weise zum Verständnis der Persönlichkeit Krishnamurtis beitragen. Endlose Einzelheiten, wer wen heiratete und wen als Kinder bekam, sind ebenso langweilig wie die Ahnenreihen der Genesis.

Wood fragte Leadbeater, woher er die Daten der Szenen wusste, die er beobachtete. Dieser entgegnete, dass er sie auf Grund der Stellung der Gestirne ermittelte und indem er das Vorrücken der Tagundnachtgleichen zählte. (6) Wood akzeptierte es, da Leadbeater ein eifriger Student der Astronomie gewesen war. Als Diakon in Bramshot hatte er tatsächlich ein Teleskop besessen und pflegte die Jungen der Pfarrei- und Sonntagsschule einzuladen, die Wunder des nächtlichen Himmels zu betrachten. Doch an diesem Punkt bin ich es, die skeptisch ist. Es ist ein gewaltiger Unterschied, ob man astronomische Beobachtungen aus Liebhaberei betreibt (was ich selbst tat) oder über Kenntnisse und die Fähigkeit verfügt, mathematisch genaue Berechnungen zu erstellen und sich die Bilder vor Augen zu führen, die die Sterne in einer bestimmten Epoche gestalteten und dann die Epoche nach diesen Sternbildern zu identifizieren. Ich kann mir nicht vorstellen, wie sich jemand ein Bild vom Vorrücken der Tagundnachtgleichen machen kann, da es sich nicht um Gegenstände handelt, abgesehen von Diagrammen oder Symbolen. Die Schwierigkeit, das, was man gesehen oder erinnert hat, räumlich und zeitlich einzuordnen, ist allen Sehern und denjenigen, die sich erinnern, bekannt. Kostüme und Bauwerke sind eine wesentliche Hilfe; weite Reifröcke und weiß gepudertes Haar müssen aus dem achtzehnten Jahrhundert stammen, denn wir haben Portraits gesehen. Faltenwurf und Sandalen lassen auf das antike Griechenland oder Rom schließen. Aber außerhalb der uns vertrauten historischen Zeiten und Kulturen ist man verloren. Joan Grant konnte nie mit Bestimmtheit ihre Inkarnation als nordamerikanische Indianerin mit Namen Piyanah einordnen, obwohl sie das Gefühl hatte, dass es zwischen ihren Leben in Griechenland als Sekeeta und Ra-ab liegen musste. (7) Was soll man daher von den "Leben" halten? Ich persönlich neige dazu, sie für wahr zu halten, aber mit Fehlern, vielen, vielen Fehlern. Selbst Akademiker können Fehler machen, und Leadbeater, wenn er sich mit überprüfbaren, historischen Episoden beschäftigt, macht sie. Er schrieb: „Pere Joseph" und meinte damit nicht den Kapuzinermönch, sondern Joseph Balsamo, bekannter als Cagliostro. Er erwähnte Joseph Rakoczy und meinte Francis Rakoczy.(8) Wenn es um Sachen geht, die nicht in den Geschichtsbüchern, sondern durch Hellsichtigkeit gefunden werden, muss man einen größeren Spielraum gewähren. Leadbeater versuchte auch, in die Zukunft zu schauen und erklärte Wood (etwa 1910), dass sich innerhalb der nächsten fünfzig Jahren bestimmte Dinge ereignen würden.(9) Heute, mehr als fünfzig Jahre später, können wir zurückblickend seine Prophezeiungen mit einem Ja oder Nein versehen: Man werde die Atomkraft nutzbar machen (Ja); sie werde die Elektrizität ersetzen (Nein, aber es könnte durchaus geschehen); es werde einen Krieg zwischen England und Deutschland geben (Ja, zwei sogar); Deutschland werde besiegt werden (Ja) und Holland werde an Territorium gewinnen (Nein, aber die Beneluxländer haben gewonnen, zwar nicht an Territorium, doch an Bedeutung wegen des Europarats, der in Brüssel tagt.) Das ist kein schlechtes Ergebnis und gibt uns vielleicht einen Anhaltspunkt für die Irrtumsspanne, die ihm für seinen Blick in die Vergangenheit eingeräumt werden sollte.

Das angeblich dramatischste Leben wurde von Annie Besant zurückgeholt. Sie und Alcyone waren damals Schwestern, die von grausamen Schwarzmagiern gefangen genommen, in den Tempel geschleift, entblößt und, während sie sich aus Scham fest aneinanderklammerten, der finsteren Gottheit geopfert wurden. Dies geschah etwa sechzehntausend Jahre v. Chr.. Ein Erdbeben zerstörte den Tempel, doch dort, wo er gestanden hat, in Puri, steht heute der Jagannath-Tempel.(10)

Zur Zeit Buddhas gehörte Alcyone zu den Mönchen, die die Feuerpredigt hörten und ihm anschließend folgten. Da er vor Buddha starb, konnte er nicht Ananda gewesen sein; sein Name in jenem Leben war Maitribaldasana.(11) Wood zufolge wurden die Pseudonyme bekannt, und man bildete sich etwas darauf ein, Alcyone nahe gewesen zu sein.

Dr. Lawrence Bendit, der ehemalige Generalsekretär der Gesellschaft in England, sprach mit einigen aus seiner Theosophie- und Psychiatrie-Gruppe, deren Mitglied ich war und versicherte, dass Annie Besant in ihren Unterhaltungen mit ihm ausdrücklich betont hatte, dass diejenigen, die in den ''Leben'' genannt wurden, kein größeres Ansehen genossen. Keiner unter ihnen hatte damals in enger Beziehung zu Jesus gestanden, weder als Vorbote noch als Freund, was deutlich macht, dass nicht nur jene im Umfeld von Alcyone ausgesucht waren.

Als Leadbeater später in Australien vergangene Leben von Leuten untersuchte, denen er begegnete, nahm man Anstoß daran, dass er einige davon in die ''Leben'' mit einzubauen gedachte. Das liegt auf der Hand. Beunruhigender jedoch ist ein anderer Vorfall. Wood hatte von jemandem aus Manchester erfahren, dass er als unverheirateter Mann ein Leben in Mexiko verbracht hatte. Leadbeater bestätigte diese Aussage, fügte aber später noch Frau und Kinder hinzu.

Lange vor der Entdeckung Krishnamurtis hatte Leadbeater vergangene Leben von Bekannten untersucht. Das interessanteste war wohl das seines katholischen Freundes Rev. Monsignore A. Wells, das er diesem am 15. Juni 1895 enthüllte. Obwohl die Kirche die Reinkarnationslehre ablehnt, glaubte ihm Wells sofort, da es eine Beziehung in seinem damaligen Leben erklärte. In den ''Leben'' wurde er später Abel genannt.(12) Doch schon davor hatte Leadbeater einige frühere Leben des Landschaftsmalers John Varley untersucht, der ihn um die Deutung eines Traumes gebeten hatte. Leadbeater ordnete die Szene dem antiken Chaldäa zu, meinte aber, dass er in seinem letzten Leben der Sohn von Albrecht Altdorfer, einem der Schüler Dürers, gewesen war. Dürer hatte tatsächlich einen Mitarbeiter namens Albrecht Altdorfer, der das Handwerk von ihm erlernte. Mir ist nicht bekannt, ob Leadbeater, der kein Kunsthistoriker war, dies in Büchern gelesen hatte.

Die offensichtlichen Abstände von mehr als tausend Jahren zwischen den einzelnen Inkarnationen von Alcyone waren den Theosophen ein Rätsel. Ursprünglich hieß es, je tugendhafter ein Erdenleben, desto länger der Aufenthalt in der Himmelswelt. Später wurde jedoch erklärt, dass diejenigen, die auf Grund ihrer Entwicklungsstufe die Erfahrung der Glückseligkeit machten, während sie noch in einem physischen Körper weilten, die Möglichkeit besaßen, dem Devachan zu entsagen und zur Erde zurückzukehren, sobald eine angemessene Inkarnation gegeben war. Man hätte annehmen können, dass Alcyone zu dieser Gruppe gehörte. Zu ihrer Überraschung entdeckte Annie Besant jedoch Leben viel jüngeren Datums als die von Leadbeater angegebenen. Seine Untersuchungen der Leben von Spica (Francesca Arundale) brachen bei einem kurzen, unbedeutenden Dasein als Inderin (1278-1300 A.D) abrupt ab. Jenes Leben als die Hl. Therese v. Avila (1515-82), das Madame Blavatsky als besonders bedeutungsvoll hervorgehoben hatte, ließ er völlig unbeachtet. Da sie ihr indisches Dasein mit eigener Hand beendet hatte (um nicht entehrt zu werden) und die Mahatmas lehrten, dass Selbstmörder nicht eher vollständig sterben, als bis ihre natürliche Lebensspanne abgelaufen ist, betrug der eigentliche Abstand zwischen diesen Inkarnationen wohl weniger als 215 Jahre.(13) Es hat den Anschein, dass Leadbeater Leben übersah, nach denen er nicht suchte.

Er ermutigte jedoch Krishnamurti, seine hellseherischen Fähigkeiten zu entwickeln. Er sollte sich darin üben, seine Träume oder Erfahrungen, die er während des Schlafens machte, im Gedächtnis zu behalten und sie sofort nach dem Aufwachen niederzuschreiben. Danach - beide Jungen hatten inzwischen eine strenge Tagesordnung zu befolgen - gab es Frühstück, aber nicht, ohne zuvor ein Bad genommen zu haben. Leadbeater hielt die Hindu-Sitte, mit einem Lendentuch zu baden, für nutzlos. Er achtete darauf, dass sie sich richtig wuschen und auch die Intimpflege nicht vernachlässigten!

In ihrer Biographie über Krishnamurti findet Pupul Jayakar es „schwierig zu glauben, dass die Brüder schmutzig waren; als Brahmanen mussten sie sich mehrmals täglich gebadet haben. Das rituelle Bad, dem ein Ölbad vorausging, gehörte zu den streng befolgten Disziplinen."(14)

Ich glaube, das trifft wohl kaum den Punkt. Die Familie bemühte sich offensichtlich um Sauberkeit. Wir wissen, dass Sanjeevamma jeden Abend ihre Saris wusch. Zweifellos achtete sie auch darauf, dass die Kleidung der Jungen sauber war. Nach ihrem Tode hatte eine Tante für eine Weile im Haushalt geholfen, aber wir wissen nicht viel über sie. Doch hier geht es um Läuse. Ich habe im "Black's Medical Dictionary" nachgeschlagen, und zwar in der Ausgabe von 1914. Dort sind drei Arten von Läusen angegeben. *Pediculus capitis* befällt nur den Hinterkopf. Da vorne der Kopf der Jungen nach Brahmanenart geschoren war, scheint es unwahrscheinlich zu sein, dass die Läuse vom Hinterkopf in die Augenbrauen fielen. *Pediculus vestimentorum* befällt die Brusthaare und hängt in der Kleidung. Das passt in diesem Falle auch nicht. Die dritte Gattung aber, *Pediculus publis*, befällt die Körperteile mit kurzem Haarwuchs und setzt sich besonders in den Schamhaaren und Augenbrauen fest. „Sie lassen sich entfernen, indem man an drei aufeinander folgenden Tagen ein mit Paraffinöl getränktes Stück Flanell über die befallenen Bereiche bindet oder sie mit Rittersporsalbe bestreicht."(15) Nun erkennt man wohl, warum Leadbeater darauf bestand, dass die Jungen beim Baden ihre Kleider vollständig ablegten. Einfach nur kaltes Wasser über den Kopf zu gießen und das Lendentuch dabei anzubehalten, egal wie oft am Tage, hätte die *pediculi* mit Sicherheit nicht entfernt. Irgendjemand in Adyar muss die Jungen in der beschriebenen Weise behandelt haben.

Für die Jungen gab es inzwischen einen geregelten Tagesablauf. Nach dem Frühstück begann der Unterricht. Wood, der Mathematik lehrte, konnte nicht behaupten, dass Krishnamurti ein eifriger Schüler war. Die gestellten Aufgaben schienen ihm Kopfschmerzen zu bereiten, und er fragte klagend, warum er diese Dinge eigentlich lernen müsse. Doch er war nicht dumm. Einmal bat er: „Gib mir das Buch"(16) und las aufmerksam darin. Als er es zurückgab, hatte er es offensichtlich vollkommen verstanden. Subramania Iyer lehrte sie Sanskrit. Dick Balfour-Clarke und Fabrizio Ruspoli unterrichteten andere Fächer. Leadbeater schaute gelegentlich herein und gab ein wenig Geschichtsunterricht, aber das Schwergewicht lag immer darauf, gutes Englisch zu erlernen.

Man brachte ihnen auch das Fahrradfahren bei. Niemand durfte auf Krishnas Rad sitzen, damit der Magnetismus nicht beeinträchtigt wurde.

Sie lernten zu schwimmen und ihre Angst vor dem tiefen Wasser zu überwinden, und man lehrte sie das Tennisspiel. John Cordes, ein österreichisches Mitglied, war für die körperliche Ertüchtigung verantwortlich.

Den größten Wert aber legte Leadbeater darauf, dass Krishnamurti seine Träume und Erfahrungen während des Schlafens erinnerte. Sie schliefen nicht mehr im Hause ihres Vaters, sondern auf dem Gelände der Theosophischen Gesellschaft. Diesen Umzug muss Annie Besant in die Wege geleitet haben, als sie zu einer Tagung nach Benares reiste und den Jungen während ihrer Abwesenheit ihre Zimmer zur Verfügung stellte. Krishnamurti wurde nun angewiesen, jeden Morgen seine Erinnerungen an das aufzuschreiben, was er in der Nacht erlebt hatte.

Leadbeater behauptete, dass der Meister Koot Hoomi (oder Kuthumi, wie er den Namen später schrieb) beide Jungen am 1. August 1909 auf Probe angenommen hatte. Am 31. Dezember wurde Krishnamurti sein Schüler und sollte am 11. Januar 1911 seine erste Einweihung erhalten. Man fragt sich, warum Krishnamurti, ein Schüler Buddhas und das Vehikel des zukünftigen Buddha, wie ein Neuling einer Probezeit bedurfte? Die Anwort mag darin liegen, dass man ungeachtet der bereits in der Vergangenheit erreichten Entwicklungsstufen in jeder Inkarnation die grundlegenden Schritte wiederholen muss, genauso wie ein sich reinkarnierender Mathematiker zunächst wieder lernen muss, dass zwei und zwei vier sind und der größte Pianist wieder mit der Tonleiter anfängt. Der Unterschied besteht darin, dass er diese Stufen blitzschnell hinter sich bringt, da es für ihn bloße Wiederholungen sind, wohingegen es einem Anfänger sehr schwer fallen mag, diese Dinge zu erlernen.

Nach Blavatsky dauert die Probezeit mindestens sieben Jahre (was der Kandidat nicht immer bemerkt), in denen das Leben ihm eine Vielfalt an Prüfungen bietet. Hier aber wird nur von fünf Monaten gesprochen. Was ist eine Einweihung? Es heißt, dass es sich dabei um eine Anzahl von spiralenförmigen Lichtzellen in der Zirbeldrüse handelt, die durch das Erwachen des inneren Feuers, das an der Wirbelsäulenbasis liegt, die so genannte Kundalini, belebt werden. Während der Probezeit glüht nur die erste zögernd auf. Ihre Entwicklung steht offensichtlich in Zusammenhang mit der Bewusstseinsentfaltung. Erst wenn jemand beginnt, eine

Sache besser zu verstehen, sie in einer besseren, eher geistigen Weise zu sehen, kommt es zu einer weiteren Belebung. Es geht nicht darum, sich der einzelnen Stufen, die man durchläuft, bewusst zu werden, sondern eine bessere Sichtweise und Beständigkeit zu gewinnen. Der Begriff Einweihung kann aber auch im Sinne eines feierlichen Rituals verstanden werden, bei dem sich der Kandidat einer Prüfung unterziehen muss, die er entweder besteht oder daran scheitert. Wie lassen sich diese beiden Dinge miteinander vereinbaren? Es muss der Kandidat sein, der die Erleuchtung erlangt, nicht der Lehrer, der sie ihm verleiht. Oder geschieht beides gleichzeitig? Ruft die von unten kommende Bewegung verdientermaßen die Bewegung von oben herab? Wie kann man für ein solches Geschehen ein Datum festsetzen?

Von Montagabend an (10. Januar), zogen sich Krishnamurti und Leadbeater in Annie Besants Räumlichkeiten zurück. Krishnamurti war wohl bereits über die Hierarchie der Adepten informiert worden, die sieben Meister der Weisheit, den Mahachohan, den Bodhisattva Maitreya, den Buddha…und über allen den Einen, der in seiner Güte vor etwa sechzehn Millionen Jahren von außerhalb kam, um die Verantwortung für diesen Planeten zu übernehmen, der König, der Herr der Welt, der Eine Initiator - Sanat Kumara. (Die Inder bezeichnen ihn als die „Ewige Jugend der sechzehn Sommer", was bedeutet, dass sein Körper nicht dem Alterungsprozess unterworfen ist.)

Krishnamurti musste versuchen, diesen Wesenheiten zu begegnen, während er schlief. Am Morgen des 11. Januar erwachte er und rief: „Ich erinnere mich! Ich erinnere mich!"(17)

Doch sie blieben noch den ganzen Tag über hinter geschlossenen Türen. Am darauf folgenden Morgen, dem 12. Januar, schrieb er nach dem Aufwachen einen langen Brief an Annie Besant, in dem er die Ereignisse der Nacht schilderte. Nach dem Verlassen seines Körpers war er seinem eigenen Meister (Kuthumi) in Begleitung des Tibeters Djwal Khul begegnet. Gemeinsam gingen sie in das Haus des Maitreya, wo verschiedene anderen Meister versammelt waren. Annie Besant und Leadbeater befanden sich ebenfalls dort. Dieser führte ihn zu Maitreya. Auf die Frage, wer ihn in der äußeren Welt unterstützen werde, boten die beiden sich an.

Dann stellte Maitreya ihm einige Fragen. Schließlich ließ er ihn ein Bild des einzigen Menschen sehen, den er wirklich hasste und fragte, ob er dieser Person, falls sie in Not wäre, helfen würde. Er bejahte. In diesem Augenblick durchschritt er seine erste Einweihung, und der Stern des Einen erstrahlte über ihm.

Danach schlief er wieder und hatte den Eindruck, dass man ihn unterrichtete, aber er konnte sich nur wenig erinnern.

In der zweiten Nacht sah er den "König" von Angesicht zu Angesicht. In seinem äußeren Erscheinungsbild schien er nicht viel älter zu sein als er selbst, „aber alles glänzt und leuchtet um ihn, und wenn er lächelt, ist das wie das Strahlen der Sonne. Er ist machtvoll wie das Meer, sodass Ihm nichts etwas anhaben kann, und doch ist er nichts als Liebe, sodass ich keine Spur von Angst vor Ihm haben konnte. Und der Silberstern, den wir gesehen haben, ist nur ein Teil von Ihm..."(18)

In einem Begleitschreiben an Annie Besant versicherte Leadbeater, dass er in Krishnas Brief nur hier und dort ein Wort oder einen Satz verbessert hätte. „All das über die Macht des Meeres und das Lächeln wie das Strahlen der Sonne, stammt Wort für Wort von ihm."

Ihrem Brief an Leadbeater muss Annie Besant wohl einige Zeilen an Krishnamurti beigelegt haben:

Hindu College Magazine
Editorial Office Shanti-Kunja
Benares, 16. Januar 1910

Für Krishna

Mein lieber kleiner Sohn und auch kleiner Bruder,

Danke für deinen wunderschönen Brief. Du weißt, wie froh Onkel und ich sind, für deinen jungen Körper zu sorgen und ihm bei der Vorbereitung auf sein zukünftiges Wirken zu helfen.

Ich wünsche mir sehr, dich in deinem Körper und auf der Astralebene zu sehen. Es ist herrlich, dass du den König gesehen hast.

Deine dich liebende Mutter.

Sie hielt sich lange Zeit in Benares auf, schrieb aber wieder: (19)

3. 1910

Mein lieber Krishna,
Danke für deine Zeilen und die Worte, die du einigen Briefen von Onkel hinzugefügt hast. Ich bin so froh und den Heiligen Meistern so dankbar für diese große Freundlichkeit. Mein lieber Junge, ich werde wirklich deine Mutter sein und dich als meinen Sohn lieben.
Deine dich liebende Freundin

Annie Besant

Und wieder auf Schulpapier: (20)

31. März 1910

Mein geliebter Krishna; gesegneter kleiner Sohn,
Ich frage mich, ob du mich bei deiner Morgenmeditation siehst oder spürst, wenn ich dich besuche. Auf der Astralebene spürst du meine Gegenwart, aber kannst du sie auch auf der physischen Ebene wahrnehmen? Viele Male am Tag schicke ich dir eine Gedankenform, die ihre Flügel um dich breiten soll.

In Kalkutta war ein großes Treffen für die Tiere, und ich erzählte den Leuten von dem Rotkehlchen, das versuchte, die Nägel aus den Händen des gekreuzigten Christus zu ziehen. Das ist kein Faktum, sondern eine echte Wahrheit, aber (einige unleserliche Worte) wie die Geschichte von Sri Krishna, der ein Eichhörnchen streichelte, das ihm helfen wollte...., weshalb alle indischen Eichhörnchen hübsche Streifen besitzen. In Sarnath, wo Buddha seine erste Predigt hielt, schaute ich zurück und sah, wie ein kleines Rehkitz seine Nase in seine Hand stupste. Der Herr war reine Liebe, und die Tiere fürchteten sich nicht vor ihm.

Sage dem lieben Nitya, dass ich ihm jeden Morgen einen Kuss auf seinen lieben kleinen Kopf gebe und auch ihm eine Gedankenform schikke.

Du weißt, dass ich dich sehr liebe, mein Krishna,
und immer deine dich liebende Mutter bin.

Koot Hoomi erwähnte in einem seiner Briefe, dass die Gedanken und Gefühle der Menschen farbige Gestalten annehmen, die wahrgenommen werden können und die ein Adept bewusst einsetzen kann, um anderen zu helfen. Dieses Thema wurde von Annie Besant und Leadbeater aufgegriffen und in ihrem gemeinsamen Buch "Gedankenformen" weiterentwickelt. Es enthält ein Bild (wahrscheinlich von John Varley, der die meisten Illustrationen anfertigte), auf dem ein goldener Ball mit rosa Schwingen zu sehen ist, eine Form, die für jemanden wie ein Schutzengel wirkt. (21) Annie Besant muss wohl diese Form im Sinn gehabt haben, als sie Krishnamurti schrieb.

Wenn sie in dem Brief sagte, dass sie zurückschaute, meinte sie damit zeitlich gesehen. Am 5. April antwortete Krishnamurti: „Ich habe die Geschichten über das Rotkehlchen und das Eichhörnchen gehört, ich habe aber noch nie ein Rotkehlchen gesehen. Es ist 1250 Jahre her, dass ich zum letzten Mal in Sarnath gewesen bin, aber ich hoffe, auch in diesem Leben wieder einmal dorthin zu kommen. Es gab dort eine große, graue Säule mit einem Löwen darauf, um die mehrere kleine Säulen im Halbkreis standen."(22)

1910 minus 1250 ergibt 660, eine Zeitspanne, in der sich eines der achtundvierzig Leben des Alcyone abspielte, und zwar von 624-694 n. Chr. Damals lautete sein Familienname Upasana, doch als er die gelbe Robe anlegte, nahm er den Namen Dhammalankara an. Der junge Mönch war der Schüler von Aryasanga. Aryasanga oder Asanga, falls es sich um dieselbe Person handelt, wie es meiner Ansicht nach der Fall sein sollte, ist eine historische Gestalt. Er führte den buddhistischen Yoga ein, gründete die Yogacharya-Schule und ist Autor von Büchern, die er der direkten Inspiration durch Maitreya zuschreibt. Leadbeater erwähnt überraschenderweise diesen Sachverhalt, was in Anbetracht der für Krishnamurti erhobenen Ansprüche recht interessant ist, erklärte ihn aber für den Autor der Stanzen aus dem "Buch Dzyan", die der Geheimlehre vorangehen, und des "Buches der Goldenen Regeln", aus denen Blavatsky die "Stimme der Stille" schöpfte. Mir fiel aber auf, dass sie die Stanzen einem viel früheren Ursprung zuschreibt (23) und einige der Regeln, verfasst in verschiedenen Sprachen, der vor-buddhistischen, andere wiederum einer späteren Zeit zuordnet, was eine Zusammenstellung von mehreren Quellen vermuten lässt, die gelegentlich erweitert wurde.(24)

Nach Leadbeater besuchte Dhammalankara Sarnath, und an jener Stelle, an der Buddha weitere zwölfhundert Jahre zuvor gepredigt hatte, „fand er eine wundervolle graue Granitsäule mit einem Löwen darauf dort emporragen, wo der erhabene Meister zu predigen pflegte. Die Säule stand inmitten eines riesigen, von anderen Säulen gebildeten Halbrundes, das sich zum großen Dagoba hin öffnete. Dahinter gruppierten sich außerhalb die gewaltigen, dicht besiedelten Klostergebäude."(25)

Handelte es sich dabei um Krishnas eigene Erinnerungen oder hatte er sie von Leadbeater übernommen? Die Jahreszahlen werfen ein Problem auf. Nach Leadbeaters Aussagen wurde Dhammalankara im achtzehnten Jahr der Regentschaft des Königs Harsha geboren. Diese ebenfalls historische Persönlichkeit herrschte in den Jahren 606-47, weshalb man wohl zu dem Geburtsdatum 624 gelangte. Doch in der Bibliographie zu Blavatskys "Collected Writings" findet man unter Asanga die Jahreszahlen 410-500 (26), wohingegen es in der "Encyclopaedia Brittanica" heißt „viertes bis fünftes Jahrhundert". Im Osten neigen die Anhänger einer Tradition dazu, Ergänzungen ebenfalls dem Begründer zuzuschreiben, wie es angeblich beim "Diamant Sutra" des Nagarjuna und dem Tao Te King von Lao Tsu der Fall gewesen sein soll. Vielleicht hatte sich Leadbeater dadurch irreführen lassen.

Aber existieren die Granitsäulen von Sarnath noch? Krishnamurti schreibt an Annie Besant, als wollte er sie darüber aufklären, wie es in jener Zeit dort ausgesehen hatte. Wenn archäologische Ausgrabungen die Säulen entdeckten, wäre das für die psychische Forschung sehr bedeutsam. Krishnamurti war natürlich über den Meister Koot Hoomi unterrichtet. Besonders zwei Meister hatten die Theosophische Gesellschaft unter ihre Obhut genommen, Morya und Koot Hoomi. Madame Blavatsky hatte damit angefangen, ihren Lehrer Morya „Meister" zu nennen, was daraufhin allgemein üblich wurde. Annie Besant bezeichnete alle vollendeten Adepten oder Mahatmas als "Meister der Weisheit". Morya war ein Rajput und trug den geteilten Bart dieser Kaste. Der Name, den er Madame Blavatsky für die Veröffentlichungen angab, war ein Pseudonym, für das er den Familiennamen der großen Morya- oder Mauria-Dynastie in Südindien wählte, die gelobte, das Kastensystem auszurotten. Als Sinnett Madame Blavatsky fragte, ob ihr Meister ihn aufsuchen würde, verneinte Morya, fügte aber hinzu, dass er einen jüngeren Gefährten namens Koot Hoomi habe. Dieser besäße eine größere Neigung zum Briefeschreiben als er und wäre bereit, Sinnetts Fragen zu beantworten. So kam es zu den berühmten "Mahatma-Briefen". Man erkannte, dass Morya und Koot Hoomi - ebenfalls ein Pseudonym, dessen Geheimnis noch nicht gelüftet ist - auf unterschiedlichen Strahlen wirken. Morya verkörpert den ersten Strahl, das Macht- oder Atman-Prinzip unter der Herrschaft des Manu und eines noch Höheren. Koot Hoomi wirkt durch den zweiten oder Buddha-Strahl, dem auch Buddha und Maitreya angehören. Es gibt noch fünf weitere Strahlen, die gleichermaßen bedeutungsvoll sind. Lehrer aber (die Schüler eher von Angesicht zu Angesicht als durch Bücher unterrichten) finden wir auf dem zweiten und sechsten Strahl. Jesus gehörte zum sechsten Strahl. Leadbeater gab eine Tabelle heraus, die ihm der Tibeter Djwal Khul übermittelt hatte. (27) Wood erkannte eine paarweise Zusammengehörigkeit der Strahlen eins und sieben, zwei und sechs sowie fünf und sieben. Der vierte, in der Mitte stehende Strahl sorgt für das Gleichgewicht, tendiert aber mehr zum ersten und siebten Strahl. Ich möchte hinzufügen, dass die erste Gruppe vom Prinzip ausgehend die Vielfalt seiner Verkörperungen betrachtet, während die zweite Gruppe über die Untersuchung der Einzelheiten zum Prinzip vorstößt. Der Unterschied zwischen dem dritten und fünften Strahl, die sich beide mit der Kenntnis und dem Verstehen von Fakten beschäftigen, liegt in der Annäherung; auf dem dritten ist sie platonisch, theoretisch und auf dem fünften aristotelisch, empirisch und beobachtend. (In seiner "Kritik der reinen Vernunft" untersucht Kant eingehend die Beziehung zwischen dem, was die Theosophen den dritten und fünften Strahl nennen würden.) Der zweite Strahl liebt die Menschheit, der sechste die Menschen, darin liegt der Unterschied. Man möchte es natürlich nicht an den Eigenschaften der anderen sieben mangeln lassen oder mag bisweilen hören: „Er ist wirklich ein guter Mann, aber es fehlt ihm völlig an... ." Dennoch herrscht gewöhnlich ein Strahl vor, oft unmittelbar gefolgt von einem weiteren.(28)

Krishnas führender Strahl war der zweite, weshalb Leadbeater ihn anhielt, über den Meister Koot Hoomi zu meditieren, um ihn während des Schlafens erreichen zu können. (Obwohl Morya und Koot Hoomi England besucht hatten, lebten sie die meiste Zeit in Tibet und durften aus Gefälligkeit des Panchen Lama auf dem Gelände des Klosters von Tashi Lhumpo in Shigatse wohnen, obgleich sie nicht zu den Mönchen gehörten.) Der Meister Koot Hoomi würde den Jungen sicherlich belehren, während sein Körper schlief, und er sollte dann am nächsten Morgen niederschreiben, woran er sich erinnerte. Krishnamurti gab Leadbeater seine kindlichen Ausführungen, die grammatikalisch verbessert und getippt werden mussten. Das führte zu dem Büchlein "Zu Füßen des Meisters", das von Alcyone 1910 herausgegeben wurde.

Die Autorenschaft dieses Werkes war umstritten, und man fragte sich, ob es von Koot Hoomi, Krishnamurti oder Leadbeater stammte. Die Zyniker wiesen auf Krishnas Vorwort hin: „Es sind nicht meine Worte, es sind die Worte des Meisters, der mich unterrichtete."(29) Doch Krishnamurti hätte Leadbeater niemals als Meister bezeichnet.

Dick Clarke erinnert sich: „In Zurückweisung solcher Behauptungen möchte ich mein persönliches Zeugnis für Krishnamurtis Urheberschaft ablegen, weil ich ihn persönlich schreiben sah. Es war mein besonderes Privileg, damals Krishnaji Englisch lehren zu dürfen, was ihn in die Lage versetzte, niederzuschreiben, was sein Lehrer zu ihm gesprochen hatte. Ich hoffe, es beruhigt den Leser dieses wundervollen Buches, mein bescheidenes Zeugnis zu hören, das der folgende Bericht aus "Die Meister und der Pfad" von C.W.Leadbeater bestätigt."(30)

Doch gerade dieses Zitat enthält die Aussage, dass er die getippten Notizen auf der Astralebene dem Meister zeigte und ihn bat, sie durchzulesen „....Er las es, verbesserte hier und dort das eine oder andere Wort, fügte einige Korrekturen und Erklärungen hinzu und einige andere Sätze, die ich ihn hatte sagen hören."(31)

Hier haben wir also ein unabsichtliches Eingeständnis, dass es sich nicht ausschließlich um Krishnas Worte handelt. Leadbeater hatte nicht nur die Rechtschreibung und Grammatik korrigiert. Seine vorgefasste Meinung, was der Meister gesagt haben könnte, war wohl mit eingeflossen.

Im September 1910 verbrachte Krishnamurti einige Zeit mit Annie Besant in Benares, wo er zum ersten Mal George Arundale begegnete. Er begann, ihn und andere, die er um sich versammelte, zu lehren, wie er es von seinem Meister gelernt hatte und schrieb Leadbeater, ihm seine Notizen, die er von der Lehre des Meisters gemacht hatte, zuzuschicken. Aber er erhielt nur die von Leadbeater getippte Version, nicht seine eigenen, handgeschriebenen Notizen. Diese sind verschwunden.

In dem veröffentlichten Text klingen Gedanken an, die eher christlicher als buddhistischer Natur sind: „Wenn du Sein bist, musst du deine gewöhnliche Arbeit besser verrichten als andere, nicht schlechter, denn du musst es auch Ihm zuliebe tun."(32)

Damit will ich nicht andeuten, man solle selbst die bescheidenste Arbeit nicht so gut wie man kann verrichten. Doch der Begriff „zuliebe" scheint mir Koot Hoomis Gedankenwelt fremd zu sein.

Leadbeater, der bis zu seinem Übertritt zur Theosophie als Geistlicher der Kirche von England angehörte, neigte wahrscheinlich eher dazu, solche Akzente zu setzen, als es der junge Krishnamurti getan hätte.

Eine Passage scheint aus einer anderen Quelle zu stammen. „Es ist gut, wenig zu reden, besser noch zu schweigen, es sei denn, du bist dir sicher, dass das, was du sagen willst, wahr, freundlich und hilfreich ist. Bevor du sprichst, denke sorgfältig darüber nach, ob das, was du sagen willst, diese drei Eigenschaften besitzt; wenn nicht, dann schweige."(33)

In ihrer Ansprache bei der Tagung der Esoterischen Schule (im Jahre 1908) hatte Annie Besant gesagt. „Drei Regeln sollen die Zunge leiten, Wahrheit, Freundlichkeit und Nützlichkeit. Ist das, was ich zu sagen gedenke, wahr? Wir dürfen nicht übertreiben, um der Geschichte einen dramatischen Effekt zu verleihen. Wir dürfen unsere persönliche Rolle an einem Ereignis nicht aufbauschen. Ist das, was ich sagen will, freundlich? Wir sollten keine Worte benutzen, die verwunden, keine Witze machen, die verletzen. Wir dürfen den Gefühlen anderer nicht gleichgültig gegenüber stehen. Ist das, was ich sagen will, nützlich....?"(34)

Ich habe mich mit Mary Lutyens darüber unterhalten. Sie neigte zu der Annahme, dass die Zusammenstellung weitgehendst auf Leadbeater zurückzuführen ist. Und doch habe ich den Eindruck, dass gewisse Dinge nicht von Leadbeater stammen können. Zu Beginn des Buches wird von vier Voraussetzungen gesprochen, die der Schüler auf dem Pfad erfüllen muss: Unterscheidungsvermögen, Wunschlosigkeit, gutes Verhalten und Liebe. „Die erste dieser Voraussetzungen ist das Unterscheidungsvermögen..." (35) Das scheint mir aus dem indischen, nicht christlichen Gedankengut zu stammen, besonders die beiden ersten Punkte. Ich meinte zu ihr: „Ich glaube nicht, das Leadbeater das Unterscheidungsvermögen an erste Stelle gesetzt hätte."

Mary Lutyens entgegnete: „Aber es ist ein schrecklich großes Wort für einen Jungen, der kaum die englische Sprache beherrschte."

Ernest Wood wirft Licht auf die Sache. Er bemerkte, dass die vier Voraussetzungen in dieser Reihenfolge, wenn auch erst neu übersetzt, von Shankara stammen. Es bleibt zu bedenken, dass Leadbeater kein Sanskrit lesen konnte.

Das Buch erschien Ende 1910 und ist seither immer wieder neu aufgelegt worden. Krishnamurti überließ den Gewinn Annie Besant. Wood berichtet jedoch, dass Subramania Iyer, sein bester Freund in Adyar, ihm berichtete, dass er bei einem Gespräch zwischen Krishnamurti und seinem Vater, der den Jungen nach der Autorenschaft befragte, anwesend gewesen sei. Krishnamurti muss in Telugu geantwortet haben: „Es ist nicht mein Buch, sie haben es mir in die Schuhe geschoben." (36)

Annie Besant war sehr aufgebracht darüber und erklärte, es wäre unmöglich, dass Krishnamurti eine solche Unwahrheit gesprochen hätte. Sie forderte Subramania Iyer auf, entweder seine Beschuldigung zu widerrufen oder Adyar zu verlassen. Da er ganz sicher war, Krishnas Worte richtig verstanden zu haben, blieb er bei seiner Aussage und musste trotz Woods Fürsprache Adyar verlassen. Daraufhin trat Wood an seine Stelle als Sanskritlehrer für Krishnamurti und Nitya.

Nach seinen Worten muss Krishnamurti Leadbeater manchmal irritiert haben. Wenn er den Jungen fragte: „Was möchtest du gerne tun?" antwortete er: „Was du möchtest." Leadbeater hätte es vorgezogen, wenn er irgendeine Vorliebe zum Ausdruck gebracht hätte und rief dann aus: „Zum Teufel mit diesen Bairigis!" (37) Bairigi war ein indischer Heiliger, der der Welt gleichgültig gegenüberstand.

Krishnamurti pflegte mit offenem Mund am Fenster zu stehen, und Leadbeater hielt ihn wiederholt dazu an, ihn zu schließen. Durch den Mund zu atmen bedeutet, dass die Luftunreinheiten direkt in die Lunge gelangen, anstatt zuvor durch die Nasenschleimhaut gefiltert zu werden. Aber mit offenem Mund dazustehen, heißt nicht unbedingt, durch den Mund einzuatmen. Wenn der Zungenrücken am Gaumen liegt, ist der Durchgang ebenso abgedichtet wie mit verschlossenen Lippen, und man neigt dann tatsächlich dazu, den Unterkiefer herunterhängen zu lassen, während man durch die Nase atmet und über die Unendlichkeit nachsinnt. Aber Leadbeater akzeptierte das nicht und schlug ihn einmal sogar aufs Kinn. Später im Leben erklärte Krishnamurti, dass der Schlag seinen Mund zwar geschlossen, die Beziehung aber gebrochen habe. (38).

Ein andermal hingegen, als man ihn fragte, was wohl geschehen wäre, wenn Leadbeater ihn nicht gefunden hätte, meinte er: „Ich wäre gestorben."(39)

Annie Besant war nach Adyar zurückgekehrt und widmete sich jeden Tag etwa zwei Stunden lang den Jungen. In seinen frühen Erinnerungen schrieb Krishnamurti: „Unsere Mutter gab uns jeden Morgen eine Stunde Leseunterricht. Zusammen lasen wir Kiplings Dschungelbuch, was mir viel Freude bereitete, Captain Couragous, The Scarlet Pimpernel und einige Stücke von Shakespeare."(40) Stets spricht er von Annie Besant als Mutter und redet sie auch so an.

4.

Die erste Manifestation

Wann genau Naraniah seine Haltung Leadbeater gegenüber änderte, steht nicht fest. Eigentlich war er es gewesen, der ihn besorgt aufgesucht hatte, weil man Krishnamurti in der Schule böse schlug. Aber irgendwann begann er, sich dem starken Interesse, das Leadbeater an dem Jungen zeigte, zu widersetzen, denn obwohl er diesen rechtlich in die Obhut von Annie Besant gegeben hatte, schien vorwiegend Leadbeater die Vormundschaft in die Hand genommen zu haben. Wir wissen nicht, wann er sich zum ersten Mal beklagte, doch seine Erregung war bekannt, weshalb Annie Besant 1910 wahrscheinlich in Adyar blieb. Die unerwartete Rolle, für die man seinen ältesten Sohn vorbereitete, schien Naraniah zu beunruhigen. Er hatte gehofft, dass er auf Grund einer englischen Erziehung vielleicht Jurist oder Arzt werden würde, und nun sah es so aus, als mache man aus ihm einen Christus.

Bei der Durchsicht alter Ausgaben von ˮThe Linkˮ, einer Zeitschrift der „Esoterischen Schuleˮ(die angeblich geheim gehalten werden sollte, von der manche Ausgaben aber doch in einigen Buchläden antiquarisch erstanden werden konnten), zeigt es sich, dass Annie Besant ihre Schüler beständig darauf aufmerksam machte, dass ebenso wie Johannes den Weg für Jesus bereitete, sie und die anderen der Wegbereiter für Krishnamurti sein sollten. Sie und die Übrigen durften die Rolle von Johannes dem Täufer einnehmen. Sie mussten die Menschen auf sein Kommen vorbereiten. Ein ernsthafter Schüler berichtete, er „habe eine Gedankenform des kommenden Christus auf ein Auto geheftetˮ, damit der Besitzer beim Einsteigen dachte: „Christus wird kommen.ˮ(1) Man beachte, dass zwischen Christus (Maitreya, dem Bodhisattva) und Jesus Christus nicht unterschieden wird. Die meisten Menschen jedoch verbinden den Namen Christus (der Gesalbte) mit Jesus.

Am 22. Januar 1911 gründete George Arundale mit Zustimmung von Annie Besant den „Orden des Sterns im Osten". Krishnamurti wurde sein Oberhaupt, Arundale der Sekretär und Ernest Wodehouse leitete die Herausgabe. Die Mitglieder erhielten Abzeichen zum Tragen: Führungspersönlichkeiten, goldenes Dreieck oder goldener Stern; höchste Stufe, Purpur mit Silberdreieck; zweite Stufe, Gold mit Silberstern; dritte Stufe, blassblau mit Silberstern. Zur gleichen Zeit wurde eine vierteljährlich erscheinende Zeitschrift „The Harald of the Star" gegründet. Auf dem blassblauen Einband prangte ein fünfzackiger Silberstern. Der Name des Herausgebers lautete J. Krishnamurti. Doch dieser zählte erst fünfzehn Jahre und besaß keinerlei redaktionelle Erfahrung, weshalb die eigentliche Arbeit wahrscheinlich von irgendjemand anderem gemacht wurde.

Annie Besant fand es nun an der Zeit, die Jungen mit nach England zu nehmen. Man kleidete sie nach europäischem Stil ein, und am 22. April gingen sie in Bombay an Bord. In Brindisi stiegen sie aus und fuhren mit dem Zug nach Calais, überquerten den Kanal und trafen am 5. Mai in London ein. Unter den Theosophen, die sich zur Begrüßung auf dem Bahnsteig in Charing Cross eingefunden hatten, befand sich auch Lady Emily Lutyens. Die damals sechsunddreißigjährige Enkelin des Romanschriftstellers Bulwer-Lytton, Tochter des ersten Earl of Lytton, der 1876-80 indischer Vizekönig gewesen war, und Ehefrau des Architekten Sir Edwin Lutyens sowie Mutter von fünf Kindern, war dazu bestimmt, im Leben des Krishnamurti eine wesentliche Rolle zu spielen.

Annie Besant wohnte mit den Jungen bei ihrer engen Freundin Esther Bright und deren Mutter in Süd-Kensington, 82 Drayton Gardens. Drei Tage später brachte Lady Emily zwei Freunde zu einer Zusammenkunft im Theosophischen Hauptquartier in London mit. Eine von ihnen war die seit zwanzig Jahren in England lebende Amerikanerin Mary Dodge, die durch Arthritis so behindert war, dass sie einen Rollstuhl benötigte. Trotz ihrer barschen Stimme besaß sie ein weites Herz. Sie war unermesslich reich, da sie von ihrem Großvater ein Vermögen geerbt hatte, das aus

Kupfer-, Immobilien- und Eisenbahnaktien stammte. Sie bewohnte zusammen mit ihrer Begleiterin Lady De La Warr das Warwick House in St. James. Lady Emily hatte beide Damen vom Spiritismus zur Theosophie gebracht, und an jenem Abend traten alle drei dem „Sternenorden" bei.

Krishnamurti und Nitya waren mehrmals im Warwick House zum Essen eingeladen. Sie lebten immer noch bei den Brights. (Einer alten Ausgabe von "The Link" entnehme ich, dass Esther Bright als Sekretärin für den Briefwechsel der „Esoterischen Abteilung" zuständig war.) Sie empfanden die Lebensweise dort als sehr streng. Auf Anweisung Leadbeaters mussten sie ungeheure Mengen an Porridge essen und mehrere Gläser Milch trinken, was sie überhaupt nicht mochten. (Als nach dem Zweiten Weltkrieg Milchpulver nach Malaysia gebracht wurde, um die unterernährte Bevölkerung damit zu sättigen, stellte es sich heraus, dass sie davon krank wurde. Leadbeater mag nicht gewusst haben, dass Milch bei Asiaten Übelkeit verursacht.) Die Jungen vermissten auch die Curry-Gewürze, an die sie gewöhnt waren und entleerten den Pfefferstreuer über allem, was ihnen vorgesetzt wurde. Der Vegetarismus der Theosophen erlaubte Eier. Nach Lady Emily „soll deren Verzehr der Geburtenregelung dienen und nicht als Mord gelten".(2) Meiner Ansicht nach verstand Lady Emily in diesem Zusammenhang etwas nicht. Die zum Verzehr in den Handel gebrachten Eier sind unfruchtbar, da sie von Legehennen stammen, die nicht gedeckt werden. Nitya bemerkte einmal: „Ich glaube nicht, dass Miss Bright versteht, wie sehr wir den Reis lieben."(3) Es klingt, als habe man ihnen vorwiegend Porridge und nur selten Reis gegeben. Sie waren aber daran gewöhnt, dass die Grundlage jeder Hauptmahlzeit aus unpoliertem Reis bestand.

Krishnamurti und Nitya litten nicht nur unter der Ernährung, sondern auch an den Füßen, nicht nur die Verdauung, sondern auch das Gehen bereitete ihnen Qualen. Ein Leben lang waren sie barfuß gelaufen, nun aber vermieden sie jeden Anlass, bei dem sie gehen mussten. Sie liebten es, die Spielzeugbote, die Annie Besant ihnen geschenkt hatte, auf dem runden Teich in den Kensington Gärten schwimmen zu lassen, aber sie mussten zu Fuß dorthin gehen.

Der Rechtsanwalt Harold Bailie-Weaver schlug Maßschuhe für ihre schmalen Füße vor. Man brachte sie auch zu einem Schneider, der ihnen Anzüge anfertigte, die passten und gab ihnen Gehstöcke mit einem goldenen Knauf.

Manchmal führte Lady Emily sie zusammen mit ihren eigenen Kindern ins Theater. Dieses neuartige Erlebnis begeisterte sie.

Annie Besant nahm sie an verschiedene Orte in England und Schottland mit, wo sie theosophische Treffen abhielt. Lady Emily, die sie nach Oxford begleitete, erinnerte sich daran, wie die beiden Jungen auf einer Garten-Gesellschaft vor Kälte zitterten und ganz elend aussahen. Am 26. Mai hielt Krishnamurti im Theosophischen Hauptquartier in London am runden Tisch für Juniorenmitglieder seine erste öffentliche Rede. Annie Besant schrieb an Leadbeater, dass sie und George Arundale die Rede für ihn vorbereitet hatten. Er vergaß zum größten Teil, was er sagen sollte, sah aber sehr charmant aus.

Annie Besant nahm Krishnamurti und Nitya mit nach Paris, wo sie am 12. Juni an der Sorbonne über „Giordano Bruno - Apostel der Theosophie im sechzehnten Jahrhundert", eine ihrer früheren Inkarnationen, sprechen sollte. Krishnamurti schrieb an Leadbeater: „Der Sorbonne Vortrag war ein großer Erfolg. Dort sahen wir den Grafen."(4) Er meinte den Grafen von Saint-Germain, den Meister des siebten Strahls. Der Körper des am 27. Februar 1784 verstorbenen Grafen wurde am 1. März in der Kirche St. Nicolas in Eckenförde in Schleswig begraben. Seine geistige Anwesenheit mag bei Annie Besants Vortrag durchaus zu spüren gewesen sein, aber hatte Krishnamurti ihn in der am Hofe Ludwig XIV. üblichen Kleidung gesehen? Wenn nicht, wie konnte er dann gewusst haben, wer er war. Wir haben nichts Näheres zu diesem Punkt erfahren.

Nach ihrer Rückkehr hielt Annie Besant in der Queens Hall in London drei Vorträge über „Das Kommen des Weltlehrers". So groß war das Interesse daran, dass Hunderte von Leuten abgewiesen werden mussten. Krishnamurti schrieb an Leadbeater: „Sie ist wirklich die beste Rednerin der Welt." Im August blieb Annie Besant mit den Jungen in Esher, Surrey, bei den Brights, wo diese ein Landhaus besaßen. Lady Emily, die sie dort besuchte, schrieb: „Quälende Schmerzen bereiteten ihm (Krishnamurti) schlaflose Nächte...Unzählige Gläser Milch mussten täglich getrunken und Porridge und Eier zum Frühstück konsumiert werden...unter Annie Besants gestrengem Blick."(5)

In London hielten sich Krishnamurti und Nitya jetzt manchmal im Hause der Lutyens in Bloomsbury Square auf, wo sie die Kinder, unter ihnen die dreijährige Mary, kennen lernten.

Im Herbst kehrte Annie Besant mit den Jungen nach Indien zurück, wo sie am 7. November mit Leadbeater zusammentrafen. Sie aber reiste weiter nach Norden, wie es aus einem Brief hervorgeht: (6)

Theosophische Gesellschaft
Shanti-Kunja
Benares City
Büro des Präsidenten

24. Oktober 1911

Mein Liebling Krishna,
George (Arundale) geht es sehr gut und er erhält sehr viel mehr Macht und Entscheidungsfreiheit als vor den sechs Monaten in deiner lieben Gegenwart. Du kannst stolz auf deinen Schüler sein. Gestern Abend sprach ich mit dem Orden und meditierte mit ihnen, und ich rief dich und du kamst, was sehr lieb von dir war.
Dir alles Liebe. Bitte grüße Nitya ganz herzlich von mir; ich denke an euch beide,

deine liebe Mutter
(und Bruder)

Da Arundale der Tutor der Jungen gewesen war, soll die Bemerkung wohl als Scherz aufzufassen sein.

Danach schrieb sie: (7)

Mein lieber Sohn,
Ich denke so oft an dich und schicke dir mächtige Wellen der Liebe, ganz
so wie jene, die über die Sandbank brechen, nur dass sie dich nicht hin-
und herschleudern, sondern den kostbaren Körper, den unser Herr tragen wird, umhüllen und beschirmen. Und dann, abgesehen von diesem
großen Segen für dich und für mich, liebe ich meinen Krishna, das Ego,
das ich seit so vielen, vielen Jahren geliebt habe. Wie viele? Ich weiß es
nicht, vielleicht seit wir als Tiere auf dem Boden krochen und die Hütte
unseres Meisters bewachten. Vielleicht sogar noch länger, als wir Pflanzen
waren und unsere zarten Ranken bei Sonnenschein und Sturm zueinander hinstreckten - vielleicht sogar als wir noch Minerale waren - oh, vor
langer, langer Zeit - ich ein kleiner Kristall und du ein bisschen Gold in
mir. Und über die Zeitalter hin, mein Krishna, werden wir in Liebe verbunden sein und uns gegenseitig unterstützen, um unserer Rasse zu helfen. Wie herrlich dies alles doch ist. Und unser geliebter Bruder Charles
ist auch bei uns gewesen; er, der ältere, und du, der jüngere - ihr seid mit
dem Segen des kommenden Buddha gezeichnet.
Der Segen der erhabenen Bruderschaft ruht auf dir, mein Geliebter,
und ich, deine Dienerin, bin froh und stolz, dich zu lieben und dir zu
dienen.
Herakles
Meine Liebe an Nitya, den ich bald als den Bruder zu feiern hoffe."
(Sie unterzeichnete mit ihrem Namen in den "Leben".)

Im Dezember fuhr Leadbeater mit Krishnamurti und Nitya nach
Benares, um sich Annie Besant anlässlich des dort stattfindenden Theosophischen Konvents anzuschließen. Jemand äußerte rein zufällig, ob es nicht
möglich sei, dass das Oberhaupt des Ordens, Krishnamurti, selbst den
neuen Mitgliedern des "Sternen-Ordens" die Urkunde ihrer Mitgliedschaft
aushändigte. Einige Mitglieder, die sie bereits besaßen, fragten daraufhin,
ob auch sie ihre Urkunde zurückgeben dürften, um sie von Krishnamurti

erneut zu empfangen. Die Zeremonie sollte am 28. Dezember 1911 um sechs Uhr abends in der Halle des Hindu College stattfinden. Etwa vierhundert Leute waren anwesend. Die Inder saßen größtenteils auf dem Fußboden, während die an den Seiten aufgestellten Stühle von Europäern eingenommen wurden, darunter Annie Besant, Francesca Arundale (die Tante von Georg Arundale) und Leadbeater. Es waren auch einige Universitätsprofessoren und Offiziere der indischen Armee anwesend, zu denen der pensionierte Major L. Peacocke gehörte, der Zeuge des Geschehens war. Krishnamurti stand mit dem Gesicht zur Versammlung gewandt, Telang an seiner Seite, sodass diejenigen, die ihre Urkunde mitbrachten, diese Telang gaben, der sie an Krishnamurti weiterreichte. Dieser gab sie dann an das Mitglied zurück.

Die ersten zwei oder drei Mitglieder nahmen ihr Schriftstück in Empfang und gingen wieder zu ihrem Platz. Das nächste Mitglied fiel vor Krishnas Füßen nieder; dann das nächste und das nächste. Diejenigen, die ihre Urkunde nicht mitgebracht hatten, rissen ihr Sternabzeichen herunter, um es Telang zu geben, damit sie vor seinen Füßen niederfallen konnten. Jeder, der an der Reihe war, warf sich zu Boden. Selbst Nitya fiel nieder. Obwohl nach Aussagen eines Augenzeugen, Bhagavan Das, Annie Besant Francesca Arundale zwang, niederzuknien, blieb sie selbst stehen und Leadbeater ebenso. Man spürte den Wandel in Krishnas Stimme. Seine Worte wurden nicht aufgenommen. Doch er soll unter anderem gemurmelt haben: „Ich komme" und zum Schluss: „Möge der Segen des erhabenen Herrn immerdar auf euch ruhen", während er seine Hand segnend über die Anwesenden erhob.

Dann ging er zurück, ließ sich zwischen Annie Besant und Leadbeater nieder und schien wieder sein normales Selbst zu sein, doch ohne viel davon zu verstehen, was soeben geschehen war.

Bei einem Treffen der „Esoterischen Abteilung" am nächsten Tag, dem 29. Dezember, meinte Annie Besant zu ihren Schülern, dass eine große, blau schimmernde Lichtkrone über Krishnamurti erschienen sei, aus der blaue Lichtstrahlen herabgeflossen seien und seinen Kopf berührten und überfluteten. Dies war der Herr Maitreya, der sich in seinem auserwählten Vehikel verkörperte.

Innerhalb der Krone befand sich ein purpurnes Kreuz, das Jesus symbolisierte. Hoch oben funkelte ein strahlender Stern. Dies war der Stern des Einen Initiators, des "Königs" oder "Herrn der Welt" (des Planeten). Die ganze Zeit über hatte eine schützende Wand von grünen Devas das gesamte Gebäude umgeben.

Diese Vision muss ihre eigene gewesen sein, denn Leadbeater, der zwei Tage später, am 31. Dezember, einen sehr langen Brief an Fabrizio Ruspoli in Adyar schrieb, erwähnte nichts davon, sondern berichtete: „Plötzlich erfüllte ein ungeheurer Kraftstrom die Halle, der so spürbar durch Krishnamurti hindurchströmte, dass das nächste Mitglied, überwältigt von dieser wunderbaren Woge, ihm zu Füßen fiel. Ich habe niemals etwas auch nur im geringsten Ähnliches erlebt. Man musste unwillkürlich an den mächtig brausenden Wind bei der Ausgießung des Heiligen Geistes zu Pfingsten denken."(8)

5.

Der Kampf um das Sorgerecht

Eine der wenigen Personen, die nicht zu Boden fielen, war Naraniah. Am 30. Dezember wiederholte sich der Vorfall, und man warf sich Krishnamurti zu Füßen. Frau van Hook, die Huberts Ersetzung wohl akzeptiert hatte, verbeugte sich ebenfalls, aber Naraniah beklagte sich bei ihr, dass diese Kniefälle ihn als Vater nur lächerlich machen würden. (1)

Mitte Januar 1912 erhielt Annie Besant einen Brief von ihm. Wir besitzen dieses Dokument nicht, doch sie fühlte ihr Sorgerecht für die beiden Jungen genügend gefährdet, um sich mit Sir Subramania Iyer und zwei weiteren Mitgliedern zu beraten, in deren Anwesenheit Naraniah gehört wurde. Über die Unterhaltung bei dieser Begegnung gibt es keine Aufzeichnungen, und die Zeugenaussagen widersprechen sich. Naraniah erklärte später, dass er es zur Bedingung gemacht hatte, seine Söhne vollkommen von Leadbeater zu trennen und auch jeden Briefverkehr mit ihm einzustellen, wenn sie das Sorgerecht behalten wollte. Gemäß seiner Aussage hatte sie dies zwar versprochen, aber nicht eingehalten. In einem langen, ausführlichen Brief an ihren Anwalt schilderte Annie Besant den Sachverhalt jedoch völlig anders.

Leadbeater, der beabsichtigt hatte, die Jungen nach Ootacamund in den Nilgiri-Bergen mitzunehmen, wo er Krishnamurti auf seine zweite Einweihung vorbereiten wollte, verließ Indien, um in Europa einen passenden Aufenthaltsort zu finden. Am 19. Januar 1912 unterschrieb Naraniah ein Dokument, das Annie Besant bevollmächtigte, die Jungen nach England mitzunehmen. Doch selbst wenn er die Trennung von Leadbeater nicht gefordert hätte, befürchtete sie, dass er das Sorgerecht zurücknehmen könnte, wie dies aus ihrem Brief vom 23. Januar 1912 an Leadbeater hervorgeht: „Ich fühle mich nicht sicher, ehe wir die indischen Gewässer hinter uns haben." Sie nutzte die Abwesenheit Naraniahs, der Adyar für eine Woche verlassen hatte, um die Jungen rasch nach Bombay zu bringen. Am 3. Februar reisten sie ab. Sie sorgte dafür, dass niemand wusste, wo sie wirklich waren.

Nach Naraniahs Aussagen hatte Annie Besant ihn aufgefordert, sein Haus in Adyar zu verlassen. Sie hingegen legte es anders dar; und die Aussagen aller an der Angelegenheit Beteiligten widersprechen sich vielfach.

Dieses Mal wurde Annie Besant von Dick Clarke und C. Jinarajadasa (Raja) begleitet. Letzterer hatte zur Zeit von Krishnas „Entdeckung" Vorträge im Ausland gehalten. Sie verließen in Brindisi das Schiff und trafen in Dover Lady Emily, die sofort bemerkte, dass Krishnamurti einen kurzen Haarschnitt trug. Zuerst blieben sie bei den Brights; dann besuchten sie alle Holland. Leadbeater hatte sich inzwischen auf einen Ort für Krishnas zweite Einweihung festgelegt. Sie sollte in Taormina, in Sizilien, stattfinden, weil dort Pythagoras, eine frühere Inkarnation von Koot Hoomi, seine Schule gehabt hatte und es zu den Orten gehörte, an denen Apollonius von Tyana einen Talisman vergraben hatte. Der Magnetismus, so erklärte man Lady Emily, sei besonders geeignet. Annie Besant und Lady Emily kehrten nach London zurück. Dick Clarke und Jinarajadasa durchquerten mit den Jungen Europa, verbrachten auf dem Weg eine Nacht in Paris und schlossen sich Leadbeater in Sizilien an. Als ich Mary Lutyens traf, bemerkte sie beiläufig etwas, das mich überraschte: „Dick Clarke war homosexuell und gab niemals vor, etwas anderes zu sein – und natürlich betete er Krishnamurti an." Obgleich er es gewesen war, der die Jungen gewaschen und entlaust hatte, war sie sich sicher, dass er das in ihn gesetzte Vertrauen niemals missbraucht hätte. Doch sollte sie mit ihrer Bemerkung tatsächlich Recht gehabt haben, dann hatte Annie Besant wohl nichts davon gewusst, sonst wäre sie das Risiko nicht eingegangen. (Dick Clarke heiratete später, wurde aber geschieden.)

Auch Arundale kam nach Sizilien, um als Erzieher tätig zu sein. Sie wohnten alle im selben Hotel. Annie Besant muss wohl befürchtet haben, dass Naraniah den Aufenthaltsort seiner Söhne ausfindig machen könnte, weshalb sie von London aus an Leadbeater schrieb: „Ich glaube, unser Krishnamurti sollte von Sizilien aus nicht nach Indien schreiben."(2)

Der heiligste Tag im buddhistischen Jahr ist das Wesak-Fest, anlässig des Mai-Vollmondes, an dem der Geburt Buddhas gedacht wird. Wenn man den Tag in Meditation verbracht hat, soll man seine Gegenwart und seinen Segen um Mitternacht spüren können. Da die Sternzeichen des tropischen Tierkreises in der dritten Woche des Monats wechseln, fragte ich im Sekretariat der Buddhistischen Gesellschaft in London nach, ob der Erleuchtete unter das Sonnenzeichen Stier oder Zwillinge falle. Man antwortete mir, dass die japanischen Buddhisten seine Geburt im April ansetzen, alle anderen jedoch im Mai. Die britischen Buddhisten feiern Wesak im Mai, also im Sonnenzeichen Stier. Da seine Mutter ihn im Schatten eines Baumes geboren hatte, also in der Mittagshitze, könnte sein Aszendent Löwe oder Jungfrau gewesen sein. Ich entscheide mich für Jungfrau. Nach Blavatsky entspricht dieses Zeichen der Buddhi-Ebene, und sein Herrscher, Merkur, wird von den indischen Astrologen „Buddha" genannt. Buddhas Geburtsjahr ist nicht bekannt, seinen Tod vermutet man im Jahr 543 v. Chr. Im Mai 1912 gab es einen blauen Mond, der auf den 30. Mai, acht Grad Zwillinge, fiel. Der erste Vollmond am 1. Mai, auf zehn Grad Stier, wurde von Leadbeater als der richtige angenommen, an dem ein großes Fest, weit über den Himalaya hinausreichend, stattfinden würde. Dies sei der Tag, an dem Krishnamurti seine zweite Einweihung erhalten sollte. Leadbeater beschrieb, wie er Buddha gesehen hatte; über Krishnas Einweihung hatte er aber nichts gesagt. Aus einem Brief von Krishnamurti an Francesca Arundale wissen wir nur, dass er und Jinarajadasa ihre Einweihung erhalten hatten und dass George Arundale und Nitya bald ihre erste Einweihung erfahren sollten. Danach gab es sieben Eingeweihte in der Gesellschaft. Mit Annie Besant und Leadbeater waren es eigentlich nur sechs, aber Wood war mit Sicherheit ebenfalls ein Eingeweihter.

Krishnamurti hatte eine Gestalt geschaut, von der er zunächst annahm, dass es sich um Maitreya handelte, da er immer wieder von seinem erneuten Kommen gehört hatte. Als er Leadbeater davon berichtete, meinte dieser, dass es Krishnas Beschreibung nach nur der "Herr der Welt", der Sanat Kumara, gewesen sein konnte. Es heißt, dass man ihn bei der dritten Einweihung oder sogar schon früher schaut, obwohl dies bei vollem Wachbewusstsein ungewöhnlich ist.

In seinem Buch "Die Meister und der Pfad" findet man als eingeklebte Bildtafel eine Darstellung jenes Tals, in dem das Wesak-Fest stattfindet. Am Himmel wird der Buddha sichtbar, umgeben von einer Aura aus ringförmig ineinanderliegenden Lichtbändern in Weiss, Ultramarinblau, Goldgelb, Purpur und Scharlachrot, mit grünen und violetten Lichtblitzen, seine Gestalt eingehüllt in die gelbe Robe seiner letzten Erscheinung auf Erden, die Hände segnend über die Versammelten ausgestreckt.(3) Wahrscheinlich handelt es sich dabei um eine Darstellung dessen, was er an jenem Wesak-Fest, als Krishnamurti eingeweiht wurde, geschaut hatte.

Irgendwann im Mai – vielleicht zu Krishnas siebzehntem Geburtstag – kam auch Annie Besant nach Taormina und blieb dort bis zum 4. Juli. Arundale kehrte am 14. Juli nach Indien zurück. Die anderen fuhren am 15. Juli nach Genua, um dort bei den Kirbys zu bleiben. Frau Kirby, eine gebürtige Italienerin, hatte nach Madame Blavatskys Beschreibung die Portraits der Meister für den "Schrein-Raum" gemalt.

Annie Besant hatte Krishnamurti bereits am 8. Juli geschrieben, um ihm zu sagen, dass sie wohlbehalten in „unsere alten Wohnräume" (Drayton Gardens 82) zurückgekehrt sei.(4)

Am folgenden Tag schrieb sie:

9. Juli 1912

Mein lieber Krishna,

Dein Brief hat mir große Freude bereitet; er ist sehr nett geschrieben. ...

Was das Zitat anbelangt, so ist es gut, sich abends zu fragen: „Habe ich heute den ganzen Tag versucht, dem Meister zu dienen?" Und man sollte sich gewiss nicht grämen und fürchten, wenn etwas schief gelaufen ist, sondern nur einen kurzen Blick darauf werfen und sagen: „Nun, das wird mir nicht mehr passieren." (5)

Und zwei Tage später fuhr sie fort:

11. Juli 1912

Mein lieber Krishna,

Danke für deinen netten Brief. Die Zeilen „Unsere Geburt ist nur ein Schlaf"... gefallen mir sehr gut.

Sie spielen auf Wordsworths „Ode on Intimations of Immortality" mit ihren platonischen Zügen an:

Unsere Geburt ist nur ein Schlaf und ein Vergessen;
Die Seele, die sich in uns erhebt, unser Lebensstern,
Stammt aus einem anderen Lebensraum
Und kommt von weit her.(6)

Sechs Tage später schreibt sie:

17. Juli 1912

.....Wir hatten eine recht schöne Tagung....Die Versammlung des "Sternen-Ordens" war sehr gut und voller Liebe für dich. Viele rosa Wolken müssen dich umgeben haben...(7)

In Leadbeaters Buch "Der sichtbare und der unsichtbare Mensch" gibt es ein Bild, auf dem zahlreiche rosafarbene Gedankenformen zu sehen sind, die von einer Mutter stammen, die in einem Anflug von Zärtlichkeit ihr Baby mit Küssen überdeckt, als sie es aus der Wiege nimmt. (8)

Als Nächstes schreibt sie:

Paris, 21. Juli 1912

... Wir kamen gestern hier an und werden übermorgen zurückfahren. Wir, das sind Esther Bright, Mrs. Russak, Lady Churchill, Wedgwood und ich...

Du hast davon gesprochen, dass du gerne im Rosenkreuzer-Tempel sein möchtest, und ich stimme zu. Ich schreibe an unseren Bruder Charles, dass er dich losschickt, damit du am 30. oder 31. Juli in London eintriffst.(9)

Als Erwachsener wurde Krishnamurti von Ritualen gelangweilt, aber der "Tempel des Rosenkreuzes" war etwas neues, das der damalige Generalsekretär der Theosophischen Gesellschaft in England, James Ingal Wedgwood, gemeinsam mit Frau Russak geschaffen hatte. Annie Besant war ihrer Bitte nachgekommen und schrieb das Zeremoniell, und damals wollte er wahrscheinlich einfach an allem teilnehmen, an dem auch Annie Besant teilnahm.

Sie schrieb an Krishnamurti:

24. Juli 1912
….Wenn du im Rosenkreuzer-Tempel sein möchtest, dann komme sofort, damit deine Größe gemessen werden kann, die Schulterhöhe und die Breite.(10)

Krishnamurti hielt sich noch in Genua auf, und Lady Emily, die jede Gelegenheit wahrnahm, ihn zu sehen, folgte der Einladung der Kirbys und brachte ihre beiden ältesten Kinder, die zwölfjährige Barbara und den neunjährigen Robert, mit. Leadbeater war von Barbara sehr angetan, was ziemlich ungewöhnlich für ihn war, da er Jungen größeres Interesse entgegenzubringen pflegte. Er äußerte sich sehr kritisch über die Rosenkreuzer und Co-Freimaurer und spottete über Leute, die hinter verschlossenen Türen geheimnisvolle Riten durchführten. Diese Einstellung steht jedoch im Widerspruch zu seinen späteren Aktivitäten. Lady Emily, beunruhigt über sein Verhalten Annie Besant gegenüber, schrieb an ihren Mann: „In ihrer Eigenschaft als Präsidentin bezeugt er ihr absolute Loyalität, aber ihrem Urteilsvermögen traut er offensichtlich nicht."(11)
Am 30. Juli schrieb Annie Besant an Leadbeater, dass sie einen Einschreibebrief von Naraniah erhalten hatte, in dem er das Sorgerecht für seine Söhne zurückverlangte und sie aufforderte, ihm die Jungen bis Ende August zu übergeben. Sie bestätigte den Empfang, beabsichtigte aber keineswegs, sie zurückzugeben. Unter den Papieren ihres Rechtsanwalts, des Theosophen Dr. David Graham Pole, befindet sich ein Maschinen geschriebenes Schreiben.

82 Drayton Gardens
London S.W.
23. August 1912

Meine lieben Kollegen,

Am 6. März 1910 erhielt ich von J. Naraniah das Sorgerecht für seine Söhne J. Krishnamurti und J. Nityananda. Er unterschrieb eine von einem Richter des Hohen Gerichtshofs in Madras verfasstes Dokument, in dem ich als Vormund bestimmt wurde. Darin heißt es, dass sich seine Söhne in schlechtem gesundheitlichen Zustand befanden. Beide Jungen waren tatsächlich ausgemergelt, sehr vernachlässigt und in der Schule äußerst schlecht behandelt worden. Der ältere von ihnen neigte zu Herzanfällen und stand mehrmals kurz vor dem Tode.

Im vergangenen Jahr forderte ich Herrn Naraniah auf, seinen Bruder und seine Schwägerin, mit der er angeblich eine unsittliche Beziehung pflegte, aus dem Haus zu schicken. Naraniah ist ein jähzorniger Mann, der mich einerseits sehr verehrt, andererseits aber von heftigem Ärger und Argwohn befallen wird. Seine orthodoxen Verwandten haben ihn dazu getrieben, mehrmals Schwierigkeiten zu machen, und er entwickelte eine starke Abneigung gegen Leadbeater. Er berichtete mir, mein Diener habe heimlich durch einen Rollladenspalt geguckt und Leadbeater im Nachthemd mit meinem ältesten Mündel auf den Knien erblickt. Von irgendwelchen Unanständigkeiten war nicht die Rede, und er bat mich, meinen Diener nicht darauf anzusprechen. Im Januar diesen Jahres verabschiedete sich Herr Naraniah, der sich während der Tagung in Benares mir und Leadbeater gegenüber recht angenehm und freundlich verhalten hatte, von mir, um nach Adyar zu reisen. Er war völlig außer sich; weinend und schluchzend verlangte er von mir, die Jungen von Leadbeater zu trennen. Ich fragte nach den Gründen, doch er wollte sie nicht nennen. Da er auf seiner Weigerung beharrte, lehnte ich es ab, überhaupt etwas zu unternehmen. Er fuhr nach Adyar, zu Babu Bhagavan Das, um, wie ich später hörte, sich über eine strafbare Handlung Leadbeaters mit seinem Sohn zu beschweren, was mir allerdings nur verschwommen wiedergegeben wurde. Ich reiste nach Adyar und sah Naraniah in Anwesenheit eines ehema-

54

ligen Richters des Hohen Gerichtshofs von Madras und vier indischen Herren, zu denen sein ältester Freund gehörte. Vor ihnen erklärte er, mir gegenüber niemals eine solche Anschuldigung geäußert zu haben und beschwerte sich auch dann nicht.

Nach seiner Ankunft in Adyar, noch bevor ich dort eintraf, hatte er sich öffentlich beklagt und angekündigt, seine Kinder auf dem Rechtswege zurückzuholen, weil ich auf seine Beschwerden, die er seit zwei Jahren vorgebracht hatte, nicht eingegangen war. Es überraschte die Herren natürlich, von ihm zu hören, dass er mir dies nicht gesagt hatte.

Ich fragte ihn nach seinen Wünschen. Er verlangte die Trennung seiner Kinder von Leadbeater. Ich erwiderte ihm, dass dies bereits geschehen sei, da Leadbeater sich in Europa aufhalte, machte aber keine Zugeständnisse, sie auch dort von ihm fern zu halten. Auf meinen Vorschlag, seine Söhne mit nach Europa zu nehmen, willigte er ein. (Sein schriftlich festgehaltenes Einverständnis wurde von den anwesenden Herren unterzeichnet.) Ich fragte ihn, ob er noch weitere Wünsche habe. Er verneinte. Er wiederholte seine Aussage bezüglich meines Dieners, änderte jedoch den Ort und andere Gegebenheiten und behauptete nun, selbst Zeuge eines Vergehens gewesen zu sein. Aus dem, was mir zugetragen worden ist, muss er diese Beobachtung gemacht haben, bevor er mir das Sorgerecht der beiden Jungen übertrug. Er wusste also, dass diese ständig mit Leadbeater zusammen sein würden, traf aber keine diesbezüglichen Vorkehrungen. Ich selbst betrachte die ganze Angelegenheit als eine Verschwörung, und zwar von der Art, wie sie in Indien nur allzu üblich ist. Von streng orthodoxen Hindus und Anarchisten in Gang gesetzt und von der "Point Loma-Gesellschaft" finanziert, basiert die Attacke wahrscheinlich auf zweitrangiger Zeugenaussage.

Seit fast fünf Jahren greift mich die Presse an. Sie unterstützt "Swaraj" und befürwortet ein Abschütteln der britischen Herrschaft. Sie begann mit ihrer Attacke unmittelbar nachdem ein gewisser Myron Phelps, ein Mitglied der "Point Loma-Gesellschaft", der vor einigen Jahren scharfe Briefe an die Presse schickte, in denen er die Inder gegen die britische Regierung aufwiegelte, bei einem Dr. Nanjandra Rao, dem Anführer der Attacke, weilte. Dieser Herr, der zu den engen Freunden der Theosophischen Gesellschaft gehörte, hatte Leadbeater glühend verteidigt, als dieser 1906 angegriffen wurde. Sowohl Frau Russak als auch Frau Courtwright können dies bezeugen. Seine plötzliche Kehrtwende und ständige Bösartigkeit seit seiner Begegnung mit Myron Phelps sind unerklärlich. Meines Wissens hat Naraniah mindestens noch drei weitere Engländer strafbarer Handlungen bezichtigt. Dieses angebliche Vergehen von Seiten Leadbeaters hat er an drei verschiedenen Orten angesiedelt, obgleich es vermutlich nur ein einziges Mal vorgekommen sein soll. Mein Diener bestreitet entschieden, durch irgendwelche Rollläden geschaut zu haben, und er ist ein ehrbarer Mann. Seine vor Zeugen unterzeichnete Aussage befindet sich in meinem Besitz. Ich persönlich lege keinen Wert auf diese Aussage, denn ich kenne ihn; andere beschuldigen völlig unbegründet ihre Freunde und verhalten sich ihnen gegenüber einige Tage später so freundlich wie immer.

Da ich in Italien einige Vorbereitungen für eine Arbeit, die ich zu erfüllen habe (die vier Einweihungen) treffen muss, habe ich Leadbeater dorthin geschickt, damit er einen angemessenen Ort findet.

Dies führte zu einer erstaunlichen Geschichte. In einem Telegramm, das mir im vergangenen Januar nach Benares geschickt wurde, tauchten die Worte „Befehl erlassen" auf. Der Absender, der kein Rechtsanwalt war, telegrafierte bezüglich einer gerichtlichen Verfügung in einem Zivilprozess. Einigen Wichtigtuern aus Benares fiel das Telegramm in die Hände – Telegramme werden in Indien nicht geheim gehalten – und nahmen an, dass es sich um einen Haftbefehl handelte. Gegen wen? Die einzige im Zusammenhang mit Adyar bedeutungsvolle Person, die das Land verlassen hatte, war Leadbeater. In Bombay suchte man nach seinem Namen und Reiseziel. Da man aber die Rubattino Linie übersah, die er mit unseren Freunden Herr und Frau Kirby nach Italien genommen hatte, konnte man nichts finden und meldete nach Benares, er sei heimlich geflohen. Benares seinerseits informierte Adyar von dieser Flucht, die er begangen hatte, weil die zuständigen Behörden in Benares ihn zu verhaften gedachten. Als ich davon hörte, konnte ich nur lachen, da mir der Ursprung der Angelegenheit sofort klar wurde. Aber es war noch nicht genug damit. Ein Feind der Theosophischen Gesellschaft in Indien informierte einen Gegner der Gesellschaft in England. Letzterer verbreitete erfreut die aufgebauschte Geschichte, die an verschiedene Mitglieder mit dem drohenden Zusatz weitergeleitet wurde, dass es sich um ein Vergehen handelte, das einen Haftbefehl rechtfertigte. Diese Geschichte zeigt, wie böswilliger Klatsch zu echter Verleumdung führen kann.

Dies war die Quelle der hiesigen Schwierigkeiten, die inzwischen vorüber sind. Viel von dem immer wieder auftauchenden Ärger wird von den Angestellten der Frau Tingley verursacht, die ihre schmutzigen Verleumdungen über die ganze Welt verbreiten.

Sie sind jedem zugänglich, der sich an solcher Lektüre erfreut. Die Darstellungen sind boshaft und falsch, und der Verfasser kann fröhlich in dem Glauben weitermachen, Gott und den Menschen zu dienen, indem er diesen Schmutz in Umlauf bringt. Zu allen Zeiten sind die Verfolger auf diese Weise vorgegangen und werden es auch weiterhin tun. Der Vorwurf, am Tode Jesu schuld zu sein, wird immer noch gegen die Juden vorgebracht, um zum Mord aufzuhetzen, und angebliches sexuelles Vergehen ist eine hilfreiche Waffe, eines der nützlichsten Mitglieder der Theosophischen Gesellschaft in Misskredit zu bringen. Wir brauchen uns von all dem aber nicht beunruhigen zu lassen, meine lieben Kollegen, denn es schadet der Gesellschaft nicht, wie ihr Fortschritt zeigt.

Ihre aufrichtige Freundin
Annie Besant (12)

Dieses Schreiben ist offensichtlich nicht an ihren Rechtsanwalt gerichtet und wurde wohl auch nicht von einem Rechtsanwalt verfasst. Vielleicht hat Annie Besant es ihrer Sekretärin in die Schreibmaschine diktiert und ihm eine Kopie von dem gegeben, was sie unter den Kollegen der Theosophischen Gesellschaft verbreitete.

Sie reiste wieder nach Indien, unmittelbar nachdem die Jungen ihren Besuch bei den Kirbys in Genua beendet und zu Frau Bright zurückgekehrt waren. Zusammen mit den Brights verließen sie London, die den Sommer wie gewöhnlich in ihrem Landhaus in Esher verbrachten.

Annie Besant sandte Krishnamurti von unterwegs mehrere Nachrichten. In einem undatierten Brief aus Rom versichert sie ihm, dass sie viel an ihn denke und ihm rosafarbene Wolken schicke (13), gefolgt von einigen am 22. August im Zug geschriebenen Zeilen (14), einem Gruß aus der Nähe von Kreta vom 5. September (15), am 10. September aus Shanti-Kunja (16) und am 12. September aus Gaya (17). Dann folgt ein Brief, datiert vom 24. September 1912:

Erinnerst du dich, mein Liebling, als wir hier zusammen gewesen sind, Bodhgaya (den Ort seiner Erleuchtung) besucht und den erhabenen Herrn gesehen haben? Aber mein Krishna ist nicht bei mir…

Ich habe mich sehr über deinen lieben Brief gefreut, doch ich wünsche mir eine bessere Handschrift, mein geliebter Sohn, da du allzu sehr krakelst. Das Zahnfleisch sollte mittlerweile in Ordnung sein. Ich frage mich, warum die Weisheitszähne so viel Mühe machen; vielleicht weil sie sich zum Schluss entwickeln…(18)

Dann erhielt Krishnamurti folgende Zeilen:

…Liebling, ein Grund, weshalb der Meister so großen Wert auf deine Handschrift legt, hat sich jetzt gezeigt. Der ”Hindu“ hat einen Brief veröffentlicht, den du im vergangenen Jahr wahrscheinlich an deinen Bruder geschrieben hast und der von dir gekritzelt ist, was uns nicht gerade zu Ansehen verhilft. Es ist natürlich nicht nett von deinem Bruder, einen persönlichen Brief herzugeben, damit er in dieser Weise verwendet wird. Ich erzähle Dir nur davon, damit Du siehst, wie wir versuchen sollten, das zu tun, was uns gesagt wird. Besagter Brief wurde 1911 geschrieben, bevor wir wussten, welche Sorgfalt wir auf das Schreiben legen müssen. Bei allen Briefen, die du an deine Familie schreibst – wie bei allen Briefen – denke an den Wunsch des Meisters, den ich dir in Taormina so sehr ans Herz legte.(19)

Bei dem Bruder, auf den sie sich bezieht, handelt es sich nicht um Nitya. Der ”Hindu“, eine extrem nationalistische Zeitung, missbilligte Annie Besants Bestreben nach einer gemäßigten Selbstverwaltung Indiens (Home Rule) und unterstützte Naraniah gegen sie. Offensichtlich beschuldigte man sie, ihr Vorhaben, seinen Söhnen eine angemessene Erziehung zukommen zu lassen, nicht zu verwirklichen.

Krishnamurti muss ihr wohl in einem Brief gestanden haben, dass er sich wünschte, sie häufiger zu sehen und fragte, ob dies falsch sei, denn sie antwortete:

9. Oktober, 1912

…der Wunsch, bei mir zu sein, ist nicht selbstsüchtig, und ich selbst wünsche sehr, du wärest bei mir. Menschen, die sich lieben, sind gerne beisammen, und das schadet auch nicht, es sei denn, wir wären unzufrieden und widersetzten uns dem Willen des Meisters, was ja nicht der Fall ist.

Am Montagmorgen verließ ich Benares und reiste nach Cawnpore, wo ich in dem Haus wohnte, in dem wir früher schon übernachteten. Ich hatte dasselbe Zimmer, aber das Zimmer, in dem meine beiden lieben Jungen geschlafen hatten, war leer, und ich wünschte, sie wären dort gewesen…

Ich freue mich, dass du regelmäßig deine Lektionen übst. Bitte versuche, dich ganz darauf zu konzentrieren, während du dich damit beschäftigst. Achte darauf, dass dein Verstand bei der Sache bleibt und denkt, so wie du es gelernt hast, als wir gemeinsam übten. Es ist sehr wichtig, dass du diese einfachen Dinge beherrschst und uns in Oxford Ehre machst… Durch das Lesen von Büchern lernen wir, wie die Wörter aussehen, und wenn eines falsch geschrieben ist, wirkt es wie eine Verkrüppelung.

Ich reise am 20. um Mitternacht nach Adyar ab. Die Leute von Madras werden dort einen Empfang für mich geben, um zu bekunden, dass sie nicht auf der Seite des "Hindu" stehen.

Ich schicke dir und Nitya viel Liebe.
Deine dich liebende Mutter.(20)

Dann kamen die folgenden Zeilen:

…Ich freue mich, dass du ins Theater gegangen bist, um eines der Stücke von Shakespeare zu sehen; auf diese Weise wird man mit ihnen vertraut…

Bald wirst du nach Old Lodge gehen, und ich hoffe, du fühlst dich
dort wohl.(21)

Es muss wohl Lady Emiliy gewesen sein, die ihn und Nitya ins Theater geführt hatte. Mary Lutyens erzählte mir, dass ihre Mutter die beiden
nicht nur mehrere Male in Esher bei den Brights besucht, sondern sie
auch mit nach London in ihr Haus am Bloomsbury Square genommen
und sie manchmal ins Theater geführt hatte, um ihnen ein wenig Freude
zu bereiten.

Lady De La Warr stellte ihr großes, Old Lodge genanntes Haus in
Uckfield in Ashdown Forest zur Verfügung, da sie glaubte, dass den beiden Jungen ein Aufenthalt in dieser wunderschönen Gegend gefallen
würde, die zum Besteigen der Downs und zu Wanderungen durch die
Wälder einlud. Mutter und Tochter Bright sollten sie begleiten und für
sie sorgen. Auch Jinarajadasa, Dick Clarke und zwei von Leadbeaters ehemaligen Schülern, Basil Hodgson-Smith und Reginald Farrar, gehörten
zu der Gesellschaft. Die Gastgeberin selbst war nicht dabei.

Annie Besant, die inzwischen in Adyar eingetroffen war, schrieb am
24. Oktober 1912:

….Ich bin gestern hier angekommen…Versuche, die Dinge aus der
Sicht der anderen zu sehen, mein Lieber, nicht aus unserer Sicht…Wenn
jemand etwas falsch macht, dann müssen wir desto freundlicher sein und
ihm helfen, den Fehler zu berichtigen.(22)

Sie wünschte, dass er und Nitya jeder etwas für "The Young Citizen"
und Jinarajadasa für die Kindersparte des "Theosophist" schrieben. Es
war das Datum, an dem Naraniah die Klage eingereicht hatte, und einige
Tage später schrieb Annie Besant an David Graham Pole:

Adyar, den 31. Oktober 1912
Mein lieber Kollege, es ist Klage gegen mich erhoben worden, um mir das
Sorgerecht für meine beiden Schützlinge zu entziehen. Wie gewöhnlich
die Gerechtigkeit missachtend, hat der "Hindu" diese Klage veröffent-

licht. Meine Antwort wird Anfang nächster Woche eingereicht werden, und sowohl die Klageschrift als auch mein ausführliches und schlüssiges Antwortschreiben werden Sie mit der nächsten Post erhalten. Seien sie nicht beunruhigt. Möglicherweise werde ich gegen den "Hindu" wegen Verleumdung angehen, doch der Schaden ist geschehen, und ein solches Eingreifen mag die Veröffentlichung meiner Entgegnung verhindern. Weitere Verleumdungsklagen gegen den "Hindu" werden in Betracht gezogen. Wir sind sehr glücklich darüber, dass man Verleumdungen vor Gericht bringen kann.

Ihre Annie Besant (23)

Am selben Tag schrieb sie an Krishnamurti:
…Mein Lieber, vielleicht erfährst du, dass dein Vater einen Prozess angestrengt hat, um dich mir wegzunehmen. Habe keine Angst, denn der Meister gibt auf uns acht.

Möge der Meister dich segnen und erhalten, mein Krishna, damit du später der Welt helfen kannst.

Deine dich stets liebende Mutter. (24)

14. November 1912

…Die andere Seite hat nun eingestanden, dass durch den Rechtsstreit die Gesellschaft angegriffen werden soll. Das kann uns völlig egal sein, denn wir haben die Ehre und das Privileg, um der Gesellschaft willen angegriffen zu werden und Diener des Meisters zu sein. Wir sind nur Soldaten, die die Festung, für die wir die Verantwortung tragen, verteidigen, und wir müssen unsere Pflicht erfüllen…

Ich habe gehört, dass ein Kätzchen und ein junger Hund ins Haus gekommen sind und die kleine Katze auf den Hund losgeht. Wahrscheinlich plustert sie sich nur auf, um groß und gefährlich auszusehen.

Deine dich liebende Mutter (25)

Man möchte sich wünschen, dass Krishnamurti und Nitya ihr eigenes Haustier gehabt hätten, aber da sie von Ort zu Ort gebracht wurden, war dies wohl kaum möglich.

Krishnamurti befand sich auf Grund des Rechtsstreits zwischen seinem Vater und Annie Besant gefühlsmäßig in einer sehr schwierigen Lage und muss diesbezüglich etwas erwähnt haben, auf das Annie Besant am 21. November 1912 erwiderte:

Ich bin ebenso traurig wie du, dass dein Vater so viele Schwierigkeiten macht. Ich glaube, einige sehr niederträchtige Leute haben ihn beeinflusst, falsch zu handeln. Ich habe keine Angst, denn ich weiß, dass der Meister auf dich aufpasst und die Hand des Herrn auf dir ruht und dich beschützt. Aber es ist sehr traurig für diejenigen, die angreifen und zu verletzen suchen, da sie ein solch schreckliches Karma auf sich laden. Nun, wir werden versuchen, ihnen in anderen Leben zu helfen, aber sie werden viel leiden. (26)

Vielleicht war sie Naraniah gegenüber in Bezug auf seine Beweggründe ein wenig unfair. Er war sicherlich Werkzeug einer bestimmten Gruppe gewesen, aber es gibt keinen Grund, daran zu zweifeln, dass er sich aufrichtig um das Wohl seiner Söhne sorgte. Ihre Briefe vom 5. und 12. Dezember erwähnen den Fall nicht. Krishnamurti muss sich wohl besorgt dazu geäußert haben, denn am 19. Dezember 1912 antwortet sie ihm:

….Ich bin sehr betrübt über das Gerichtsverfahren, mein Krishna, und du weißt, dass der Meister für dich sorgen wird. Denke an die Worte des "Königs", der uns beiden gesagt hat, dass Sein Stern über dir leuchten und Seine Hand auf uns ruhen werde. Daher brauchen wir uns nicht im Geringsten zu fürchten. Aber für deinen armen Vater ist es eine traurige Angelegenheit, da er von bösartigen Leuten missbraucht wird. Es tut mir unendlich Leid, dass er sich ein solches Karma aufgeladen hat, aber eines Tages werden wir alle versuchen, ihm zu helfen. (27)

Am selben Tag schrieb sie an David Graham Pole, dass Naraniah die Anschuldigung geändert und gewisse „unnatürliche" Handlungen, die er gesehen haben wollte, abgeschwächt hatte. (28) Seltsam, wie ein Vater solche Anschuldigungen vorbringen und sie dann stillschweigend fallen lassen kann. Dieser plötzliche Sinneswandel wundert ein wenig.

Am 3. und am 9. Januar 1913 schrieb sie an Krishnamurti, nur um ihm zu sagen, dass die Tagung ausgezeichnet und von „heiligen Einflüssen" begleitet war (29/30). Am 16. Januar fragte sie, wie ihm das Theaterstück gefallen habe. Auch in diesem Falle sprach sie wahrscheinlich von einer Vorstellung, zu der Lady Emily die beiden Brüder und ihre eigenen Kinder mitgenommen hatte. Es klingt nach Aschenputtel.

Es muss eine Voruntersuchung stattgefunden haben, denn am 23. Januar 1913 schreibt Annie Besant:

…Der Richter ist sehr freundlich zu mir, nun da ich die Verteidigung selbst in die Hand genommen habe, und ich denke, es wird alles gut werden. (31)

Obwohl sie persönlich vor Gericht erschien, hatte sie David Graham Pole nach Indien kommen lassen, um sich von ihm juristisch beraten zu lassen. Die am 30. Januar an Krishnamurti gerichteten Zeilen beinhalteten lediglich die Bitte, Jinarajadasa und den Brights zu sagen, dass es ihr an der Zeit fehlte, ihnen zu schreiben.

Später fährt sie fort:

Mein geliebter Krishna,
Wieder eine Woche, in der du mein Bote für alle sein musst. Erst gestern traf ich nach nicht enden wollender Arbeit für die Kommission aus Benares ein und musste heute vor dem Polizeigericht erscheinen. Ich weiß kaum, wie ich diesen Arbeitsberg bewältigen soll… (32)

28. Februar 1913
…Dieser ermüdende alte Rechtsstreit zieht sich dahin, und wir können zu keiner Gerichtsverhandlung gelangen. Ich bin wirklich froh, wenn sie endlich einen Termin festsetzen….(33)

Am 20. Februar fragt sie Krishnamurti, wann er und Nitya von Uckfield nach Esher zurückkehren wollen (34) und am 28. Februar hatte sie seinen „lieben kleinen Brief" erhalten, aber keine Zeit gehabt, ihn zu beantworten.

Am 6. März 1913 schrieb sie:

…Ruspoli wurde gestern vor dem Polizeigericht verhört…(35)

Und am 13. März 1913:

….Ich habe deine Zeilen an Shiva Rao weitergeleitet, obwohl er es nicht verdient, irgendeinen Brief von dir zu erhalten. Er kam hierher, um die Diener zu bestechen, damit sie dich in ihrer Aussage unrichtiger Handlungsweisen bezichtigten. Er benimmt sich recht boshaft. Es ist sehr seltsam, wie Leute so bösartig sein können…

Wenn wir alle zusammen sein werden, George und die anderen, müssen wir uns über die Frage deiner Unterkunft unterhalten, wenn du nach Oxford gehst. (36)

Sie hatte ihn und Nitya für das "New College" angemeldet.

Seltsam ist die Sache mit Shiva Rao. Krishnamurti mochte ihn, und sie blieben lebenslange Freunde. Kann es sich um eine Verwechslung der Person gehandelt haben? Nethercot erwähnt einen Dr. M.C. Nanjunda Rao, einen politischen Extremisten, der für den "Hindu" schrieb und von dem Annie Besant behauptete, dass er zu jenen Leuten gehörte, die Naraniah gegen sie aufgewiegelt hatte, auf Ersuchen, wie sie glaubte, von Katherine Tingley, der Präsidentschaftskandidatin der abgespaltenen Theosophischen Gesellschaft von Point Loma in Kalifornien.

Am 29. März 1913 wurde der Prozess vor dem Hohen Gerichtshof in Madras unter Vorsitz von Justice Bakewell eröffnet.

Naraniah wurde durch Sir C.P. Ramaswami Aiya und zwei jüngere Rechtsanwälte vertreten. (Woher er wohl das Geld hatte?) Gemäß Naraniah ging es darum, dass Annie Besant, der alleine er das Sorgerecht für seine Söhne um deren Erziehung willen übertragen hatte, nicht berechtigt gewesen sei, dieses Sorgerecht auf eine andere Person zu übertragen. Sie habe gewusst, dass er ein Zusammensein seiner Kinder mit Leadbeater wegen der angeblichen Skandale im Zusammenhang mit Jungen nicht billigte. Als Anwort auf seine anfängliche Weigerung, ihr die Vollmacht zu übergeben, habe sie ihm versichert, dass die Jungen sich nie wieder in Leadbeaters Gegenwart aufhalten würden, dieses Versprechen aber gebrochen. Ihre Ankündigung, dass sein ältester Sohn einst ein Christus oder

Maitreya werden würde, mache ihn, den Vater, zum allgemeinen Gespött, weshalb er das Sorgerecht zurückverlange, um selbst für die Kinder bis zum Alter von einundzwanzig Jahren zu sorgen.

Wie bei allen Prozessen, entschied sich Annie Besant auch dieses Mal, sich selbst zu verteidigen und hielt entgegen, dass sie das Sorgerecht niemals einer anderen Person übertragen habe. Die Jungen seien auch jetzt nicht bei Leadbeater, der in Adyar weilte, sondern in England. Sie mit Gewalt nach Indien zu holen, bedeute, sie wieder in seine Nähe zu bringen. Im Mai sei der älteste Sohn bereits achtzehn Jahre alt und nach englischem Recht damit völlig unabhängig von ihrer Autorität. Niemand könne ihn dann daran hindern, zu seinem Vater zurückzukehren, wenn er es wünsche. In England seien sie von Menschen mit hohem geistigen, moralischen und sozialen Niveau umgeben, die sie mit Liebe und Freundlichkeit behandelten. Sie ihnen zu entreißen, würde bedeuten, Verleumdungen Glauben zu schenken, die ihren guten Ruf zerstören mussten.

Naraniah behauptete, 1910 in Adyar mit eigenen Augen eine unzüchtige Handlung zwischen Leadbeater und dem ältesten Jungen beobachtet zu haben. Warum war er nicht sofort dazwischengefahren, um sie zu beenden? Warum hatte er den Vorfall nicht früher erwähnt, als er in einer Unterhaltung mit Annie Besant seine Zweifel an Leadbeater bekundete? Warum sprach er erst in seiner Klageschrift davon? Dr. Mary Rocke und Frau van Hook traten als ihre Zeugen auf und erklärten, dass sie sich jeden Morgen, von 5.30 Uhr bis zum Frühstück, also während der Zeit des fraglichen Vorfalls, mit Leadbeater in seinem Zimmer aufgehalten hatten. Die Jungen waren hereingekommen, um ihr Glas Milch zu trinken, aber nichts Unsauberes sei geschehen.

Annie Besants persönlicher Diener Lakshman wurde ebenfalls als Zeuge verhört. Sie wollte ihn nicht verletzen, doch ihre sorgfältige Befragung brachte die eigentliche Natur der „Unanständigkeit" zu Tage, die er beobachtet haben wollte. Er hatte sie zusammen im Badezimmer gesehen. Der splitternackte Krishnamurti stand am Waschbecken und Leadbeater, nur mit einem kniekurzen Hemd bekleidet, wusch Krischnas Haare und frisierte sie. In Indien bedeutet Nacktheit Unanständigkeit, selbst wenn keine andere Person anwesend ist, da man niemals ohne Lendenschurz badet. Dies war der Grund für sein Entsetzen. Als er verstand, dass nach englischem Gesetz eine sexuelle Handlung geschehen sein musste, um eine Anschuldigung der Unsittlichkeit zu rechtfertigen, hatte er nichts mehr zu sagen.

Am 4. April betrat Leadbeater den Zeugenstand und wies alle Beschuldigungen unsittlichen Verhaltens zurück. Er bestätigte, früher pubertierenden Jungen Masturbation erlaubt zu haben, diese Anweisungen, auf Grund der Empörung innerhalb der Theosophischen Gesellschaft, jedoch nicht wiederholt zu haben.

Annie Besant begann mit ihrem Plädoyer am 9. April. Leadbeater war in den Verhandlungssaal gekommen, um es sich anzuhören. Am 11. April schrieb sie an Krishnamurti:

Lieber Krishna,
Tagsüber war ich im Gerichtshof und nachts musste ich mich für den nächsten Tag vorbereiten. Mein Beitrag ist abgeschlossen, aber trotzdem muss ich immer noch dort sein, um alles, was gesagt wird, mit anzuhören. Wenn dich diese Zeilen erreichen, wirst du ein Telegramm erhalten haben, das dich über den Ausgang informiert. (37)

Bei seiner Zusammenfassung erklärte Justice Bakewell, dass der Vater auf Grund der Beweisführung offensichtlich gelogen hatte und Annie Besant ihn wegen Meineid verklagen könnte. Andererseits aber mache ihn die Lüge nicht untauglich, für seine Söhne zu sorgen, während sich Leadbeater mit seinen „unmoralischen Ansichten" für ein Zusammensein mit den Kindern nicht eigne. Der Vater sei sich zu dem Zeitpunkt, zu dem er Annie Besant das Sorgerecht übertragen hatte, nicht im Klaren gewesen, dass der ältere Junge als Vehikel für „übernatürliche Kräfte" aufgezogen werden sollte, und er habe daher das Recht, sich dagegen zu wehren. Der Richter entschied, das Sorgerecht dem Vater zurückzugeben; die Gerichtskosten aber hatte Naraniah zu tragen.

Das Urteil wurde am 15. April gefällt. Angesichts der Fülle an Anschuldigungen scheint es mir nicht unbegründet zu sein. Justice Bakewell war aufgefallen, dass es sich bei dem Vater um einen emotionalen Mann handelte, der bei der Vernehmung in Tränen ausbrach und irgendwelche

Dinge erfand, um seinen Fall zu erhärten. Es bestand kein Zweifel, er liebte seine Söhne.

Annie Besant wurde aufgefordert, sie am 17. Mai wieder in die Obhut ihres Vaters zu geben, ersuchte jedoch um Vollstreckungsfrist. Am 17. April schrieb sie an Krishnamurti:

....du und Nitya, ihr seid vollkommen in Sicherheit. Niemand kann euch etwas anhaben. „Ich beschütze euch." Über uns allen leuchtet der "Stern des großen Königs", und der "Maitreya" hält seine Hand schützend über euch. Hat er mir nicht selbst befohlen, dich zu beschützen? Es ist mein Privileg und meine Freude, das zu tun, mein gesegneter Junge.

Es geht mir recht gut, und ich erinnere mich daran, wie wir gemeinsam durch die Täler des Himalaya galoppierten, als wir nach Indien kamen.

Deine dich liebende Mutter. (38)

Aber wann lernte Krishnamurti, ein Pferd zu reiten oder kam „hinunter" nach Indien? Annie Besant und Leadbeater hatten für ihr Buch "Der Mensch - woher und wohin" im Gobi-Becken Nachforschungen über die frühen Tage der fünften Wurzelrasse betrieben, von wo aus deren Nachkommen um 40000 v. Chr. teilweise durch Tibet hinunter nach Indien zogen.

Auf ihrem Weg von Indien zurück nach England schrieb sie am 24. April 1913 aus Rom:

Ich bin so froh, dass du in Rom gewesen bist. Hast du die Ruinen des Tempels gesehen, in dem der Meister K.H. einmal der Hohepriester gewesen ist? (39)

In den "Mahatma-Briefen" wird kurz erwähnt, dass er als der "Flamen Dialis" zur Zeit der Herrschaft des Domitian in Rom wirkte, als Nonius Tarquinus Asprenas Konsul war (94 n. Chr.). Als ich das Originalmanuskript im Britischen Museum überprüfte, bemerkte ich, dass der Name des Konsuls (eine frühere Inkarnation von Sinnett) in den "Mahatma-Briefen" nicht ganz richtig geschrieben steht. (40)

Begleitet von Jinarajadasa hatte man Krishnamurti und Nitya im April nach Septeuil nahe bei Paris geschickt, um dort im Haus der Familie von Charles Blech, dem Generalsekretär der Theosophischen Gesellschaft in Frankreich, zu weilen.

Hier benahm sich Krishnamurti daneben. Als er im Garten einen von Efeu überwucherten Baum entdeckte, riss er den Efeu herunter, da er ein „Schmarotzer" war. Herr Blech aber hatte ihn kunstvoll den Baum empor-ranken lassen und war den Tränen nahe, als er ihn zerrupft am Boden liegen sah. Er war gerade im Begriff, Krishnamurti ärgerlich zurechtzu-weisen, als ihm einfiel, dass ja der Messias vor ihm stand, und so schluckte er schweigend seinen Ärger hinunter. Diese in der Blech-Familie zur Tra-dition gewordene Geschichte erfuhr ich von Helene Bouvard. (41)

Immer noch unterwegs, schrieb Annie Besant am 2. Mai 1913 an Krishnamurti:

…Ich möchte, dass du, Nitya und Raja (Jinarajadasa) mich am 30. Mai in Calais abholt und mit mir nach Hause nach England reist. Ich bleibe nur zehn Tage. Du brauchst nicht viel Gepäck mitzubringen, da du wahr-scheinlich wieder nach Frankreich zurückfahren wirst. Ich werde dir alles erklären. Denke daran, dass du mir nur helfen kannst, wenn du dich einer Rückkehr nach Indien heftig widersetzt und eindeutig erklärst, dass du mich als deinen Vormund betrachtest und dich weigerst, jemanden ande-ren als solchen anzuerkennen. Wenn wir uns treffen, werde ich dir erklä-ren, warum dies so wichtig ist. (42)

Nach ihrem zehntägigen Aufenthalt in England fuhr sie nach Stock-holm auf Vortragsreise. Die Jungen sollten in die Normandie reisen und dort im Haus der Freunde von Sir Edwin und Lady Emily Lutyens, der Familie Guillaume Mallet, wohnen. Am 28. Juni 1913 erreichten Krish-namurti, Nitya, Raja, Dick Clarke, Francesca und George Arundale "Les Communes", das Haus der Mallets in Varengeville an der normannischen Küste. Lady Emily (zur Missbilligung von George) mit ihren Kindern und Frau Dr. Rocke mieteten sich in der Nähe ein. Krishnamurti erhielt einen Brief von Leadbeater:

Mein lieber Krishna,

Vielen Dank für deinen Brief vom 8. und auch für die Fotos von New
Grange und dem jungen Herrn Mallet. Vor ein oder zwei Wochen habe
ich dir von ihm geschrieben und seither alles versucht, ihm zu helfen.
Aber wie ich bereits erwähnt habe, handelt es sich um einen Fall, der sich
recht schwierig von der Astralebene aus behandeln lässt. New Grange ist
ein interessanter Ort. George bat mich, darüber zu schreiben, aber im
Moment weiß ich nicht mehr darüber, als dass dieser Ort zu den Zentren
gehört, die Apollonius von Tyana aufsuchte. Vielleicht ist es mir möglich,
etwas mehr über ihn ausfindig zu machen. Es scheint eine deiner Ideen
für die neue Zeitschrift zu sein, über heilige Plätze zu berichten. New
Grange ist vielleicht einer davon. Wenn wir genügend Informationen darüber zusammentragen können, wird es ein interessanter Artikel werden.
Ähnliches könnte man über Taormina und die Insel St. Honoratius schreiben…

Weder New Grange noch die Insel St. Honoratius konnte ich auf dem
Atlas finden. Aber dann erinnerte ich mich, dass sich Leadbeater in Jersey
aufgehalten hatte. Ich schrieb an den Stadtdirektor von St. Helier und
fragte, ob es dort ein kleines Eiland mit diesem Namen vor Jersey gebe,
dem man mystische Eigenschaften zuschreibe. Die Antwort von Ian D.
Philpot lautete, dass die kleinere der beiden "Iles de Lerrins" nicht vor
Jersey, sondern vor Cannes gelegen sei. Aus dem Internet hatte er für
mich herausgefunden, dass es dort ein Zisterzienserkloster gab, in dem St.
Honoratius, St. Patrick, der Schutzpatron Irlands, St. Hilarius und der
Erzbischof von Arles gelebt hätten.

Weiter heißt es in Leadbeaters Brief:

Hast du darüber nachgedacht, wohin du nach deinem Aufenthalt in
Varengeville gehen wirst? Ich hatte mir zunächst überlegt, vielleicht in
Richtung Italien, weil du in einem deiner Briefe erwähnt hast, dass dir
dies lieber sei als Septeuil. Nun aber schreibt man mir, dass du den Winter

nicht in Genua, sondern in England verbringen willst. Sei vorsichtig mit der Wahl des Ortes. Vielleicht erinnerst du dich, dass Nitya das feuchte Klima von Esher nicht bekommen ist. Ich selbst finde, man sollte dem englischen Winter so lange wie möglich ausweichen, denn du wirst dich mit ihm auseinander setzen müssen, wenn du Oxford besuchst, und unglücklicherweise sind sowohl Oxford als auch Cambridge recht feuchte Orte…

Wir warten immer noch auf den Tag, an dem die Richter ihre Entscheidung bezüglich der Zuständigkeit bekannt geben werden…

In Zuneigung
C.W. Leadbeater (43)

Am 10. Oktober 1913 schrieb er aus Adyar:

…Du hältst Devonshire für eine gute Gegend, um dort zu wohnen. Ich kenne einige Orte an der Küste, die dir gefallen würden…Torquay und Babbacombe. Aber du erinnerst dich vielleicht, dass der Herr Inseln vorzuziehen scheint, besonders die Kanal-Inseln, und es ist wahrscheinlich besser, sich genau an seine Anweisungen zu halten. Solltest du dich aber für einen angemessenen und genügend beschützten Ort entscheiden, zum Beispiel in Torquay, frage ich gerne nach, ob Er ihn gutheißt. Guernsey wäre auch gut…der Meister K. H. meinte eindeutig, dass es vorteilhafter sei, England zu meiden, bis der Rechtsstreit vorüber ist…Es ist immer besser, sich genauso zu verhalten, wie es uns gesagt wird, denn Sie sehen oft Gründe, die uns verborgen bleiben…

Was den Rechtsfall anbetrifft, so zieht er sich immer noch hin… Ramaswami hat sich wirklich sehr schlecht benommen, aber die Präsidentin behandelt ihn trotzdem sehr gütig und vergebend. Geduldig, aber erfolgreich hat sie alle seine absichtlichen Lügen aufgedeckt, seine Verzerrungen enthüllt und seine boshaften Fehlinterpretationen aufgeklärt. Ihre Schwierigkeit besteht darin, englischen Richtern klar zu machen, dass ein Mensch vorsätzlich so bösartig sein kann, um ein solches, auf keiner Grundlage basierendes Lügengewebe aufzubauen. Aber ich glaube, sie beginnen jetzt, dies zu erkennen…

C.W. Leadbeater (44)

Die Jungen kehrten tatsächlich wieder nach London zurück, um bei den Brights zu wohnen. Das war im September. Im Oktober konnte Krishnamurti Annie Besant und Leadbeater schreiben, Mary Dodge habe ihm auf Lebenszeit eine Jahresrente von 500 Pfund und Nitya für seine Studienzeit in Oxford jährlich 300 Pfund gewährt.

Doch es gab Reibereien zwischen Raja und George Arundale und zwischen George Arundale und Lady Emily (über die Beziehung zu Krishnamurti), was Krishnamurti nervlich belastete. Nach einigen Tagen in der Nähe von Crowborough, in denen er zum ersten Mal lernte, Golf zu spielen, reisten Raja und George Arundale mit ihm und Nitya nach Genua, wo sie wieder bei den Kirbys wohnten.

Dort erreichte sie Annie Besants Telegramm, in dem es hieß: „Einspruch abgelehnt, die Jungen müssen Pole in London aufsuchen." Das Berufungsgericht hatte am 29. Oktober 1913 durch Justice Oldfield nicht nur das Urteil aufrechterhalten, sondern auch die Verfügung über die Zahlung der Kosten aufgehoben. Annie Besant beschloss, beim "Privy Council" Berufung einzulegen.

Am 11. Oktober schrieb ihr Krishnamurti einige tröstende Worte und sandte ebenfalls einen langen Brief an Leadbeater, wahrscheinlich noch bevor das Telegramm eintraf, das die Brights aus London nachgeschickt hatten.

Er wünschte, die Verantwortung für seine eigenen Angelegenheiten selbst zu tragen. Zweifellos werde er Fehler machen, aber man hätte ihn zulange als Kind behandelt. Er gedachte, irgendwo in Devonshire ein Haus am Meer zu mieten (was ihm die finanzielle Unterstützung von Mary Dodge erlaubte) und Francesca Arundale sollte den Haushalt führen. Außerdem wäre es ihm nicht möglich, Sanskrit bei Raja zu erlernen. George Arundale missverstehe die Liebe zwischen ihm und Lady Emily, die wie zwischen Mutter und Sohn sei. Er bedauere, dass Annie Besant so viele Schwierigkeiten habe, hoffe aber, von Pole ihre Wünsche zu erfahren. Weder er noch Nitya seien gewillt, zu ihrem Vater zurückzukehren. (45) Krishnamurti und Nitya trafen David Pole am 14. November 1913 in London.

Wenn Krishnas Gleichgültigkeit und scheinbare Unfähigkeit, der einen oder anderen Sache den Vorzug zu geben, Leadbeater irritiert hatten, dann muss ihn dieser Wandel verblüfft haben.

George Arundale war an Lebensjahren wesentlich älter als Krishnamurti. Bereits 1884, als Madame Blavatsky sie kennen lernte, war er bei seiner Tante, Francesca Arundale, gewesen. Nach Mary Lutyens Angaben lernte er Krishnamurti im Alter von zweiunddreißig Jahren kennen. Obgleich Annie Besant ihn als Tutor für die beiden Jungen eingesetzt hatte, schien der halb so alte Krishnamurti zu fühlen, dass auf geistiger Ebene er es war, der auf George aufpasste. Raja wurde nach Indien zurückgerufen. Die Äußerung in Krishnas Brief muss als Kränkung aufgefasst worden sein, denn am 10. Dezember schreibt er an Annie Besant, dass er lediglich zum Ausdruck bringen wollte, dass Raja und er nicht besonders gut miteinander auskamen und er weder ihm noch Leadbeater gegenüber undankbar sein wollte.

Pole schlug vor, die Jungen zu verstecken, damit sie nicht entführt werden konnten, weshalb sie in Begleitung von George und Francesca Arundale, Dr. Rocke und Lady Emily (Sir Edwin hielt sich in Indien auf) nach Taormina zurückkehrten. Eines Abends betrachteten sie im Hotel das Buch "Myths of the Hindus and Buddhists", als Krishnamurti angesichts Abanindranath Tagores Bild „Buddha als Bettelmönch" plötzlich ausrief: „Der Buddha ist da!" (46) Er stürzte aus dem Zimmer. Bald darauf kam er zurück und sagte, er habe den Buddha gesehen, der neben ihm gestanden hätte.

Der Jahrestag seiner ersten Einweihung, der 11. Januar, fiel mit dem Vollmond in den frühen Morgenstunden des 12. Januar zusammen, und Krishnamurti wartete erregt, dass etwas Großes geschehen würde. Falls jedoch irgendetwas Wesentliches geschehen war, so konnte sich niemand erinnern. Ein Brief von Leadbeater erwähnte nur, dass vier indische Schüler endgültig und acht weitere zur Probe aufgenommen worden waren. Aber für keinen der Versammelten in Taormina gab es eine Beförderung. Hatte Krishnas Brief sie alle zurückgeworfen?

Krishnamurti und Nitya reisten nach London zurück, um bei der vorläufigen Anhörung des Privy Councils, am 27. Januar, anwesend zu sein.

Der Termin fand in der Kammer des Privy Councils in der Downing Street unter Vorsitz des Lordkanzlers Lord Haldane statt. Annie Besant war für die Verhandlung nicht aus Indien gekommen. Die beiden Jungen wurden von dem Staatsanwalt Robert Monroe vertreten. Krishnamurti und Nitya, die sich für die einschüchternden Formalitäten gewappnet hatten, waren von der Ungezwungenheit und Einfachheit der hohen Herren angenehm überrascht. Auf die Frage nach ihren Wünschen entgegnete Monroe, dass sie eine Rückkehr nach Indien ablehnten. Eine Aussetzung des Vollstreckungsbescheides wurde gewährt, und die Jungen sollten bis zur Verhandlung im Mai in England bleiben.

Zunächst wohnten sie in Drayton Gardens, aber Leadbeater schrieb, dass sie auf Anweisung des Meisters auf die Insel Wight gehen sollten. Francesca Arundale fuhr voraus, um die Gegend auszukundschaften, und fand in Shanklin einen landschaftlich reizvollen Ort. George Arundale und A. E. Wodehouse, der an Stelle von Jinarajadasa als zweiter Lehrer aus Benares gekommen war, begleiteten sie. Ab und zu erhielten sie Besuch von Lady Emily.

Am 1. Mai traf Annie Besant für die am 3. Mai stattfindende Verhandlung ein. Die Jungen holten sie in Dover ab. Am 5. Mai 1914 wurde ihrer Berufung hauptsächlich mit der Begründung stattgegeben, dass die Wünsche der Jungen nicht berücksichtigt worden seien. Annie Besant wurde das Sorgerecht zugebilligt; die Kosten hatte Naraniah zu tragen. In ihrer Großmut erhob sie aber keinen Anspruch darauf.

6.

Rivalisierende Strömungen - Tingley und Steiner

War Annie Besants Verdacht berechtigt, dass Katherine Tingley ihre Hand mit im Spiel hatte, Naraniah gegen sie aufzuhetzen? Ich weiß nichts von Myron Phelps, aber ich weiß etwas über einen ihrer glühendsten Befürworter, Fred Dick. Es ist eine Familienangelegenheit.

1944 fand meine Mutter es an der Zeit, ihre schottischen Verwandten John und Grace Foulis Laing, die einzig überlebenden Geschwister ihrer Mutter, zu besuchen. Als sie zurückkam, zeigte sie mir eine Anzahl von Fotos, die man ihr mitgegeben hatte. Auf einem war ein junges Mädchen zu sehen, das genauso aussah wie ich als Siebzehnjährige. Auf meine Frage, wer diese junge Frau sei, antwortete meine Mutter, dass es sich um meine Großtante Annie Piper Laing handelte, eine der Schwestern, die früh gestorben war. Geboren in Penicuil bei Edinburgh, heiratete sie Fred Dick und ging nach "Point Loma", wo sie starb. „Sie war Theosophin wie du!"

Durch Vilayat Inayat Khan hatte ich meinen Weg zur Theosophischen Gesellschaft in England gefunden. Mir war nicht bekannt gewesen, dass es noch vor mir einen Theosophen in der Familie gegeben hatte, und ich hatte auch noch nie etwas von "Point Loma" gehört. Doch neugierig geworden, fuhr ich mit dem Zug nach Edinburgh, um zusammen mit meiner Großtante Grace und meinem Großonkel John das neue Jahr 1945 zu begrüßen. Was konnten sie mir über meine Großtante Annie berichten?

Grace erzählte, dass Annie ein Plakat gesehen hatte, auf dem ein Vortrag von H.S.Olcott in Edinburgh angekündigt wurde, den sie sich anhörte. Daraufhin wurde sie ein Gründungsmitglied einer kleinen Gruppe von Theosophen, die sich in Edinburgh inoffiziell trafen. Zu ihnen gehörte auch Fred Dick, den sie heiratete. Er war Schotte und in Dundee geboren. Er war Mitglied des Instituts für Hoch- und Tiefbau, und als man ihn zum Vorsitzenden des Arbeiterausschusses in Dublin ernannte, zog er mit Annie dorthin.

In Dublin bildete sich ein inoffizieller Kreis gleich gesinnter Menschen um sie. Der Mystiker George Russell, bekannter unter dem Schriftstellernamen AE, gehörte zu den ständigen Gästen in ihrem Haus am Ely Place 3. Die Zeilen in seinem Gedicht „How" beziehen sich laut John Eglington auf Annie Dick.

Ich muss sie wieder sehen,

Die lieblich-schlanke Kerze des Herrn,

Frau meines Freundes,

und allen Freunden

Eine liebevolle Schwester,

Yeats besuchte sie gelegentlich und erwähnte sie in seiner Autobiographie. Sie studierten keltische Mystik. Sie meditierten. Sie lasen Blavatsky.

Es war William Q. Judge, der ihnen 1888, wahrscheinlich am Abend des 24. November, ihre Urkunden überreichte. Wie es aus seinen Tagebuchblättern, deren Fotokopie mir Grace Knoche aus Point Loma freundlicherweise zuschickte, hervorgeht, scheint dies die einzige Gelegenheit gewesen zu sein, bei der er allen Theosophen Dublins begegnete.

Am 28. November fuhr er nach London, um Madame Blavatsky zu treffen, begleitet oder gefolgt von Fred Dick, der Annie wahrscheinlich mitnahm, da sie es so wollte.

1889 war Colonel Olcott zu Gast bei ihr und 1896 Katherine Tingley. Was war nun geschehen? Weder in ihren Gedichten oder sonstigen Beiträgen für den "Irish Theosophist" (und später "The New Century Path") noch in ihren Briefen an Grace spricht sie von Streitigkeiten. Um die Sachlage zu verstehen, müssen wir daher ein wenig zurückgehen.

William Quan Judge war zwanzig Jahre jünger als Blavatsky und Olcott, mit denen er die Theosophische Gesellschaft gegründet hatte, und man hätte erwarten können, dass er nach deren Tod zum Präsidenten ernannt worden wäre. Aber dann betrat Annie Besant die Szene und übernahm nach Blavatskys Tod die "Esoterische Schule" und schien offensichtlich das Ganze immer stärker zu beeinflussen. Judge war nicht oberflächlich. Einige seiner schriftlichen Beiträge sind einfühlsam und interessant. Aber nach einigen Vorfällen waren Annie Besant und Olcott der Meinung, dass er ihnen gefälschte "Mahatma-Botschaften" unterschob. Hätten sie diese Angelegenheit privat mit ihm ausgemacht, wäre sie im Sande verlaufen. Aber Olcott forderte ihn auf, sich einem Untersuchungsausschuss zu stellen, dessen Vorsitz er selbst übernahm. Das war mit Sicherheit ein Fehler, denn als Vorsitzender schloss er sich nicht nur von der Beweisführung aus, sondern setzte sich auch der Anschuldigung aus, nicht unvoreingenommen zu sein. Judge, nun Vizepräsident, sandte ein Rundschreiben an alle Mitglieder, in dem es hieß: „….Aufgrund der mir von H.P.B. übertragenen Vollmacht und unter der Führung des Meisters erkläre ich Annie Besants Leitung der Esoterischen Schule für beendet."

Olcott forderte daraufhin Judge auf zurückzutreten. Dieser weigerte sich, und fast die gesamte Gesellschaft in Amerika spaltete sich ab und wählte Judge als lebenslänglichen Präsidenten. Die wenigen amerikanischen Zentren, die Olcott und Annie Besant treu blieben, hatten ihren Hauptsitz in Chicago. Aus diesem Grunde besuchte Annie Besant diese Stadt so häufig.

Als Judge starb, gelang es Katherine Tingley, von der allgemein angenommen wurde, dass sie ihn zum Wortlaut des Rundschreibens inspiriert hatte, ihren Hauptsitz an einen Ort zu legen, den sie in einer Vision geschaut hatte, Point Loma, auf einer Landzunge, vor der Bucht, an der San Diego liegt.

Man gründete eine Kolonie, um sich auf die "sechste Unterrasse" vorzubereiten. Der Tempel und die übrigen Gebäude wurden ganz im Stil von Frau Tingley gebaut - weiß gestrichenes Holz mit möglichst vielen Gewölben und Kuppeln und einigen Buntglasfenstern. In der Hoffnung, das kalifornische Klima wäre gut für Annies schwache Lunge, begleitete Fred Dick seine Frau 1901 nach Point Loma und kehrte zu seinen Pflichten in Dublin zurück. Am 31. Juli 1904 starb Annie an Tuberkulose. 1905 gab Dick seine Ämter in Irland auf und ließ sich in Point Loma nieder.

Auch Grace wurde Theosophin, aber erst viele Jahre später als ihre Schwester. Sie arbeitete als Bibliothekarin in der Musselborough-Loge in der Nähe von Edinburgh. Ohne von dem gewaltigen Riss zwischen Adyar und Point Loma zu ahnen, glaubte sie, ihrem Schwager eine Freude zu bereiten, wenn sie von dieser Neuentwicklung in ihrem Leben schrieb. Wie verblüfft aber war sie über seine Antwortbriefe, in denen er die „Annie Besant-Gesellschaft", wie er sie nannte, heftig beschimpfte. Er drängte sie, nicht nur selbst aus der Gesellschaft auszutreten, sondern auch alle anderen Mitglieder dazu zu bewegen, das Gleiche zu tun. „Das war die schwierigste Entscheidung, die ich jemals zu treffen hatte", gestand Grace mir. Ich schrieb an den Hauptsitz der Gesellschaft in Schottland und erfuhr von Margaret Senior, dass damals tatsächlich alle Mitglieder der Musselborough-Loge gleichzeitig ausgetreten waren. Ich weiß nicht, ob ihr der Grund dafür bekannt gewesen ist.

Annie Besant hatte es sich also nicht nur eingebildet, dass Frau Tingley und ihre Leute gegen sie arbeiteten. Jene äußerst groben Briefe sind heute in meinem persönlichen Besitz, aber dies ist nicht der Ort, sie zu veröffentlichen.

Annie Besant stand aber noch vor einem anderen Problem - Rudolf Steiner. Der 1861 geborene Niederösterreicher war damals in erster Linie Goethe-Schüler. In Deutschland aber hatte er Leute getroffen, die sich für Blavatskys Lehren interessierten. Er gab ihnen zunächst inoffiziellen Unterricht über Goethe, Meister Eckhart und Böhme. Am 17. Januar 1902 wurde er Vorsitzende des Berliner Zweigs der Theosophischen Gesellschaft. Er nahm an dem in London vom 1.-12. Juli 1902 stattfindenden europäischen Kongress teil und lernte dort Annie Besant kennen. Man beschloss, eine deutsche Abteilung zu gründen. Am 19. Oktober desselben Jahres kam sie nach Berlin, um die von Olcott unterzeichnete Urkunde zu überreichen.

Doch bald machten sich die unterschiedlichen Auffassungen bemerkbar. Wie Frau Tingley, sah auch Steiner in Atlantis die echte Inspirationsquelle für den Westen und stand dem orientalischen Einfluss argwöhnisch gegenüber. Er schrieb an Annie Besant und bat um die Erlaubnis, als Meister Jesus und Christian Rosenkreutz für die deutsche Sektion anzunehmen. Sie willigte ein, schrieb aber am 9. Juli 1906 an ihren alten Freund Hübbe-Schleiden:

„Herrn Steiners okkulte Schulung unterscheidet sich sehr von der unseren. Er versteht den östlichen Weg nicht, deshalb kann er ihn nicht lehren. Er lehrt den christlichen Weg und den der Rosenkreuzer. Einigen mag das helfen, aber es unterscheidet sich von unserer Lehre. Er hat seine eigene Schule und trägt selbst die Verantwortung. Ich halte ihn für einen feinen Lehrer in eigener Sache und einen gelehrten Mann. Wir beide arbeiten freundschaftlich und harmonisch miteinander, aber auf verschiedenen Ebenen." (1)

Sie war offensichtlich bemüht, großzügig und tolerant zu sein. Als ein Schüler der Esoterischen Schule bemerkte, dass sich die von Steiner verkündeten Lehren hinsichtlich des Christus und des Bodhisatva von dem unterschieden, was Blavatsky und sie selbst lehrte und fragte, wie sie dem Angriff gegenüber zu treten gedenke, antwortete sie:

„Warum sollte man seine Lehre als Angriff betrachten? Dr. Steiner hat das gleiche Recht zu seinen Ansichten, wie H.P.B. und ich zu unseren." (2)

Dieser Vorfall erschien im Februar 1912 in "The Link", aber am 10. Mai schrieb Annie Besant an Lady Emily, dass nicht nur eine Frau C. die Unterlagen zu dem Fall Leadbeater einsehen wollte und damit Krishnamurti indirekt angriff, sondern: „Die Angriffe aus Deutschland von Dr. Steiner und seinen Anhängern prasseln nur so auf mich herunter. Sie arbeiten offensichtlich auf eine Trennung hin und wollen mich dafür verantwortlich machen." (3)

In ihren Briefen an David Graham Pole macht sie keinen Hehl daraus, dass Steiner ihr auf die Nerven ging. Die Adoption Krishnamurtis und die Idee, dass der Christus-Geist in einen Hindu-Jungen hinabsteigen werde, waren für Steiner unvorstellbar. Der Christus-Geist würde nur einen Erwachsenen, der sich selbst unter Beweis gestellt hatte, einen Mann im Alter von dreißig bis dreiunddreißig Jahren, überschatten. Einige haben damals geglaubt, er meinte sich selbst, aber C.D. Meyer warnte jene, die ängstlich darauf warteten, Steiner in der Rolle zu sehen, die Annie Besant Krishnamurti zugedacht hatte. (4)

Warum spielte das Alter von dreiunddreißig Jahren - als das Alter eines großen Lehrers - in so vielen mystischen Traditionen eine Rolle? Der französische Astrologe A. Volguine meint, weil die Sonne alle dreiunddreißig Jahre zur selben Stelle im Tierkreiszeichen zurückkehrt, und zwar nicht nur am selben Tag, sondern auch zur selben Stunde, sodass der dreiunddreißigste Geburtstag den Abschluss und Neubeginn eines Zyklus kennzeichnet. (5)

Aus den "David Graham Pole-Papieren" geht hervor, dass die Schwierigkeiten zwischen Annie Besant und Steiner zunahmen. (6) Er verbot den Mitgliedern der deutschen Abteilung, Mitglieder des "Sternen-Ordens" zu werden und forderte Annie Besant auf, als Präsidentin zurückzutreten. Daraufhin entzog sie dem deutschen Zweig die Urkunde (die sie später zu Gunsten der siebzehn getreuen Zentren erneuerte, und ernannte Hübbe-Schleiden zum Vorsitzenden). Steiner gründete 1913 seine eigene, die Anthroposophische Gesellschaft.

7.

Zärtliche Bande

In diesem Zusammenhang kommt mir eine Betrachtung von George Eliot in den Sinn: „Ich denke, jeder Mensch sollte irgendwo in einem Heimatland verwurzelt sein, wo er zärtliche Zuneigung für die Erdscholle empfindet, die Arbeit der Menschen, die Klänge und Laute, die ihn nicht loslassen, für alles, was dieses frühe Zuhause in vertrauter, unverkennbarer Weise von dem späteren Wissensraum unterscheidet; ein Ort, an dem sich die Klarheit früher Erinnerungen liebevoll mit der freundlichen Bekanntschaft von Nachbarn und sogar Hunden und Eseln verbindet, ein Gefühl, das nicht sentimentaler Betrachtung entspringt, sondern einfach im Blut liegt." (1)

Genau das war Krishnamurti vorenthalten worden. In der heutigen Zeit mögen die Worte Eliots nicht mehr in dem Maße zutreffen wie damals, da viele Menschen aus beruflichen Gründen häufig ihren Wohnsitz wechseln müssen. Aber Krishnamurti war ungewöhnlich tief entwurzelt und viel herumgeschleppt worden. Als Zehnjähriger hatte er bereits seine Mutter verloren, war der indischen Welt entrissen und einer ihm fremden Lebensweise ausgesetzt worden. Ohne ihn zu fragen, hatte man ihn sozusagen „verenglischt". Von dem Augenblick an, da Annie Besant die Szene betrat, klammerte er sich an sie wie an eine Mutter. Ihr Foto hatte schließlich mitten unter den Bildern indischer Gottheiten im Puja-Zimmer gehangen. An Stelle indischer Heldensagen, mit denen Sanjeevamma ihre Kinder beglückte, las sie ihm englische Geschichten vor, aber sie war nur selten da. Ihr öffentliches und theosophisches Wirken ließ sie fast immer unterwegs sein. Ständig setzte sie sich für irgendetwas ein, zum damaligen

Zeitpunkt für die indische Autonomie. Die intensive Betätigung in den verschiedenen Organisationen machten sie vielleicht ein wenig distanziert im Hinblick auf eine gegenseitige Beziehung. Sie schrieb Krishnamurti zwar liebevolle Briefe, verbrachte aber kaum Zeit mit ihm. Stets war sie heute da und morgen wieder fort. Hauptsächlich infolge des Sorgerechtsstreits hatten Krishnamurti und sein Bruder keinen festen Wohnsitz, sondern wurden von einem Versteck zum nächsten gezerrt. Für sie gab es eben keinen Ort, an dem sie sesshaft werden konnten. Wenn sie nicht in Hotels wohnten, dann stets in Häusern von den verschiedensten Leuten. Bei fremden Leuten zu wohnen, ist immer ein wenig anstrengend, da man sich an ihre Gepflogenheiten anpassen muss. Die eigene Wohnung kann man nach seinem persönlichen Geschmack gestalten, um sich darin wohl zu fühlen. Eine gewisse Kontinuität war nur gegeben, weil immer dieselbe Gruppe von Menschen mit ihm reiste. Nitya war schon seit Indien bei ihm gewesen, und die beiden Brüder hingen wie Zwillinge aneinander.

Vielleicht sollte Francesca Arundale die Mutterrolle in Vertretung von Annie Besant übernehmen. Sie hätte ihre Pflicht sicherlich buchstabengetreu erfüllt. Aber sie war eine schwerfällige Frau mit straff zurückgekämmtem Haar und besaß nichts von Annie Besants Ausstrahlung.

Die glanzvolle Frau war Lady Emily, jünger, hübscher und mit sanft frisiertem Haar. Er nannte sie "Mutter", wie es in Indien üblich ist, ältere Frauen anzureden, aber in Lady Emilys Fall schien eine gewisse Zärtlichkeit mitzuschwingen.

George Arundale berichtete Annie Besant in einem Brief davon. Diese schrieb an Lady Emily und rügte sie, ihre eigenen Kinder, die ihre eigentliche Aufgabe seien, zu Gunsten Krishnas zu vernachlässigen. Er aber brachte Lady Emily ein Bild, das er aus dem Daily Mirror ausgeschnitten hatte, auf dem ein kleiner Junge alleine auf einer Parkbank saß und davon träumte, auf dem Schoß seiner Mutter zu sitzen und sagte ihr, er fühle sich wie dieser Junge…(2) Obwohl er sich Sorgen machte, zeigte Sir Edwin Lutyens Verständnis.

Bevor Annie Besant nach Indien zurückkehrte, sprach sie noch sehr ernsthaft mit den beiden Jungen, die dann Ende Juni 1914 in Begleitung von Dick Clarke und George Arundale nach Bude reisten, um dort zu lernen. Wessen Beschluss war dies gewesen? Krishnamurti hatte bereits seine Vorliebe für Devonshire zum Ausdruck gebracht, und obwohl in Cornwall gelegen, befindet sich Bude ein wenig weiter westlich. Im Gegensatz zum Norden gibt es im Süden Küstenorte, die Leadbeaters Definition von „geschützt" wohl entsprechen. Da aus seinem Brief hervorging, dass Krishnas Wunsch berücksichtigt werden sollte, hatte er wahrscheinlich die Wahl getroffen. Francesca Arundale, die ebenfalls mitgegangen war, kümmerte sich um den Haushalt in dem gemieteten Pfarrhaus. Shiva Rao, der Jinarajadasa als Sanskritlehrer ersetzen sollte, traf ein.

Am 4. August 1914 begann der Erste Weltkrieg. Die Menschen begriffen zunächst nicht die schwer wiegende Bedeutung dieses Ereignisses. Man sah darin einen vorübergehenden Konflikt, eine Plänkelei, nicht aber den Anfang eines anhaltenden, unbarmherzigen Alptraums, einen Aderlass der Nation, ein menschenunwürdiges Blutbad.

Krishnamurti war verwirrt. Er glaubte die Geschichten von Gräueltaten der Deutschen nicht. Von Natur aus Pazifist, schrieb er dennoch an Annie Besant und fragte, ob er auch in den Krieg ziehen sollte. Sie lehnte ab, weil sein Körper durch das Essen von Fleisch vergiftet würde. Lady Emily fand es seltsam, dass sie nicht geschrieben hatte, weil er vielleicht Menschen töten müsste.

Krishnamurti hatte in seinem Brief nicht erwähnt, dass Lady Emily für den Rest des Sommers nach Bude gekommen war, wo sie ganz in der Nähe des Pfarrhauses für sich und ihre fünf Kinder ein Haus gemietet hatte.

Sie las Shakespeare mit ihm und Nitya. Auf der Insel Wight war es Hamlet gewesen. Nun las sie aus "The Golden Treasure". Krishnamurti liebte vor allem das vierte Buch, die romantischen Verse. Seine besondere Vorliebe galt Shelley und Keats, und er pflegte umherzugehen und immer wieder die Zeile „Ich bin halb verliebt in einen erleichternden Tod" aus Keats „Ode to a Nightingale", Strophe sechs, leicht falsch zu zitieren. Doch welch ein beunruhigender Gedanke für einen solch jungen Menschen. Wünschte er sich wirklich manchmal, aufzuhören zu sein?

Er hatte Lady Emily ermutigt, sich mit dem Gedanken vertraut zu machen, dass der Meister sie als Schüler annehmen würde. Doch kaum hatte sie Bude verlassen, erhielt sie von George Arundale einen Brief, in dem er ihre eigennützige Anhänglichkeit an Krishnamurti als Versagen brandmarkte und ihr vorwarf, die Arbeit des Meisters zu behindern, indem sie Krishnas niedere Natur auf Kosten der höheren verstärke: „Du hast in dir selbst einen emotionalen Aufruhr entfacht und ihn auch in Krishnamurti geweckt."(3)

War dies der Fall? Krishnamurti war inzwischen neunzehn und alt genug, um sich zu verlieben. Doch beide hielten die Beziehung in den traditionellen Bahnen. Selbst wenn er für sie gefühlt hätte, hätte es ihm geschadet? Er brauchte dringend das weibliche Element in seinem Leben. In seinen Briefen nannte er sie „Mami".

George Arundale äußerte aber in seinen Briefen an Annie Besant immer noch seine Befürchtungen bezüglich dieser Verbindung. Am 15. Februar 1915 erhielt Krishnamurti einen Brief von ihr mit der Warnung, dass ein zum Höchsten berufener Mensch sein „niederes Leben" ablegen müsse. Mit anderen Worten, er solle versuchen, keine sexuellen Gefühle aufsteigen zu lassen. Diese Zeilen veranlassten ihn wahrscheinlich, am 18. Februar einen sehr langen Brief an Leadbeater zu schreiben, in dem er ihm versicherte, dass er eine sehr reine Liebe zu Lady Emily hegte, was auf Gegenseitigkeit beruhte. Jene Leute, die sich darüber geäußert hätten, gehe die Sache nichts an. Er brachte seine Vermutung zum Ausdruck, dass George Arundale eifersüchtig wäre.

Annie Besant machte in einem weiteren Brief Lady Emily den Vorwurf, dass sie Krishnamurti schade, indem sie ihm seine Anhänglichkeit zu ihr erlaube, denn ihretwegen befände er sich in einem Wirbel der Leidenschaften, und sein überempfindliches Wesen sei erschüttert und aus dem Gleichgewicht geworfen. (4) In Wirklichkeit aber war sie sein Rettungsanker. Sie war es, die ihm die menschliche Wärme gab, die er so sehr benötigte.

Ende März gelang es Nitya, nach Frankreich zu kommen, wo er den Theosophen Dr. Leslie Haden Guest traf, zu dem Lady Emily Kontakt besaß. Er hatte im Hotel Majestic in Paris ein Lazarett des französischen

Roten Kreuzes aufgebaut. Nitya hatte sein Motorrad mitgenommen, weshalb er wohl als Meldefahrer eingesetzt werden konnte.

Krishnamurti wollte ebenfalls sofort nach Frankreich, denn auch er besaß ein Motorrad. Er war durch ganz Cornwall gefahren und mit Lady Emily im Beifahrersitz so schnell gerast, dass sie ihre Nerven mit dem Gedanken beruhigen musste, dass der Maitreya einen Unfall sicherlich nicht zulassen werde.

Annie Besant telegrafierte ihre Zustimmung. Er fuhr nach London, um seine Uniform in Empfang zu nehmen; dann wurde ihm mitgeteilt, nicht nach Frankreich zu kommen. Die Pläne hatten sich geändert. Er versuchte, in einem anderen Krankenhaus Arbeit zu finden und kehrte nach Bude zurück.

Am 5. März 1915 schrieb ihm Leadbeater aus Sidney.

„Mein lieber Krishna,
Ich freue mich über deinen Brief vom 11. Januar, dem Jahrestag, an den wir uns alle erinnern. Viele Dinge haben sich in diesen letzten sechs Jahren geändert, nicht wahr? Ich habe dir lange nicht mehr geschrieben, aber auch nicht an andere, weil mich meine Arbeit hier so sehr in Anspruch nimmt. Ich helfe drei Schülern unseres Meisters, wie ich einst dir und Nitya versucht habe zu helfen. Und das bedeutet, dass ich jede Minute meiner Zeit dafür einsetzen muss. Jede Woche muss ich zwei, manchmal auch drei Vorträge vorbereiten und zwischendurch Artikel für den ”Theosophist“ liefern. Zu deiner Zeit pflegte ich solche Dinge spät abends zu erledigen, aber nun, da ich älter werde, kann ich das nicht mehr tun, ohne meine Gesundheit zu gefährden. Ich bemerkte dies während meines kürzlichen Aufenthalts in Neuseeland, wo ich hart arbeiten musste.

Ich kann einfach nicht verstehen, warum du nicht in einem Krankenhaus arbeiten sollst, nur weil du Inder bist. Ich hätte gedacht, dass sie unter den augenblicklichen Gegebenheiten für jede freiwillige Arbeitskraft dankbar wären. Sie scheinen Nityas Hilfe doch angenommen zu haben, weshalb ich vermute, dass du diese Art der Arbeit nicht verrichten sollst, obwohl ich mir den Grund dafür nicht erklären kann.

Jedenfalls bin ich froh, dass du auf dem Lande lebst und dich unter solch guten Umständen auf Oxford vorbereitest. Du musst natürlich sehr auf deine Gesundheit achten, da das englische Klima für jemanden, der in Indien geboren wurde, natürlich sehr anstrengend ist. Zweifele nicht an deinen intellektuellen Fähigkeiten. Sie mögen vielleicht nicht so gut sein wie die von Nitya, denn er ist ein außergewöhnlich kluger Junge, aber ich versichere dir, du hast einen ausgezeichneten Verstand. In deiner Kindheit wurde er viel zu lange vernachlässigt und braucht daher sorgfältige Schulung, um seine Fähigkeiten voll zur Entfaltung zu bringen. Ich bin sicher, dass du gut lernst, wenn du deine Gesundheit in Ordnung hältst. Du sprichst von den großen Schwierigkeiten im vergangenen Jahr und dass ich über alles informiert sei. Ich bin mir dessen nicht ganz sicher, kann sie mir aber vorstellen, da du erwähnt hast, dass sie auch Nitya betrafen. Wenn ich kann, würde ich dir gerne helfen, aber du müsstest mir Genaueres mitteilen (ein Teil des Briefes fehlt) ...Ich werde es dich natürlich wissen lassen, sobald ich von irgendwelchen Fortschritten höre, aber ich denke, du selbst wirst es ebenso bald wissen wie ich.

Was mich anbelangt, kann ich nichts Bestimmtes berichten. Ich stehe unserem Meister vollkommen zur Verfügung und bin bereit, jeden Augenblick dorthin zu gehen, wo er mich haben will. Soweit ich erkennen kann, wird mich meine Arbeit hier wahrscheinlich eine Zeit lang beanspruchen, nicht nur in Bezug auf die Schüler und andere Menschen, die hilfreich sein können, sondern es gibt auch eine Menge Vorbereitungen für die neue, sechste Unterrasse zu treffen.

Meine Liebe für dich und Nitya;
Wie stets in großer Zuneigung
C.W. Leadbeater

Im Juni 1915 verließ Dr. Haden Guest seine Militäreinheit in Paris und kehrte mit Nitya nach London zurück, wo er im Palast-Hotel "Endsleigh" in Bloomsburry ein Lazarett einzurichten gedachte. Die Umwandlung eines Hotels in ein Militärkrankenhaus kam zur damaligen Zeit des Öfteren vor, und man war dankbar für jede freiwillige Mitarbeit. Krishnamurti und Lady Emily scheuerten in der Küche den Fußboden und wuschen das Inventar ab, doch als das Krankenhauspersonal einzog, waren sie nicht mehr erwünscht.

Krishnamurti bemühte sich vergeblich, irgendeine Kriegsarbeit zu finden, aber die Tatsache, dass er Inder war, schien dies zu verhindern. Schließlich eröffnete sich ihm die Möglichkeit, in einem englischen Lazarett in Dünkirchen arbeiten zu dürfen, doch Annie Besant erlaubte es nicht. Sie teilte ihm mit, dass sie es vorzöge, wenn er keine Kriegsarbeit verrichtete, sondern sich auf seine Studien konzentrierte. Er und Nitya gingen also wieder zurück nach Bude.

Das "New College" in Oxford, wo die beiden Jungen schon vor langer Zeit eingeschrieben worden waren, hatte sie zu Beginn des Gerichtsprozesses von der Liste gestrichen. Der befreundete Rechtsanwalt Baillie-Weaver erklärte sich bereit zu versuchen, sie im "Christ Church-College" oder "Baliol" unterzubringen, was seiner Ansicht nach aber berufserfahrenen Unterricht voraussetzte.. Er schlug vor, sie nach Rochester zu schikken, wo Rev. John Sanger sie auf das Examen vorbereiten konnte. Die beiden trafen im Juni 1916 dort ein, und Krishnamurti freute sich über den nahe gelegenen Golfplatz. Im November fuhren sie nach London zu Jinarajadasas Hochzeit. Im Juni 1917 stand fest, dass weder Oxford noch Cambridge den „zukünftigen Christus" aufnehmen würde, und man versuchte daher eine Zulassung an der Universität London. Die Schwierigkeit der Zulassungsprüfung bestand darin, dass man alle Fächer zugleich bestehen musste, was bedeuten konnte, dass man jahrelang daran saß, weil man jedes Mal in verschiedenen Fächer bestand oder durchfiel. Mathematik, Englisch und Latein oder Griechisch waren obligatorisch. Nityas Sehkraft auf dem linken Auge war immer schon schwach gewesen, aber der Zustand begann sich nun zu verschlimmern. Krishnamurti entdeckte, dass eine Besserung eintrat, wenn er seine Hand über Nityas Auge legte, und auf einmal kamen viele Leute, um sich von ihm die Kopfschmerzen nehmen zu lassen. Im Januar 1918 bestand Nitya die Prüfung und begann mit dem Jura-Studium, aber Krishnamurti fiel in Latein durch, was immer seine schwache Seite gewesen war. Das bedeutete für ihn, sich auf das nächste Examen vorzubereiten, das er auch nicht bestand. Inzwischen hatten die Brüder bei Mary Dodge und Lady De La Warr in ihrem neu erstanden Haus, dem West Side House in Wimbledon Common, gewohnt und waren jeden Tag in die Londoner Universität gefahren. Im Juli 1919 nahm Lady De La Warr ihn mit nach Schottland in das von ihr gemietete Haus in Gullane. Dort traf er Jean Brindley, die Landesvertreterin des Sternen-Ordens in Schottland und gewann ein örtliches Golf-Turnier. Nach dieser Unterbrechung lernte er wieder für die Aufnahmeprüfung, während Nitya weiterhin Jura studierte. Als Krishnamurti im Januar 1920 erneut vor den Prüfungsaufgaben saß, war es ihm trotz eifrigen Lernens nicht einmal möglich, die Fragen zu lesen, und so ließ er die Blätter leer.

Es war niemals sein Wunsch gewesen, die Universität zu besuchen, er hatte es nur Annie Besant zuliebe versucht. Nun aber setzte er sich durch und fuhr nach Paris. Dort wohnte er zunächst in der Avenue Montaigne bei einer Schwester von Charles Blech, dessen Efeu er zerstört hatte. Von hier aus schrieb er Lady Emily, dass er die Zeitung vor sein Gesicht halten musste, als der Zug aus London fuhr, damit die Mitreisenden nicht seine Tränen sahen. Es klingt, als habe sie auf dem Bahnsteig gestanden und ihm zum Abschied gewunken. In Paris heiterte er ein wenig auf. Er begegnete wieder den Manziarlys und den Mallets. Er schrieb Lady Emily, dass er versuchte, möglichst viel von der westlichen Kultur aufzunehmen, bevor er nach Indien zurückkehrte, falls Annie Besant ihn dazu aufforderte und dass sie beide dann tapfer sein müssten.

Er vertraute ihr sehr persönliche Dinge an, wie seine „schlechten Träume". Er konnte sie nicht verstehen, weil seine Gedanken tagsüber ganz rein waren. Wenn er einer (attraktiven) Frau begegnete, ging er mit niedergeschlagenen Augen an ihr vorbei. So verhielten sich die buddhistischen Mönche. Leadbeater hatte ihm erzählt, dass er zu Buddhas Lebzeiten und auch in seinem späteren Leben (624-94 n.Chr.) ein Mönch gewesen sei. Bevor er damals die gelbe Robe genommen hatte, war er im Zwiespalt gewesen, denn er liebte ein junges Mädchen. Er dachte immer noch wie damals, dass er eine Entscheidung treffen musste. Annie Besant betrachtete mit Sicherheit Enthaltsamkeit ebenfalls als Voraussetzung für Fortschritte auf dem Pfad. Obwohl Krishnamurti zu der Zeit den theosophischen Vorstellungen und Persönlichkeiten nicht völlig zustimmte, zweifelte er im Grunde genommen seine Bestimmung nicht an.

Charles Blech war aus dem Krankenhaus gekommen und benötigte das Zimmer, in dem Krishnamurti gewohnt hatte. Einige Freunde der Familie nahmen ihn mit zu einem Ferienaufenthalt an der Riviera, wo sie ihre Zeit in Nizza, Cannes und Monte Carlo verbrachten. Wieder in Paris, wohnte Krishnamurti in einem Zimmer, das Frau Manziarly für ihn gefunden hatte, aß oft bei der Familie, manchmal aber auch in einem italienischen Restaurant. Ihre beiden Töchter, Marcelle und Yolande, hängten sich sehr an Krishnamurti, der fortfuhr, sehr gefühlvoll an Lady Emily zu schreiben.

Er hielt sich noch in Paris auf, als Jinarajadasa im Juli nach England zurückkehrte und Leadbeaters Entdeckung aus dem Jahre 1914 mitbrachte - Rajagopal. Er gehörte zu den Schülern, die damals am 10. Januar zur Probe angenommen worden waren und von denen Leadbeater der Gruppe in Taormina geschrieben hatte, was alle bedrückte, weil er nichts von ihren eigenen Fortschritten erwähnt hatte. Laut Leadbeater soll er der Hl. Bernhard von Clairvaux gewesen sein. (5) Dieser Mann sollte in Krishnas Leben eine umstrittene Rolle spielen.

8.

Bernhard von Clairvaux

Bernhard wurde 1090 oder 1091 im Schloss Fontaines in der Nähe von Dijon im französischen Burgund als dritter Sohn geboren. Seine Mutter, Aleth de Montbard, die er mit sechzehn Jahren verlor, übte einen starken Einfluss auf ihn aus. Im Alter von zwanzig Jahren verkündete er seinen Entschluss, in das Kloster von Citeaux einzutreten. Die Familie war bestürzt, zumal Citeaux arm war und in einer sumpfigen, ungesunden Gegend lag. Trotzdem trat er 1112 dort ein und bestand sogar darauf, dass ihm die beiden älteren und die beiden jüngeren Brüder folgten. Für den ältesten war dies eine besonders schwere Entscheidung, da er Frau und Kinder zurücklassen musste. Bernhard aber setzte sich durch und trat schließlich mit dreißig neuen Anwärtern, darunter acht aus seiner eigenen Familie, in das Kloster ein.

Zwei Jahre später gründete er auf Veranlassung seines Abts, des Engländers Stephen Harding, mit seiner Gruppe ein neues Kloster in dem etwa hundert Kilometer von Dijon entfernten Clairvaux, das rasch zu einer der bedeutendsten Niederlassungen des Zisterzienserordens wurde. Der tief religiöse Bernhard kritisierte nicht nur die Fehler seiner Mönche, sondern machte auch vor dem Hochadel nicht Halt.

1130 war ein Krisenjahr für die Kirche. Zwei Päpste waren gewählt worden, Innozenz II. und Anaklet II. Bernhard favorisierte ersteren und überzeugte mit diplomatischem Geschick sowohl den König von Frankreich, Ludwig den VI., als auch den Herrscher Englands, Heinrich I., Innozenz II. ihre Stimme zu geben.

Nähere Einzelheiten zur Person des Bernhard erfahren wir von Geoffroi, einem seiner Mönche. Demnach war er mittelgroß und besaß einen roten Bart und goldenes Haar. Sein ungewöhnlich dürrer, durchgeistigter Körper litt unter zahlreichen Beschwerden. Eine Verengung der Speiseröhre machte es ihm unmöglich, feste Nahrung zu sich zu nehmen. (Dieser Umstand spielt eine wesentliche Rolle in unserer Geschichte.) Außerdem fehlte ihm der Geschmackssinn. Eine tiefe Demut zeichnete ihn aus, und versunken in der Betrachtung Gottes ging er meistens mit gesenktem Blick seines Weges, ohne Notiz von seiner Umwelt zu nehmen.

Unerschrocken brachte er seine Meinung zum Ausdruck; er rügte und focht den Adel an, wenn es um Gerechtigkeit ging.

Er kritisierte sogar den Papst, denn schließlich war er es gewesen, der Innozenz II. auf den Thron verholfen hatte. Manchmal wird die Frage laut, warum er selbst nicht Papst werden wollte. Vielleicht liegt es daran, dass er ja ohnehin „der mächtigste Mann in Europa" war.

Damals war Bernhard bekannt für seine Macht, aber in die Geschichtsbücher ist er hauptsächlich eingegangen wegen seines theologische Streits mit Abelard.

Berühmt wurde Abelards Definition von der Sünde: „Sünde kann nicht in einer Sache an sich sein, sondern entspricht der bewussten Zustimmung des Verstandes, eine Handlung zu begehen, von der er weiß, dass sie falsch ist." Bernhard jedoch sah in diesem Gedankengang die mögliche Gefährdung feststehender sittlicher Maßstäbe. Am stärksten aber stießen ihn Abelards Bemühungen ab, das Wesen des Universums zu verstehen, des natürlichen wie des göttlichen. Für Bernhard diente Wissen nur dazu, Gott tiefer verehren zu können. Wissen um seiner selbst willen anzuhäufen, betrachtete er als leichtfertig. Er vertrat die Auffassung, dass nicht von uns verlangt wird, das Mysterium Gottes zu erfassen. Die Kirchenlehre muss unangetastet bleiben. Bernhard betonte vor allem, sich von allem Vergänglichen zu lösen und nur auf Gott zu stützen.

Er lud Abelard zu einem Streitgespräch vor den versammelten Bischöfen und Kirchenmännern ein. Als dieser den Raum betrat, blickte er in die Runde und verließ ihn wortlos wieder. Wahrscheinlich hatte er gespürt, dass man nicht an einem Streitgespräch interessiert war, sondern ihm eine Falle stellen wollte, die eine Verurteilung wegen Ketzerei hätte bedeuten können.

Daraufhin schrieb Bernhard einen ausführlichen Brief an Papst Innozenz II., in dem er die strittigen Punkte darlegte und die Vernichtung von Abelards Schriften verlangte. Der Papst willigte ein.

In "The Lives of Alcyone" behauptet Leadbeater, dass Bernhard widerstrebend in diese Angelegenheit hineingezogen worden sei (1), was natürlich nur eine Entschuldigung ist.

Bernhards größter Fehler bestand darin, Ludwig VII. davon zu überzeugen, einen zweiten Kreuzzug zu unternehmen, der in einem unnötigen Blutvergießen endete. Man fragt sich, ob Bernhard jemals einen Moslem zu Gesicht bekommen hatte. Wahrscheinlich sah er in diesen Menschen nur Feinde des wahren Glaubens. Dieser Mann muss über ein beachtliches diplomatisches Geschick verfügt haben.

Bernhard las und schrieb zahlreiche theologische Schriften. Zur Aussage des Augustinus, dass unsere Erlösung eher auf Gnade als auf den Werken des freien Willens beruhe, schrieb er: „Streiche den Begriff „freier Wille", und es gibt nichts zu erlösen; streiche den Begriff "Gnade", und es bleibt kein Möglichkeit der Erlösung." Er widersetzte sich der Idee von der Unbefleckten Empfängnis, räumte der Jungfrau Maria aber einen Stellenwert im Erlösungsplan ein.

Bernhard starb am 20. April 1153 und wurde im Jahre 1174 heilig gesprochen.

9.

Die Ankunft von Rajagopal

Im Januar 1920 hatte Nitya seine Prüfung in Verfassungs- und Rechtsge-
schichte bestanden und studierte nun Jura. Er lebte in einer Wohnung in
der Robert Street in Adelphi, die Lady De La Warr gehörte. Da Krishnamurti sich in Paris aufhielt, hatte er geglaubt, die Wohnung für sich alleine haben zu können. Es gefiel ihm daher durchaus nicht, als er erfuhr,
dass er sie mit dem eintreffenden Desikacharya Rajagopalacharya, einer
Reinkarnation des Bernhard von Clairvaux, teilen sollte. Er war sogar
wütend, wie Lady Emily meinte. (1)

Jene im Januar 1914 in Taormina so enttäuschte Gruppe hegte den
Verdacht, dass Leadbeaters neue Entdeckung recht zweckmäßig war, da
er sich durch Krishnas Brief beleidigt gefühlt hatte. In dieser Sache taten
sie ihm aber wohl Unrecht. Seine Aufregung über den neuen Fund war
ehrlich, obwohl er übers Ziel hinausschoss, was seine Zukunft anbelangte. Dennoch tauchte das unbestimmte Gefühl auf, dass er als Krishnas
Rivale auftrat.

Desikacharya Rajagopalacharya war am 7. Juli 1900 im Bezirk Madras geboren. Sein Vater wirkte als Nebenrichter und war Mitglied der
Theosophischen Gesellschaft und der Esoterischen Schule. Im Dezember
1913 fand in Kerala eine Konferenz der Theosophischen Gesellschaft statt.
Kurz vor seine Abreise aus Adyar wurde Leadbeater von Meister Koot
Hoomi mitgeteilt (so Jinarajadasa), dass er auf dieser Tagung einen seiner
anderen Schüler finden würde. (2) Leadbeater hielt daraufhin seine Augen offen, konnte aber am ersten Tag nichts Außergewöhnliches entdek-
ken. Am zweiten Tag aber sah er ihn. Am 26. Dezember 1913 notierte er
in sein Tagebuch: „Begegnete D. Rajagopalacharya."(3)

Sein Vater freute sich über Leadbeaters Interesse an seinem Sohn, dem dieser nach seiner Rückkehr in Adyar täglich schrieb. Er erklärte Jinarajadasa, dass er jeden Brief magnetisierte, damit er als Erinnerung an die hohen Ideale, denen er sich verpflichtet hatte, wirkte. Die Antworten des Jungen, die Jinarajadasa später aufbewahrte, drückten tiefe Zuneigung zu Leadbeater aus, den er immer wieder um Führung bat, damit er ein Leben voller Hingabe führen konnte. Leadbeater benutzte natürlich seine hellseherischen Fähigkeiten, um in die vergangenen Leben des Jungen zu schauen und musste erstaunt feststellen, dass er in einem früheren Dasein Bernhard von Clairvaux gewesen war. Er gab ihm den Sternennamen Naga und forschte nach, ob er irgendwelche Verbindungen zu den Leben der anderen, die er untersuchte, besaß. Er fand einige. Im Februar 1914 begab sich Leadbeater auf eine, wie er ursprünglich geplant hatte, kurze Reise nach Java und Australien. In Australien sollte er jedoch bis an sein Lebensende bleiben. Doch vor seiner Abreise beauftragte er Jinarajadasa, den Jungen in seine Obhut zu nehmen.

Der Vater war damit einverstanden, dass sein Sohn die Theosophische Schule in Benares besuchte, an der ihn Shiva Rao unterrichtete. Bei seinen Besuchen in Adyar lernten sich er und Jinarajadasa näher kennen. In Adyar wurden sie beide „Raja" genannt. Um eine Verwechslung zu vermeiden, sprach man von dem alten und dem jungen Raja, wenn letzterer bei Jinarajadasa und seiner Frau wohnte. Auf einem Foto, das von Raja in dieser Zeit aufgenommen wurde, fallen besonders die stechenden Augen auf.

Später besuchte er das College in Madanapalle. In dieser Zeit fiel ihm auf, dass es in einigen Dörfern keine Schule gab. Er holte die Dorfleute, ließ sie einen Kuhstall ausfegen und brachte einige seiner Mitstudenten dazu, an mehreren Abenden in der Woche dort Unterricht zu geben und Bücher und dergleichen mitzubringen. Er selbst unterrichtete nicht; er kümmerte sich nur um den organisatorischen Teil. Es gelang ihm, noch zwei weitere Schulen einzurichten, wie ein Mönch, der als Abt Töchterklöster ins Leben ruft. Er benannte die Schulen nach Annie Besant, Krishnamurti und sich selbst und erhielt Geldspenden für deren Unterhalt.

1919 reisten Jinarajadasa und seine Frau mit Rajagopal nach Neuseeland und Australien, wo sie Leadbeater wieder trafen. Im Juli 1920 kamen sie dann nach England.

Krishnamurti, der davon in Paris erfuhr, schrieb an Lady Emily, dass die de Manziarlys gerne wissen wollten, was sie von diesem „verflixten Rajagopalacharya hielte (was für ein Name. Sie fragten mich auch, ob ich Angst vor meinem Rivalen habe!!?) Sie denken, ich sei eifersüchtig! Der arme Kerl, er kann meinen berüchtigten Platz für zwei Sous haben. (Personellement je m'en fiche de Raja, Rajago!!)Was er wohl unternehmen wird. Ich hoffe, sie verderben ihm nicht seine Zukunft. Wenn sie das tun, kann ich ihm nur mein Beileid wünschen. Bitte, wenn Sie ihn sehen, geben Sie ihm meinen Segen und bitten Sie ihn um den seinen. (Herrgott, was für Narren wir Sterblichen doch sind!")(4)

Wo mag Krishnamurti diesen Ausdruck „verflixt" aufgeschnappt haben? Sicherlich nicht von Lady Emily. Er reagierte recht verärgert auf die Nachricht, dass Raja irgendein Zeremoniell in die Theosophische Gesellschaft einführen wollte, wahrscheinlich beeinflusst von Leadbeaters freimaurerischem und liberal-christlichem Enthusiasmus. Nicht im „Sternen-Orden"! Wieder schrieb er an Lady Emily: „Ich glaube wirklich an die Meister usw. und möchte nicht, dass das ins Lächerliche gezogen wird." (5) Diesen Brief schickte er aus Amphion, in der Nähe von Genf. Er und Nitya verbrachten dort mit den Manziarlys die Sommerferien. Im September 1920 kehrten sie gemeinsam nach London zurück, und im Oktober begegnete Krishnamurti Rajagopal. Es gibt keinen Bericht von der Begegnung dieser beiden ehemaligen Mönche, dem einen, der die gelbe Robe der Buddhisten trug und dem anderen, der nach Leadbeater das weiße Habit der Zisterzienser getragen hatte. Es gibt nur einen Brief von Krishnamurti an Marcelle de Manziarly vom 14. Oktober, in dem es heißt, dass sie sich getroffen und lange unterhalten hätten, er ihn „sehr nett" finde und gerne mit ihm arbeiten würde. (6)

10.

Erste Liebe

Am 8. Dezember 1920 fuhr Krishnamurti nach Paris zurück, wo er zunächst bei der Familie Blech wohnte und später dann in einem kleinen Hotel in der Nähe von Ruspoli. Die meisten Mahlzeiten nahm er aber nach wie vor bei den Manziarlys ein. Während Nitya sich in London für das Staatsexamen vorbereitete und Rajagopal, finanziell von Mary Dodge unterstützt, in Cambridge Jura studierte, hing Krishnamurti in dieser Zeit etwas in der Luft. Er las Weltklassiker wie Dostojewskis "Der Idiot" und "Die Brüder Karamassow" und Nietzsches "Also sprach Zarathustra", aber keine theosophischen Werke, auch nichts von Leadbeater. Irgendetwas an der Besant-Leadbeater Theosophie blieb ihm in der Kehle stecken. „Hat er jemals Blavatsky gelesen?" fragte ich Mary Lutyens. „Nicht eine Zeile", meinte sie. Schade, vielleicht wäre er damit besser zurechtgekommen. Am 28. Dezember, immer ein bedeutungsvolles Datum in seinem Leben, betrat er ganz spontan das Podium auf einer Versammlung der Theosophen in Paris und sprach zehn Minuten lang in Englisch, was Satz für Satz ins Französische übersetzt wurde. Die Leute lachten und klatschen. Am 12. Januar 1921 schrieb er an Annie Besant und versicherte ihr: „Der einzige Wunsch meines Lebens ist es, für Sie und die Theosophie zu arbeiten."(1)

Als Nitya in London mit Lady Emily im Kino saß, begann er zu husten und Blut zu spucken. Es wurde ein Schatten auf seiner Lunge festgestellt. Krishnamurti bestand darauf, dass er nach Paris kam, um sich von einem Arzt untersuchen zu lassen, zu dem Krishnamurti Vertrauen hatte. Danach wurde dafür gesorgt, dass er sich auf dem Land in der Nähe von Boissy-St.Leger in Ruhe erholen konnte.

Im Juni traf dann Annie Besant aus Indien ein, und Krishnamurti reiste nach London, um sie dort zu treffen. Er wohnte bei Mary Dodge und Lady de La Warr in ihrem West Side Haus in Wimbledon, von wo aus er tagebuchartige Briefe an Nitya schrieb. Annie Besant wohnte bei ihrer Freundin Percy Douglas Hamilton, einer unwahrscheinlich reichen Frau und Gönnerin, in der Buckingham Street. Nach einem Vortrag in der Esoterischen Schule aß sie in West Side zu Mittag. Am Nachmittag fand bei den Brights eine Party statt, und um sieben Uhr war ein großes Treffen in der Queens Hall. Krishnamurti verbrachte diese Nacht in dem Appartement von Wadia, der sich gerade in Holland aufhielt, da er am nächsten Morgen an einer Versammlung des ”Sternen-Ordens“ in der Mortimer Hall teilnehmen musste. Sie dauerte bis zwölf Uhr. Dann schlich er sich davon, um mit Lady Emily und Betty Lutyens ins Kino zu gehen.

Am folgenden Tag, dem 28. Juni, fuhr man nach Letchworth und wohnte einer Schulveranstaltung bei. Krishnamurti, Annie Besant und Francesca Arundale saßen mit der Frau von Douglas Hamilton in ihrem Rolls Royce; Lady Emily, Barbara Lutyens und Rajagopal in dem alten Daimler. Krishnamurti saß neben dem Chauffeur und war begeistert, als der Wagen einen Moment lang die Höchstgeschwindigkeit von achtzig Stundenkilometern fuhr.

Ehe Annie Besant nach Indien zurückfuhr, wurde ausgemacht, dass Krishnamurti und Nitya im Herbst nach Indien kommen sollten. Krishnamurti war nicht gerade begeistert. Er hatte gehofft, Helen Knothe wieder zu sehen, falls wieder ein ”Sternen-Orden“ -Treffen in Holland stattfinden würde. Auch für Lady Emily war es ein Schlag. Um das Beste aus der verbleibenden Zeit zu machen, mietete sie ein Haus in der Nähe von Boissy und nahm ihre beiden Töchter Betty und die inzwischen dreizehnjährige Mary mit.

Was den Orden anbetraf, unterstützte Jinarajadasa Krishnamurti jetzt ein wenig. Dieser hatte auf dem Kongress verkündet, dass er die Einführung eines Zeremoniells nicht wünsche. Daraufhin schrieb Jinarajadasa im ”Herald“, dass man Zeremonien und Überlieferungen fallen lassen sollte, wenn der Weltlehrer, der durch Krishnamurti sprach, diese nicht wünschte.

Nityas Gesundheitszustand verbesserte sich nicht. Krishnamurti brachte ihn daher nach dem oberhalb von Montreux in den Schweizer Alpen gelegenen Montesano, wo Rajagopal und John Cordes sich ebenfalls um ihn kümmerten.

Von den Anfängen der Beziehung zwischen Krishnamurti und Rajagopal weiß man nichts. Sprachen sie über die hohen und ungewöhnlichen Dinge, von denen ihnen Leadbeater erzählt hatte? Wahrscheinlich waren sie beide verlegen. Krishnamurti lag nichts daran, in vergangenen Leben nachzuforschen. Es gab sogar Stimmen, die vor einer möglichen Gefahr warnten, dass die Erinnerung das Karma beschleunigte.

Am 15. September fuhr Krishnamurti nach Holland zu Baron van Pallandt, einem Mitglied des "Sternen-Ordens". Er hatte angeboten, das aus dem Familienbesitz stammende Schloss Eerde, das in der Nähe von Ommen, nicht weit von Arnheim inmitten eines 5.000 Morgen großen Waldgebiets lag, Krishnamurti zu überlassen. Van Pallandt, eine eher verschlossene Persönlichkeit, sagte einmal von sich selbst, dass er Blavatskys "Geheimlehre" immer noch nicht verstehe, obwohl er an einem von Wadia gegebenen Kurs teilgenommen hatte. Ein kleiner Vorfall war ihm besonders im Gedächtnis haften geblieben. Bei einer Autofahrt platzte ein Reifen. Krishnamurti bemerkte seine Ungeschicklichkeit beim Reifenwechsel und übernahm die Angelegenheit.(2)

Ich schrieb einen an Schloss Eerde adressierten Brief, um Näheres über den Baron zu erfahren. Seine Tochter antwortete mir, dass er 1978 im Alter von nahezu neunzig Jahren gestorben sei. Als Naturfreund interessierten ihn vor allem die Bäume und Sträucher im Garten und in den Wäldern. Er kümmerte sich gut um sie, ebenso um die Vögel, und er gehörte dem "Internationalen Komitee" zur Erhaltung der Vögel an. Er förderte die Pfadfinder Hollands, und eine Gruppe trug sogar seinen Namen. Er war ein geselliger Mann in dem Sinne, dass er Leute zusammenbrachte, von denen er glaubte, dass sie gemeinsame Interessen hegten. Dies sind nur einige Aussagen, doch die Natur, denke ich, lag ihm am meisten am Herzen. Er wollte mit seinem Besitz einem geistigen Zweck dienen.

Auf diesem Anwesen lernte Krishnamurti das erste Mädchen kennen, in das er sich verliebte. Sie hieß Helen Knothe. Obwohl amerikanischer Nationalität – ihr Vater besaß ein Bekleidungsgeschäft in New Jersey – floss holländisches Blut in ihren Adern. Sie lebte in Amsterdam bei ihrer Tante Cornelia Dijkgraaf, der Landesvertreterin des "Sternen-Ordens" in Holland. Die siebzehnjährige Helen studierte Geige. Auf einem Foto lassen sich ihre feinen, nordischen Züge und die hohe Stirn erkennen. Sie und ein schwedisches Mädchen fuhren gerade auf dem Anwesen mit dem Fahrrad um die Wette. Sie gewann und bemerkte erst in diesem Augenblick, dass der Baron und Krishnamurti sie beobachteten. Die beiden Männer gingen auf sie zu, und das Mädchen bat sie um ein Autogramm. Der Baron lud sie zum Essen ins Schloss ein.

Den Rest der Woche in Holland verbrachte Krishnamurti fast nur mit Helen. Mit dem Fahrrad oder zu Fuß durchstreiften sie die Heide oder fuhren mit van Pallandts Auto durch die dichten Kiefernwälder. Er hatte nur eine Woche. Am letzten Tag ließen sie sich auf einer Anhöhe in den Dünen nieder und Krishnamurti zog sein Taschentuch heraus und bedeckte sein Gesicht damit, um den Mut zu finden, sich auszudrücken. Es gab drei Menschen in seinem Leben, die er sehr liebte, Nitya, Annie Besant und Lady Emily. Ihnen fügte er nun Helen hinzu.

Es war eine Liebeserklärung, wenn auch keine romantische. Evelyne Blau glaubt nicht, dass er sie jemals geküsst hat. Der physische Aspekt fehlte. "Und doch war es warm und tief, sogar leidenschaftlich…ein Ausströmen seiner Liebe und seines Geistes…und er wünschte meine Nähe."(3)

Krishnamurti war damals sechsundzwanzig Jahre alt, und abgesehen von seiner Hingabe an Lady Emily war es das erste Mal, dass er sich verliebte. Er hatte Annie Besant immer dahingehend verstanden, dass seine besondere Mission Enthaltsamkeit verlangte. Keiner von beiden schien dies jemals in Frage gestellt zu haben. Aber er wünschte Helen bei sich und es bekümmerte ihn, dass nach dieser Woche sein Leben völlig verplant war. Schlimmer noch, Annie Besant wünschte nun seine Rückkehr nach Indien.

Er war stets davon ausgegangen, dass er nach der langen Lern- und Vorbereitungsperiode in Europa wieder nach Indien gehen sollte, um mit seiner wirklichen Arbeit zu beginnen, aber gerade jetzt, das war furchtbar.

Zunächst fuhr er kurz in die Schweiz zu Nitya, den Madame de Manziarly einem Lungenspezialisten vorstellte, dann zurück nach England, um sich von Lady Emily zu verabschieden. Dann schob er einen kurzen Besuch in Amsterdam ein, um Helen wieder zu sehen. Unter den Geschenken, die er ihr mitbrachte, befand sich das Buch "Alice im Wunderland" und, mit einer dichterischen Widmung versehen, das "Oxford Book of English Verse", außerdem Schallplatten, indisches Tuch und eine Liste geistiger Prinzipien. (4)

Er hatte seine Begeisterung für Helen nicht vor Lady Emily verborgen und schrieb ihr am 17. November aus Marseille, wie erbärmlich er sich fühlte, beide für lange Zeit verlassen zu müssen.(5)

Annie Besant war die erste, die Krishnamurti und Nitya am 3. Dezember 1921 am Hafen begrüßte. Sie legten wieder indische Kleidung an. Lady Emily war hocherfreut, als ihr Mann sie aufforderte, zu ihm nach Indien zu kommen und ging am 17. Dezember an Bord. Sie und Sir Edwin waren bei Sir George und Lady Lloyd zu Gast, doch gelegentlich gelang es ihr, Krishnamurti zu sehen. Sie brachte es sogar fertig, Annie Besant und den Jungen nach Benares zu folgen, wo erstere die Ehrendoktorwürde von der "Hindu-Universität" verliehen werden sollte. Dort fand dann auch die Theosophische Tagung statt. Krishnamurti hielt einen der Vorträge, und die Inder, deren Englischkenntnisse sie jedoch anzweifelte, strömten wie verzaubert herbei. Sie vermutete, dass er eine innere Bewusstseinsebene ansprach, die auf keine Worte angewiesen war. (6) Das mag zutreffen.

Sir Edwin Lutyens, der lange geduldig gewesen war, bedrängte seine Frau, ihm nach Delhi zu folgen, während Annie Besant mit den Jungen nach Adyar fuhr. Sie nutzten die Gelegenheit, sich vor ihrem Vater niederzuwerfen.

In Adyar erhielt Krishnamurti eine großes Foto von Helen. Er zeigte es Annie Besant, die es für ihn einrahmen lassen wollte. Er verzichtete aber darauf, weil er befürchtete, man könnte ihn ausfragen. „Adyar ist ein Klatschnest"(7), schrieb er an Lady Emily.

Wenn Annie Besant nichts gegen Krishnas besondere Verbindung zu Helen einzuwenden hatte, dann wohl nur, weil sie hoffte, dass er sich auf diese Weise von der emotionalen Abhängigkeit von Lady Emily lösen würde.

Wahrscheinlich hielt sie es für ihre Pflicht, an Helen zu schreiben, dass sie von dem Band zwischen ihr und Krishnamurti wisse, sie aber darauf aufmerksam machen möchte, dass „die Zuneigung viel Schmerz in sich berge". Die Welt brauche ihn, und er könne niemandem angehören. War sie groß und stark genug, ihre Liebe in eine Liebe umzuwandeln, die ihm auf seinem Weg helfen konnte, auf seiner sehr hohen Ebene zu leben? Sie schloss mit den Worten: „Möge der Meister Sie segnen und stärken, mein Kind. In Liebe, meine Helen, Annie Besant." (8)

Helen verstand vollkommen. In Bezug auf Krishnamurti dachte sie nicht an eine Romanze oder die Möglichkeit einer Heirat. Sie akzeptierte die Gegebenheit. Sie schätzte seine Briefe, doch in einer seltsam losgelösten Weise. Er war der auserkorene Weltlehrer. Sie musste nicht an seiner Seite stehen, nur wenn sie gebraucht wurde.

Zurück in seinem Heimatland, stellte Krishnamurti fest, dass er nach all den Jahren, in denen er Englisch, Französisch und Latein gelernt hatte, seine Muttersprache Telugu nicht mehr beherrschte. Das Vergessen seiner Muttersprache zeigt das Ausmaß seiner Entwurzelung. Es konnte nichts mehr so wie früher sein. Aus praktischer Sicht gesehen, nützten ihm als Weltlehrer Englisch und Französisch mehr als Telugu.

Inzwischen war beschlossen worden, dass Krishnamurti und Nitya Leadbeater in Australien besuchen und an der Theosophischen Konferenz teilnehmen sollten. Am 22. März fuhren sie deshalb mit Jinarajadasa und seiner Frau von Colombo ab.

Leadbeater hieß sie herzlich willkommen, nahm Krishnas Arm und stellte ihn allen vor. Die vier Ankömmlinge waren bei den Mackays in Kirribilli zu Gast, drei Kilometer von Leadbeater entfernt, der bei einer norwegischen Familie namens Koellerstroem in der Neutral Bay wohnte. Er hatte etwa ein Dutzend junge Leute, vorwiegend Jungen, im Alter zwischen vierzehn bis einundzwanzig Jahren um sich versammelt.

Krishnamurti mag geäußert haben, dass ihn vergangene Leben langweilten, doch nun hatte er Leadbeater etwas zu fragen. Was konnte er ihm über Helen Knothe sagen?(9) Laut Leadbeater war sie in ihrer letzten Inkarnation Petronella Catherine Meuleman van Ginkel, bekannt als Piet Meuleman, gewesen. 1891 (in dem Jahr, in dem Blavatsky starb) hatte sie die Theosophische Gesellschaft in Holland gegründet. „Die Mutter der holländischen Theosophie" genannt, hatte sie Olcott empfangen, als dieser zwischen 1895 und 1896 dreimal die holländischen Theosophen in Amsterdam besuchte. (10) 1902 war sie gestorben. Helen war 1904 geboren.

11.

Kirche und Bischofsstab

Leadbeater war inzwischen Bischof der "Liberal-Katholischen Kirche" geworden, einer Seitenlinie der Alt-Katholischen oder Jansenisten Kirche, die auf Cornelius Otto Jansen (1585-1636) zurückging, der sich von der römischen Kirche losgesagt hatte. Die Altkatholiken beanspruchten für sich die apostolische Nachfolge. Sie lehnten die Lehre von der Unfehlbarkeit des Papstes und der Unbefleckten Empfängnis ab, akzeptierten aber den Opfergedanken der Eucharistie. (1)

Nun betrat James Ingal Wedgwood, ein Nachfahre der bekannten Töpferfamilie aus Staffordshire, die Szene. Geboren 1883, hatte er Orgelbau studiert und beabsichtigte gerade, in die Kirche einzutreten, als er zwei Vorträge von Annie Besant hörte und 1904 zur Theosophie überwechselte. 1911 wurde er Generalsekretär der Theosophischen Gesellschaft in England. Er gründete auch den "Temple of the Rosy Cross", in dem er eine Kerze für den großen Weltlehrer anzündete. 1913 wandte er sich an den Erzbischof der Altkatholischen Kirche in England, Erzbischof Arnold Mathews, und wurde am 22. Juli desselben Jahres zum Priester geweiht. 1914 besuchte er Indien und 1915 Australien.

Wie aufrichtig war Wedgwood? Als er sich bei einer Party im Hause des Generalsekretärs der Theosophischen Gesellschaft in Australien verspätete, entschuldigt er sich damit, dass er von Graf St. Germain aufgehalten worden sei. Dieser starb 1784. (2) Von Helene Bouvard erfuhr ich, dass er sich manchmal zur Seite wandte und vorgab, mit dem Grafen zu sprechen, so als ob er ihn im Gegensatz zu den übrigen Anwesenden sehen konnte. Wedgwood besaß, wie sie beobachtete, ganz eindeutig die

Züge eines Scharlatans. Jemand, der wirklich mit dem Meister in Verbindung steht, verhält sich nicht so.

Erzbischof Mathews, der sich unterdessen mit der theosophischen Lehre beschäftigt hatte, bereute seinen Schritt, Wedgwood zum Priester geweiht zu haben, und erklärte die Theosophische Gesellschaft und den "Sternen-Orden" als ketzerisch. Alle Geistlichen der Altkatholischen Kirche sollten entweder austreten oder würden von der Kirche suspendiert. Bischof Willougby, der sich Mathews widersetzte, weihte Wedgwood am 13. Februar 1916 in England zum Bischof. (3)

An dieser Stelle möchte ich eine persönliche Bemerkung einfügen. Am 20. April 1993 teilte mir mein Freund und Geschäftspartner Timothy d'Arch Smith mit, dass wir soeben an Lambeth Palace eine Sammlung von Briefen eines Frederick Samuel Willoughby an James Bartholomew Banks verkauft hatten. In einem dieser Briefe deutet er an, dass er für die Weihe von Banks zum Bischof ein Honorar verlange. Vermutlich bezahlte Banks den Betrag, denn am 9. Juli 1922 wurde er von Willoughby geweiht. Die Briefe befanden sich in einem Umschlag mit der Aufschrift: „Müssen verbrannt werden, sollte mir etwas passieren." Es gibt ein Foto, auf dem Banks zwischen einem anderen prachtvoll gekleideten Geistlichen und seiner Frau zu sehen ist, die so grimmig dreinschaut, als wollte sie sagen: „Und ich muss für diese Bande auch noch Tee und Sandwiches zubereiten." (4)

Am 15. Juli 1916 weihte Wedgwood Leadbeater zum Priester und am 22. Juli zum Bischof der Liberal-Katholischen Kirche. Hat Leadbeater für diese Weihe bezahlt? Er schrieb an Annie Besant: „Mein Meister kam sehr freundlich darauf zu sprechen…und bemerkte: du dachtest, du hättest alle Aussichten auf ein Bischofsamt aufgegeben, als du vor zweiunddreißig Jahren die Kirche verließest und Upasika (Blavatsky) nachfolgtest. Aber ich kann dir sagen, dass du in diesem Jahr…das Gleiche erreicht hättest. …Niemand verliert jemals etwas, wenn er Uns dient!" (5)

Als Hilfsgeistlicher wäre Leadbeater wohl kaum in die Reihen der Bischofsanwärter der Kirche von England gelangt. Er hatte die "Mahatma-Briefe" nicht gelesen, da sie noch nicht veröffentlicht waren und wusste daher nicht, dass Koot Hoomi, den er als seinen Meister bezeichnete, an

Sinnett geschrieben hatte: „Ich möchte auf die Hauptursache fast eines Drittels des Übels aufmerksam machen, das die Menschheit verfolgt …es ist die Religion, egal in welcher Form oder in welchem Land. Es sind die Priesterkaste, die Geistlichkeit und die Kirchen." (6)

Leadbeater hatte mit seinem Wunschdenken einen Schleier der Illusion um sich gelegt, der es verhinderte, seinen Meister zu sehen, wie er wirklich war.

Wieder einmal war in den theosophischen Kreisen der Streit um die Moral ausgebrochen. Krishnamurti gehörte zu denjenigen, die eine Kopie eines Briefes von Reginald Farrer erhielten, in dem er seinen Rücktritt anbot. Weiterhin heißt es darin, dass die in Martyns (einem prominenten Mitglied der Australischen Sektion) Schreiben an Annie Besant erhobenen Anschuldigungen in Bezug auf Wedgwood, King, Clarke und ihn selbst zuträfen. (7) Leadbeaters Name taucht nicht auf Farrers Liste auf. Dieser hatte ihm sowie Annie Besant, Jinarajadasa und Esther Bright eine Kopie seines Briefes zugestellt. Wir wissen nicht, wie sich Krishnamurti dazu stellte; Wedgwood wirkte als vorsitzender Bischof und Leadbeater war sein Nachfolger.

Martyn hatte Leadbeaters Namen in seinem Schreiben an Annie Besant angeführt, das veröffentlicht worden war, weshalb die Polizei eine Anzahl von Leuten befragte. Aber anscheinend gab es nicht genügend stichhaltige Anklagepunkte, weshalb die Angelegenheit fallen gelassen wurde. Annie Besant erklärte die Urkunde der Sydney Loge für ungültig. Einige Mitglieder erinnerten sich aber, dass Olcott diese seinerzeit ausgestellt hatte und sie nicht das Recht besaß, sie zu annulieren. Sie machten also weiter – unabhängig.

Das war der Beginn der so genannten „Zurück zu Blavatsky"- Bewegung, deren Anhänger Annie Besant und Leadbeater Zusätze und Abweichung von der "reinen Lehre" zuschrieben. Annie Besant mag zu übertrieben auf Martyns Brief reagiert haben, der meiner Ansicht nach nicht Boshaftigkeit, sondern ehrliche Besorgnis zum Ausdruck brachte. Denn obwohl sie sich bemühte, die Materie zu erklären, verlor sie sich eher in Hinweisen und die Tiefe ging verloren. Rückblickend kann heute kein

Zweifel mehr bestehen, dass die meisten Bücher von Annie Besant und C.W. Leadbeater wertvolle theosophische Lehren enthalten.

Mitten in diesen Trubel fiel die Ankunft von Krishnamurti und Nitya. Krishnamurti wollte wissen, was Leadbeater ihm über Helen Knothe sagen konnte. Annie Besant aber erhoffte von ihrem Besuch in Australien wahrscheinlich, dass es ihnen gelänge, Öl in die unruhigen Wasser zu gießen.

Sie wurden tatsächlich von den Martyns zum Essen eingeladen. In seinem Brief an Lady Emily erklärte Krishnamurti, dass Leadbeater einer der reinsten und größten Männer sei, die ihm je begegnet wären. „Seine Hellsichtigkeit könne man zwar anzweifeln, niemals aber seine Reinheit."(8)

Wahrscheinlich äußerte er dieselben Gedanken an jenem Abend bei den Martyns, denn er hatte den Eindruck, dass Martyn gerne an Leadbeaters Reinheit glauben wollte. Er klagte ihn hauptsächlich wegen seiner Verbindung zu Wedgwood an, den er charakterlich nicht für einwandfrei hielt. Tillett nennt in seiner feindlichen Leadbeater-Biographie eine Dame, der ich zufällig begegnete, Jahre bevor Tillett sie traf. Nach der Veröffentlichung meines Swinburne-Buches erhielt ich einen Brief von ihr, indem sie mir mitteilte, dass sie eine Nachfahrin des Dichters Robert Browning sei und mich gerne besuchen wollte. Wie ich meinem Tagebuch entnehme, kam sie am 8. Februar 1969. Es war eine Frau Baly, geb. Orene Elaine Vivienne Deacon, und manchmal schrieb sie sich auch Vivienne Browning oder Baly Browning.

Wie wir auf den Okkultismus zu sprechen kamen, erinnere ich nicht mehr. Sie erzählte, dass ihr Vater Vyvyan Deacon ein sehr netter Mann gewesen sei, bis ihn Aleister Crowley in ein verderbtes Scheusal verwandelte. Dies geschah in einem Haus in der Regent Street in London. Da Deacon 1895 geboren wurde, fällt die Beziehung zu Crowley in den Zeitraum, den er in Australien verbrachte, denn er reiste irgendwann zwischen 1908 und 1913 dorthin und kehrte nicht vor 1930 nach England zurück. Obwohl er Crowley erst nach seiner Rückkehr begegnete, hatte er in Australien Frank Bennett, Crowleys dortigen Vertreter, kennen gelernt. Er traf auch Wedgwood und Leadbeater. Er wurde Mitglied der Theosophischen Gesellschaft und am 19. Juli 1917 in der Liberal-Katholischen Kirche von Koellerstroem getauft und von Wedgwood gefirmt.

Tillett zitiert sie (S.284), indem er sagt, die Information sei „nur im Zusammenhang mit der Tatsache interessant, dass Deacon das Oberhaupt der "Ordo Templi Orientis" in Australien war."(9) Aber das trifft nicht zu; Frank Bennett war das Oberhaupt.

Der Name Frank Bennett, der Kennern der Lebensgeschichte Crowleys vertraut ist, taucht in Tilletts Buch nicht auf. Tillett scheint Deacon für Bennett gehalten zu haben. Wahrscheinlich hatte er die Namen verwechselt, als er Annie Besant sprechen hörte. Das bedeutet aber, dass es eine direkte Verbindung zwischen Leadbeater und dem "Ordo Templi Orientis", die er gegen Ende des Buches in dramatischer Weise aufzubauen versucht, gar nicht gibt.

Sehr viel später veröffentlichte Baly Browning ihr eigenes Buch unter dem Titel "The Uncommon Medium". Darin erzählt sie, dass ihr Vater sich nebenbei mit okkulten Dingen beschäftigt hatte, als der zum „Vertreter Aleister Crowleys" ernannte Frank Bennett, Wedgwood und der Rev. (?) Cocke ihn als Apotheker anstellten, damit er ihnen "Laudanum" und "Kokain" für ihre Rituale lieferte. (10) Wedgwood verlangte Kokain auch für seinen persönlichen Gebrauch. Leadbeaters Name taucht nicht unter den Kunden auf. Es gibt keine direkte Verbindung zwischen Leadbeater und dem "Ordo Templi Orientis". Es gibt nur eine Verknüpfung mit Wedgwood.

Krishnamurti setzte sich für Leadbeaters Reinheit ein, langweilte sich aber bei seinen Gottesdiensten, an denen er höflicherweise teilnahm. Sie sprachen in erster Linie Theosophen mit christlichem Hintergrund an. Krishnamurti fand die Kniebeugen und das Singen bedeutungslos. Er schrieb an Lady Emily: „Ich bin kein Anhänger von all diesem Drum und Dran mit all diesen Gebeten und dem ewigen Aufstehen und Hinsetzen und den Gewändern…Die Kirche dauerte zweieinhalb Stunden, und ich wurde fast ohnmächtig vor Langeweile." (11)

Doch bei den Mackays, bei denen er wohnte, gab es ein nettes Mädchen, Ruth Roberts, die ein Mitglied des Sternen-Ordens wurde. Obwohl er sie sehr mochte, konnte er Helen nicht vergessen. An Lady Emily schrieb er: „Ich bin sehr, sehr froh, dass dir Helen gefällt und freue mich, dass du meinen Geschmack gutheißt." (12)

Annie Besant traf in Australien ein, und Krishnamurti schrieb an Lady Emily: „Sie ist wirklich sehr viel größer als wir alle anderen." (13)

12.

Der Prozess

Krishnamurti und Nitya segelten über den Pazifik und erreichten am 3. Juli 1922 San Francisco. Nitya suchte unverzüglich einen Arzt auf. Anders als in Sydney, äußerte sich dieser optimistisch und glaubte nicht, dass Nityas rechter Lungenflügel auch angegriffen sei und versicherte ihm, das kalifornische Klima werde ihm sehr gut tun. Krishnamurti schrieb an Lady Emily, dass in Kalifornien nicht der „schreckliche Unterschied zwischen Mann und Frau"(1) gemacht würde, was diese gewisse Atmosphäre hervorriefe, wie man sie in der alten Welt finde. Verstohlene Seitenblicke gäbe es nicht, die Leute schauten sich direkt in die Augen.

Die beiden Brüder sollten bei Mary Gray in dem nördlich von Los Angeles gelegenen Ojai-Tal wohnen. Sie besaß dort zwei leer stehende Häuschen inmitten von Orangenhainen. Das eine stellte sie Krishnamurti und Nitya zur Verfügung und das andere, zwei Minuten davon entfernt, bekam Albert Warrington, Generalsekretär der Theosophischen Gesellschaft in Amerika.

Krishnamurti verliebte sich sofort in dieses Tal, mit seiner Fülle an Bäumen und Blumen aller Art. In den folgenden Jahren wurde er nicht müde zu betrachten, wie sich aus den weißen Blüten der Orangenbäume kleine, grüne Früchte entwickelten, die anschwollen, golden und dann orangefarben wurden. Einige Meter vor dem Haus, das sie bewohnten, stand ein junger Pfefferbaum, in dem Bienen, Schmetterlinge und Kolibris schwirrten.

Es kam eine Frau, um das Frühstück zuzubereiten, ansonsten waren sie auf sich selbst gestellt. Daher freuten sie sich, als ein junges Mädchen hereinschaute und fragte, ob sie ihnen helfen könnte. Die blonde, blau-äugige, 1903 in Hollywood geborene Rosalind Williams trat in ihr Leben. Sie und ihre Schwester Erma, die Theosophin war, wohnten bei Mary Gray. Rosalind plante damals eine Laufbahn als Tennisspielerin, doch die beiden gut aussehenden jungen Männer zogen sie an, und sie erwiderten ihre Freundlichkeit. Sie wurde wohl Nityas besondere Freundin, während Krishnamurti Helen die Treue hielt. Am Abend des 17. August entwickelte sich auf Krishnas Nacken ein Beule, die wie ein verspannter Muskel aussah (von der Größe einer Walnuss, wie Nitya an Lady Emily schrieb). Am nächsten Morgen schien er wieder in Ordnung zu sein, bis nach dem Frühstück, als er sich hinlegte. Er warf sich auf dem Bett hin und her und stöhnte. Rosalind setzte sich zu ihm, aber er stieß sie fort und beklagte sich über „die furchtbare Hitze…die entsetzliche Hitze". Trotzdem blieb sie an seiner Seite. Als er sich beruhigt hatte, nahm sie seine Hände und beschwichtigte ihn wie eine Mutter ihr Kind. Nitya näherte sich ihm, aber er stieß ihn auch fort und klagte über „die unerträgliche Hitze". Immer wieder stieß er Rosalind zurück, wollte sie dann jedoch „nahe, aber nicht zu nahe" haben. (2) Gegen Mittag wurde er ruhiger, aß, was Rosalind ihm brachte, konnte es aber nicht bei sich behalten und verfiel wieder in seinen vorherigen Zustand. Abends wurde er ruhig, und alle konnten schlafen. Am nächsten Morgen fing allerdings alles wieder von neuem an. Am Sonntag, dem 20. August, war es dann am schlimmsten. Es wurde kein Arzt geholt, nur Nitya und Rosalind saßen tagsüber bei ihm und reagierten auf seine Zeichen, indem sie näher oder weiter weg rückten. Es gab Augenblicke, wenn Krishnamurti glaubte, in Adyar zu sein oder Rosalind für seine Mutter hielt. Er beschwerte sich, das Bettzeug sei schmutzig, alles sei schmutzig und verließ das Bett. Er setzte sich schluchzend auf den Fußboden und bat sie, ihn zu verlassen.

Sie begaben sich nach draußen auf die Veranda, Nitya und Rosalind auf Stühlen und Warrington und Bischof Walton, der Generalvikar der Liberal-Katholischen Kirche in Amerika, der im Tal ein Haus besaß, ihnen gegenüber auf eine Bank. Niemand wusste, was man tun sollte.

Krishnamurti kam auf die Veranda heraus. Da hatte Warrington eine vom Himmel gesandte Eingebung. Er drängte Krishnamurti vorsichtig, sich unter den jungen Pfefferbaum zu setzen. Er ging daraufhin ein. Von dort rief er: „Warum habt ihr mich nicht eher hierher geschickt?"

In der nun folgenden Stille sah Nitya plötzlich ganz kurz einen großen Stern über dem Baum erstrahlen (wie er später Lady Emily schrieb), und er wusste, das Krishnamurti auf seine Mission vorbereitet wurde. Er beugte sich vor und machte Warrington auf den Stern aufmerksam und bemerkte Rosalinds verklärtes Gesicht. „Siehst du ihn?" flüsterte sie. Nitya vermochte die Wesenheit nicht zu sehen, aber er fühlte sie und hörte Rosalind wie auf eine Frage antworten: „Ich will! Ich will!" Nitya vernahm himmlische Musik, war sich aber sicher, dass Rosalind etwas sah.

Dann vernahmen sie Krishnas Schritte. Sie sah ihn kommen und fiel halb ohnmächtig in ihren Stuhl zurück. Als sie wieder zu sich gekommen war, erinnerte sie sich an nichts, nur der Klang von Musik war noch in ihren Ohren.

Später schrieb Krishnamurti seinen eigenen Bericht dieser Erfahrung an Lady Emily.

Er hatte begonnen, regelmäßig zu meditieren und fühlte am 17. August einen starken Schmerz in seinem Nacken. Während der nächsten Tage verschlimmerte sich sein Zustand. Er hatte das Gefühl, eins zu sein mit Menschen, Pflanzen und Tieren…Er verharrte mit überkreuzten Beinen in Meditationshaltung unter dem Pfefferbaum und sah sich selbst dort unter dem zarten, grünen Blätterdach sitzen. Er schaute auf und erblickte einen großen, hellen Stern.

„Ich konnte die Schwingungen des Buddha spüren; ich erblickte Maitreya und Meister K.H. Ich war so glücklich, ruhig und voller Frieden…Die Gegenwart der erhabenen Wesenheiten war eine Weile mit mir. Nichts würde mehr sein wie zuvor. Ich habe die klaren, reinen Wasser der Quelle des Lebens getrunken…ich habe das Licht gesehen…Die Liebe in all ihrer Herrlichkeit hat mein Herz trunken gemacht. Niemals mehr kann sich mein Herz verschließen." (3)

Warrington schrieb ebenfalls einen Bericht über das Erleben und fügte hinzu, dass er wisse, dass das Bett sauber gewesen sei, weil er selbst geholfen hatte, es zurechtzumachen „mit am gleichen Abend aus dem Wäscheschrank entnommener frischer Bettwäsche".

Krishnamurti schrieb auch an Annie Besant, Mary Dodge und Leadbeater und legte seinen Brief an Lady Emily bei. Dem Brief an Leadbeater fügte er zwei Fotos hinzu, von Helen und von Rosalind:

„Wir sprachen von Helen, als ich in Australien war, und ich glaube bestimmt, dass sie für den Meister arbeiten wird. Bitte schreiben Sie mir doch etwas über sie, weil ich sehr an ihr interessiert bin. (Ich hatte mich fast verliebt in sie, als ich ihr in Holland begegnete!!)

Rosaling Williams ist neunzehn Jahre alt, ein amerikanisches Mädchen, sehr freundlich, und am Abend des 21. August hatte ich den Eindruck, dass sie zur Probe aufgenommen wurde. Bitte teilen Sie mir mit, ob das stimmt." (4)

An Helen schickte er keine Kopie seines Berichts, da er meinte, dass sie das alles nicht verstehen könnte, wohl aber an ihre Tante Fräulein Dijkraaf. Diese möge ihn ihr vorlesen und erklären, da ihr die theosophische Lehre vertrauter sei. Lady Emily bat Rajagopal, das Manuskript auf der Maschine zu schreiben.

Leadbeater schrieb an Annie Besant, er zweifle nicht daran, dass Krishnas Erleben seine dritte Einweihung gewesen sei, obwohl er nicht verstehe, weshalb sie von derartigen physischen Schmerzen begleitet worden sei, die in seinem Fall nicht aufgetreten waren.

Er schrieb an Krishnamurti:

Mein lieber Krishna,

Ich gratuliere dir von ganzem Herzen. Der Schritt, den du getan hast, ist von äußerster Wichtigkeit und gibt die Gewissheit…dass du in wenigen Jahren auch den nächsten Schritt tun wirst…Ich habe physisch nicht halb so viel leiden müssen, wie du es wohl musstest. Ich glaube, dass sie (Annie Besant) auch so gelitten hat, aber sie hat sehr wenig darüber gesprochen.

Es war für Rosalind Williams eine ganz wunderbare und einzigartige Chance, bei dir sein zu können und dir bei dieser so wichtigen Gelegenheit zu dienen. Wir dürfen nicht überrascht sein, wenn sie auf Grund dessen sofort probeweise zugelassen wurde. Mögen ihre weiteren Fortschritte dieses wunderbaren und erhabenen Anfangs würdig sein! Du hast richtig vermutet, dass Lady Emily aufgenommen wurde. Helen Knothe war noch ein ganz kleines Kind, als ich sie sah, ich weiß nicht viel von ihr jetzt, wenn ich sie als Piet Meulemann auch sehr bewundert habe.

Dein dir stets herzlich verbundener
C.W. Leadbeater(5)

Der Prozess setzte sich im September fort, mit einer Unterbrechung, die Krishnamurti erwartet hatte, in der Vollmondnacht. Er war überzeugt, dies geschah, weil der Mond zu hell war. Der Schmerz in seinem Gesicht und in den Augen war unerträglich, und er sagte zu Nitya, dass "Sie" (wahrscheinlich die Meister der Weisheit) seine Augen reinigten, damit er Ihn (Buddha oder Maitreya) sehen könnte und es sich anfühle, als würde man mit dem Gesicht in der sengenden Sonne und mit abgeschnittenen Augenlidern gefesselt. (6)

Am 6. Oktober begannen "Sie", etwas in seinem Kopf zu öffnen und er schrie: „Bitte, macht es zu! Bitte, macht es zu!" (7) Er hatte „Ihnen" versichert, dass er sehr viel aushalten, nur seinen Körper nicht davon abhalten könnte, aufzuschreien und zu weinen.(8) Auf innerer Ebene willigte er in das ein, von dem er wusste, das es ihm Schmerzen bereiten würde, weil er wusste, zu welchem Zweck.

Nitya schrieb über diese Einwirkungen an Leadbeater: „Wir vermuten, dass seine Kundalini erweckt wird." (9)

13.

Kundalini

Obwohl Nitya erst spät vom Erwachen der Kundalini sprach, muss es ihnen allen klar gewesen sein, sonst hätten sie einen Arzt hinzugezogen. Aber das war nicht nötig, denn sie wussten, ein Arzt hätte den Vorgang als Krankheit betrachtet und versucht, sie zu heilen. Krishna und Nitya als Indern, sowie den Menschen im ostasiatischen Raum allgemein, ist das Erwachen der Kundalini ein Begriff, auch wenn sie es selbst nicht erfahren haben. Warrington hatte über diese Energie wohl in der theosophischen Literatur gelesen, desgleichen Walton, der als Bischof der Liberal-Katholischen Kirche eine enge Beziehung zur Theosophie besaß. Sie waren sich bewusst, Zeuge eines Mysteriums zu sein und konnten, falls erforderlich, lediglich ihre praktische Hilfe anbieten.

Das Emporsteigen der Kundalini kann durch Meditation oder Yoga-Übungen ausgelöst werden. Meine persönliche Erfahrung habe ich in meiner Ballade "Tintagel" (der Ort, an dem es 1946 geschah) zum Ausdruck gebracht. (1)

Patanjali setzte voraus, dass seine Leser mit den Chakras vertraut waren, über die er Mitte des ersten Jahrhunderts v. Chr. schrieb. (2) In der modernen Theosophie scheinen sie zum ersten Mal durch Colonel Olcott Erwähnung zu finden. Er stellte den Abdruck eines Bildes zur Verfügung, das Madame Blavatsky für ihn gemalt hatte und das die erwachenden Energiezentren, wie sie sich ihrem hellseherischen Blick darstellten, in einer Person wiedergibt, an der sie beide interessiert waren - Stainton Moses.(3) Ich persönlich halte nicht allzu viel von Arthur Avalons Arbeit "The Serpent Power"(4). Das Kronen-Chakra gleicht einer über den Kopf gestülpten Kappe. Er scheint uns unser siebtes, in der Zirbeldrüse angesiedeltes Prinzip abzustreiten, das Descartes als den Sitz der Seele bezeichnete, von wo aus es emporstrebt, um sich in dem tausendblättrigen Lotos, dem "Sahasrara", zu entfalten.

Trotz gewisser Fehlerhaftigkeit von Seiten des Künstlers bevorzuge ich die Zeichnungen der Chakras in Leadbeaters Buch (5). Man erkennt sehr deutlich, wie das Scheitel-Chakra aus einem Stamm hervorgeht, der in der Mitte des Kopfes emporsteigt. Es erhebt sich die Frage, ob die Chakras Nervensträngen oder Drüsen zuzuordnen sind. B.K. Iyengar, ein Experte auf dem Gebiet des Yoga und somit der Kundalini und Chakras, teilt letztere nur zögernd bestimmten Organen zu und bringt sie eher mit ganzen Körperbereichen in Verbindung. (6)

Es gibt Menschen, die glauben, dass die Energiezentren eines nach dem anderen erweckt werden müssen, angefangen mit dem Basis-Chakra. Leadbeater behauptet, das Scheitel-Chakra „ist gewöhnlich das letzte, das sich öffnet". (7)

Offensichtlich erfahren nicht nur Inder das Erwachen der Kundalini. In dem Tagebuch der Nonne Maria Vela aus dem sechzehnten Jahrhundert gibt es Eintragungen, die auf ein Emporsteigen dieser Energie schließen lassen: „In meinem Herzen brannte das Feuer der Liebe…meine Seele wärmte sich an einem großen Feuer…ein flammendes Feuer, dessen sengende Hitze ich verspürte…eine Furie riss mich entzwei."(8) An einer anderen Stelle heißt es: „Es wurde mir auch offenbart, dass aus dem mit dem Feuer der Liebe brennenden Herzen Christi, unseres Herrn, Funken in die Auserwählten überspringen und die Herzen ihrer Veranlagung entsprechend entfachen; diejenigen, deren Sinne am wenigsten getrübt sind von weltlicher Neigung, werden sofort entzündet."(9)

Johannes vom Kreuz schrieb: „…inmitten meiner erblühten Brust"(10) (der Herzens-Lotos) (11).

„Oh, lebendige Flamme der Liebe!
Wie sanft dringt dein feuriges Wesen in die Tiefen meiner Seele
…
Oh, strahlend glühende Lampen,
Deren heller Schein
Die verborgensten Winkel meiner Seele erleuchten."

Einige mögen solche Äußerungen als poetische Metapher abtun, aber nur, wenn sie selbst die Erfahrung nicht gemacht haben. Ich glaube, dass beide Mystiker, eingehüllt in ihre Hingabe, das Erwachen ihres Herz-Chakras verspürten. Es mag das Bild des "Heiligen Herzens" dazu geführt haben, das doch nichts anderes ist als ein erwachtes Herz-Chakra. Anhänger der verschiedenen Religionen beschreiben ihre Erfahrungen in den Begriffen der Religion, die man sie lehrte. Stigmata sind der Ausdruck der geöffneten Chakras in den Handflächen, die nichts mit Löchern zu tun haben, sondern einfach segnen sollen. Der Westen kennt das Feuer, erklärt es aber in unterschiedlicher Weise. Demütige Menschen fühlen, wie sich zuerst ihr Herz-Chakra öffnet. Der heilige Franziskus – wohl im Gebet – sah, wie ein mächtiger Seraphim (Feuerengel) den Himmel erfüllte, fühlte sich von einem Schwert durchdrungen und fand später Male an seinem Körper. (12) Im "Oxford Dictionary of the Christian Church" (13) heißt es, dass Stigmata an Händen und Füßen, in Herznähe, auf dem Scheitel und auf dem Rücken und den Schultern gefunden werden. Letztere werden der Dornenkrone, dem Schleppen des Kreuzes und der Geißelung zugeschrieben. Das feurige Emporsteigen der Kundalini in diesen Bereichen wurde in Bezug auf die Leidensgeschichte Christi interpretiert. Bei Yogis erscheinen keine blutenden Wunden, da sie nicht an Nägel denken.

Die Irin Maud McCarthy erlebte das Erwachen ihrer Kundalini, ohne dass sie darum gebeten hatte und fühlte sich dieser Energie nicht gewachsen. Verzweifelt betete sie, man möge ihr Einhalt gebieten, was auch augenblicklich geschah. Obgleich sie später Swami wurde, wiederholte sich dieser Vorgang nicht mehr.(14)

Körperliche Anzeichen sind nicht ungewöhnlich. Rita, eine junge Frau mit Schilddrüsenproblemen, dachte zunächst, die Röte und das Wundsein an der Wirbelsäulenbasis rühre von einer Infektion her und behandelte sie mit antiseptischen Mitteln. „Erst als ich das Gefühl hatte, meine Schädeldecke platze, merkte ich, dass ich Salbe auf die Kundalini gerieben hatte", meinte sie. Sie war zwar praktizierende Katholikin, hatte aber ein tibetisches Thangka gekauft und betrachte den auf Seide gemalten Avalokiteshvara.

Bei Krishna entwickelte sich eine Beule im Nacken, genau an der Stelle, an der es am schmerzhaftesten brennt.

Die Frage stellt sich, warum Krishna unter diesem Prozess stärker leiden musste als andere Menschen. Ich glaube, in seinem Fall kam noch eine Besonderheit hinzu. Es war offensichtlich die Kundalini, aber mit einer zusätzlichen Komponente - seinem Schicksal, dem er zugestimmt hatte – Träger zu sein für das nächste Herabsteigen des Maitreya. Denken wir an Annie Besants Ausführungen über die "Spirillae der permanenten Atome" oder die "Mahatma-Briefe" bezüglich der Zyklen. Lange Zeitperioden, in denen die Lebenswoge über den Planeten schreitet, sind unterbrochen von Ruhephasen. Dieser Planet befindet sich in seiner vierten und materiellsten Runde, deren Höhepunkt erreicht wurde, als Atlantis versank. Nun bewegt er sich allmählich wieder aufwärts. Die Anzahl der belebten "Spirillae" korrespondiert gewöhnlich mit dem jeweiligen Zyklus. Viele Menschen haben aber bereits die fünfte Runde betreten, wie alle großen Denker, Künstler und Staatsmänner. (15) Buddha jedoch gehörte bereits zur sechsten Runde, war also der Menschheit zwei Schritte voraus. Das Gleiche gilt wohl für Maitreya. (16) Um sich nun durch den physischen Organismus einer vollständig inkarnierten Person zum Ausdruck zu bringen, muss diese Person offensichtlich nicht nur ohnehin auf der Ebene der fünften Runde stehen, sondern fähig sein, in Einklang mit den Vibrationen der sechsten Runde zu schwingen. Hierin liegt meiner Ansicht nach der Grund für die großen Schmerzen. Die Vorbereitung, Maitreya aufzunehmen, bedeutete für den Organismus eine ungeheure Anstrengung.

14.

Der Pfad

Als der "Prozess" einsetzte, begann Krishna etwas zu schreiben, das "The Path"(Der Pfad) genannt wurde und mit der Beschreibung einer toten, von der sengenden Sonne verbrannten Landschaft anfängt.

„...Dort gibt es keinen einzigen grünen Halm, keine blühende Blume...keinen Baum, in dessen Schatten auch nur das zarteste Gewächs lächelnd emporstreben könnte...Die Erde selbst ist rissig und klafft mit nackten Augen der erbarmungslosen Sonne entgegen."(1)

Wo ist oder war dieses Land? Ist es ein wirklicher Ort? Ich denke, es handelt sich um eine psychische Landschaft. Die Hitze spiegelt jene Hitze wider, die ihn verbrannte; es ist ein Aufschrei nach dem feuchten oder weiblichen Element. „Gefährten, Freunde, Brüder, Schwestern, Väter und Mütter habe ich gehabt, aber auf diesem furchtbaren Weg können sie nicht existieren."

Vielleicht liegt hier eine komprimierte Autobiographie in symbolischer Form vor. Der Weg, fährt er fort, hatte ihn durch zahlreiche Länder geführt, durch die Tempel von Niniveh, Babylon, Ägypten und Indien, in denen er Leben der Entsagung führte, zu den Sternen emporblickte und die Abgeschiedenheit des Einsiedlers suchte. Doch niemals wurde ihm das Geheimnis, nach dem er strebte, offenbart. Er rebellierte, wandte sich ab und wurde eine Frau, während vieler Leben ein Freudenmädchen, danach die keusche Frau, die Mutter mit Kindern und dann wieder ein Mann, aber ein Bettler, der selbst von den Hunden ausgestoßen wurde ...zuletzt fand er wieder seinen Weg.

In "The Lives of Alcyone" werden die Leben als Frau oder die diesen vorangegangenen, in strengster Enthaltsamkeit verbrachten Inkarnationen nicht erwähnt. Leadbeater beginnt erst mit den frühen Anfängen der "fünften Wurzelrasse". Jene Beschreibung aber vermittelt einen tieferen Einblick.

Da sich die Auswirkungen des Prozesses abgeschwächt hatten, unternahmen Krishna und Nitya eine Rundreise durch einige amerikanische Großstädte. In Chicago wohnten sie dem vom 27.-30. Mai 1923 stattfindenden Jahrestreffen der Theosophischen Gesellschaft bei, auf dem Krishna die Wirklichkeit der Meister hervorhob. Danach reisten sie nach England. Am 11. Juni holte Lady Emily sie in Plymouth ab. Sie fuhren nach London, wo sie bei Mary Dodge und Lady De La Warr in West Side wohnten. Krishna liebte den Garten dort, an dem er gerne durch Ginstergestrüpp und Farn entlang wanderte.

Im Juli 1923 machten sie sich auf den Weg nach Wien. Helen war bereits eingetroffen. Sie wollte Violinunterricht für Fortgeschrittene bei einem Geigenspieler nehmen, dessen Spiel sie sehr bewunderte. Nach dem Kongress lud John Cordes, der Landesvertreter des "Sternen-Ordens" in Österreich, Krishna ein, in das hoch in den Tiroler Bergen gelegene Dorf Ehrwald zu kommen. Krishna bat Helen, ihn zu begleiten, was einen seelischen Konflikt in ihr auslöste, da sie den Unterricht liebte und ihn nicht abbrechen wollte. Schließlich gab sie nach und folgte ihm. Krishna, Nitya, Lady Emily, Helen, Rajagopal und Cordes wohnten in der Villa Sonnenblick, wo auch alle Mahlzeiten eingenommen wurden, während sich der Rest der Gesellschaft in den umliegenden Chalets einmietete. In Ehrwald musste Helen erneut mit sich kämpfen, da Krishna wünschte, dass sie an der Reise nach Indien und anschließend nach Australien teilnahm. Was sollte aber aus ihrer geplanten Karriere als Violinistin werden? Sie schrieb an Annie Besant und bat sie um Rat.

Am 13. August setzten dann die Einwirkungen bei Krishna wieder ein. Er erlaubte nur Helen und Nitya, sich in seinem Zimmer aufzuhalten. Nitya saß meistens in der Ecke, während Helen den manchmal bewusstlosen, manchmal vor Schmerzen in seiner Wirbelsäule und im

Kopf stöhnenden und ächzenden Krishna hielt. Der Körper in diesem Raum betrachtete sie als seine Mutter und hielt zwischen den qualvollen Anfällen ihre Hände oder klammerte sich an sie. Es hatte den Anschein, als ob ein physisches Elemental diese Anfälle durchleiden musste, nicht der alltägliche Krishna. Seine Stimme und seine Ausdrucksweise veränderten sich. Es schien ein anderes Wesen anwesend zu sein, ein kindliches Selbst, dem sie ihre Liebe schenkte. Offensichtlich litt nur der Körper, Krishna selbst war manchmal nicht zugegen.

Wenn die Marter vorbei war, konnte Krishna sich an fast nichts mehr erinnern und fragte, was vorgefallen war. Seiner Ansicht nach versuchte das an der Wirbelsäulenbasis zusammengerollte Kundalini-Feuer sich seinen Weg aufwärts zu bahnen; eine verwandelnde und reinigende Erfahrung. (2)

Helen erzählte später: „Wir glaubten, es war die Kundalini...die Erweckung der Kundalini und die Reinigung ihres Kanals. Wir glaubten, dass der Herr sich in jenen wunderbaren, gütigen Einwirkungen, von denen wir spürten, dass sie von Krishna Besitz ergriffen, zeigen würde..."(3)

Manchmal sprach er von erhabenen Wesenheiten, die er sehen konnte und die wahrscheinlich den Ablauf überwachten. Nitya und Helen vermochten ihre Gegenwart nur zu fühlen.

Manchmal schien die Stimme eines Kindes, die von Krishnas Lippen kam, sehr selbstständig vorzugehen. Einmal schrie sie Krishna sogar an: „Bleib weg, ich komme besser mit dem Schmerz zurecht, als du." (4)

Wenn Krishna zurückkam, pflegte er zu schreien und zu fallen.

Die theosophische Vorstellung von einem „Körper-Elemental" bezieht sich auf ein Wesen, das die Myriaden von Mikro-Wesen beherrscht, die die einzelnen Organe, die den gesamten Organismus ausmachen und für seine Gesundheit sorgen, bewohnen und regieren. Ich nehme an, kaum jemand betrachtet es als bewusste Intelligenz, wie es hier der Fall zu sein schien. Krishna und das Kind- oder Körper-Elemental unterhielten sich manchmal miteinander.

Krishna bat die außerhalb des Zimmers anwesenden Personen, nicht für ihn zu meditieren, da er ihre Ängstlichkeit spürte und sie ihn störte. Man bemühte sich also, still zu halten. Nach Lady Emilys Angaben war

Helen nervös und sah sehr erschöpft aus, obwohl sie bei ihm in der „Folterkammer" sein durfte.

Tagsüber benahm er sich ganz normal, fast ausgelassen und beteiligte sich sogar am Gesellschaftsspiel.

Am 18. August sah Nitya „Sie" in Krishnas Zimmer zum ersten Mal, die Erhabenen, deren Namen zu heilig waren, um sie auszusprechen und unter deren Obhut der Prozess ablief.

Am 23. August erreichten die Schmerzen ein solches Ausmaß, dass Krishna auch Nitya und Helen hinausschickte. Alle konnten hören, wie er sich auf den Boden warf und fürchterlich stöhnte. Während der folgenden Tage verschlimmerte sich sein Zustand. Er sah völlig erschöpft aus und konnte nur Früchte zu sich nehmen.

Am 20. September übermittelte Krishna eine Botschaft von Meister Koot Hoomi, die er Nitya mitteilte, in der es hieß, das Geschehen sei vorbei. Das sei die letzte Nacht. In Ojai werde es sehr viel heftiger weitergehen. Nitya und Helen wurde gedankt und der "Sonnenblick" als ein „geheiligtes Haus" bezeichnet.

Die zweite Stufe des Prozesses erfolgte ein Jahr später. Im Bewusstsein, dass das Schlimmste noch vor ihnen lag, verließ die Gruppe Ehrwald und reiste nach Schloss Eerde bei Ommen, wo sie von dem Geschehen nichts verlauten ließ.

Krishna wollte nach Ojai zurückkehren, weil dort die Meister den Prozess fortführen würden. Nitya, der die Anstrengung voraussah, bat Rajagopal, sie zu begleiten, woraufhin er sich für ein Jahr von Cambridge freistellen ließ. Helen reiste mit ihnen auf dem Schiff, in New York trennten sie sich aber von ihr, weil ihr Vater sich wegen ihrer Verbindung zu Krishna sorgte und ihr verbot, mit ihm nach Ojai zu gehen. Sie war sehr betrübt beim Abschied. Rosalind Williams aber war überglücklich, als sie Krishna am 8. November 1923 in Ojai wieder sah. Sie und ihre Mutter wohnten in ihrem früheren Häuschen.

Inzwischen war Pine Cottage mit einem anderen größeren Haus und zwei Hektar Land für die beiden Brüder erworben worden. Man weiß nicht, wer den Kauf tätigte, sicher ist nur, dass Mary Dodge das zusätzliche Land erstand. Auf Krishnas Anraten wurde das Anwesen einem Trust unterstellt. Das alte Häuschen, Pine Cottage, behielt seinen Namen, das größere wurde "Arya Vihara" genannt.

Am 24. November schrieb er Lady Emily, dass sie beim Anstreichen wären, einen Garten anlegten und sich die Hausarbeit teilten. (5) Knapp zwei Wochen nach ihrer Ankunft hatten die Einwirkungen wieder eingesetzt. Der Schmerz befand sich jetzt hauptsächlich im Nacken. Nun wurde es schlimmer. Rosalinds Anwesenheit war keine Hilfe, im Gegenteil, sie störte ihn. Er verlangte nach Helen, vermutete aber, dass „Sie" es nicht erlaubten.

Nitya hatte Leadbeater besorgt um Hilfe angeschrieben. Dieser aber antwortete, er verstehe das schreckliche Drama nicht, das in Krishna vorgehe. Er wagte es nicht, einen Rat zu geben und die Verantwortung auf sich zu nehmen, wünschte aber, laufend von den Vorgängen unterrichtet zu werden, da er sich Sorgen machte. Auf Nityas Frage, ob Rosalind ihre Mutter sei, drückte er Zweifel aus, da sie vor dem Tod der Mutter geboren worden war. Da Krishna sich in ähnlicher Weise auch über Helen geäußert hatte, könnte es nur symbolisch gesehen werden, es sei denn, es würde der Mutter gestattet, die Körper dieser beiden jungen Frauen als Medien zu benutzen, um ihrem Sohn in seinem schrecklichen Leiden beizustehen.

Ein interessanter und durchaus möglicher Gedanke! Vielleicht überschattete Sanjeevama auch Lady Emily, die sich immer als eine Art Ersatzmutter für Krishna empfunden hatte. Leadbeater befragte in dieser Angelegenheit weder Koot Hoomi noch benutzte er seine eigenen hellseherischen Fähigkeiten, über die er wahrscheinlich nicht mehr verfügte. Vielleicht hatte er sie auf Grund seiner Lebensführung in Australien verloren. Aber es spricht für seine Ehrlichkeit, dass er es nicht verbarg, indem er irgendetwas erfand. Er schien jetzt von den Untersuchungen abhängig zu sein, die er einst selbst durchgeführt hatte. Ich frage mich auch, ob er über eine Art von Hellsichtigkeit verfügte, bei der die Kundalini nicht erweckt worden war, denn trotz der Zeichnungen in seinem Buch "Die Chakras" gibt er an keiner Stelle auch nur den leisesten Hinweis, welches Empfinden das Aufsteigen der Kundalini hervorruft. Das vermisste ich damals bei meiner eigenen Erfahrung, schrieb es aber seiner Zurückhaltung zu, um noch nicht reife Kandidaten nicht zu ermutigen. Heute denke ich anders darüber.

Ende Januar 1924 beantwortete er Krishnas Brief vom 30. Dezember 1923 sowie ein Telegramm von Ende Januar. In diesem Brief gab er zu verstehen, dass seine persönlichen Einweihungen andersartig verlaufen wären und er daher keine Beziehung zu Krishnas fürchterlichen Vorbereitungsvorgängen besitze. Aus eigener Erfahrung wisse er, dass unterschiedliche Schüler unterschiedlichen Methoden unterlägen und man von der Erfahrung des einen nicht auf die eines anderen schließen könnte. Außerdem sei zu beachten, dass in seinem Falle der Körper einer ganz speziellen Vorbereitung bedürfte. Er selbst hätte keine Erklärung für diesen Prozess, aber die Meister wüssten genau, wie sie vorgingen. Er erwähnte auch seinen Brief an Annie Besant bezüglich dieser Angelegenheit, in der er seine Verwunderung und Sorge zum Ausdruck gebracht hätte. In ihrem Antwortschreiben aber habe sie von einer wunderbaren Erfahrung für Krishna und Nitya gesprochen und versichert, dass alles vollkommen in Ordnung sei. Da sie einen leidvolleren Weg gegangen wäre als er, könne sie wohl auch eine größere Hilfe sein.

Es leuchtet durchaus ein, dass ein Aufsteigen der Kundalini in seinem Verlauf und in seinen Auswirkungen wahrscheinlich vom Strahl des Individuums, seinem vergangenen Karma und der Wahl seines Weges geprägt ist. Annie Besant hatte offensichtlich eine ähnliche Erfahrung gemacht wie Krishna, nur dass sie auf Grund ihrer politischen Tätigkeit zugelassen hatte, dass das einmal erwachte Feuer wieder in den Schlummerzustand hinabsank.

Leadbeater erinnerte in seinem Brief dann an jene Zeit in Adyar, als er in die Zukunft blickte und nichts dergleichen wahrnahm, obwohl er, wie er einräumte, wohl nicht alles gesehen hatte (nachprüfen konnte er es jetzt ja nicht mehr), wenn ihm auch ein solch dramatischer Vorgang sicherlich nicht verborgen geblieben wäre. Er führte diesen auf eine im Laufe der Jahre eingetretene Veränderung des körperlichen Zustands zurück, die eine damals nicht vorhersehbare Modifikation erfordert habe (was ich für unwahrscheinlich halte). Es schien eine Art Reinigungsprozess zu sein, den er jedoch nicht als notwendig erachtete. Das Ganze sei sehr seltsam und bedürfe eigentlich eines physischen Arztes zur Beobachtung, obwohl dieser die Angelegenheit als lebensgefährlich betrachten würde, was auch zuträfe, stände sie nicht unter der persönlichen Überwachung der "Großen Wissenden".

Leadbeater wechselte das Thema und ging auf Helen ein, deren Eltern er zwar kenne, nicht aber sie selbst in diesem Leben, wohl in ihrer vergangenen Inkarnation. Er meinte, sie solle nichts gegen den Willen ihrer Eltern unternehmen, es sei denn, sie könne sie von der Notwendigkeit ihrer Australien-Reise überzeugen. Im Hinblick auf einen sich daraus ergebenden geistigen Fortschritt könne er nichts sagen. Das gute Karma ihres letzten Lebens allein berechtige sie vielleicht bereits dazu. Anstehendes könne nicht verhindert, nur eventuell zeitlich ein wenig verschoben werden. Wichtig sei aber auch ihre jetzige Handlungsweise. Was Rosalind betreffe, wisse er nur, was er ihm erzählt hatte. Ob sie mitkommen solle, könne er nicht sagen.

In einem Brief an Lady Emily aus Ojai schrieb Krishna: „...Ich wünschte, dass Helen hier wäre...Wahrscheinlich wollen „Sie" nicht, dass mir irgendjemand hilft. So muss ich alles alleine durchstehen."(6) Dachte er an jene beängstigende vierte Stufe, auf der man ganz alleine stehen muss, wie Leadbeater ihn gelehrt hatte?

Der Prozess zog sich länger hin als zuvor, und Ende Februar 1924 schrieb Krishna an Lady Emily: „...Mein Rückgrat und mein Genick waren sehr stark betroffen...Der Strom oder wie man das verflixte Ding nennt, kam meine Wirbelsäule herauf bis oben ins Genick, dann teilte er sich in zwei, der eine ging rechts und der andere ging links in meinen Kopf, bis sie sich zwischen den Augen gleich über meiner Nase trafen. Und ich sah den Herrn und Meister."(7)

Als ich diese Zeilen las, durchfuhr es mich, denn unter meinen Erlebnissen mit der Kundalini befand sich auch diese Erfahrung der Teilung. Ich spüre heute noch dieses Stechen über meiner Nase; nun weiß ich, worüber Krishna sprach.

In Krishna muss nicht nur die Kundalini aktiv gewesen sein, sondern auch die von außen kommende Einwirkung der Meister, die seinen Körper für die Aufnahme des Maitreya vorbereiteten.

Am 11. April diktierte Krishna, wie beim ersten Mal, zum Abschluss eine Botschaft, die Nitya niederschrieb. Er glaubte, sie sei von dem Herrn Maitreya. „...Ich bin zufrieden mit eurem Durchhalten und eurem Mut...Auch wenn wir zu einem späteren Zeitpunkt wieder beginnen werden, möchte ich doch nicht, dass ihr diesen Ort verlasst...bis das Wesak-Fest (der Mai-Vollmond 1924 fiel auf den 18. Mai) vorüber ist. Krishna soll sich jetzt ausruhen, reichlich Nahrung zu sich nehmen und sich viel an der frischen Luft aufhalten. Der Leib kann sich nicht in der richtigen Weise entspannen, solange er nicht eine kurze Zeit mit seiner so genannten Mutter zugebracht hat. Wenn eine Gelegenheit dazu besteht, soll sie wahrgenommen werden."(8)

Das weibliche Element spielte also in gewisser Weise eine Rolle bei der vollkommenen Entspannung nach dem Wüten des Feuers - vielleicht weil der feminine Aspekt Feuchtigkeit und Stille symbolisiert, sozusagen wie Tau wirkt. Diese Beziehung sollte einige Jahre später von Bedeutung sein.

Obwohl Nitya Rajagopal gebeten hatte mitzukommen, war ihm keine besondere Aufgabe zugeteilt worden, nur Rosalind Algebra zu lehren und den Haushalt in tadelloser Sauberkeit zu halten. Über das Wesak-Fest selbst gibt es keinen Bericht.

Am 15. Juni 1924 kamen die Brüder mit Ragajapol und Helen, die sie in New York trafen, in Plymouth an. Helen war trotz des Verbots ihres Vaters mitgefahren, was zu einem Bruch zwischen den beiden führte, der mehrere Jahre dauerte. Annie Besant, Sir Edwin, Lady Emily und Mary Lutyens waren ebenfalls in England. Die Wiedersehensfreude war groß. Die Brüder wurden von Annie Besants nie endenden Aktivitäten gefangen genommen; mit dem Flugzeug nach Paris (ihr erster Flug), zurück nach England zu einem T. G.- und einem Sternen-Orden-Konvent, einer Massenveranstaltung in der Queens Hall, mit dem Flugzeug nach Hamburg, dann nach Holland zu einem T.G.-Kongress in Arnheim. Unmittelbar darauf folgte der dritte internationale Sternen-Orden-Kongress, ebenfalls in Arnheim, und dann das erste Sternen-Orden-Camp in Ommen, nicht weit entfernt von Schloss Eerde. An beiden Abenden wurde ein Lagerfeuer angezündet und Krishna sprach im Schein der Flammen.

Danach machten sie Urlaub. Dieser sollte in einem alten Schlosshotel auf dem Berggipfel über dem Dorf Pergine, unweit von Trient stattfinden. Die Gruppe war fast dieselbe wie ein Jahr zuvor. Jeden Morgen vor dem Frühstück trafen sich alle in Krishnas Turmzimmer, um eine halbe Stunde zu meditieren. Dann las Krishna ihnen eine Stelle aus dem "Buddha-Evangelium" vor. Da sie alle nach Sydney zu reisen beabsichtigten, bat ihn Lady Emily, sie für die Lehren Leadbeaters vorzubereiten. Zum damaligen Zeitpunkt sahen beide in Leadbeater den älteren Lehrer. Krishna erklärte ihnen, dass nur Liebe, Mitgefühl und der Wille, nützlich zu sein, notwendig war - doch sie müssten alle einen Sprung ins Dunkle wagen und gefährlich leben. Er sagte den Mädchen, obgleich es nur menschlich sei, dass sie heiraten und Kinder haben wollten, sie dann nicht den Meistern dienen könnten; sie müssten sich entscheiden. Der ältere Krishna sollte ganz anders sprechen, aber der Krishna in Pergine bezog sich bloß auf die Einteilung des Buddha, den „Haushaltsvorstand" einerseits und „die Heimatlosen" andererseits, die Mönche und Nonnen, die getrennt lebten. Hier aber war eine Gruppe junger Leute, vorwiegend Mädchen, hingerissen von der Schönheit der beiden Brüder, die ihrerseits die Augen vor der Schönheit der Mädchen nicht verschlossen. Es gab Spannungen. Wir wissen, dass Annie Besant Helen vor der Gefahr, der sie sich näherten, gewarnt hatte, möglicherweise auch Krishna. Sie sollten alles gemeinsam machen, aber Mary Lutyens erzählte mir, dass Helen manchmal kindliche Allüren an den Tag legte. Beim Spaziergang konnte es geschehen, dass sie über einen Stein im Schuh klagte, sodass Krishna umkehrte und ihr half, ihn herauszuholen. Dadurch konnten sie ein Stück hinter den übrigen hergehen.

Am 21. August setzte der Prozess wieder ein, diesmal nur noch heftiger. Am 4. September kam durch Krishna die Anweisung, sein Zimmer müsse gegen drei Uhr nachmittags geschlossen werden, es dürfe ihn danach niemand berühren. Um sechs Uhr nachmittags habe er zu baden und indische Kleidung anzulegen. Kein Essen. Warten. Nur Nitya durfte sein Zimmer betreten. (9) Helen, Lady Emily und Mary setzten sich nach einem leichten Abendessen vor der „Folterkammer" auf die Treppenstufen. Drinnen hörte man nur das übliche Stöhnen. Es dauerte eine Stunde.

Dann öffnete sich die Tür, und sie durften bei ihm im Zimmer sitzen, während er aß.

Dieser Vorgang wiederholte sich zwanzig Tage lang. Am 24. September fühlte Krishna einen aufregenden Abend auf sich zukommen. Und wirklich erschien ihm der Herr Maitreya und hinterließ für alle eine Botschaft, die Nitya am nächsten Morgen vorlas.

„...Ihr seid wie der Blinde, der die Sonne sucht,

Ihr seid wie der Hungrige, dem Speise angeboten wird und der nicht isst,

Das Glück, das ihr sucht, liegt nicht weit ab, es liegt in jedem gewöhnlichen Stein..."(10)

Die Einwirkungen hörten auf, und die letzten drei Abende in Pergine speiste Krishna mit den übrigen der Gesellschaft im Hotel, lachte und scherzte und erzählte sogar vulgäre Witze. Lady Emily war darüber schockiert, aber Helen nahm an, dass es sich um eine Reaktion auf die absolute Disziplin während des Prozesses handelte.

Am 28. September verließen sie alle Pergine, und am 2. November fuhren sie von Triest nach Bombay, wo Annie Besant sie am 18. November abholte und nach Adyar begleitete. Lady Emily fuhr mit ihren Töchtern Betty und Mary nach Neu Delhi, um sich mit ihrem Mann zu treffen, und Annie Besant nahm die Einladung an, bei ihnen zu weilen. Krishna traf für Helen und Ruth Robertson Vorkehrungen für ihre Reise am 11. Dezember nach Sydney. Er schrieb einen glühenden Brief über sie an Leadbeater. Nitya litt unter der Hitze und wurde schwer krank, weshalb er nach Ooty fuhr. Madame de Manziarly sollte sich um ihn kümmern. Sie wohnten in einem Gulistan (Blumenort) genannten Haus, das Olcott gebaut hatte.

Am 27. Januar schrieb Krishna von irgendwo aus Indien an Lady Emily, dass er annehme, sie sei inzwischen in Delhi und versicherte ihr, ständig an sie zu denken. Er hätte ein neues Buch zu schreiben begonnen und halte Vorträge...

Er reiste auch umher, um sich nach einem geeigneten Grundstück für eine Schule umzusehen, in der die Kinder ihre Erziehung in einem geistig entsprechendem Umfeld erhalten konnten. Der Platz sollte eine schöne

Lage haben, groß genug sein und die Baukosten sich im Rahmen halten, damit sie durch Spenden gedeckt werden konnten.

15.

Der Traum

Am 19. Januar 1925 schrieb Annie Besant an Krishna, dass sie über Raja von seinem Besuch in Madanapalle erfahren hätte, um wohl nach einem Grundstück Ausschau zu halten. Aus dem Brief vom 27. an Nitya geht hervor, dass sie ihm ihr Einverständnis zum Kauf des Landes telegrafisch mitgeteilt hatte. Krishna sorgte sich um den Gesundheitszustand seines Bruders, was aus dem Briefwechsel dieser Zeit hervorgeht. Am 3. März erhielt er dann einen Brief von Annie Besant, in dem es hieß, sie habe über Esther von seinem Traum erfahren. Da er selbst sich ihr gegenüber nicht dazu geäußert hatte, wollte sie Genaueres wissen. Sie brachte auch ihre Besorgnis darüber zum Ausdruck, dass Nitya sich schuldig fühlte, aber keinen Grund angäbe, nur dass er selbst für das Wiederaufflammen der Krankheit verantwortlich sei.

In seinem Brief vom 6. Februar an Nitya berichtete Krishna von einem weiteren Traum, in dem er den "Mahachohan" getroffen hatte. Besonders an dieser Stelle bedaure ich zutiefst, dass mir eine Wiedergabe der bisher unveröffentlichten Briefe Krishnas nicht erlaubt wurde, da es sich bei diesem Brief um den Schlüssel zu einem äußerst bedeutungsvollen Sachverhalt handelt. Doch zunächst möchte ich erklären, wen Krishna meinte. Madame Blavatsky pflegte ihren Lehrer Morya „Meister" zu nennen, aber sowohl er als auch Koot Hoomi bezogen sich häufig auf eine noch höhere Autorität, der sie sich niemals widersetzten und von der sie als dem Hubilgan, Hobilgan, Chohan, Cho-khan, Chan Rimpoche oder Maha Chohan sprachen. Es ist ein mongolischer Ausdruck, wie so viele in Tibet gebräuchliche Höflichkeitsanreden, zum Beispiel auch Dalai. (1)

Der Ausdruck "Chohan" bedeutet einfach "geistiger Lehrer" oder "Guru", wie es in Indien heißt. Er war sehr streng, doch nicht ohne Sinn für Humor. Er versprach sich nicht viel von der Theosophischen Gesellschaft, erlaubte Morya und Koot Hoomi aber, sie zu unterstützen, falls sie nicht zu viel von ihrer Energie absorbieren würde. Er verbot allerdings den Gebrauch übersinnlicher Kräfte, um der Organisation zu helfen. Es ist immer so dargestellt worden, dass der Mahachohan Krishna in seinem Traum zugesichert hatte, das Leben Nityas zu erhalten, woraufhin der schließlich dennoch eintretende Tod des Bruders sein Vertrauen in die Meister zerstörte und er daraufhin die Theosophische Gesellschaft verließ. Ich habe nie glauben können, dass ein solcher Mann ein leichtfertiges Versprechen geben und ihm dann nicht nachkommen sollte und fragte mich, ob Krishnas Traum nicht eine Täuschung gewesen war. Aber aus Krishnas Brief vom 6. Februar und stärker noch aus den Zeilen vom 10. geht eindeutig hervor, dass eine Bedingung daran geknüpft war. Es gab Hoffnung, aber Nitya musste sich in umwälzender Weise wandeln.

In welcher Weise aber hatte er sich zu ändern? Er war der jüngere Bruder, der Glanz lag auf Krishna. Nach außen hin sah man es ihm wohl nicht an, aber wenn sie alleine waren, beklagte er sich, dass er an die ganze Sache nicht glauben könne. In der Literatur über Krishna gibt es keinen Hinweis darauf, dass das Verhältnis zwischen den beiden Brüdern nicht immer absolute Harmonie gewesen ist.

Andererseits war er es gewesen, dem in Ehrwald die Botschaft von Maitreya übermittelt wurde und der Leadbeater gefragt hatte, ob Jesus die gleichen Schmerzen ertragen musste wie Krishna - wahrscheinlich schwankte er hin und her. Krishna warf ihm Halbherzigkeit vor, anstatt die innere Flamme beständig brennen zu lassen. In seinem Traum hatten sich die Meister über den Tod Nityas unterhalten und beschlossen, ihm noch eine Chance zu geben. Dann aber musste er eine Gegenleistung erbringen und nicht ihre Energie vergeuden. Wie es in den "Mahatma-Briefen" anklingt, kann diese höhere Energie angerufen werden, steht aber nicht für immer zur Verfügung. Es musste sorgsam mit ihr umgegangen und sie durfte nicht vergeudet werden. Angesichts des natürlichen Verlaufs der Dinge würde Nitya an seiner Krankheit sterben. Verdiente er ein

Wunder, und war er für Krishna von Bedeutung? Dieser schien in seinem Brief anklingen zu lassen, wer er war und warum Nitya wohl glaubte, dass man ihn an seine Seite gestellt hatte, außer ihn zu unterstützen? Er hätte es ihm oft genug gesagt und er solle aufhören, ihm zu widersprechen, er möge sich um seine eigenen Angelegenheiten kümmern und endlich tun, was man ihm sagte.

Krishna war in seinem Brief sehr streng mit Nitya verfahren, erwähnte in seinen Zeilen an Annie Besant jedoch nur die positiven Aussichten, was zu dem allgemeinen Eindruck führte, dass entweder ein falsches Versprechen gegeben worden war oder Krishna sich getäuscht hatte.

Im März 1925 reisten Krishna, Nitya, Lady Emily, Betty und Mary von Colombo aus mit dem Schiff nach Sydney, wo sie am 3. April eintrafen. Der weißhaarige Leadbeater, in purpurfarbenem Gewand, ein großes Amethystkreuz um den Hals und einen riesigen Amethystring am Mittelfinger der rechten Hand, holte sie am Hafen ab. Begleitet wurde er von einem gut aussehenden Jungen von etwa fünfzehn Jahren, Theodore St. John. Auch Dick Clarke war anwesend und natürlich Helen und Ruth sowie Rosalind, die im vorangegangenen Juni aus Kalifornien eingetroffen war.

Krishna hatte alle hier versammelt, damit sie von Leadbeater weitere Anleitungen erhielten. Aber nun missfiel ihm, wie sich alles um die Liberal-Katholische Kirche drehte. Die Zeremonien bedeuteten ihm nichts, und er machte sich bei jeder Gelegenheit darüber lustig. Mary Lutyens, die während eines Gebets zufällig die Augen öffnete, sah ihn durch ein Fenster Grimassen schneiden. Helen und Ruth hatten sich in den drei Monaten ihres Aufenthalts bereits gut angepasst. Helens Violinspiel wurde als Beitrag zum Gottesdienst begrüßt. Es machte ihr nichts aus, für Leadbeater einige Arbeit als Sekretärin zu erledigen. Sie organisierte kleine Konzerte im "Manor" und sollte in anderen Kirchen von Sydney vorspielen. Daraus ergab sich eine Einladung, in einem Quartett mitzuwirken, das von Radio Sydney ausgestrahlt wurde. Aber sie spürte den fehlenden Kontakt zwischen Krishna und Leadbeater, was sie bedauerte.

Hier begann sich Krishnas enges Band zu Helen zu lösen und es zog ihn stärker zu Mary Lutyens, die in Sydney nicht richtig glücklich war.

Krishna hatte gehofft, sich mit Leadbeater über seinen "Prozess" unterhalten zu können. Dieser aber meinte zu Lady Emily, dass das Geschehen völlig außerhalb seines Erfahrungsbereiches liege. Er vermutete, dass es sich um das Aufbrechen der Spirillen in den Atomen handelte. Bei einem Menschen der fünften Wurzelrasse seien fünf von ihnen aktiv. Um den Körper Krishnas für den Maitreya vorzubereiten, müsste noch eine weitere Spirilla aufbrechen. (2)

Am 24. Juni verließen Krishna, Nitya und Rosalind Sydney und reisten nach Kalifornien.

16.

Nityas Tod

Am 14. Juli 1925 trafen sie in San Francisco ein, und am 15. erreichten sie Ojai. Nitya, der zu Beginn der Reise unsagbar gelitten hatte, fühlte sich schon bald nach den speziellen Behandlungen besser. Trotzdem beschloss Krishna, in diesem Jahr nicht an dem Sternen-Orden-Treffen in Ommen teilzunehmen, sondern bei ihm zu bleiben.

Lady Emilys Briefe hielten ihn über das Geschehen in Holland auf dem Laufenden. Dort hatte zuvor in Huizen, wo Wedgwood einem Zentrum der Liberal-Katholischen Kirche vorstand, ein Treffen stattgefunden. George Arundale war von ihm zum Priester und nur eine Woche später zum Bischof geweiht worden. Für diesen Schritt benötigte man Leadbeaters Erlaubnis, wartete sie aber nicht ab, mit der Begründung, Leadbeater habe auf der Astralebene seine Zustimmung gegeben. Als sein Telegramm eintraf, stellten sie fest, dass Leadbeater einen solchen Schritt scharf ablehnte. Man beachtete die Nachricht jedoch nicht, da die Weihe ja bereits stattgefunden hatte. Arundale verkündete, er und Wedgwood hätten ihre dritte, seine Frau Rukmini ihre zweite Einweihung erhalten. Nur wenige Tage später ließ er verlauten, dass er selbst, Wedgwood, Krishna und Jinarajadasa in der Nacht zum 7. August ihre vierte Einweihung empfangen hatten und nun, wie Annie Besant und Leadbeater, Arhats seien. Ein neuer Arhat aber dürfe eine Gnade erbitten, und Krishna habe um das Leben Nityas gebeten.(1) Annie Besant muss sich unangenehm berührt gefühlt haben, denn sie schrieb Krishna, diese Geschehnisse zu bestätigen. Er aber antwortete, dass er fast die ganze Nacht bei Nitya gewacht hatte und sich an nichts erinnerte. Er hatte inzwischen bei ihr angefragt, ob Rajagopal kommen und bei der Pflege von Nitya helfen könnte. Raja war bereits unterwegs.

Arundale verkündete weiterhin, dass Wedgwood, Annie Besant und Leadbeater Vertreter des Mahachohan, Manu und Bodhisattva der siebten Wurzelrasse sein würden, er selbst das Oberhaupt ihres Logos. Dies sei seine letzte Inkarnation und er werde in Zukunft durch das ganze Universum gesandt werden und nicht mehr an einen bestimmten Planeten gebunden sein. (2) Als die Gruppe sich nach Ommen begeben hatte, verkündete Arundale die Namen der Zehn, die, wie er behauptete, die "Zwölf Apostel des Herrn" werden sollten. Es waren Annie Besant, Leadbeater, Raja, Arundale, Wedgwood, Rukmini, Nitya, Lady Emily, Rajagopal und Koellerstroem. (Hätte man Krishna nicht vorher fragen sollen?) Annie Besant durfte aber nur die Namen der sieben bekannt geben, die bereits Arhats geworden waren. Erst später, als man sie darauf aufmerksam gemacht hatte, erkannte sie, dass sie Wedgwood ausgelassen und Krishna als einen seiner eigenen Apostel genannt hatte.

Das Lager wurde am 14. abgebrochen, und die vorher in Huizen versammelte Gruppe kehrte dorthin zurück. Arundale wiederholte immer wieder zu wissen, dass noch etwas anderes passiert sei. Am nächsten Morgen rief Annie Besant Esther Bright, Lady Emily, Rukmini und Shiva Rao ins Zimmer und sagte, dass sie, Leadbeater, Krishna, Raja, Arundale, Wedgwood und Koellerstroem in der Nacht zum 13. ihre fünfte und letzte Einweihung empfangen hatten und daher nun Adepten seien. Wahrscheinlich kam dies von Arundale.

Krishna telegrafierte an Lady Emily, ob Leadbeater diese Vorkommnisse bestätigt hätte. Er hatte es nicht.

Krishna war unglücklich und voller Zweifel. Er konnte nichts von diesen Verlautbarungen glauben, zögerte jedoch, es Annie Besant zu sagen.

Nityas Zustand schien sich gebessert zu haben. Als Annie Besant daher an Krishna telegrafierte, um anzufragen, ob er nach England kommen könne, um dann Ende Oktober mit ihr nach Indien zu reisen, willigte er zögernd ein, falls Madame de Manziarly, die Nitya bereits in Ooty gepflegt hatte, nach Ojai kommen könnte. In ihrem Brief vom 24. September 1925 schrieb sie Krishna, dass Frau Manziarly unterwegs sei und sie ihr die beiden Swastika für Nitya mitgegeben habe, die von St. Germain und dem Mahachohan magnetisiert worden waren.

Dieser Brief hätte mich beunruhigt, nicht wegen der Hakenkreuze, sondern wegen der offensichtlichen Vertrautheit mit dem Mahachohan - und so erging es auch Krishna. Es gibt keine Anzeichen, dass sie ihm auf physischer Ebene begegnet waren. Es klingt ganz nach einer der von der Besant-Leadbeater Generation der Theosophen kultivierten außerkörperlichen Erfahrungen, bei denen die Realität leicht mit Symbolen oder auch nur Einbildung verwechselt werden kann. Falls der Mahachohan beschlossen haben sollte, in Nityas Karma einzugreifen, hätte er es sicherlich auf andere Weise getan.

Am 11. Oktober schrieb Krishna aus dem Zug an Nitya, dass er in Gedanken stets bei ihm sei und am liebsten aus dem Zug springen und zu ihm zurückkehren möchte. Immer noch hoffnungsvoll, bat er ihn, rasch wieder gesund zu werden, weil das an erster Stelle stünde. Es sei ein "grausames Leben", aber so sei es nun einmal.

Am 15. Oktober berichtete er aus New York, dass er in Chicago mit zwei Architekten Sir Edwins Pläne für die Gebäude einer Universität in Neu Delhi besprochen hatte. In der Folge forderte er Nitya immer wieder auf, gesund zu werden, weil sie einander brauchten. Ihre Arbeit und ihr Weg seien derselbe und nichts könnte sie nach seiner Gesundung mehr voneinander trennen. Hatte er die Bedingung für eine Genesung vergessen?

Die Briefe, die er an Bord des Schiffs an seinen Bruder schrieb, handelten vorwiegend von dieser Seereise. Lady Emily holte sie in Plymouth ab. Im Zug spottete man über die hohen Einweihungen und die zukünftigen geistigen Ämter, die Wedgwood und Arundale sich selbst zugedacht hatten. Krishna empfand, etwas Heiliges sei erniedrigt und lächerlich gemacht worden. Es stellte sich ihm die Frage, wie er sich dem entziehen konnte, ohne Annie Besant zu beleidigen, die das Ganze öffentlich bestätigt hatte, indem sie es im "Theosophist" verkündete. Ihr frei heraus zu sagen, was er davon hielt, wäre sinnlos gewesen, denn Wedgwood hätte sie gegen ihn aufgewiegelt. Trotzdem versuchte er mehrmals, mit ihr zu sprechen, aber sie schien es nicht aufzunehmen.

In seinen Briefen von Ende Oktober gestand er Nitya, er fühle sich in dieser eingebildeten Gesellschaft mit ihren hochgestochenen Redewendungen sehr unbehaglich und fügte hinzu, dass Nitya und er sowie einige andere einer anderen Gedanken- und Gefühlswelt angehören müssten und ihn diese Gruppe nahezu ängstigte.

Nitya war der einzige gewesen, der ihn von Anfang an begleitet hatte, von der Zeit mit den Eltern in den indischen Dörfern bis zu ihrer Adoption durch die Theosophen und den damit einhergehenden Veränderungen.

Phillip van Pallandt war nach London gekommen, um das nächste Sternen-Orden-Treffen zu besprechen. Krishna hatte einen Sekretär für ihn gefunden, und nach Annie Besants Rückkehr aus Cardiff, am 26. Oktober, wurden die Satzungen durchgesprochen. Am nächsten Tag begleitete Krishna sie nach Leeds. Sie sprach ein wenig über Wedgwood und Arundale und deren Veränderung, aber ihr Gespräch wurde bald unterbrochen. In einem weiteren Brief erzählte Krishna von seinem Einkaufsbummel. Er schien ein gutes Gespür für den Wert des Geldes zu haben. Obwohl sie von wohlhabenden Leuten umgeben waren, besaßen die Brüder selbst kaum etwas. Sie verfügten über ein gemeinsames Konto bei Hatchards, einem vornehmen Buchladen auf dem Picadilly, und ein gemeinsames Bankkonto.

Am 3. November 1925 brachen sie nach Indien auf. Sie fuhren über Paris und Rom. In Rom, wo sie im Hotel Bristol wohnten, kam das Ehepaar Arundale dazu. Lady Emily saß gerade mit Krishna in der Empfangshalle, als das Paar mit Wedgwood hereintrat, die beiden Bischöfe in purpurfarbenen Soutanen, mit großen Kreuzen, die ihnen auf der Brust baumelten. Krishna flüsterte Lady Emily zu: „Hier kommen die großen Meister!" Aber trotz seiner Verachtung bemühte er sich, nett zu ihnen zu sein.(3)

Am Nachmittag des 8. November nahmen sie einen Zug nach Neapel, wo sie an Bord gingen. Krishna setzte seine tagebuchartigen Briefe an Nitya fort. Diese Zeilen sprechen hauptsächlich von seinen Gefühlen für den Bruder und die flehentliche Bitte, er möge gesunden. Gemeinsam wollten sie sich irgendwie aus dem Dunkel in das klare Licht hinauskämpfen, schrieb er. Annie Besant war seine Veränderung aufgefallen und sie fragte ihn, ob er nicht mehr daran glaube, dass sein Körper für den Weltlehrer gebraucht werde. Er wäre dieser Frage lieber ausgewichen. Bei der Tafelrunde war er sehr still, denn er dachte nur an Nitya und bat die Meister, ihn zu segnen. (Jahre später erzählte er Mary Lutyens, dass Arundale ihn vorsichtig darauf hingewiesen hatte, dass seine Skepsis nicht nur seine eigene Aussicht auf eine höhere Einweihung zunichte mache, sondern er damit auch Nityas Leben gefährdete.)

Am 13. November kamen sie in Port Said an, und Krishna ging an Land, um einen langen Brief an Nitya aufzugeben. Doch sein Bruder war bereits um 10.37 Uhr an diesem Morgen gestorben. Als Krishna aufs Schiff zurückkehrte, erwartete ihn ein Telegramm: „Influenza schlimmer geworden, bete für mich!" (4) Als er diese Zeilen las, wusste er immer noch nichts von Nityas Tod. Erst am nächsten Morgen wurde Annie Besant ein Telegramm zugestellt, in dem es hieß, dass Nitya tot sei. Sie bat Shiva Rao, der mit Krishna in einer Kabine reiste, sie dorthin zu führen. Als er die Nachricht erfuhr, muss er laut Shiva Rao in seinem heimatlichen Telugu, das er im Wachbewusstsein nicht mehr sprechen konnte, aufgeschrien haben und ohnmächtig geworden sein.

Die vierte Einweihung wird als die dunkle Nacht der Seele bezeichnet, in der der Mensch alleine ist. Für Krishna waren es die folgenden Tage bis zum Verlassen des Schiffs. Nächtelang hörte man ihn in seiner Kabine seufzen, aber als sie in Colombo eintrafen, hatte er sich verändert: „Man konnte uns auf der physischen Ebene trennen, aber jetzt sind wir unzertrennlich."(5)

Am 25. erreichten sie Madras, reisten jedoch nach wenigen Tagen wieder nach Colombo, um Leadbeater abzuholen. Eine aus siebzig Personen bestehende Gruppe, darunter Helen, Betty, Mary Lutyens, Ruth Roberts, Theodore St. John, Dick Clarke und Dr. Rocke begleiteten ihn. Leadbeater begrüßte Krishna mit den Worten: „Wenigstens DU bist ein Arhat!"(6) Ruth vertraute Lady Emily an, dass er an keine der zahlreichen bizarren Einweihungsbehauptungen glaubte.

Sie fuhren alle gemeinsam nach Adyar. Krishna saß im Zug neben Mary und sprach mit ihr über Nitya. Er wusste, dass sie ihn geliebt hatte. „Krishna war wundervoll und so viel weicher", meinte Mary später. (7)

Helen hingegen fand ihn „kälter, zurückhaltender....etwas in ihm war zu Stahl geworden." Sie hatte einen Brief von ihm erhalten, in dem er schrieb: „Seit Nitya fortgegangen ist, sind die Bäume und die Sterne nicht mehr dieselben. Etwas ist gegangen, das niemals, in diesem Leben, wiederkommen kann."(8)

Madame de Manziarly brachte Nityas Asche. Rajagopal übernahm seine Stellung als Generalsekretär des Sternen-Ordens. Eines Nachmittags hörten Krishna und Helen, die sich nachmittags meistens in seinem Zimmer aufhielten, wie über ihnen Rosalind und Rajagopal lachten und scherzten. Er ging hinauf und kritisierte sie deswegen, weil Nityas Tod erst so kurz zurücklag.

Krishna hatte gezögert, Annie Besant seine Meinung zu den "Einweihungen" zu sagen, doch nun versuchte sie, ihn mit seinen „Aposteln" zusammenzubringen. Eines Morgens ging sie in sein Zimmer und führte ihn hinunter in den Salon, wo Leadbeater, Raja, Arundale und Wedgwood versammelt waren. Während sie ihn auf das Sofa zwischen sich und Leadbeater setzte, fragte sie ihn, ob er sie als seine Schüler annehmen würde. Er erwiderte, dass er keinen von ihnen annehmen würde, außer vielleicht Annie Besant selbst.(9)

Der Sternen-Orden-Kongress wurde am 28. Dezember 1925 eröffnet. Krishna sprach von dem kommenden Weltlehrer in der dritten Person, wechselte dann aber in die erste: „Ich komme für jene, die Sympathie und Glück suchen, die sich nach Erlösung sehnen. Ich komme, um zu reformieren, nicht um niederzureißen. Ich komme, nicht um zu zerstören, sondern um aufzubauen."(10)

Einige dachten, er habe bloß die Bibel zitiert. Aber diejenigen (Annie Besant, Leadbeater, Jinarajadasa, Lady Emily, Mary Lutyens und Marcelle de Marziarly), die die Veränderung im Klang seiner Stimme bemerkten, wussten, dass es nicht Krishnas Stimme war. Bei der letzten Versammlung des Kongresses sagte Annie Besant: „...dieses Ereignis (am 28. Dezember) kennzeichnet die endgültige Weihung des auserwählten Werkzeuges...die endgültige Annahme des Körpers, der lange vorher auserwählt worden ist...die Ankunft hat begonnen...dass Gegnerschaft existiert, ist nur natürlich - haben denn die Juden ihn anerkannt oder die Römer?" (11)

Obwohl sie einen Unterschied sah zwischen dem Weltlehrer und seinem neuen Werkzeug, wurde allgemein angenommen, sie spräche von einer Wiederkunft Jesu Christi. (Für sie aber war Jesus der vorhergehende Träger.)

Leadbeater kehrte mit seiner Gruppe, darunter auch Helen, im Januar 1926 nach Sydney zurück. Auf die Frage: „Wenn wir gefragt werden, ob der Weltlehrer gekommen sei, was antworten wir?" erwiderte er, es gäbe keinen Schatten eines Zweifels, dass Er das Werkzeug mehr als einmal anlässlich des Jubiläums-Konvents benutzt habe; in Benares am 28. Dezember 1911 und nun am gleichen Tag im Jahr 1925. Er würde ihn auch weiterhin benutzen, zwar mit Unterbrechungen, aber immer häufiger; natürlich nicht wenn er gerade mit der Bahn führe oder eine Mahlzeit einnähme. Außerdem müsse Er den Träger erst langsam an sich gewöhnen.(12)

Obwohl Leadbeater von Krishna als "Apostel" abgelehnt worden war, gestand er Krishna seine große Rolle zu. Bei einem Treffen in Adyar sagte Krishna: „Ein neues Leben, ein neuer Sturm fegt durch die Welt, wie ein ungeheurer Wind, der bläst und alles reinigt, all die Staubteilchen von den Bäumen, die Spinnweben aus unseren Gedanken...Ich fühle mich wie eine Kristallvase, ein Gefäß, das gerade gereinigt worden ist..." (13)

17.

Die Krise

Am 25. März 1926 schrieb Krishna an Leadbeater: „Ich spüre, dass die Ereignisse der letzten zehn Monate nicht natürlich und sauber sind....diese Apostel-Angelegenheit ist die Höhe! Ich glaube überhaupt nichts davon ...Meiner Meinung ist das alles verkehrt und beruht nur auf Georges Einbildung...Wedgwood verteilt ringsumher Einweihungen...Sehr bald werden Einweihungen und geheiligte Dinge Gegenstand von Späßen sein...und es macht mich weinen, diese geheiligten Dinge in den Schmutz gezogen zu sehen."(1)

Bis zum 8. Mai blieb er in Indien, wo er bis dahin an verschiedenen Orten gesprochen hatte und reiste dann mit Annie Besant nach Europa. Nach ihrer Ankunft fuhr er alleine in die Schweiz. Annie Besant schrieb ihm am 22. Juni 1922 aus Bristol, dass sie froh sei zu wissen, wo er sich aufhalte. Außerdem berichtete sie ihm von dem überfüllten Saal in Birmingham; das Thema des Abends war das "Kommen des Weltlehrers" gewesen. Am 1. Juli schrieb sie ihm aus Paris und beklagte sich über die aufdringlichen Reporter und die entsetzlichen Schlagzeilen. Vielleicht hatte sie sich aus diesem Grunde veranlasst gefühlt, die Erklärung abzugeben, dass sie von Krishna nicht als dem Messias, sondern als dem „Träger des Weltlehrers" gesprochen hatte.(2)

Aber was bedeutet Messias? Es ist ein hebräisches Wort und bedeutet der „Gesalbte", im Sinne von Königen, die gesalbt wurden, um damit zu erkennen zu geben, dass sie ihr Amt auf Grund göttlicher Gnade oder Eingebung des Heiligen Geistes innehatten. Im Griechischen heißt der Gesalbte *Christos*. Sie aber hatte nicht von Jesus Christus gesprochen, sondern von dem von Gott ernannten Nachfolger für jene Aufgabe, die Jesus zuvor innehatte.

Am 3. Juli begrüßte Krishna die ersten Gäste bei dem Treffen in Ommen, und am 7. begann er, jeden Morgen vorzutragen. Annie Besant, die von Paris aus nach Holland gereist war, hielt sich in Huizen bei Wedgwood auf, wo dieser den Hauptsitz der Liberal-Katholischen Kirche in Europa leitete und es als eines der drei Zentren der "Weltuniversität" und der "Weltreligion" ernannt hatte. Krishna erkannte, dass dieses, nicht unweit von Ommen gelegene Zentrum eine alternative Attraktion darstellte. Warum aber war Annie Besant bei Wedgwood, obwohl sie wusste, dass er ein Gegner Krishnas war? Wahrscheinlich zogen sie die Kirchenriten an. Als junges Mädchen war sie fromm gewesen. Als sie eine Bibelkonkordanz der vier Evangelien erstellte, stieß sie auf Widersprüche und begann zu zweifeln. Die Theologen, die sie aufsuchte, konnten ihr nicht weiterhelfen. Jahrelang predigte sie daraufhin an Bradlaughs Seite den Atheismus. Als sie durch Blavatsky zu einer spirituellen Interpretation des Universums gelangte, tauchte ihre Sehnsucht nach einer Kirche auf, einer Kirche, in die Theosophen gehen konnten. Sie besuchte die Messe und empfing die geweihte Hostie - mit Sicherheit von der unreinsten Hand.

Krishna eröffnete das Camp mit den Worten: „Was ist das Königreich des Glücks?...Ich möchte nicht, dass ihr blindlings gehorcht oder ohne zu denken zuhört...Ich möchte euch auffordern, durch mein Fenster zu schauen und bitte euch, eurer kleines Guckloch aufzugeben und durch eine größere Öffnung, eine schönere Aussicht zu betrachten...

Es ist nicht ein weit entferntes Königreich oder eine Behausung, für die wir bis ans Ende der Welt reisen müssen. Ihr müsst den Schlüssel finden, der die Himmel öffnet...und dieser Schlüssel ist eure eigene innere Stimme... wenn diese Stimme der einzige Tyrann ist, dem ihr gehorcht, dann kann jeder von euch das Königreich des Glücks erreichen."(3)

Lady Emily war sich sicher, dass der "Herr" zugegen war, und Marcelle de Manziarly meinte schlicht: „Der Herr sprach durch ihn." Krishna gestand Lady Emily, er habe dem Drang widerstehen müssen, Ich anstatt Er zu sagen. (4)

In einem Brief vom 10. Juli schrieb Annie Besant an Krishna, sie danke ihm für seinen Brief und fühle sich so weit entfernt von dem Geschehen. Sie wünsche zu sehen und zu hören, wie die Leute um ihn herum. Er möge nicht aufhören, sie zu lieben.

Seltsamerweise schrieb sie acht Tage später wieder einen Brief, in dem sie ihm für seine Zeilen und seine Liebe dankte und erklärte, sie wünsche ihm zu dienen. Weiter hieß es, sie sei betrübt und froh zugleich, dass seine Wirbelsäule und sein Kopf ihm Beschwerden bereiteten, was aber nur bedeute, dass *Er* kommen und diesen Körper benutzen werde. Sie habe viel Arbeit in Huizen und gedenke, vielleicht nach Ommen zu kommen.

Warum aber war sie nicht schon dort, wo wunderbare Dinge gesprochen wurden und die Lutyens und andere glaubten, dass der Herr bereits sprach? Jadu hatte sich vor Krishnas Füßen niedergeworfen, und Lady Emily war gerade im Begriff, als sie noch rechtzeitig seinen Blick erhaschte, der ihr bedeutete, es nicht zu tun.

Das Treffen der fünfunddreißig Personen, die Krishna am Nächsten standen, endete am 19. Juli. Das Camp begann am 24., an dem ungefähr 2000 Leute aus aller Welt teilnahmen. Annie Besant und Wedgwood kamen zur Eröffnung. Als letzterer sprach, notierte Lady Emily in ihrem Tagebuch: „Es machte mich krank, es war so künstlich und wie tragisch zu beobachten, wie die Menge sich wohlig und geschmeichelt fühlte."(5) Am Abend des 25. sprach Krishna ungewöhnlich ernst: „Ich werde als Haupt dieses Ordens zu euch sprechen." Wieder hatte sich der Herr durch ihn offenbart. Lady Emily sah, wie sich Wedgwood zu Annie Besant hinüberlehnte und ihr etwas zuflüsterte. Nach dem Vortrag schickte sie Rajagopal zu Krishna und ließ ihm ausrichten, er möge in sein Zimmer auf Schloss Eerde gehen und auf sie warten. Dort sagte sie ihm, nicht der Herr spreche durch ihn, sondern ein mächtiger Schwarzmagier. Entsetzt entgegnete er, falls sie dies glaube, wolle er nie wieder in der Öffentlichkeit sprechen. (6)

Nach diesem Vorfall schrieb Leadbeater am 28. Juli aus Australien an Krishna, die Präsidentin habe offensichtlich noch der Klatsch, der sich im vergangenen Jahr über Ommen in Adyar verbreitet hatte, beunruhigt.

Aus ihrem soeben eingetroffenen Brief ersehe er, dass die Gefahr bestehe, dass seine persönliche Einstellung fehlgedeutet und gegen sie verwendet werden könnte. Er weise es entschieden zurück, in Gegensatz zur Präsidentin gestellt zu werden, da er bedingungslos auf ihrer Seite stehe und ihr gehorche. Was sie klar erinnere und verkünde, akzeptiere er, gleichgültig ob er persönlich sich daran entsinnen könne. Sollten sich die aus höheren Ebenen durchgebrachten Botschaften der jüngeren, unerfahreneren Brüder nicht mit seinen vereinbaren, werde er von einer Beurteilung Abstand nehmen und schweigen. Er räumte Fehlinterpretationen und Übertreibungen ein, da bei einer Durchgabe der persönliche Faktor nie ganz auszuschließen sei. Dann gab er Krishna den Rat, auf diesbezügliche Fragen zu antworten, er wisse nichts über die Sache und bat ihn, ebenso wie er, der Präsidentin bedingungslos zur Seite zu stehen.

Auch er war sich also des Unsinns und der entstandenen peinlichen Situation bewusst. Aus dem Brief ersieht man, dass das Verhältnis zwischen Leadbeater und Krishna herzlicher blieb, als oft angenommen worden ist.

Wieder in London, wohnte Krishna wie gewöhnlich bei Mary Dodge und Lady De La Warr in West-Side in Wimbledon. Dann brach er in Begleitung von Annie Besant, Rajagopal und Rosalind zum Jahres-Kongress in Chicago auf. Nach einer Ruhepause in Virginia holte er Annie Besant nach ihrer langen Vortragsreise durch Amerika in San Francisco ab und nahm sie am 3. Oktober zu ihrem ersten Besuch in Ojai mit.

Kurz nach seiner Ankunft schrieb er an Lady Emily, sein Körper habe beim Betreten von Nityas Zimmer geweint. Er vermisse ihn schrecklich und könne ihn überall sehen und fühlen. (7) Auf seine Bitte hin kamen sie und Mary ebenfalls nach Ojai, wohnten aber, wie die Übrigen, in dem neu errichteten Gästehaus Arya Vihara. In dieser Zeit schrieb Krishna einige Gedichte.

Im Januar 1927 fing wieder der Prozess an. Dieses Mal saß Mary bei ihm in Pine Cottage, wo er und Nitya zuerst gewohnt hatten, weil es dort ruhiger war. Es verwirrte Mary, dass der erwachsene Krishna mitunter durch ein vierjähriges Kind ersetzt wurde, das sie für seine Mutter hielt. Diese Kinderstimme sprach in ehrfürchtiger Angst von Krishna, denn sie sagte Dinge, wie: „Pass auf, Krishna kommt zurück." (8) Dann war er wieder der erwachsene Mann, der sich nicht an das, was geschehen war, erinnerte und es Mary nicht erklären konnte. Was hatte es mit diesem unmündigen Teil seiner selbst auf sich, der sozusagen als Hüter zurückgelassen wurde? Die Frage ist niemals wirklich beantwortet worden.

Inzwischen hatte Annie Besant zweihundert Hektar Land im oberen Tal von Ojai hinzugekauft und versuchte Geld für weitere einhundert Hektar am unteren Talende einzutreiben. Das Ganze sollte ein Zentrum für den Weltlehrer und die Verbreitung seiner Lehre sowie ein jährliches Camp, ähnlich dem von Ommen, bilden. Es sollte auch eine Schule gebaut werden, damit, wie Krishna es wünschte, Kinder in der richtigen Atmosphäre aufwachsen konnten. Zu diesem Zweck wurde ein Trust, die *Happy Valley Foundation*, gegründet.

Am 9. Februar schrieb Krishna an Leadbeater: „Ich kenne meine Bestimmung und meine Aufgabe. Ich weiß ganz sicher, dass mein Bewusstsein mit dem des Einen großen Lehrers verschmilzt und Er mich vollkommen erfüllen wird...meine Schale ist bis zum Rande gefüllt." (9)

Lady Emily fuhr mit Mary zu Sir Edwin, und am 10. Mai reisten Krishna, Annie Besant, Rajagopal und Rosalind nach England. Zuvor hatte Annie Besant *Associated Press* erklärt: „Der Göttliche Geist ist wieder einmal in einen Menschen, Krishna, herabgestiegen. Der Weltlehrer ist da!" Sie schrieb am 13. Juli 1927, kurz vor Beginn der Eröffnung des Sommerlagers des Sternen-Ordens in Eerde, an Krishna, sie freue sich, dass er seine Aufgabe gefunden habe und der Welt Segen bringe. Sie bedauerte jedoch, dass er ihre und Leadbeaters Anwesenheit in Eerde vor dem Camp nicht gewünscht hatte und versicherte ihm, sich niemals aufdrängen zu wollen. Sie und Leadbeater hätten dem Wunsch des Herrn Maitreya entsprochen und ihn (Krishna) in ihre Obhut genommen. Obwohl das Band der Liebe immer zwischen ihnen bestehen bliebe und sie sich dessen als würdig erweisen wollte, müsse er in der äußeren Welt unabhängig sein.

Am 27. Juli schrieb sie, sie fühle, dass im Camp nur er lehren sollte, da der Lehrer und er eins seien.

143

In einem Brief vom 28. Juli schrieb sie erneut, wie traurig sie sei, nicht zu den Glücklichen zu gehören, die ihn in Eerde umgaben und tröste sich damit, dass es wohl ihr schlechtes Karma sei, über das sie heimlich ein paar Tränen geweint habe.

Warum hatte Krishna sie überredet, nicht zu kommen? Wahrscheinlich hatte er Dinge zu sagen, die er in ihrer Gegenwart nur schwerlich hätte äußern können.

Die Rede, die Krishna am 2. August vor der Eröffnung des Camps gab, beunruhigte seine Zuhörer zum ersten Mal.

„Als ich begann, eigenständig zu denken, rebellierte ich. Keine Lehre, keine Autorität konnte mich befriedigen...Ich betrachtete es als selbstverständlich, dass ich, Krishna, der Weltlehrer sei, weil es so viele Leute behaupteten...

Was ich euch sage, sage ich nicht als Autoritätsperson, und ihr sollt nicht gehorchen, sondern verstehen...

Als ich ein kleiner Junge war, pflegte ich Krishna mit der Flöte zu sehen, so wie ihn sich die Hindus vorstellen; denn meine Mutter war eine Sri Krishna Verehrerin. Sie erzählte mir von Sri Krishna, und in meinem Geist entstand ein Bild von Sri Krishna mit der Flöte... Als ich älter wurde und Bischof Leadbeater und der Theosophischen Gesellschaft begegnete, begann ich den Meister K.H. zu sehen - wieder in der Form, die man mir zeigte...Später, während ich weiter reifte, fing ich an, Maitreya zu sehen...in der Form, die man mir zeigte."(10)

Was wollte er damit sagen? Wollte er behaupten, dass Sri Krishna, K.H. und Maitreya nicht wirklich existierten? Nicht unbedingt. Wäre Arundale aufgestanden und hätte solche absurden, aufgeblasenen Ankündigungen gemacht, hätte er nicht von dem Mahachohan, dem Maitreya usw. von Leadbeater gehört? Und hatte nicht Leadbeater in ihm die Vorstellung eines kirchenliebenden K.H. oder Kuthumi, wie er nun geschrieben wurde, geschaffen, obwohl der K.H., den Blavatsky auf physischer Ebene als wirkliche Person kannte, in seinen Briefen eine Abneigung den Kirchen und der Priesterkaste gegenüber zum Ausdruck brachte? Eine solche Beobachtung heißt nicht, eine tatsächliche Existenz der Meister abzustreiten, sondern die Möglichkeit einzuräumen, ihn nur in einer be-

144

stimmten Form wahrzunehmen. Krishna hatte erkannt, dass diese Menschen in der Illusion lebten und dass es notwendig war, sich von ihr zu lösen. Er fuhr fort: „Nun, seit kurzem ist es der Buddha, den ich sehe, und ich bin beglückt und entzückt, bei Ihm zu sein." (11) In diesem Falle drückte er sich positiv aus. Er hatte den Buddha gesehen, war Ihm begegnet. Und dann verwirrte er seine Zuhörer gleich wieder, wenn er eine poetischere Sprache wählte und ihn als den „Geliebten" bezeichnete.

„Man hat mich gefragt, was ich mit dem Geliebten meine...Für mich ist er alles: Er ist Sri Krishna, er ist der Meister K.H., er ist Maitreya, er ist Buddha - und doch ist er jenseits von allen diesen Formen. Was bedeutet schon der Name, den ihr Ihm gebt?"(12)

Ich denke, er spricht von diesem Segensstrom, der unerwartet herabfließt; es mag nicht während der Meditation geschehen und es mag auch kein offensichtlicher Grund dafür vorliegen, vielleicht wenn jemand verwirrt ist - plötzlich ist er da. Es ist etwas gegenwärtig. Ob es sich dabei um die Gegenwart einer Person, um einen der Meister handelt, weiß ich nicht. Es wäre wohl unangemessen, es erfragen zu wollen. Was immer es auch sein mag, es war ein Segen.

Krishna sprach vielleicht von dem "Geliebten", um ihm einen Namen zu geben, der nicht festlegte und einengte.

„Was spielt es für eine Rolle, wie ihr es nennt? Ihr macht euch Gedanken darüber, ob es die Person des Weltlehrers gibt, der sich in dem Körper einer bestimmten Person, nämlich Krishna, offenbart. Es ist eine dumme Sache, dass ich eine Erklärung abgeben muss, aber es muss sein. Ich möchte mich so vage wie möglich ausdrücken und hoffe, dass es mir glückt.

...bis ich eins werde mit allen Lehrern, ob sie alle derselbe sind, ist unwichtig. Ob Sri Krishna, Christus, Maitreya ein und derselbe sind, spielt keine Rolle....solange ich sie außerhalb von mir als Bild wahrnehme, als Objekt, bin ich getrennt...Ich habe niemals gesagt: Ich bin der Weltlehrer; aber jetzt, da ich fühle, dass ich mit meinem Geliebten eins bin, sage ich es."(13)

Warum glaubte man, er hätte gerade seiner Bestimmung entsagt? Er hatte sie bejaht. Er besaß nun die Fähigkeit, und er war jener Lehrer, den sie erwartet hatten.

„Sechzehn Jahre lang habt ihr das Bild, das nicht gesprochen hat, verehrt und es interpretiert, wie es euch gefiel. Ihr konntet euch an diesem Bild festhalten, weil das Bild nicht gesprochen hat...jetzt aber wird das Bild, das ihr verehrt habt, das ihr für euch selbst erschaffen habt... lebendig und spricht...“(14)

Und jetzt, da es zu ihnen sprach, gefiel es ihnen nicht. Sich auf den Großinquisitor in Dostojewskis Roman ”Die Brüder Karamassow“ beziehend, fuhr er fort: „Erinnert ihr euch an den bekannten Roman von Dostojewski, in dem Christus wieder auftritt? Er predigte und ging schließlich nach Rom, und der Papst lud ihn ein...hielt ihn aber gefangen. Er sagte zu ihm: „Wenn du nach draußen gehst, wirst du Unruhe stiften, du hast Zweifel geweckt, die wir versucht haben zu unterdrücken.“(15)

Es war nicht der Papst, sondern der Großinquisitor, der Christus aus eher jesuitischen Beweggründen gefangen nahm. Seltsamerweise hatte Meister K.H. diese Geschichte in einem seiner Briefe an Sinnett lobend erwähnt. Es ist unwahrscheinlich, dass Krishna davon wusste. Er war wohl bei seiner umfassenden Lektüre auf diese Erzählung gestoßen, denn dass er den Roman ”Der Idiot“ gelesen hatte, weiß man. Offensichtlich hatte er noch andere Werke Dostojewskis gelesen.

Er fuhr fort: „Ich habe es mir zur Gewohnheit gemacht, jedem zuzuhören...vom Gärtner zu lernen, von dem Pariah, von den Unberührbaren, von meinem Nachbarn, von meinem Freund. Ihr wartet darauf, dass die Wahrheit aus dem Munde einer einzigen Person kommt...Nehmen wir an, es ist einer bestimmten Person gelungen, dir zu sagen, ich sei der Weltlehrer. Was würde es dir nützen? Wie würde dein Herz verstehen und dein Geist wissen? Wenn ihr von einer Autorität abhängig seid, werdet ihr eure Grundmauern auf Sand bauen. Im vergangenen Jahr hätte ich nicht wie heute sagen können, ich bin der Lehrer.“ (16)

In seinen anschließenden Reden am Lagerfeuer versuchte er zu erklären:

„Das Königreich des Glücks liegt in jedem von euch. Wie der Duft einer Blume, die Göttlichkeit, die eine Blume in sich birgt...“(17)

„Die meisten von euch verehren ein Bild, und wenn das Bild lebendig wird, wünschen sie, sie hätten es nicht getan.“ (18)

„Es spielt keine Rolle, wer die Wahrheit lehrt...wenn ihr die Person Krishna verehrt, werdet ihr leiden...wenn ihr aber Schüler der Wahrheit seid, dann werdet ihr Teil dieser Wahrheit werden. Wenn ihr die Schönheit eines Sonnenuntergangs seht, lehrt euch dieser Sonnenuntergang keinen Moralkodex, er gibt euch keine Gesetze, Bestimmungen, Dogmen, Glaubensbekenntnisse, aber wenn ihr Teil dieses Sonnenuntergangs seid, braucht ihr euch niemals um Gesetze und Verordnungen zu kümmern...

Ich möchte keine Autorität ausüben...Ob ich dies oder das bin, oder ob ich bin, zu dem ich mich bekenne, es spielt keine Rolle. Das, was ich bin, bleibt bei mir.

....ihr wollt euch von sanften, melodischen Klängen hypnotisieren lassen, aber damit könnt ihr niemals die Ursache des Kummers zerstören...ihr müsst in euer Inneres gehen." (19)

„Ihr könnt euch nicht in die Wälder zurückziehen, in die Klöster, in stille, abgeschiedene Täler, um mit euch selbst Zwiesprache zu halten. Das ist nicht Befreiung, das ist bloß Selbstunterhaltung. Befreiung erlangt ihr, indem ihr die Dinge um euch schöner macht...Der Duft der Blume weht durch die Luft und lässt die Blume, wie sie war..."(20)

„Es ist einfach und beruhigend, sich hinter Büchern zu verstecken, hinter Glaubensbekenntnissen...aber solange ihr von Ihnen gehalten werdet, seid ihr begrenzt...In dem Augenblick, in dem ihr diese Dinge loslasst,...werdet ihr keine Krücken benötigen. Weil es so schwierig ist, alle diese Dinge aufzugeben...weil es so schwierig ist, die Wahrheit zu erobern, verlangt ihr Krücken." (21)

Das Lager wurde geschlossen. Jinarajadasa bezeichnete es als Fehlschlag, der die Pläne der Bruderschaft beinahe zunichte gemacht hätte. Von Annie Besant erfuhr Krishna, dass sich Lady De La Warr angeblich über seine Rede sehr aufgeregt hatte. Als er sie darauf hin ansprach, meinte sie, sie könne ihm nur nicht in allen Punkten zustimmen. Aber sie stritten sich nicht.

Nachdem sich die Hauptversammlung zerstreut hatte, hielt Krishna eine Rede vor den freiwilligen Helfern des Konvents. Er versetzte viele Zuhörer mit der Bemerkung in Aufregung, dass er niemals fähig gewesen sei, ein theosophisches Buch zu lesen, da er den „Jargon" nicht verstehen konnte. Es wurde ihm unterstellt, nur Kriminalromane zu lesen, was natürlich nicht zutraf. Doch man hatte ihn beobachtet, wie er in einem Buch las, während er darauf wartete, sich vor den Tausenden zu erheben und seine entscheidende Rede zu halten. Hatte es sich um ein tiefsinniges Werk gehandelt, das ihm Ruhe schenkte? Es war ein Edgar Wallace.

Annie Besant war bereits wieder nach Huizen gereist und hatte den „Service-Talk" nicht gehört, brachte aber ihre große Besorgnis zum Ausdruck, als sie Lady Emily das nächste Mal traf. Krishna hatte in Adyar, als der ”Herr" durch ihn sprach, gesagt; „Ich komme, nicht um zu zerstören...", aber seine unlängst gehaltenen Reden waren zerstörerisch gewesen. (22)

Er hatte viele junge Leute um sich versammelt, die weder die Vergangenheit noch den Hintergrund der Theosophie kannten, und Lady Emily beeilte sich, Annie Besant zu fragen, ob sie wünsche, seine Gefolgschaft auf die Mitglieder der Theosophischen Gesellschaft zu beschränken.

Die Briefe, die Krishna nun von Annie Besant erhielt, verbergen ihre Bedenken. Er hatte Holland verlassen und war in die Schweiz gefahren, während sie vor ihrer Ankunft in der Schweiz zunächst kurz durch Dänemark, Schweden, Finnland und Polen reiste.

Aus Genf schreibt sie ihm am 2. September 1927, wie sehr sie seine Nähe vermisse und wie sehr sie ihn liebe. In ihrem besten Französisch habe sie gerade eine Rede über ihn gehalten. Und am 11. September berichtet sie ihm von einem Zeitungsartikel, den Madame Jeanne Canudo verfasst hatte. Sie gesteht ihm ihr großes Heimweh und dass die Leute sich über Wörter und Sätze stritten, die keinerlei Rolle spielten. Sie erwähnt auch die Anfertigung seiner Büste und fragt an, wann er nach Wimbledon komme. Der Bildhauer Antoine Bourdelle, den er durch Madame de Manziarly kennen gelernt hatte, hatte Krishna angeboten, ihm Modell zu sitzen.

Zwanzig Jahre später lernte ich Madame Canudo kennen. Damals war sie eine Frau von höchst autoritärem Gebaren und besaß ein fundiertes Wissen über die Lehren der Meister, Blavatsky, Krishna und den Platonismus des Ficino.

Von Montesano aus fuhr Krishna am 21. September nach Paris. Die Sitzungen dauerten acht Tage. Am 30. flog er nach London und wohnte bei Lady Emily, sodass beide am 1. Oktober mit Annie Besant deren achtzigsten Geburtstag feiern konnten. Dann fuhr er nach Eerde. Er versäumte die Hochzeit von Rajagopal und Rosalind, die am 3. Oktober auf einem Standesamt in London und anschließend mit einer religiösen Zeremonie in der Liberal-Katholischen Kirche St. Mary stattfand.

Annie Besant und Dr. Rocke kehrten nach Indien zurück. Als das Schiff auf dem Roten Meer war, stürzte Dr. Rocke eine Kajütentreppe hinunter und starb auf der Stelle. Sie hatte zu Krishnas ältesten Freunden gehört. Ihr Tod stimmte ihn traurig.

Im Dezember nahm er in Indien an dem jährlichen Kongress teil und am 11. Januar 1928 am Sternen-Orden-Tag. Annie Besant und Leadbeater erklärten, er sei der Lehrer, er hingegen fühlte sich eher bedrängt von der überall auf ihn einstürmenden Frage, ob er Christus sei, wie er Lady Emily schrieb. Er unternahm eine Vortragsreise, während der Annie Besant am 17. Februar 1928 an ihn schrieb, wie sehr sie sich freue, dass ihm der Ashram gefalle, der seinen Namen trage und wie sehr sie ihn vermisse.

Erschöpft kehrte er am 29. Februar aus Bombay zurück und fuhr von Genua nach Paris und dann nach London, wo er am 31. März im Friends Meeting House seine erste öffentliche Rede hielt. Hunderte mussten abgewiesen werden. Leadbeaters Brief vom 21. März 1928 erreichte ihn wahrscheinlich in London. Dieser konnte sich auch nicht erklären, warum Krishna immer noch unter Schmerzen zu leiden hatte, meinte aber, dass jene, in deren Obhut er stehe, sie auf ein Minimum reduzieren würden. Außerdem bat er darum, auf dem Laufenden gehalten zu werden und wünschte Krishna Kraft und Erfolg bei seiner Arbeit.

In einem Brief vom 9. Mai 1928 schrieb Krishna an Lady Emily, dass Rajagopal und Helen zu dem ersten Ojai-Camp kommen würden. (23) Es war das erste Mal, dass er Helen erwähnte, nachdem sie mit Leadbeater nach Australien gegangen war, und es sollte auch das letzte Mal sein. Es gab keinen Bruch zwischen ihnen, aber ein Verblassen. Er holte sie in

Santa Barbara ab - sie war nur zögernd und auf Drängen ihrer Eltern aus Australien über den Pazifik gekommen und wohnte eine Woche in Arya Vihara. „Er war lieb und zärtlich, aber....ich fühlte, dass die Zeit unserer engen Verbindung vorbei war. Er fuhr mich zum Zug...aber das war das Ende." (24)

Im Nachhinein schien ihr die Zeit der Verzauberung wie eine Szene aus dem ”Mittsommernachtstraum“ zu sein. Während die Elfenkönigin schlief, hatte man ihr einen seltsamen Saft auf die Augenlider geträufelt, der bewirkte, dass sie sich beim Aufwachen in den Ersten, den sie sah, verlieben musste; und es war Nick Bottom mit dem Eselskopf. Helen hatte das Gefühl, dass Krishna sich in jener Zeit verlieben musste, und es war eben sie gewesen, die seinen Weg kreuzte, während der Zauber auf seinen Augen lag. (25) Sich selbst die Rolle des Bottom mit den Eselsohren zuzuschreiben, scheint ein wenig hart zu sein, aber vielleicht hatte sie Recht. Die Begebenheit in dieser Weise zu sehen, zeugt von einer gewissen seelischen Reife. Sie ging später eine sehr glückliche Ehe mit dem in Amerika bekannten Umweltschützer Scott Nearing ein.

Innerhalb der Gesellschaft herrschte 1928 eine gewisse Doppeldeutigkeit in Bezug auf Krishna. George Arundale brachte eine Schrift mit dem Titel ”Krishnaji: Light-Bringer“ heraus, deren Inhalt die Überschrift unterwanderte. Er erachtete den Standpunkt einiger Mitglieder als höchst fanatisch, inquisitorisch und intolerant:

1.Krishnaji ist der Weltlehrer;

2.Wenn er spricht, spricht der Weltlehrer;

3.Diejenigen, die diese Behauptungen nicht akzeptieren, lehnen den Weltlehrer ab. (26)

Ich weiß von niemandem, der diesen Standpunkt uneingeschränkt vertrat. Leadbeater äußerte dazu, dass Maitreya ihn in wesentlichen Dingen, nicht aber immer inspiriere. Und so verhielt es sich tatsächlich, denn wenn er sich mit einem Kriminalroman entspannte, dann war es wirklich nicht nötig, dass Maitreya bei ihm war, wohl aber in dem Augenblick, in dem er in seiner Eigenschaft als Lehrer sprach. Koot Hoomi selbst hatte hervorgehoben, dass sogar ein Adept nicht immer Recht hat, außer, wenn er als solcher wirkt, indem er seine vollkommenen Kräfte einsetzt; ansonsten konnte er, ebenso wie jeder andere, Fehler machen.

Es gab jedoch ablenkende Taktiken. Leadbeater deutete an, dass Krishna wohl nicht das einzige Vehikel für den Herrn wäre, sondern es sozusagen regionale Träger gebe, zum Beispiel einen für Australien. Annie Besant verblüffte jeden mit der Verkündigung, dass Arundales Frau Rukmini im Begriff stand, die Vertreterin der "Weltmutter" zu werden, worunter man allgemein die Jungfrau Maria verstand oder den femininen Aspekt der Dreifaltigkeit, der die irdische Mutter Jesu bei seiner Geburt überschattete. Krishna aber hatte niemals nach einer Mutter verlangt, außer nach seiner eigenen, die er zu bestimmten Zeiten auch in den jungen Frauen, die ihn umsorgten, zu sehen schien. Für ihn bestand kein Zweifel, dass es Arundale gewesen war, der seine Frau zu dieser Rolle erhoben hatte, und er schrieb am 4. Mai 1928 an Leadbeater:

„Wie ich höre, hat Amma Frau Arundale als Vertreterin der Weltmutter etc. ausgerufen, und wie ich weiter höre, soll ich auch mit hineingezogen werden. Das ist das Werk von George Arundale und seiner Botschaften, diesen Auswüchsen seines produktiven Gehirns. Seine Machenschaften sind unzählige. Ich möchte mich aus diesen Dingen heraushalten...Ich wünschte nur, Amma hätte mich nicht wieder mit hineingebracht, so wie damals bei den so genannten Aposteln." (27)

In einem Antwortbrief vom 2. Juni 1928 bedankt sich Leadbeater für sein Vertrauen, ihm den Posten des nationalen Organisators anzubieten, obwohl er sich wohl kaum für den richtigen Mann dafür halte.

Trotz seiner Abneigung kirchlichen Riten gegenüber, hatte Krishna Leadbeater also gebeten, die Angelegenheiten des Sternen-Ordens in Australien zu handhaben. In seinem Antwortschreiben beschäftigte sich Leadbeater vorwiegend mit der praktischen, vor allem der finanziellen Seite der Sache. Arundale hätte während seiner Amtsperiode als Generalsekretär mit seinen Aufrufen an die Mitglieder der Theosophischen Gesellschaft „die Leute bis zum letzten Tropfen ausgesogen", sodass es unmöglich wäre, noch mehr aus ihnen herauszuholen.

Im weiteren Verlauf seines Briefes schlug er Helen als die geeignete Person vor, die auf Grund ihrer Anmut und ihrer gewinnenden Persönlichkeit eine große Hilfe sein könnte. Er hielt es für das Beste, sich an Menschen außerhalb der Theosophischen Gesellschaft zu wenden und durch den Verkauf von Büchern und Vortragsreisen Geld zu beschaffen.

Doch offensichtlich stand diesem Vorschlag der Wunsch der Eltern im Wege, die ihre Tochter immer stärker drängten, nach Hause zu kommen.

Dem auf Maschine geschriebenen Brief fügte Leadbeater mit der Hand hinzu, dass alles, was die Präsidentin über die Weltmutter gesagt hatte, zuträfe. George hätte das Ganze wohl ein wenig aufgebauscht, wie es ja seine Art wäre. Die zu Grunde liegenden Gedanken als solche seien aber genau wiedergegeben.

Krishnas Antwort auf diesen Brief kennen wir nicht. Am 9. Mai schrieb er an Lady Emily:

„Das alles ist so töricht, doch glücklicherweise gehen all diese törichten Dinge rechtzeitig zu Ende. Siehe die Apostel!" (28)

Am 18. Juli 1928 schrieb Leadbeater erneut an Krishna. Er bedankte sich für die große Ehre, als Krishnas Bevollmächtigter wirken zu dürfen und versicherte, sein Bestes zu geben. Er erklärte, dass es nicht die Absicht der Präsidentin gewesen wäre, ihn in ihre Äußerungen über die Weltmutter mit einzubeziehen. Es sollte nur als Ergänzung gedacht sein, denn seine Botschaft sei die der Befreiung und des Glücks. Sie aber wünschte, das Ansehen der Frau zu heben, um die Inkarnationsmöglichkeiten der hereinströmenden Egos zu verbessern. Er, Leadbeater, sehe darin keine Gegensätzlichkeit, da es ja bekannt sei, dass beide Bereiche eigenständig unter demselben erhabenen König (Sanat Kumara) existierten. Es gäbe viele Wege, und solange die Menschen eindeutig auf Gottes Seite arbeiteten, wirkten sie für die Erhebung der Welt. Jeder stehe auf einer anderen Stufe, bewege sich aber in die gleiche Richtung. Solange ein jeder seine Arbeit auf seinem Pfad verrichte und niemanden, der sich auf einem unterschiedlichen Pfad bewege, missbrauche, würden alle die gleiche Ebene erreichen.

Was soll man davon halten? Laut Blavatsky bezieht sich der Begriff *jungfräuliche* Mutter streng genommen nicht auf eine irdische Person, sondern auf eine Ebene. Die ewige Essenz war geschlechtslos; als sie schlummerte (im Pralaya), waren die beiden Pole eins. Doch als sie sich peri-

152

odisch als Universum manifestierte, trennten sich die beiden Pole, und die Polarität entstand, das heißt, es bildeten sich gegensätzliche Pole. Aus der so genannten "Anupadaka-Ebene", der Ebene der Ursubstanz, bildeten sich alle Stufen der Materie, alle Nebel und alle Sterne der Galaxien. Die Ursubstanz (jungfräulich) ist die Mutter aller manifestierten Materie. In der ägyptischen Kultur sprach man von Isis, der jungfräulichen Mutter des manifestierten Horus. Blavatsky schreibt es dem Cyril von Alexandrien zu, dass sie die irdische Mutter Jesu wurde, obwohl Irenaeus, Tertullian, Hieronymus und Augustinus auch eine Rolle dabei spielten. Der Lotos der Isis wurde die unbefleckte Madonna. Auf einigen Darstellungen sieht man noch die Sterne als goldene Punkte ihren Kopf umrahmen. (29)

Die Theosophen nehmen allgemein an, dass es einem Menschen möglich ist, in die Deva- (Engel) Evolutionslinie überzuwechseln (30), um eine besondere Aufgabe zu übernehmen, eine Möglichkeit, die einem Adepten offen steht und für die sich eine heilige jüdische Dame entschieden haben mag. Aber Rukmini war Arundales Frau, und Krishna war misstrauisch.

Am 6. August 1928 fand auf dem Ommen-Camp ein Treffen statt, bei dem Krishna ihm gestellte Fragen beantwortete, was noch am selben Tag in Druck ging. (31)

Frage: „Man sagt, zwischen Ihrem Handeln und Ihrer Lehre scheine ein grundlegender Unterschied zu bestehen…Bitte äußern Sie Ihre Meinung dazu…1925 wählten sie sieben Apostel."

Wie konnte er erklären, keine Apostel ausgesucht zu haben, ohne Annie Besant lächerlich zu machen? Loyal gab er zur Antwort: „Ich sage, ich habe keine Schüler…Ich hoffe, Sie betrachten sich nicht als meine Schüler, denn sollte dies der Fall sein, werden Sie die Wahrheit, die ich ausdrücke, verzerren und betrügen…"

Frage: „Es heißt, die Liberal-Katholische Kirche und der Freimaurer-Orden seien von Maitreya speziell ausgesucht worden, um Ihre Arbeit auszuführen. Sie aber sagen uns, alle Riten und Zeremonien seien unwesentlich…"

Da er weder dem einen noch dem anderen besonders zugetan war, Annie Besant oder Leadbeater aber nicht verletzen wollte, erwiderte er: „Wie froh wärt ihr doch, wenn ich mit Bestimmtheit erklären würde, dass sie nötig oder unnötig sind...."

Frage: „Man hat uns gesagt, die Weltmutter werde sich manifestieren, um Ihre Arbeit zu vollenden und dass die Schülerin, durch die sie sich manifestieren wird, bereits ausgesucht worden ist. Sie aber sagen, es existiere in Wahrheit keine Unterscheidung zwischen weiblich und männlich, da das Leben eins sei." (32)

Leadbeater gab sich damit zufrieden, ihm in seinem Brief versichert zu haben, dass man nicht die Absicht gehabt hätte, ihn mit der Weltmutter in Verbindung zu bringen. Doch man machte ihn persönlich für etwas verantwortlich, was er als lächerlich erachtete. In diese fälschliche Position gebracht, entgegnete er: „Ich sage, das Leben ist eins, obwohl die Ausdrucksformen des Lebens vielfältig sind. Die Wahrheit kennt weder männlich noch weiblich; wie kann es sein? Niemand ist nötig, um meine Arbeit zu vollenden. Vielleicht gefällt euch nicht, was ich sage, und ihr wollt ein anderes Bild, um es zu verehren. Zitiert mich hinterher nicht als Autorität. Ich weigere mich, eure Krücke zu sein. Ich lasse mich nicht in einen Käfig einsperren, damit ihr mich verehrt. Wenn ihr frische Gebirgsluft herunterbringen wollt und in ein kleines Zimmer einschließt, verliert sie bald ihre Frische." (33)

Frage: „Sind Sie der wiedergekommene Christus?"

Antwort: „...Glaubt ihr, die Wahrheit hat irgendetwas damit zu tun, wer ich bin? Ihr befasst euch nicht mit der Wahrheit..., sondern mit dem Gefäß, das die Wahrheit enthält. Ihr wollt nicht Wasser trinken, sondern wissen, wer das Gefäß, in dem das Wasser ist, geformt hat. Trinkt das Wasser, wenn es sauber ist. Ich sage euch, dass ich das saubere Wasser habe." (34)

Wie gewöhnlich, kehrte Krishna im Oktober nach Indien zurück. Doch als er dort eintraf, war Annie Besant fort. Wir kennen die Briefe nicht, die sie möglicherweise hinsichtlich der Weltmutter-Angelegenheit austauschten, aber er muss ihr gegenüber wohl zum Ausdruck gebracht haben, dass er die Esoterische Schule und alles, was den spirituellen Snobismus förderte, missbilligte, denn bei seiner Ankunft in Indien erwarteten ihn ein Willkommensgruß, datiert am 24. Oktober, und ein kurzer Brief vom 30. Oktober, in dem sie ihm mitteilte, sie halte es für besser, die alten Lehren vorläufig beiseite zu stellen, damit die Schüler sich dem Studium seiner Ausführungen und Vorstellungen widmen konnten. Aus diesem Grunde stellte sie die Esoterische Schule auf unbegrenzte Zeit ein und überließ ihm allein die Lehrtätigkeit.

Am 18. Mai 1929 eröffnete Krishna das Camp in Ojai mit den Worten: „Ich möchte euch gerne fragen, warum ihr gekommen seid....Es ist schwierig, denn ihr habt eine klare Vorstellung davon, wer ich bin. Man hat euch gesagt, wer ich bin und was ich lehren werde...Nun habt ihr all die Schranken hinsichtlich der Wahrheit aufgebaut...Als erstes möchte ich Gelassenheit in euch schaffen, damit ihr alleine herausfindet, was ich meine...Wenn ihr den Wunsch habt, werdet ihr finden...den Weg, zum Ziel zu gelangen. Ich sage jetzt, ohne Eigendünkel, aus echtem Verstehen und aus vollem Herzen, im Vollbesitz meiner geistigen Kraft, dass ich jene große Flamme bin, die die Herrlichkeit des Lebens ist, zu der alle Menschen...kommen müssen. Also...tretet in das klare Sonnenlicht. Wenn das Sonnenlicht erstrahlt, braucht ihr nicht bei Kerzenschein zu lesen."(35)

Bevor sie nach Ommen aufbrach, um an dem Sternen-Camp teilzunehmen, schrieb Annie Besant am 24. Juli 1929 einen kurzen, pathetischen Brief an Krishna, in dem es heißt, für die kurze Zeit in seiner Nähe wolle sie nicht allein in einem „eigenen Haus", sondern in einer Ecke seines Hauses wohnen dürfen.

Am 2. August sprach Krishna vor dreitausendsiebenhundert Menschen in Ommen: „Die meisten von euch, die zu diesem Treffen gekommen sind, besitzen eine Privatsammlung von Göttern und wollen mich dieser Sammlung hinzufügen. Die meisten unter euch sind derartig einbalsamiert mit den neuerlich angeeigneten Vorstellungen, dass ihr hofft, ich füge mich bequem in eure Betrachtungsweise ein.

Ihr wollt wissen, welche Zeremonien ihr durchführen, welche Götter verehren und welche Gebete sprechen und an welchen Glaubenssätzen ihr festhalten sollt. Mit solchen Dingen habe ich nichts zu tun. Ich werde mich nicht mehr damit beschäftigen; ich werde mich nicht um eure Überzeugungen kümmern. Ein starker Mann...ein freier Mann...hat keine Glaubenssätze, denn Religionen dienen als Krücken und Anregungen...

Die Wahrheit ist ein pfadloses Land, die ihr auf keinem Weg erreichen könnt...Wenn ihr also verstehen wollt, was ich sage....müsst ihr all diese Dinge beiseite legen...

Ihr mögt einwenden, dass ihr auf diese Spielzeuge nicht verzichten könnt, dass ihr zu schwach seid, dass eure Moral, eure Integrität dem Sturm nicht standzuhalten vermag, dass ihr alle diese kleinen Krücken braucht, um euch zu stützen...Wenn ihr das ehrlich zugebt,...ist euer Platz im Kinderzimmer, und niemand sollte euch zwingen, es zu verlassen...

Es wäre sehr viel besser, fünf Leute in diesem Camp zu haben, die wirklich verstehen, die eine Gefahr für alles Unwirkliche sind, als Tausende, die nichts wissen, die nur so tun. Um zu wissen, müsst ihr völlig unbelastet kommen.

Ich behaupte, ohne den Hauch eines Zweifels, dass ich die ganze, absolute Wahrheit bin, nicht ein Teil von ihr, sondern die ganze Wahrheit. Und wenn ihr das Ganze verstehen wollt, müsst ihr unvoreingenommen kommen..."(36)

Am darauf folgenden Morgen, dem 3. August 1929, gab Krishna seine öffentliche Erklärung ab: „...Im Augenblick, in dem ihr jemandem nachfolgt, hört ihr auf, der Wahrheit zu folgen. Es interessiert mich nicht, ob ihr auf das, was ich sage, hört oder nicht. Ich will etwas Bestimmtes in der Welt bewirken, und ich werde es durchführen...Es interessiert mich nicht, ob ihr glaubt, ich bin der Weltlehrer oder nicht...

...Ihr wollt die Dinge nicht sehen, wie sie sind. Ihr wollt eure eigenen Götter haben - neue Götter an Stelle der alten, neue Religionen an Stelle der alten - alle gleichermaßen wertlos, alle Hindernisse, alle Begrenzungen, alle Krücken. An Stelle der alten, spirituellen Unterscheidungen, an Stelle der alten Verehrungen gesetzt, habt ihr neue Verehrungen. Ihr alle verlasst euch hinsichtlich eurer Spiritualität auf jemand anderen; ihr verlasst euch für euer Glück auf jemand anderen. Obwohl ihr euch seit achtzehn Jahren auf mich vorbereitet habt, wenn ich sage, alle diese Dinge sind unnötig, wenn ich sage, ihr müsst sie alle beiseite legen und in euch selber nach eurer Erleuchtung suchen, nach eurer Herrlichkeit, nach eurer Läuterung und der Unverdorbenenheit eures Selbstes, so ist niemand von euch gewillt, das zu tun. Es mag ein paar wenige, sehr sehr wenige geben.

...Wozu sollen wir eine Organisation für fünf oder sechs Leute in der Welt haben, die verstehen, die sich mühen, die alles Triviale beiseite gelegt haben?

Nochmals, ihr habt die bestimmte Vorstellung, dass nur gewisse Leute den Schlüssel für das Königreich des Glücks besitzen. Niemand besitzt ihn. Niemand verfügt über die Autorität, diesen Schlüssel zu besitzen. Dieser Schlüssel ist euer eigenes Selbst, und in der Entwicklung und der Läuterung und der Unverdorbenheitheit dieses Selbstes allein liegt das ewige Königreich.

...Ihr seid daran gewöhnt, dass man euch über euren Fortschritt Auskunft gibt, über euren spirituellen Stand. Wie kindisch! Niemand außer ihr selbst vermag zu sagen, ob ihr innerlich schön oder hässlich seid. Wer außer euch kann sagen, ob ihr unverdorben seid?

...Aber diejenigen, die wirklich verstehen wollen, die nach dem Ewigen suchen...werden mit größerer Stärke gemeinsam gehen und eine Gefahr für alles Unwesentliche, Unrealistische und Schattenhafte bedeuten. Sie werden sich zusammenschließen, zur Flamme werden, denn sie verstehen.

...Dieses sind somit einige der Gründe, warum ich diese Entscheidung nach sorgfältiger Überlegung getroffen habe...Ich habe mich jetzt entschlossen, den Orden aufzulösen, da ich zufällig sein Oberhaupt bin. Ihr könnt andere Organisationen gründen und einen anderen erwarten. Darum kümmere ich mich nicht, auch nicht um die Schaffung neuer Käfige oder neuer Dekorationen für diese Käfige. Meine Sorge gilt nur der absoluten und bedingungslosen Befreiung des Menschen."(37)

Ich glaube, Krishna besaß die Zustimmung des Maitreya und des Buddha, als er diese Worte sprach und durchschritt dabei seine fünfte Einweihung und wurde ein Asekha-Adept.

18.

Nachwirkungen

Annie Besant war anwesend, als Krishnamurti den Sternen-Orden auflöste. Es muss für sie ein tiefer Schock gewesen sein, aber wir wissen nichts von ihrer unmittelbaren Reaktion. Erst zehn Tage später, am 14. August 1929, schreibt sie aus London an Krishnamurti, sie stehe kurz vor ihrer Abreise in die Vereinigten Staaten, habe aber bereits eine Kopie beiliegenden Schriftsatzes an alle europäischen Schüler und natürlich auch an Wedgwood gesandt. Es werde wahrscheinlich viel Lärm geben, was jedoch nicht zu verhindern sei. Über die andere Sache aber könne sie nicht schreiben, da die Möglichkeit bestehe, dass der Brief von fremder Hand geöffnet werde. Sie habe ihn (Wedgwood) gebeten, sie vor ihrer Abreise aufzusuchen, da sie eine sehr wichtige Angelegenheit mit ihm zu besprechen habe.

Sie bleibt Krishnamurti also treu. Bei der Anlage handelte es sich wahrscheinlich um die Mitteilung, dass der Orden aufgelöst worden war. Aber was hatte es mit der anderen Sache auf sich, zu der sie sich schriftlich nicht äußern wollte? Vermutlich bezog sie sich auf okkulte Aspekte in Wedgwoods Verhalten.

Ende August schreibt sie aus Chicago an Krishnamurti, die Weltpresse anerkenne ihn mehr und mehr als einen Lehrer von überragender Weisheit und einzigartiger Kraft. In jedem Land, dass er besucht habe, hätten Tausende aufmerksam seiner Botschaft gelauscht. Vielen sei es bewusst geworden, dass die von ihm angeregte Zerstörung ausgedienter Formen notwendig sei, wenn sich das Leben, das er in solcher Fülle ausgieße, ungehindert in den Männern und Frauen, die mit ihm in Berührung kämen, zum Ausdruck bringen solle.

Es schien also alles in Ordnung zu sein. Aber wir wissen nichts von ihrem Zusammentreffen mit Wedgwood, der Krishnamurti stets feindselig gegenüberstand und Annie Besant erneut mit seiner persönlichen Sichtweise konfrontierte.

Die Auflösung des Ordens brachte die Rückgabe der Schenkungen mit sich. Dazu gehörten die Parzellen in Australien, ein Amphitheater am Hafenrand von Sidney und vor allem, abgesehen von wenigen Hektar, die Ländereien in Holland, die Baron van Pallandt nur zögernd zurücknahm. Rajagopal, Sekretär und internationaler Schatzmeister des nun aufgelösten Ordens, kümmerte sich um diese Angelegenheiten und veröffentlichte auch weiterhin das Star-Bulletin und sorgte für die Herausgabe von Krishnas Reden. Er hatte inzwischen seine Studien in Cambridge abgeschlossen, war aber ohnehin auf Grund der Unterstützung von Mary Dodge unabhängig. Er scheint niemals um Bezahlung für seine Arbeit gebeten zu haben, und Krishnamurti hatte ihn offensichtlich auch nie gefragt, ob er bezahlt werden wollte. Mit geistigen Fragen beschäftigt, betrachtete er die organisatorischen Arbeiten von Rajagopal höchstwahrscheinlich als gegeben oder nahm an, er verrichte sie aus Liebe zur Sache. Eines aber wusste Krishnamurti nicht.

Nach dem Ommen-Camp 1928, als er mit Annie Besant nach Indien fuhr, besuchte Rajagopal Amerika und unternahm mit Rosalind eine Vortragsreise. Die Tochter berichtet: „Raja hatte geplant, etwa dreißig Reden in ebenso vielen Städten zu halten. Aber nach neunzehn Vorträgen hörte er auf und sagte die restlichen Reden ab. Er fühlte einfach, nicht länger über Krishnamurti als den Weltlehrer sprechen zu können. Er blieb gefangen zwischen seiner Verpflichtung Annie Besant gegenüber, zusammen mit dem Versprechen, das er Nitya gegeben hatte, Krishnamurti bei seiner Arbeit zu unterstützen und seiner eigenen Ansicht, dass Krishnamurti nicht das ”Werkzeug“ war. Dennoch war er innerlich immer noch davon überzeugt, dass, wenn er seinen Teil „der Arbeit“ weiterhin verrichtete, indem er Krishnas Reden herausbrachte und ordnete, er nicht nur sein persönliches Dharma verwirklichte, sondern auch die Erwartungen, die Annie Besant und Leadbeater an ihn stellten, erfüllte. Von jenem Zeitpunkt an aber trat er in den Hintergrund.“(1)

Die eigentliche Bedeutung dieser Aussage verschlägt einem den Atem. Wie konnte er es als seine geistige Pflicht (dharma) betrachten zu lügen, um etwas zu unterstützen, das er für eine falsche Mission hielt? Es muss ihm doch bewusst geworden sein, dass selbst wenn er keine Vorträge über Krishnamurti als den Weltlehrer mehr hielt (worum man ihn niemals gebeten hatte), die Tatsache, dass er dessen Arbeiten veröffentlichte, allgemein als Unterstützung seiner Lehren aufgefasst werden musste. Warum erklärte er Krishnamurti nicht offen, dass er glaubte, man habe einen Fehler begangen und machte einen klaren Schnitt, indem er sich von der ganzen Sache trennte?

Interessanterweise wird der Begriff "Werkzeug" beibehalten. Es heißt nicht, dass die Vorstellung von einem Kommen oder einem Werkzeug, durch den sich der Herr zum Ausdruck bringen werde, falsch sei, sondern nur die Behauptung, Krishnamurti sei dieser Träger. Wen hielt er denn für den richtigen? Nahm er vielleicht an, er selbst wäre es? Leadbeater hatte ihm gesagt, er sei in seiner letzten Inkarnation ein großer Heiliger gewesen, und in dem Buch seiner Tochter gibt es keinen Hinweis, dass er dies nicht geglaubt hätte. Der Hl. Bernhard war zu seiner Zeit eine sehr wichtige Person gewesen, der die Gabe besaß, hinter den Kulissen „päpstlicher als der Papst" mit Menschen umzugehen. Lag es in seiner Natur, einen eventuellen Fehler erneut zu begehen? Annie Besant hatte diesen Fehler zuerst gemacht, als sie Hubert van Hook auswählte. Leadbeater machte sie darauf aufmerksam, dass es nicht van Hook, sondern Krishnamurti war. Aber konnte dies auch ein Fehler gewesen sein? Zu jenem Zeitpunkt waren sich Leadbeater und Rajagopal noch nicht begegnet. Ich weiß, ich mag den Bogen allzu weit spannen, aber seine Tochter vermittelt den Eindruck, dass Mary Dodge, als sie Rajagopal sah, diesen als über Krishnamurti stehend betrachtete. „Aus Rücksicht auf Annie Besant entzog sie Krishnamurti nicht ihre finanzielle Unterstützung, setzte aber eine viel größere Summe für Raja fest."(2) Die Höhe der Summe wird nicht erwähnt, aber dass Mary Dodge ihre Treue von Krishnamurti auf Rajagopal übertragen haben sollte, wird dadurch widerlegt, dass immer Krishnamurti, nicht aber Rajagopal bei ihr übernachtete. Die Tochter Rajas fördert in ihrem Buch die Auffassung, Mary Dodge habe gewusst, dass man sich geirrt hatte, und Rajagopal in Wirklichkeit der Auserwählte war.

1929 kehrte Krishnamurti mit Annie Besant nach Indien zurück und reiste am 9. November nach Benares, um sich nach einem Gelände für eine neue Schule umzusehen. Er fand es in Rajghat, in der Nähe jener Stelle, an der Buddha seine erste Rede gehalten hatte. Einige dreihundert Morgen wurden von der Rishi Valley Stiftung erworben.

Krishnamurti erhielt einen Brief von Lady Emily, in dem sie ihm mitteilte, sie habe versucht, Wedgwoods Meinung zu ändern, dieser aber habe erklärt, „das Kommen sei schief gelaufen" und Annie Besant sei unzurechnungsfähig.(3) Krishnamurti erwiderte: „Sie sind auf Jagd nach meinem Skalp - das gibt eine Hatz!"(4)

Wedgwood und Arundale wollten ihn nicht länger in der Theosophischen Gesellschaft haben. Leadbeaters Haltung war weniger eindeutig. Er soll zu Jinarajadasas Frau gesagt haben, das Kommen sei falsch gelaufen, aber er war nicht so streitsüchtig, eher besorgt. Im Dezember 1929 kam er zum Theosophischen Konvent nach Adyar, vermied aber ein persönliches Gespräch mit Krishnamurti.

Obwohl Annie Besant nicht verstand, was Krishnamurti sagte, versuchte sie, ihn in der Gesellschaft zu halten, obwohl sie die Esoterische Schule wieder eröffnet hatte und stark unter dem Einfluss der Liberal-Katholischen Kirche stand. Ende des Jahres trat Krishnamurti aus der Theosophischen Gesellschaft aus. Im Februar 1930 reiste er nach England und anschließend nach Ojai. Seine Reden dort waren nunmehr der Öffentlichkeit zugänglich, was eine große Anziehungskraft auf viele neue Leute ausübte, die keinen theosophischen Hintergrund besaßen.

Es gibt das Ende eines von Krishnamurti geschriebenen Briefes; eine unbekannte Hand hat in der oberen linken Ecke das Jahr „1930" vermerkt. Die erste Seite, auf der man nach Ort und Datum suchen würde, ist verschwunden. In diesen letzten Zeilen spricht er von vielen jungen Leuten in nur wenigen Tagen...Weiter heißt es, er habe ein wenig geschrieben, über vieles nachgedacht und den Besitz dem Ojai Star Trust übergeben. An den wesentlichen Dingen seien nur so wenige interessiert.

Der Brief ist offensichtlich an Lady Emily gerichtet, denn nur sie nennt er „Mum". (Annie Besant hatte begonnen, ihre Briefe an ihn mit dem indischen „Amma" zu unterzeichnen, um eine Verwechslung auszuschließen.)

Doch welchen Besitz hatte er übergeben? Im Hinblick auf einen möglichen Rechtsstreit hinsichtlich Eigentum und Treuhand, könnte es sich hierbei um ein wichtiges Dokument gehandelt haben. Ich frage mich, ob das Verschwinden der ersten Briefseite tatsächlich rein zufällig gewesen ist.

Wie dem auch sei, das Fragment zeugt von der Naivität, mit der Krishnamurti sich materieller Angelegenheiten entledigte, als wolle er sich nicht mit Ausschusssitzungen und dergleichen belasten, eine Einstellung, für die er bitter bezahlen sollte.

Außer diesem Brief existieren noch einige andere Schreiben von Krishnamurti, von denen entweder Datum, Ort und Anrede weggeschnitten oder die anderweitig verstümmelt worden sind. Auch sie müssen an Lady Emily gerichtet gewesen sein, was aus der Anrede „Mum" zu schließen ist. In allen Briefen sind Hinweise darauf, dass er sich mit dem Schreiben befasst, unterstrichen, vermutlich von derselben Hand, die auch die Briefköpfe abgeschnitten hat, der Hand Rajagopals.

Im Juli 1930 fuhr er wie gewöhnlich zum Ommen-Camp, um dort zu sprechen, reiste dann aber nach Taormina und entspannte sich an den alten Lieblingsplätzen. Danach folgte er einer Einladung nach Athen, um dort zu sprechen. Die antiken griechischen Stätten beeindruckten ihn zutiefst. Der Anblick der Akropolis überwältigte ihn. Vor dem Parthenon fiel er spontan auf die Knie. Es gebe kein vergleichbares Gebäude, keine vergleichbare Kultur, schrieb er an Lady Emily; alles andere sei im Vergleich dazu vulgär und mittelmäßig. (Seltsamerweise hatte Leadbeater in "Lives of Alcyone" nicht ein einziges Leben in Griechenland erwähnt, obwohl man auf Grund der starken Reaktion irgendeine Verbindung vermutet hätte.) Die Verehrung beruhte auf Gegenseitigkeit, die Griechen bewunderten ihn, so wie er Griechenland bewunderte. Er beantwortete ihre Fragen, doch Tausende mussten abgewiesen werden. Man sagte ihm, wenn er bliebe, würde er zum Bürgermeister von Athen erhoben werden.

In diesem Falle fehlt der Schluss des Briefes, vielleicht weil (wie Radha Sloss später berichtet) es in Griechenland einen Streit zwischen Rajagopal und Krishnamurti gab, dessen Grund sie aber nicht nennt.

Von Athen aus reiste Krishnamurti nach Konstantinopel und dann nach Rumänien, wo er von Königin Marie zu einem Privatgespräch eingeladen wurde. Eine zweite Einladung folgte. Rajagopal begleitete Krishnamurti vom 5. bis 8. Januar 1931 in Rumänien; beide fuhren anschließend nach Ungarn.

Am 8. Januar schrieb Rajagopal aus Ungarn an Rosalind und wünschte ihr viel Glück für die bevorstehenden Monate und eine schmerzlose Geburt. Nach diesen freundlichen, aber nicht übersprudelnd herzlichen einleitenden Worten scherzt er, dass es jetzt wohl eine neue Repräsentantin der Weltmutter geben werde. Sollte es ein Scherz sein oder glaubte er tatsächlich, Rosalind Rukmini entgegenzustellen?

Am 6. Februar war Krishnamurti für das Camp wieder in Holland. Auf die Frage, ob Überzeugungen nicht das Verlangen erstickten und man nicht absolut frei herumlaufen sollte, wenn es dem Wachstum nützte, antwortete er:

„Muss man allem seinen freien Lauf lassen? Ich persönlich halte das Verlangen für viel wesentlicher als Überzeugungen. Wenn wir das Verlangen unterdrücken, werden Überzeugungen geschaffen, und Stagnation tritt ein...Die Vorstellung, dass das Nirvana oder der Himmel ein Ort ist, an dem es überhaupt kein Verlangen gibt, ist absurd...Das Verlangen gleicht den Reisigbündeln, die Ihr in die Flamme werft. Je mehr Reisigbündel Ihr habt, desto größer und reiner ist die Flamme."(5)

Über die Reinkarnation sagte er:

„Für mich ist die Reinkarnation eine Tatsache, weil ich gewisse Dinge erinnere...Für mich ist die Reinkarnation eine Tatsache und keine Glaubensangelegenheit, aber ich möchte nicht, dass Ihr daran glaubt."(6)

Erica Laube, die frühere Präsidentin der Blavatsky Loge, fragte mich nach meiner Meinung zu diesem, wie es ihr schien, Gegensatz: „Es ist eine Tatsache, aber glaubt nicht daran." Ich sehe keinen Widerspruch darin. Mir scheint, wir benutzen das Wort „Glaube" nur dann, wenn die Möglichkeit eines Zweifels besteht oder die Unmöglichkeit einer Beweisführung. Man kann sagen: „Ich glaube an Gott" (oder „Ich glaube nicht an Gott"), weil es möglich ist, verschiedene Überzeugungen zu haben. Man sagt nicht: „Ich glaube, ich sitze auf einem Stuhl." Wenn man auf einem Stuhl sitzt, dann weiß man das, es ist eine Tatsache. Krishnamurti brauchte nicht an die Reinkarnation zu glauben, da es für ihn eine Tatsache war, wie die Tatsache, dass ich gestern lebendig gewesen bin...Er erinnerte sich nicht nur an das, was gestern geschehen war, sondern auch an einige Dinge, die sich in früheren Existenzen ereigneten. Doch wenn der Fragesteller sich nicht erinnert, kann es für ihn keine Tatsache sein; er kann nur daran glauben, und Krishnamurti wollte nicht, dass er es von ihm übernahm, wollte nicht als „Autorität" in dieser Sache angesehen werden. Er mochte nicht eine Autorität sein, von der die Leute die Dinge aus zweiter Hand annahmen.

Jemand meinte, Krishnamurti selbst wäre einem Guru gefolgt; warum sagte er ihnen dann, keinem Guru zu folgen? Er antwortete: „Ich weiss für mich selbst, dass ich das Ziel erreicht habe, und das Wissen um dieses Ziel bedarf keiner Autorität von außen. Da ich es erreicht habe, weiß ich, dass es einen kürzeren Weg, einen direkteren Weg gibt, an dieses Ziel zu gelangen."(7)

Weil er früher einem Guru gefolgt war, bedeutete das nicht, dass sie es ihm gleichtun mussten. Er wollte ihnen klar machen, nicht einen solch langen und engen Weg zu gehen. Jemand fragte: „Wenn jemand all sein Glück in der Verbindung mit einem anderen Menschen findet, kann er dann hoffen, den "Geliebten" in sich zu finden?"

Krishnamurti entgegnete: „Natürlich. Zuneigung, wie persönlich sie zu Beginn auch sein mag, wird sich zu einem glorreichen Ende entwickeln. Eine begrenzte Zuneigung ist nötig, um eine Zuneigung ohne Begrenzung zu erlangen."(8)

Von Holland aus reiste er Anfang März 1931 nach London, um dort Vorträge zu halten; am 16. März sprach er in Schottland, in Callender in Perthshire und am 18. in Edinburgh. Dann ging es weiter nach Nordeuropa.

Rosalind Rajagopal war von Holland nach Ojai zurückgefahren und brachte im Juli 1931 Radha zur Welt; es war eine sehr schwierige Geburt. Als Rajagopal im September kam, zeigte sie ihm die Tochter. Enttäuscht musste sie feststellen, dass er mehr an Amerikas Goldstandard interessiert war. „Sie konnte nicht verstehen, dass Raja bei seinen Reisen nach finanziellem Vorteil Ausschau hielt. Er schien einen sechsten Sinn in Bezug auf Investitionen zu besitzen."(9) Aus der Feder seiner Tochter haben wir also einen Grund dafür, weshalb er weiterhin mit Krishnamurti umherreiste. Er sah darin einen großen finanziellen Vorteil. Noch weniger aber konnte Rosalind seine Einstellung verstehen, nach der Geburt des Kindes sei es nicht mehr nötig, fortan als Mann und Frau zusammenzuleben.(10)

Was dachte sich Rajagopal dabei? In Indien ist es möglich, dass sich ein Mann nach der Erfüllung all seiner familiären Verpflichtungen in eine Höhle zurückziehen kann, wenn er das möchte, um dort als Asket zu leben. Aber Rajagopal zog sich nicht in eine Höhle zurück, und man konnte nicht erwarten, dass Rosalind seinen Rückzug aus dem gemeinsamen Schlafzimmer verstand. Vielleicht fällt es ehemaligen Mönchen schwer, gute Ehemänner zu sein, wenn Reste früherer Gelübde in ihnen hängen geblieben sind.

Krishnamurti verhielt sich in genau entgegengesetzter Weise. Als er im Oktober nach Ojai kam, fragte er Rosalind: „Glaubst du, das Baby ist Nitya?"(11) Von dem Augenblick seines Todes an muss er gehofft haben, eine Geburt innerhalb ihres Umfelds könnte ihm die Möglichkeit für eine rasche Wiedergeburt bieten, so nahe, dass sie sich unweigerlich wieder begegnen mussten.

Rajagopal war Radhas Vater, Krishnamurti aber wachte über der Wiege und wechselte die Windeln. Rajagopal war nie ein Freund körperlicher Betätigung gewesen, und nun machte er Überstunden, trank eine Tasse Kaffe nach der anderen, aß zu wenig oder gelegentlich zu viel, vielleicht um es wieder wett zu machen. Im Winter 1931 ging er nach Hollywood und unterzog sich einer Sinusoperation oder Tonsilektomie. Rosalind und Radha begleiteten ihn.(12)

Während dieser Zeit, von Dezember 1931 bis Januar 1932, war Krishnamurti zum ersten Mal in seinem Leben allein. Von Geburt an war er ständig von Menschen umgeben gewesen, und er betrachtete diese Zeit als eine neue und bemerkenswerte Erfahrung. Ohne einer notwendigen Beschäftigung nachgehen zu müssen, schrieb er an Lady Emily, sei er in eine Art von Samadhi geglitten. Aber noch etwas anderes passierte; er verlor die Erinnerung an die Vergangenheit, zwar nicht vollständig, denn es handelte sich nicht um eine Amnesie und er wusste genau, wer Lady Emily, Annie Besant oder Leadbeater und die meisten der übrigen Leute waren; aber eine große Anzahl bestimmter Vorkommnisse waren aus seinem Erinnerungsvermögen gestrichen. Es war, als wäre sein bisheriges Leben zu einer früheren Inkarnation geworden, obwohl es Risse in dem trennenden Schleier gab.

Gegen Ende März kamen die Rajagopals nach Ojai zurück und zogen wieder in Arya Vihara ein. Krishnamurti blieb in Pine Cottage. Jeden Sonntag sprach er jetzt im Freien, und vom 2.-8. Juni fand ein Lager statt. Wie gewöhnlich entzündete er das Lagerfeuer und wanderte später mit den Rajagopals nach Arya Vihara zurück, wo er eine Weile blieb und sich lachend mit ihnen unterhielt. Dann wanderte er wieder nach Pine Cottage. Spät am Abend ging er zurück und wurde Rosalinds Liebhaber.(13)

19.

Beziehungen und Vortragsreisen

Es war sicherlich nicht Krishnas Absicht, Rajagopal zu betrügen, obwohl dieser später erklärte, er habe nichts von der Beziehung, die fünfundzwanzig Jahre anhielt, gewusst, was schwierig zu glauben ist. Als Mary Dodge das Gelände, auf dem Arya Vihara stand, für Krishnamurti kaufte, war das Gebäude nur ein Bungalow, der der nahe gelegenen Schule als Klassenzimmer diente. Seit es sich herausgestellt hatte, dass Rajagopal und Rosalind darin leben konnten - es ist nicht bekannt, dass sie der Stiftung "The Brothers Association", der Krishnamurti die Verwaltung übertragen hatte, jemals Miete dafür bezahlten - stockten Freunde von Rosalind das Haus auf und fügten zwei Schlafzimmer hinzu. Beide Räume waren über jeweils eine Außentreppe zugänglich. Rajagopal schlief in dem hinteren Zimmer, mit Blick auf den Garten, und Rosalind in dem nach vorne gelegenen Raum. Krishnas Auf- und Abstiege waren daher völlig sichtbar.

Man mag annehmen, Rajagopal wusste, 'wo etwas zu holen war'. Krishnamurti war das Huhn, das die goldenen Eier legte. Als sich die Schwierigkeiten in den späteren Jahren zuspitzten, versicherte Krishnamurti, Rajagopal hätte von Anfang an über die Beziehung Bescheid gewusst. Die Öffentlichkeit erfuhr zum ersten Mal durch Rajagopals und Rosalinds Tochter mit Einverständnis der Eltern davon. Offensichtlich hoffte sie mit dieser Offenbarung zu schockieren: „Dass dieses „vollkommene" Wesen eine solche Beziehung haben konnte, wäre für die Theosophen, die es ohnehin zutiefst bestürzt hätte, wäre Krishnamurti eine rechtmäßige Ehe eingegangen, eine reductio ad absurdum gewesen, und die neuen, nicht-theosophischen Anhänger hätten ihn weiterhin auf einen zölibatären Sok-kel gesetzt."(1)

Hier scheinen einige falsche Annahmen vorzuliegen.

Krishnamurti war inzwischen vierunddreißig Jahre alt, und obwohl dies seine erste intime Beziehung zu einer Frau war, hatte er niemals ge-leugnet, sich leicht zu verlieben. Er und Nitya verliebten sich ständig; Nitya zuerst in Barbara Lutyens, Mary Lutyens älteste Schwester, dann in Rosalind und dann eine Zeit lang in Mary. Krishnamurti verliebte sich zuerst in Helen, dann in Mary und nun in Rosalind. Mary hatte die Mäd-chen in seinem Gefolge einmal scherzhaft als die "Milchmädchen" be-zeichnet, die der Legende nach Krishnamurti vor fünftausend Jahren be-gleiteten. Die Theosophen erwarteten von Krishnamurti, wie Jesus zu sein. Es gibt allerdings an keiner Stelle in der Bibel einen Hinweis, dass dieser als jungfräulicher Mann starb; das nimmt man aus Mangel an anderen Hinweisen nur an.(2)

Nach Blavatsky wurde er von den Essenern geschult, einer strengen jüdischen Sekte, die sowohl mit den ägyptischen Mysterien als auch dem buddhistischen Mönchtum in Beziehung stand. Falls dies zutrifft, hat er wohl das Zölibat gelebt, ohne sich jedoch dazu zu verpflichten, da die Essener keine Gelübde ablegten. Aber die orthodoxen Theologen bezwei-feln die Verbindung zu den Essenern, die in der Bibel nicht erwähnt wird, wohl aber in den Schriftrollen des Toten Meeres. Einige Leute, gewöhn-lich Juden, gehen davon aus, dass er ein jüdischer Rabbi gewesen sein muss und daher Frau und Kinder besaß. Andere, meistens Homosexuelle, denken, er sei homosexuell gewesen und messen dem "Jünger, den Jesus liebte", besondere Bedeutung bei. Einige machten ihn zum Liebhaber von Maria Magdalena, und ein kürzlich erschienenes Buch erklärt die Merowinger Könige von Frankreich als die Nachfahren der beiden,(3) während in Kashmir sein Grab gezeigt und erklärt wird, er sei nicht am Kreuz gestorben, sondern nach Kashmir gebracht worden, wo er eine Ein-heimische heiratete und ihre Nachfahren heute noch leben sollen.(4) Es gibt also mehrere Thesen, und man kann wählen. (Wer sich für Jesus als historische Person und das Entstehen der Evangelien interessiert, möge Cadoux's Buch "Historic Mission of Jesus" lesen.)

Annie Besant glaubte der Überlieferung indischer Asketen, gemäß der ein Eingeweihter zölibatär leben muss. Die Kundalini sei das schöpferische Feuer, wenn sie zur Fortpflanzung eingesetzt werde, aber man könne es auch durch die Chakras aufwärts zum Gehirn lenken: „...und das ist etwas, das dir niemand erklären wird, wie du es machen sollst, es sei denn, du führst ein reines Leben, denn die Gefahr des Feuers ist sehr, sehr groß."(5)

Dies mag der Grund sein, warum Krishnamurti trotz seiner Sensibilität für das Weibliche sich so lange zurückhielt. Er hatte die Erklärung des klassischen Yoga akzeptiert, dass die Kundalini-Energie sich im sexuellen Erguss verbrauchte. Doch sicherlich ist dieser Verlust nur vorübergehend. Vielleicht bedarf es gewisser Opfer, wenn die Siddhis - geistige Kräfte - erlangt werden sollen. Es gibt Dinge, die sich nicht miteinander vereinbaren lassen. Pianisten sollten keine Gartenarbeit verrichten oder höchstens nur ein wenig, und das mit geschützten Händen. Ich frage mich allerdings, ob es nicht der emotionale Aufruhr in einer Liebesaffäre mit ihrer Besitzergreifung und Eifersucht ist, die den Lehrer veranlasst, eine Romanze zu verbieten. Als Krishnamurti den Sternen-Orden auflöste, legte er alles Traditionelle beiseite, und man hörte ihn das Zölibat weder loben noch fordern.

Am 31. Mai und am 23. Juni 1932 schrieb er lange Briefe an Lady Emily, hauptsächlich um ihr mitzuteilen, wie sehr er sie vermisste und wünschte, sich ausgiebig mit ihr unterhalten zu können. Bei dem Star-Camp hatte er jeden Tag gesprochen und mit Hilfe von Rajagopal, der jeden Montag nach Hollywood fuhr, wo er von einem Arzt behandelt wurde und eine strenge Diät einhielt, alte Reden korrigiert. Die letzte Seite beider Briefe fehlt, wahrscheinlich hatte Rajagopal sie entfernt.

Im November reisten sie beide über England nach Indien. Ich meine mich zu erinnern, dass ich ihn bei diesem Besuch in London im Victoria House zum ersten Mal sah. Ungefähr ein Jahr zuvor hatte ich erstmals von Krishnamurti gehört. Ein gewisser Herr Higgs, der in demselben Hotel wie meine Mutter und ich wohnte, erzählte von einem jungen Mann, der als der wieder geborene Christus erzogen worden war, der sich aber vor einer großen Menschenmenge erhoben und verkündet hatte, er sei es nicht, trotzdem aber eine spirituelle Lehre verbreite. Der Herr schenkte meiner Mutter eine Ausgabe von "The Pool of Wisdom" (1928). Das darin vermerkte Datum ist immer noch gut leserlich und lautet 29. 10. 31. Ich war sechzehn. Vor über einem Jahr hatte ich die tibetische Gebetsmühle aus dem Schrank geholt. Ich war vierzehn gewesen, zweimal die Sieben, und in zwei Wochen, am 7. März 1930, hatte ich Geburtstag. Wenn diese doppelte Sieben mir irgendeine Offenbarung schenken sollte, dann musste ich mich wohl eilen. Ich war allein in der Wohnung und setzte mich mit überkreuzten Beinen, was ich der Elfenbeinstatue des Buddha nachmachte, auf den Fußboden. Ich presste die Figur gegen meine Stirn, schloss die Augen und sagte laut: „Bitte, heiliger Mann in Tibet, höre mich und gib mir Erleuchtung." Nichts geschah. Oder nichts schien zu geschehen. Als ich nun auf dem Bett in unserem Zimmer in jenem Londoner Hotel hockte und auf dieses Buch schaute, fragte ich mich, ob es ein Weg nach innen war. Ich las es - vollständig. Es enthielt die Lagerfeuer-Reden in Ommen aus den Jahren 1926 und 1927, einen Vortrag in Eerde 1927 und drei Gedichte. Ich begann zu hinterfragen. Dies war das Vorspiel zu meiner Teilnahme in der Victoria Hall. Von dem Vortrag habe ich nur behalten, wie jemand aufstand und meinte: „Ich finde das alles verwirrend", und Krishnamurti erwiderte: „Es soll auch verwirrend sein." Worum es ging, weiß ich nicht mehr, wahrscheinlich um die Vorstellung, man könne in Illusionen leben.

Später schrieb Krishnamurti aus Indien an Lady Emily über Annie Besant, ihre Stimme habe sich geändert und klinge wie die einer uralten Frau, sehr dünn.(6) Obwohl einige recht freundlich seien, wären die meisten in Adyar kalt, und jeder erschien ihm unendlich alt, auch Leadbeater.

Im Januar 1933 reiste Krishnamurti nach Benares, wo er sechs öffentliche Reden in seiner neuen Art hielt. Danach unternahm er eine Vortragsreise durch Nordindien und kehrte im Mai nach Adyar zurück, um Annie Besant wieder zu sehen. Es schien ihr ein wenig besser zu gehen; sie sprach zusammenhängender. Doch wieder schrieb er an Lady Emily, wie tragisch es sei, sie in diesem Zustand zu sehen. Und als er sich am 2. Mai von ihr verabschiedete, wusste er, dass es das letzte Mal sein würde.

Kaum fünf Monate später starb sie. Leadbeater, der eigens aus Australien gerufen worden war, weilte an ihrer Seite, ebenso Jinarajadasa, Sri Ram, Ernest Wood, A.P. Warrington, Fräulein A.J. Wilson, Lakshman und Dr. Shrinivasamurti, ihr Arzt. Nehru war gerade auf einem Kongress, als ihn die Nachricht von ihrem Tod erreichte. Der Vorsitzende Shri Prakasa unterbrach die Sitzung und ordnete Schweigen an. Es war schwierig, danach mit den üblichen Geschäften fortzufahren und Nehru meinte: „Wir wollen über Annie Besant reden."(7)

Krishnamurti und Rajagopal verließen Bombay am 11. Mai 1933. In Port Said gingen sie vom Schiff und besuchten Kairo und Alexandrien und fuhren dann weiter zu einer Versammlung nach Athen, wo sich Krishnamurti erneut in die Landschaft und die Skulpturen verliebte. Danach ging es weiter nach Italien. In Salsamaggiore nahm Rajagopal Schlammbäder wegen seines Rheumatismus, und in Stresa sprach Krishnamurti im Juni vor einer anderen Versammlung. Im Juli waren sie wieder in Ommen für das Camp. Rosalind kam mit dem Baby.

Krishnamurti sollte in Oslo sprechen. Rajagopal begleitete ihn nicht nach Norwegen, wohl aber Rosalind. Ihre kleine Tochter gab sie in die Obhut eines Ehepaars namens Vigeveno.(8)

Im Spätsommer waren sie alle wieder in Ojai. Nach dem Tod von Annie Besant fanden die Wahlen für den Posten des Präsidenten statt. Die Kandidaten waren George Arundale und Ernest Wood. Wood gefiel „der neue Krishnamurti". Für ihn war das Bild „aus dem Rahmen gestiegen".(9) Er hielt die Verbindung zu ihm aufrecht und wünschte, die Gesellschaft folgte seinem Beispiel. Hätte Wood die Wahl gewonnen, wäre vieles anders geworden. Aber es war Arundale, der gewann, und wenn Krishnamurti nach Indien zurückkehrte, besuchte er die Rishi Valley Schule und Visanta Vihar in Madras, das Zentrum, das er gegründet hatte, um seine Bücher zu drucken und zu verbreiten. Siebenundvierzig Jahre lang sollte er das theosophische Gelände nicht mehr betreten.

Am 27. Januar 1934 fuhr er, immer noch in Begleitung von Rajagopal, von Indien nach Australien. Er sprach in Freemantle, Adelaide, Melbourne und Sydney. Harold Morton, der Generalsekretär der Theosophischen Gesellschaft in Australien, bereitete die Mitglieder in einem Rundschreiben vor, indem er erklärte, die meisten hätten Krishnaji, seit er seine neue Rolle und Philosophie angenommen habe, noch nicht gehört. Alles hätte sich seit damals in Adyar geändert. Er selbst sähe seinem Besuch, der eine Prüfung darstellte, erwartungsvoll entgegen. Seine Worte seien irreführend, da seine Botschaft jenseits von Worten läge. Er betrachte Krishnamurti als den göttlichen Herausforderer, als jemanden, der die Kräfte Shivas, des Zerstörers, verkörpere. Man müsse mit ihm und seiner zerstörerischen Lehre ringen.

Aber Harold Morton war nicht in Sydney, um mit Krishnamurti zu ringen. Er war in Perth, mit Leadbeater, dessen Gesundheitszustand sich auf der Rückreise von Adyar zusehends verschlechterte.

Am 1. März 1934 schrieb Rajagopal aus Sydney an Rosalind, Krishnas Reden seien in Sydney gut besucht gewesen und er erhalte täglich Briefe von Leuten, die ihr großes Interesse an seinen Lehren bekundeten. Die Theosophen seien im Allgemeinen nicht sehr begeistert und die meisten schienen sich ihm gegenüber zu verschließen...

In der Town Hall seien dreitausend Zuhörer versammelt gewesen, und er habe seinen besten Vortrag hier gehalten und viele Fragen beantwortet.

Harold halte sich immer noch in Perth bei Leadbeater auf, dessen Ende angeblich nahe sei...

Leadbeater starb am 1. März 1934 um 16:15 in einem Krankenhaus in Perth. Sein Leichnam wurde nach Sydney überführt, und Krishnamurti wohnte seiner Einäscherung bei, betrat aber nicht die Kapelle.

Ein sehr schwierig einzuschätzender Mann; doch unabhängig von seiner menschlichen Seite, können seine Bücher nur Gutes bewirken, besonders "Die Meister und der Pfad", das vielen gezeigt haben muss, dass der Weg offen steht.

Einige Priester der Liberal-Katholischen Kirche suchten tatsächlich Krishnamurti auf, um mit ihm über Religion zu sprechen (teilte Rajagopal Rosalind mit), aber es gibt keine Aufzeichnung von diesen Gesprächen, auch nicht von Harold Mortons 'Ringkampf', falls dieser jemals stattgefunden hat.

Krishnamurti hielt einige Vorträge im Radio Sydney und reiste am 23. März mit Rajagopal nach Neuseeland. Er sprach in Aukland und wurde von den Zeitungen besonders herzlich begrüßt. Es wurde ihm jedoch nicht erlaubt, als „Nicht-Religiöser" im Radio Neuseeland zu reden. Bernhard Shaw hielt sich gerade in Neuseeland auf und nannte dieses Verbot einen Skandal, da Krishnamurti ein großer Religionslehrer sei. Shaw hatte mit Lady Emily und Krishnamurti in London zu Mittag gegessen und bezeichnete ihn als das „schönste Menschenwesen"(10), das er jemals erblickt hatte. (In Sydney erreichte Krishnamurti ein Telegramm von Lady Emily, in dem es hieß, die inzwischen verheiratete Betty habe am 12. März einen Jungen geboren.)

Von Neuseeland aus überquerten sie den Pazifik nach Kalifornien, für Krishnamurti nicht das erste Mal die Umrundung des Globus. Beide waren jetzt völlig erschöpft. Krishnamurti wurde von einem schwedischen Masseur in Los Angeles wiederhergestellt, und Rajagopal begab sich wegen seines Rheumatismus und seiner Arthritis in die Behandlung seines Arztes in Hollywood. Im Mai 1934 waren beide wieder für das Juni-Treffen in Ojai. Krishnamurti schrieb Lady Emily, die inzwischen drei-jährige Radha sei „allerliebst".(11)

Von Lady Emily erhielt er ein Rundschreiben, das Rajagopal ihr geschickt hatte und das in ihr den Eindruck erweckte, er habe seine Rolle als Weltlehrer verleugnet. Krishnamurti schrieb zurück, er habe niemals verleugnet, der Weltlehrer zu sein.(12) Einem der unvermeidlichen Reporter muss er auf eine diesbezügliche Frage geantwortet haben: „Ich bin ein Lehrer, und ich reise durch die Welt." (Die eigentliche Quelle dieser Geschichte ist mir nicht bekannt. Ich hörte sie zum ersten Mal im Sommer 1948 von Prof. Daniel Jones, dem Rektor der phonetischen Abteilung der Universität London, der in ihm tatsächlich den Weltlehrer sah.)

Krishnamurti schreibt in der Folgezeit mehrere Briefe auf dem Papier der Peter Pan Lodge in Carmel an Lady Emily. Der Küstenort Carmel liegt etwa einhundertundfünfzig Meilen südlich von San Francisco, und die Peter Pan Lodge war ein kleines Hotel, das Rosalinds Freundin Blanche Matthias führte. Radha Sloss zitiert einen Brief ihrer Mutter an diese Dame, in dem sie ein Zimmer für sich selbst und das Kind bucht, eins für

Rajagopal und zwei für Krishnamurti, von denen eins als Arbeitsraum dienen soll. Von Krishnas Brief fehlen die erste und die letzte Seite; auf den Seiten zwei und drei hat eine unbekannte Hand oben das Datum „16. Oktober 1934" verzeichnet. Aus dem Inhalt der verbliebenen Seiten geht hervor, dass dieser Ort voller Künstler, Dichter und Kommunisten war. Ein paar Mal hatten sie sich mit dem amerikanischen Dichter Robinson Jeffers und seiner Frau, die dort lebten, getroffen. Ansonsten arbeiteten sie nur und korrigierten bis zum Mittag Reden; am Nachmittag traf man Leute. Krishnamurti bedauerte in seinem Brief, nicht mit ihr sprechen zu können, da sich vieles schriftlich nicht erklären ließe, wie die Beantwortung ihrer Frage zu dem Ego-Bewusstsein und dergleichen.

Es gibt noch einen weiteren Brief an Lady Emily, ebenfalls ohne Anfang, aber die gleiche mysteriöse Hand (gehört sie Rajagopal?) hat auf dem verbliebenen Brief oben das Datum "18. November 1934" notiert. Man fragt sich, was Rajagopal von Krishnas Briefen an Lady Emily der Welt unbedingt verheimlichen wollte. Konnte es mit Rosalind zusammenhängen? Krishnamurti spricht von Zeit und Entfernung. Manchmal fühle er Lady Emily sehr nah und dann gebe es keine Entfernung. Er korrigiere immer noch Reden, aber jetzt alleine. Am 10. Dezember entschuldigt er sich für die Verzögerung seines Schreibens. Im Hinblick auf die Vortragsreise durch Südamerika im folgenden Jahr bemühte er sich, mittels Tonbandaufnahmen Spanisch zu lernen. Daneben arbeitete er an den Korrekturen der Adyar-Reden vom vorangegangenen Jahr, die bis Weihnachten fertig werden mussten. Er bedankt sich für die Literatur zum Zeitgeschehen, die Lady Emily ihm hatte zukommen lassen. Sie sahen kaum jemanden aus der Theosophischen Gesellschaft. Man müsse neue Leute finden, neu beginnen, meinte Krishnamurti.

Sie waren noch in Carmel, als Rom Landau eintraf und um eine Reihe von Interviews bat, die er in seinem Buch "God Is My Adventure" aufnahm. Er hatte Krishnamurti zuvor in Ommen gehört und war jetzt in der Hoffnung von Europa nach Amerika geflogen, ihn in Ojai anzutreffen, wo man ihn nach Carmel weiter schickte. Krishnamurti sorgte für seine Unterkunft in einem größeren Hotel, da ihres besetzt war.

Landaus erste Frage an Krishnamurti war, ob er wirklich "Zu Füßen des Meisters" geschrieben hatte. Krishnamurti erwiderte, er könne sich daran erinnern, als Junge etwas geschrieben zu haben und sehe sich an einem Tisch sitzen und etwas schreiben, das ihm nicht leicht fiel, aber ob es sich dabei um das ganze Buch oder nur um einige Seiten gehandelt hatte, das wusste er nicht. Er hätte diese von ihm geschriebenen Seiten niemals mehr zu Gesicht bekommen und keine Ahnung, was mit ihnen geschehen war.

Was Landau veröffentlichte, sind offensichtlich rekonstruierte Gespräche mit Krishnamurti. Man kann vielleicht ein oder zwei hervorstechende Sätze wortwörtlich im Gedächtnis behalten, aber Aussagen von neununddreißig oder zweiundvierzig Zeilen, wie er sie hier wiedergibt, das gelingt wohl niemandem. Es gibt keinen Hinweis darauf, dass ein Tonbandgerät benutzt wurde. Bei einigen Worten, die er Krishnamurti in den Mund legt, bezweifle ich, dass sie von ihm stammen können; außerdem gibt es einige Missverständnisse. Angeblich soll er zu Krishnamurti gesagt haben: „Sie sind niemals aufgestanden und haben eindeutig gesagt: „All dieses Gerede, ich sei der Weltlehrer, ist Blödsinn und ich streite die Wahrheit dieser Behauptung ab.""(13)

Eine derartige Antwort, mit der er dann Annie Besant als Lügnerin hingestellt hätte, scheint mir eher auf die Frage nach der "Weltmutter" gegeben worden zu sein. Als man ihn öffentlich fragte, was er von Annie Besants Verkündigung in Bezug auf die Apostel und die "Weltmutter" hielt, wich er dieser Frage aus, weil er nicht daran glaubte, andererseits jedoch Annie Besant nicht lächerlich machen wollte. Aber die Aufforderung abzustreiten, dass er der Weltlehrer sei, bedeutete, ihm in den Mund zu legen, dass er es nicht war. Er wollte kein Aushängeschild sein; doch zu sagen, er sei nicht der Weltlehrer, bedeutete, die Unwahrheit zu sprechen, was er nicht tat.

Landau lässt Krishnamurti äußern: „Ein Mann, unendlich größer als wir beide, musste Seinen Weg gehen, der ihn nach Golgatha führte." (14) Meiner Ansicht nach konnte Krishnamurti niemals solche Worte gesprochen haben. Sie passen einfach nicht in seine Gedankengänge. Er bezog sich niemals auf Jesus. Nitya tat es ein einziges Mal, als er in seinem Brief an Leadbeater die Frage aufwarf, ob Jesus, ebenso wie sein Bruder, die starken Nacken- und Kopfschmerzen durchleiden musste. Doch bei Krishnamurti habe ich trotz sorgfältigen Studiums seiner authentischen Aussagen nicht einmal einen indirekten Hinweis auf seinen Vorgänger finden können. Von den Lippen seiner Mutter hörte er die Geschichten über Sri Krishna, nach dem er benannt worden war, sowie Rama und den Affengott Hanuman. Erst durch die Theosophen erfuhr er von Jesus. Diese glauben im Allgemeinen nicht an dessen Kreuzigung. Blavatsky betrachtete das Kreuz, wie sie es in der Einleitung zur "Geheimlehre" erklärt, als Symbol der vollkommenen Inkarnation des Geistes in der Materie, den Tiefpunkt des großen Zyklus, aus dem der Geist sich wieder erheben wird. Für sie ist das Kreuz ein Symbol mit sieben Schlüsseln, von denen einer der symbolische Tod (Ritual der Freimaurer) des Menschen in der entscheidensten Inkarnation bedeutet. Die frühen Christen, betont sie, benutzten das Kreuz als solches als ihr Symbol, ohne den Gekreuzigten, das kam erst später hinzu. Dies entspricht auch Leadbeaters Ansicht in seinem Kommentar zum christlichen Glauben. Die Hindus und Buddhisten können sich nicht vorstellen, dass ein Mann, der angeblich ein solch heiliges Leben geführt hat, genügend schlechtes Karma besitzt, um eines so grauenvollen Todes zu sterben. Cadoux war es nicht möglich, die Todesart zu beweisen. Die Person, für die Golgatha eine wesentliche Rolle spielte, war Steiner. Für ihn war die Kreuzigung ein einzigartiges, mystisches Ereignis, einzigartig in der Geschichte der Menschheit. Rom Landau war von Steiner stark beeindruckt gewesen, und ich glaube, er schrieb Krishnamurti etwas von dessen Ideen zu. (Es wird oft die Frage nach dem Unterschied zwischen Anthroposophie und Theosophie, Steiner und Blavatsky, gestellt. Zwei wesentliche Merkmale unterscheiden die beiden Richtungen. Steiner akzeptierte die Kreuzigung Christi als historische Tatsache, wohingegen Blavatsky sie als Anthropomorphismus eines Symbols betrachtete. Steiner lehnte, ebenso wie Goethe, Newtons Darlegung der Lichtbrechung ab, die seiner Ansicht nach die Farben ihres eigentlichen Wesens beraubte; Blavatsky aber stimmte Newton zu. Seine Darlegung stand vollkommen in Einklang mit ihrer Erklärung von dem einen Licht, das sich in den vielen Farben und Tönen manifestiert.)

Landau erwähnte Steiner, dem er in Deutschland begegnet war, und

Krishnamurti zeigte einiges Interesse. Er hatte keines seiner Bücher gelesen (verständlicherweise, da er Bücher über Gedankensysteme oder Mystik vermied), erinnerte sich aber, dass Annie Besant sich anerkennend über ihn geäußert und den Bruch der Beziehung bedauert hatte. Wusste er nicht, dass es dabei um seine Person gegangen war? (Vivian, der französische Okkultist, den ich bereits zitiert habe, erklärte: „Deutschland wies den Messias ab und erhielt Hitler." Als ich ihn nach der Bedeutung dieser Aussage fragte, meinte er: „Rudolf Steiner gründete seine Anthroposophische Gesellschaft einzig und allein, um Krishnamurti von der Theosophie auszuschließen." Viele Jahre später erzählte ich Hugh Gray, dem damaligen Generalsekretär der Theosophischen Gesellschaft in England, davon. Lachend rief er aus: „Ein bisschen hart gesagt, Steiner für Hitler verantwortlich zu machen." Steiner starb am 30. März 1925, fünf Jahre vor Gründung der Nationalsozialistischen Partei.

Im November 1934, nachdem sie Carmel verlassen hatten, musste sich Rajagopal im Krankenhaus in Hollywood erneut einer Operation seiner rechten Nebenhöhle unterziehen, gefolgt von der linken im Januar 1935.

Anfang 1935 stellte Rosalind fest, dass sie schwanger war. Neben der schwierigen Geburt Radhas waren Komplikationen aufgetreten, bösartiger Hautkrebs. Die Ärzte hatten Rosalind noch zehn Jahre zu leben gegeben, warnten sie aber vor einer zweiten Schwangerschaft, da sie ihr Leben gefährden konnte. Aus diesem Grund entschloss sie sich zu einer Abtreibung, „zur offensichtlichen Erleichterung Krishnas", wie sie Jahre später ihrer Tochter gestand.(15)

Krishnamurti riet den Leuten niemals, wie sie mit ihren Problemen umgehen sollten. Wenn seine angebliche Erleichterung zutraf, dann sicherlich, weil er um Rosalinds Leben fürchtete. Natürlich haben wir es hier mit einem tiefgreifenden Problem zu tun. Blavatsky betrachtete, ebenso wie wahrscheinlich viele Theosophen, die Abtreibung als Mord. In einem kürzlich erschienenen Artikel des ”Canadian Theosophist" heißt es, es sei kein Mord, da die sich reinkarnierende Seele nicht eher von dem Fötus Besitz ergreift, als bis er sich bewegt. Irgendetwas geschieht in diesem Augenblick. Ernsthafte Astrologen aber berücksichtigen nicht nur die Zeit der Geburt, sondern einen etwa neun Monate früheren Zeit-punkt, wenn der Mond in Konjunktion oder Opposition zur Stellung des Aszendenten bei der Geburt und der Aszendent in Konjunktion oder Op-position zur Stellung des Monds bei der Geburt steht. Sie behaupten, ein danach erstelltes Horoskop sei ebenso wichtig für die Erklärung der Merk-male des Individuums wie das bei der Geburt angefertigte Horoskop.

Dieser These sind Fälle entgegengehalten worden, bei denen die vorgeburtliche Epoche, wie es heißt, auf einen Moment fällt, in dem die Eltern nicht zusammen gewesen sein konnten. Der verstorbene Ronald Davison, viele Jahre lang der Präsident der astrologischen Abteilung der Theosophischen Gesellschaft und überzeugt von der vorgeburtlichen Epo-che, wies darauf hin, dass sie nicht mit dem Augenblick der elterlichen Vereinigung, sondern dem Eisprung zusammenfalle, das heißt, der Ge-burt des für die Befruchtung bestimmten Eies. Es scheint jedoch Fälle unmittelbarer Wiedergeburt am Tage des Todes zu geben: Veronese wur-de an dem Tag geboren, an dem Dürer starb. Es gibt Geburten, bei denen der Arzt sich entweder für das Leben der Mutter oder das des Kindes entscheiden muss. Meiner Mutter sagte man, katholische Ärzte opferten die Mutter, um das Kind zur Welt zu bringen, während die Kirche Eng-lands das Leben der Mutter zu retten versucht.

Rosalind ging zu einem befreundeten Osteopathen. Sloss schreibt, Krishnamurti begleitete sie zum Bus und holte sie dort wieder ab. Ob-wohl er sie nicht begleitete, „war er sehr mitfühlend und tröstete sie."(16)

Da sich Rajagopal immer noch von seiner zweiten Sinusoperation er-holte, begleitete Rosalind Krishnamurti Ende Februar 1935 nach New York, wo er drei öffentliche Reden hielt und einmal im Radio sprach. Danach ging es weiter nach Philadelphia. Auch dort hielt er drei Vorträge und verbrachte einige Zeit auf dem Anwesen von Sarah und Robert Logan, das Sarobia genannt wurde, eine Abkürzung von Sarah und Robert. Nach ihrer Rückkehr in New York verließ Rosalind ihn, um zu ihrer Mutter in Hollywood zu gehen, während Rajagopal, Byron Casselberry, der Spa-nisch sprach, und Krishnamurti am 3. März 1935 zu den Bermudas, ih-rem ersten Halt auf der lange vorbereiteten Reise durch Süd- und Zentral-amerika, aufbrachen.

Es gibt noch Briefe von Rajagopal an Rosalind. Einer davon wurde am 28. April 1935 aus Rio de Janeiro geschrieben. Darin heißt es, Krishnamurti habe während der ersten beiden Wochen in Rio zwei Ansprachen vor einer sehr großen Zuhörerschaft, vier bis fünftausend Menschen, in einem öffentlichen Fußballstadion gehalten. Die Reden seien von de Souza, einem sehr netten, warmherzigen Mann wortwörtlich ins Portugiesische übersetzt worden. Leider sei die Unterkunft trotz des Wohlstands der brasilianischen Gastgeber laut und schmutzig gewesen. Wegen der depressiven Atmosphäre dieses Hauses hätten er und de Souza nach einer anderen Bleibe Ausschau gehalten und nach tagelangem Suchen eine angenehmere Unterkunft gefunden.

In Sao Paulo hatte Krishnamurti drei Vorträge gehalten, einen speziell für Theosophen, die von ihm wissen wollten, worum es bei der Kontroverse zwischen ihm und der Theosophischen Gesellschaft im Einzelnen ging. Die Theosophen seien doch überall dieselben, meinte Rajagopal, engstirnig, streng in ihrer Haltung und festgefahren.

Am 1. Mai schreibt er aus Rio, Krishnamurti sei in allem penibel genau. Er glaube kaum jemanden zu kennen, der sich so strikt an seinen Tagesplan hielt, wie er. Auf seinen Spaziergängen gehe er steif und mit erhobenem Kinn, als trage er Scheuklappen, wobei er sich der Blicke der Menschen voll bewusst und unangenehm davon berührt sei. Er haste so rasch vorwärts, dass er ihn und Byron zurücklasse. Seine Vorträge wären nicht so gut wie die in New York. Einer der Gründe, die Krishnamurti dafür angab, sei der große Abstand zu den Zuhörern; er konnte ihre Gesichter nicht sehen und deshalb keinen Kontakt zu ihnen aufnehmen.

Dies ist ein interessanter Punkt. Manche öffentliche Redner empfinden es als hilfreich, sich wenigstens auf ein oder zwei Gesichter zu konzentrieren, die nahe genug sind, um ihre Reaktionen zu sehen. Alles, was Krishnamurti erkennen konnte, besonders wenn ein Scheinwerferlicht auf ihn gerichtet wurde, muss wohl ein dunkler, verschwommener Fleck gewesen sein, was so viel bedeutete, wie in eine große Leere hinein zu sprechen.

Weiter heißt es in den Briefen Rajagopals, Krishnamurti sende ihr eine Aufzeichnung seiner täglichen Aktivitäten, die er jeden Tag sehr gewissenhaft und so winzig klein geschrieben habe, dass sie sich ihre Augen nicht verderben möge. Er wünsche nur, Krishnamurti sei so regelmäßig bei der Korrektur seiner Reden und der Verfassung seines Buches. Am 14. Juni gehe es für vierzehn Tage nach Montevideo, wo er drei Vorträge zu halten habe.

Überraschenderweise bat er nicht Rosalind, sondern Erna, ihm alle Einzelheiten über seine Tochter zu berichten.

Am 10. Mai schreibt Rajagopal aus Rio bezüglich des Buches, Krishnamurti habe ihn gebeten, nach dem Besuch in Buenos Aires oder Chile nach Hollywood zurückzukehren, um aus dem alten Material ein neues Buch vorzubereiten.

Sloss schreibt in ihrem Buch jedoch, ihre Meinungsverschiedenheiten über Vereinbarungen hätten sich derartig zugespitzt, dass „nach einigen Monaten in Südamerika...Krishnamurti, der Kritik nur bis zu einem gewissen Grad ertragen konnte, Raja ohrfeigte."(17) Ihr Vater aber, der ihrer Mutter von seiner Rückkehr informierte, erwähnte nichts davon. Wie konnte es zu diesem Gerücht kommen?

Mary Lutyens meinte, Rajagopal hätte wegen seines Gesundheitszustands ohnehin nicht mit ins kalte Chile reisen sollen. Rajagopals Brief an Rosalind offenbart den eigentlichen Grund seiner Rückkehr.

Am 7. Juni schreibt er, Krishnamurti beabsichtige, die schönsten Aussichten von Sugar Loaf für sie malen zu lassen. Was sie nicht durch seine Augen sehe, sei wertlos, denn er habe die Augen eines Adlers durch die Seele eines Kindes, eines liebenswürdigen Kindes. Er bemerke alles, nichts entgehe ihm.

Kurz vor der Abreise aus Rio de Janeiro schreibt er, Krishnamurti sei es gelungen, alle in Brasilien gehaltenen Vorträge zu überarbeiten, was eine großartige Leistung wäre; die "Ommen-Reden" von 1933 seien zwar immer noch nicht durchgesehen, aber er wollte sie noch vor der Abreise aus Rio korrigieren.

Aus Montevideo schreibt Rajagopal am 21. Juni 1935 einen Brief an seine Frau, der wie üblich beginnt, dann aber doch recht eigenartig wird. Krishnamurti sollte dort drei Vorträge halten. Die Zeitungen waren voll des Lobes, nur das römisch-katholische Blatt setzte ihn mit der Theosophie, C.W.Leadbeater und Annie Besant auf eine Stufe und verdammte sie alle. Krishnamurti war gebeten worden, mit dem Minister für Erziehung zu sprechen und wurde außerdem vom Präsidenten eingeladen. Dieser hatte Krishnas Buch „The Song of Life" gelesen, das ihm sehr gefiel. Rajagopal schrieb, der Diktator möge die Katholiken nicht und habe erklärt, Krishnas und seine Ideen ähnelten sich. Rajagopal meinte dazu, Krishnas Gedanken wären also genau das Richtige für einen Diktator. Dies sei der Vorteil, sich so allgemein und vage auszudrücken, denn so könne jeder sagen, er habe die gleichen Vorstellungen wie Krishnamurti, egal ob es sich dabei um einen Diktator, Theosophen, italienischen Faschisten, amerikanischen Kommunisten, jüdischen Millionär etc. handelte. Und trotzdem, sollten sich zwei von ihnen begegnen, gingen sie sich an die Gurgel. Dies wäre offensichtlich das Merkmal eines Christus, der alle Menschen zufrieden zu stellen schien. Nichtigkeit gefiele allen, und so könne die Welt weitermachen mit ihren Kämpfen und Betrügereien.

Da Krishnamurti ihr täglich schreibe, habe er zum Tagesablauf wenig zu sagen.

Die Zeilen über Krishnamurti, er sei sozusagen alles für jeden Menschen, sind zweischneidig, abfällig und recht abschätzig. Obgleich es den Anschein hat, dass er die Bearbeitung der Vorträge, um sie als Buch herauszugeben, für wichtig erachtete, entschlüpft es ihm hier, dass er sie in Wirklichkeit als „Nichtigkeit" betrachtete. Wenn die Leute Krishnas Lehren als vage bezeichnen, dann gewöhnlich nur, weil sie nicht verstanden haben, was er sagt. Er empfiehlt niemals eine bestimmte politische Gruppierung, da sie seiner Ansicht nach niemals zu den Wurzeln eines Problems vordringt, das tief in der Natur menschlicher Psychologie verankert ist und nur erreicht werden kann, indem sich jeder selbst ändert. Er hat jedoch nie das nazistische Deutschland oder die UdSSR betreten. Ein Aspekt fehlt seinen Lehren völlig, sie versucht niemals zu gefallen - keinem.

"The Song of Life" wurde im Jahr der Auflösung des Sternen-Ordens veröffentlicht.(18)

...

„Das Tal liegt verborgen in der Dunkelheit einer Wolke
Aber der Berggipfel ruht gelassen
Im Anblick des klaren Himmels

...

Das Leben hat keine Philosophie
Keine schlauen Gedankenkonzepte
Keine Anbetung in tiefen Heiligtümern

...

Oh, juble!
Der Donner rollt in den Bergen
Und lange Schatten liegen über dem grünen Antlitz des Tales
Die Regen
Lassen grüne Schösslinge
Aus den toten Stümpfen des Gestern emporschießen

Rajagopal erwähnt wieder Krishnas tägliche Briefe an Rosalind. Radha Sloss schreibt dazu: „Es war auf der Südamerikareise, dass Krishnamurti eine Reihe der zärtlichsten Liebesbriefe an Rosalind schrieb."(19)

Da sich diese Briefe im Besitz von Radha Sloss befinden und der Öffentlichkeit vorenthalten bleiben, können wir sie nicht persönlich einsehen und uns eine eigene Meinung bilden. Es geht jedoch aus ihnen hervor, dass Rajagopal von Krishnas Briefen an seine Frau wusste und keinen Einwand erhob.

Krishnamurti schrieb auch weiterhin an Lady Emily. Aus Buenos Aires ließ er sie wissen: „Meine Reden sind nicht nur über das Radio zu hören, sondern an einigen Stellen in der Stadt haben sie auch Lautsprecher aufgebaut, sodass die Leute hören müssen, was ich sage, ob sie wollen oder nicht."(20)

Aber ein katholischer Priester veröffentlichte ein Schreiben mit dem Titel "Gegen Krishnamurti" und ließ es von Jungen in der Stadt verteilen; andere wollten ihn sogar ausweisen lassen. Casselberry übersetzte nun ins Spanische. Rajagopal war nach Hause gefahren; und nachdem Krishnamurti Vorträge in Argentinien, Buenos Aires, La Plata, Rosario und

Mendoza gehalten hatte, reisten sie nach Chile. Der Flug über die Anden war für Krishnamurti der Höhepunkt der Reise. Er schrieb an Lady Emily, man habe sie gewarnt, da es einer der gefährlichsten Flüge der Welt sei.

In Chile hielt er vier Vorträge, in Santiago und Valparaiso. Wie immer an einem neuen Ort, begann er seine Rede mit der Erklärung, er gehöre keiner Religion, Sekte oder politischen Gruppe an. Einige Leute einer katholischen Organisation kamen mit Tränengasbomben. Doch vielleicht, weil sie nichts hörten, das sie angriff, änderten sie ihre Meinung und warfen sie nicht.

Das war das Ende der Südamerika-Tour. Krishnamurti überarbeitete die Vorträge für ihre Veröffentlichung durch den ”Star Publishing Trust“ im folgenden Jahr. Während einer dieser Reden hatte man ihn nach seiner Meinung über das Thema Sex gefragt. Seine Antwort hatte gelautet: „Sex ist zum Problem geworden, weil die Liebe fehlt. Wenn wir wirklich lieben, gibt es kein Problem, nur eine Anpassung, ein Verstehen.“(21)

Er hatte beabsichtigt, in jedem Land Zentralamerikas eine Woche zu verbringen und zu sprechen. Da er sich aber zu erschöpft fühlte, sah er davon ab. Am 11. Oktober erreichten sie Mazatlan. Hier trafen sie sich mit Rajagopal, der am 19. Oktober 1935 an Rosalind von dem weniger angenehmen Aufenthalt in Mazatlan und später in Mexiko City schrieb. Krishnamurti hielt vier öffentliche Vorträge in Mexiko City und empfing etwa zweihundert Theosophen zur Diskussion. Nach seiner Rede am 23. November reiste man nach Hause.

Ende des Jahres verbrachte Krishnamurti mit Rosalind und dem Kind einen Monat in der ”Peter Pan Lodge“ und ging dann zu ihrer Mutter nach Hollywood. Rajagopal hatte in Hollywood seine eigenen Freunde und Interessensgebiete, und es war im Hause ihrer Mutter, wo sich ein Streit zwischen ihm und Krishnamurti abspielte. Den Grund erfahren wir nicht. Rosalind ließ das Kind und ihren Mann bei der Mutter zurück und fuhr mit Krishnamurti im Auto nach Ojai. Auf dem Weg überfielen sie plötzlich starke Schmerzen, und sie bat ihn, anzuhalten. Sie erlitt eine Fehlgeburt. In einem „abgelegenen Feld half Krishnamurti ihr liebevoll, so gut er konnte.“(22)

Ich frage mich, was es mit der Fehlgeburt wohl auf sich hat. Sie auf dem Feld zurückzulassen, wäre herzlos gewesen, sie zu begraben, hätte einen Spaten erfordert. Nahmen sie sie mit nach Ojai, und was taten sie dort damit? Wir kennen das Datum dieser Episode nicht. Mary Lutyens vertritt die Meinung, dass es sich lediglich um eine schmerzhafte, verspätete Periode gehandelt hatte.(23)

Nach seinen üblichen Vorträgen im Mai in Ojai reiste Krishnamurti nach New York und Philadelphia, um dort zu sprechen. In Begleitung von Rajagopal ging er am 1. Juli an Bord und fuhr nach Holland. Lady Emily fühlte sich nicht mehr kräftig genug, um für die Vorträge nach Ommen zu reisen. Er flog eigens nach New York, um sie zu besuchen und blieb eine Zeit lang bei ihr. (Lady De La Warr war 1930 und Mary Dodge 1935 gestorben.)

Nach dem Treffen ging Krishnamurti nach Paris und wohnte dort bei seinen Freunden Carlo und Nadine Suares in der Avenue de la Bourdonnais. Er benutzte die Gelegenheit, die inzwischen herangewachsene Marcelle de Manziarly wieder zu sehen, die bei Nadia Boulanger Klavier studierte.

Im Oktober besuchte er die Schweiz. Er und Rajagopal wohnten in einem Hotel in Montreux, in dem er bereits mit Nitya gewohnt hatte, was traurige Erinnerungen in ihm wachgerufen haben muss, obwohl er den Genfer See mit seinen nahen Bergen liebte. In Rom wurden sie für ein paar Tage von Lady Berkeley eingeladen. Da unter dem Mussolini-Regime öffentliche Vorträge verboten waren, lud sie interessierte Freunde in ihr Haus ein, um Krishnamurti sprechen zu hören und ihm Fragen zu stellen. Danach reisten sie von Brindisi nach Bombay.

Am 13. Januar 1937 schrieb Krishnamurti aus Madras an Lady Emily, Jinarajadasa sei zu einigen seiner Vorträge erschienen und verhalte sich recht freundlich. Der Zustand Indiens bedrückte ihn: „Armut, Leid, Schmutz und Erniedrigung." Er war überzeugt, es sei nicht der Fehler der Engländer oder der Inder, sondern eines jeden Einzelnen.

Von Indien aus kehrten Krishnamurti und Rajagopal zurück, zunächst über Rom, wo sie für drei Wochen wieder bei den Berkeleys wohnten und Krishnamurti privat organisierte Vorträge hielt. Dort begegnete er auch

Vanda Passigli, einer jungen Pianistin aus einer Florentiner Familie. Sie stand kurz vor ihrer Verheiratung mit dem Marchese Luigi Scaravelli, Professor an der Universität von Rom.

Von Italien reisten sie in die Schweiz, nach London fuhr Krishnamurti alleine, um eine Woche bei Lady Emily zu verbringen, dann wieder nach Ommen für den Sommer und zurück nach Ojai für den Winter.

Am 19. November 1937 schrieb Krishnamurti an Lady Emily aus Ojai, Radha ginge nun zur Schule und könne fast sein Kind sein, obwohl er fürchte, es sei nicht der Fall.(24) 1938 drohten die Schatten des Krieges. Bei ihrem jährlichen Besuch von Ommen warnten Krishnamurti und Rajagopal die Vigevenos, dass Holland kein sicherer Ort für Juden sei und rieten ihnen, das Land zu verlassen und nach Amerika auszuwandern.(25) Die Treffen in Ommen wurden eingestellt. Rajagopal kehrte nach Ojai zurück, und Krishnamurti reiste nach Indien, um die beiden von ihm gegründeten Schulen in Rishi Valley und Rajghat zu besuchen. 1939 fuhr er nach Australien – Sydney, Adelaide, Freemantle, Melbourne – anschließend nach Neuseeland und zurück nach Ojai für die Vorträge im Mai.

Rosalind hielt sich in Santa Barbara in einem Haus auf, das Graf Berkeley Krishnamurti für sich und seine Freunde zur Verfügung gestellt hatte. Da sich Rajagopal bis September in Europa aufhielt, verbrachten sie den Sommer alleine dort.

In Santa Barbara stellte Rosalind fest, dass sie erneut schwanger war, und es gab wieder eine Abtreibung. Sloss behauptete: „Krishnamurti ging nie so weit, es ihr zu sagen, aber es bedurfte keiner Worte, um seine Wünsche klar zu machen."(26) Ich denke, man sollte das Schweigen eines Menschen nicht interpretieren. Falls Krishnamurti geschwiegen haben sollte, dann sicherlich aus Gründen, die sich von den vermuteten völlig unterschieden.

Und dies bringt mich zu einem anderen Punkt. Es hat mich immer ein wenig stutzig gemacht, dass Radha Sloss in ihrem Buch schreibt, Rosalind habe während ihres Aufenthalts in Paris im Herbst 1930 ihre Schwangerschaft bemerkt und eine Abtreibung in der Schweiz in Erwägung gezogen. In diesem Falle aber handelte es sich um Radha, mit der sie schwanger war. Und Radha datiert den Anfang der engen Beziehung zwischen Krishnamurti und ihrer Mutter zwei Jahre später.

Krishnamurti zu unterstellen, sie solle das Kind ihres Mannes abtreiben, ist ungeheuerlich. Es ist zu einfach zu sagen, er habe „wiederholte Male" seine Ansicht geäußert, diejenigen in seiner Umgebung sollten keine Kinder haben, sondern sich für die Arbeit zu Verfügung stellen.(27) Als er noch in der Theosophischen Gesellschaft war, stimmte er Buddhas Einteilung zu. Krishnamurti hatte sich seit langem von dieser Einstellung befreit, aber niemals hat er oder Buddha gelehrt, Ehepaare sollten kinderlos bleiben. Und Krishnamurti wünschte sich Nitya zurück.

Etwas stimmt nicht mit der Geschichte. Außerdem behauptet Radha in ihrem Buch, ihre Mutter habe ihr erzählt, dass Krishnamurti im Sommer 1933 von einer eventuellen Heirat gesprochen und ihr einen Brief an Rajagopal gezeigt hatte, in dem er ihm mitteilte, sie und das Kind zu lieben und deshalb die „volle Verantwortung" für sie übernehmen zu wollen. Rajagopal hätte ihm aber ins Gesicht gelacht. Als Radha ihn fünfzig Jahre später nach diesem Vorfall befragte, leugnete er, einen solchen Brief erhalten zu haben. Krishnamurti hätte mit ihm darüber zwar gesprochen, was er aber nicht ernst genommen hatte, da er nicht verstehen konnte, dass Krishnamurti die Verantwortung übernehmen wollte, nur weil sie ein Verhältnis hatten.(28)

20.

„Der Eingeweihte"

Die Bücher von Cyril Scott und David Anrias

An dieser Stelle möchte ich auf zwei Tiraden gegen Krishnamurti eingehen, die unter Pseudonymen von zwei Autoren veröffentlicht wurden, die
sich kannten und deren Bücher, die in den Dreißiger Jahren großen An-
klang fanden, heute noch zitiert werden. Von Interesse ist hier vor allem
der zweite Band von "Der Eingeweihte". Ursprünglich in England unter
dem Titel "By His Pupil" herausgegeben, gibt Cyril Scott später die
Autorenschaft zu. Der Geschichtenerzähler berichtet von einer Begegnung
in London mit einem Mann mit auffallend neuartigen Gedankengängen,
der dabei wie jeder andere Mensch zu sein scheint, bis er durch eine Wand
geht – er muss also ein Eingeweihter sein. Über diesen Mann lernt er
Viola kennen, die er heiratet. Viola und er sprechen mit Freunden über
Krishnamurti. Sie stellen in Frage, ob man einen Mann als Lehrer bezeichnen kann, der behauptet, dass keiner, wie hoch er auch stehen mag,
irgendjemanden überhaupt irgendetwas lehren kann. Sie vergleichen Krishnamurti mit einem Welt-Klavierlehrer, der erklärt, „alle Klavierprofessoren
sind Hindernisse, um jemals das Klavierspiel zu erlernen."(1)

Diese Anspielung ist unfair. Wenn jemand Krishnamurti gesagt hätte,
er wolle das Klavierspiel erlernen, hätte dieser ihm mit Sicherheit einen
Klavierlehrer empfohlen. Scott wusste vielleicht nicht, dass Krishnamurti
in Indien bereits zwei Schulen gegründet hatte und später auch im Westen einige einrichten sollte. Obgleich sein Augenmerk dem geistigen
Umfeld galt, mussten die angestellten Lehrer über eine angemessene Ausbildung in ihrem Lehrfach verfügen.

Dann sagt Viola über die Theosophen: „Man hat sie auch gelehrt, dass die Meister ihre älteren Brüder sind, liebevoll bemüht, sie zu führen…und nun kommt Krishnamurti daher und erzählt ihnen, die Meister seien nur Krücken."(2)

Er hatte nicht gesagt, die Meister seien Krücken, sondern dass ein Mittelsmann eine Krücke sei. Worauf er abzielte, war die Abhängigkeit von Personen, die erklärten, Botschaften von den Meistern zu übermitteln. Falls es eine universelle Telepathie gibt, dann muss geistiges Streben eine unmittelbare Antwort (nach Blavatsky durch die Zirbeldrüse) anziehen, so als ob einem die Antwort auf eine Frage einfällt.

Viola fährt fort: „Hoffnungslos strampeln sie sich in der Leere ab, die armen Dinger…Sie fragen sich, ob alles, was man sie bisher gelehrt hat, nichts als eine hübsche Erfindung gewesen ist…"

Ja, in manchen Dingen traf dies zu, und man muss einräumen, dass er sie durch seine eigene dunkle Nacht der Seele führte.

Sie sagt: „Er hat ihnen alles fort genommen – die Reinkarnation, das Leben nach dem Tode und die Begegnung mit den Lieben im Jenseits."(3)

Dennoch glaubte er, Rosalinds Kind könnte Nitya sein.

Viola bemerkt, dass Krishnamurti für sie „einfach nur der Apostel der Verneinung ist". Wir hören ihn später tatsächlich davon sprechen, durch die Verneinung des Falschen voranzuschreiten, da die heiligsten Dinge niemals positiv definiert werden könnten. Wenn jemand versucht zu sagen, was Liebe ist, findet man keine Definition, die nicht in irgendeiner Weise Unzulänglichkeiten aufweist. Aber man kann genau sagen, was sie nicht ist; sie ist nicht das Verlangen, Macht über jemanden auszuüben, zu besitzen und vorzuzeigen…Wenn jemand das Wesen dieser Bedürfnisse erkannt hat, gibt es eine Möglichkeit, dass die wahre Liebe durchbricht. Viola meint: „Man sagt uns, wir können das Ziel nicht durch Verehrung erreichen, durch die Kunst oder die Schönheit…Warum um alles in der Welt ist das nicht möglich?"(4)

Ich glaube, die springenden Worte hier sind „das Ziel erreichen durch". Sobald jemand eine Sache mit einem Hintergedanken verfolgt, selbst wenn es sich dabei um ein spirituelles Motiv handelt, geht die Reinheit verloren. Wie viele Maler, Komponisten oder Dichter müssen gespürt haben, dass etwas in ihnen steckt, von dem sie nichts ahnten. Aber sich mit der Absicht an die Arbeit zu machen, dadurch geistig voranzukommen, wäre Selbstbetrug. Shelley meint, selbst der größte Dichter könne nicht sagen: „Ich werde Gedichte schreiben", denn „eine unsichtbare Einwirkung" ist ein „unsteter Wind"(5) – und Krishnamurti würde hinzufügen, „den der Wille nicht herbeizitieren kann; er kommt oder auch nicht, wie es ihm gefällt".

Scott und seine Frau diskutierten mit ihren Freunden, ob Krishnamurti Advaita lehrte, einen absoluten Monismus, bei dem der Mensch keine bleibende Existenz hat. Scott zitiert aus einem der Star Bulletins: „Das „Ich" ist die Begrenzung der Getrenntheit…entfernt diese Grenzwand."

Wenn Krishnamurti dem Wort „Ich" einen negativen Anstrich gibt, meint er es im Sinne von einem Wettstreit und der Illusion, dass „mein" Gutes auf „deine" Kosten erreicht werden kann. Ich glaube wirklich nicht, dass er mit dieser Aussage ausdrücken wollte, dass wir nicht existieren. Das Bewusstsein bedarf seines Vehikels und sei es nur eine einzige Zelle feinstofflichster Materie. Aber die Zellwände sind durchlässig und erlauben eine universale Telepathie. Die Lebenswogen durchdringen sie, so dass wir niemals getrennt sind. Bei Paulus heißt es so schön: „Wir sind Teil von einander."(6) Das bedeutet nicht, dass wir nicht existieren. Wenn ich eine Rose betrachte, mich an ihrer satten Farbe erfreue, an der Form ihrer Blütenblätter, ihrem Duft, dann ist das eine Sache; aber wenn ich mich selbst sehe, wie ich die Rose betrachte, gibt es keine Rose mehr, sondern nur noch mich. Während ich die Rose betrachtete, gab es nur sie, und ich war nicht."(7)

Im Verlauf der Geschichte nimmt der Eingeweihte den Autor mit in eine verborgene Hütte und stellt ihn einem mysteriösen Sir Thomas vor, den er als Meister bezeichnet. Der Autor befragt ihn über Krishnamurti, und man sagt ihm, seit seiner Arhat-Einweihung habe dieser aufgehört, das Medium des Maitreya zu sein. „Es wäre besser gewesen, er hätte sich aus dem öffentlichen Leben zurückgezogen, um in der Abgeschiedenheit zu meditieren, wie die Arhats vergangener Tage."(8)

Nein, Krishnamurti hielt eine solche Zurückgezogenheit für eine Ablehnung des Lebens und der menschlichen Beziehungen und nahm seine Mission wörtlich. Seit er seine Rolle als Weltlehrer angenommen hatte, reiste er um die Welt und lehrte.

Dann lässt man den angeblichen Meister sehr boshafte und unwürdige Worte sprechen: „Wie der sprichwörtliche Diener, der weiß, dass ihm gekündigt wird, kündigte er zuerst."

Nein, er kündigte nicht. Er nahm seine Aufgabe an.

„Mit anderen Worten, er sagte sich von der weißen Bruderschaft los und wies uns alle zurück."

Aber nein; er erfüllte seine Aufgabe.

„Anstatt die so notwendige Lehre zu verkünden, entzog er sich der Verantwortung seines Amtes…, indem er in eine frühere Inkarnation und eine uralte Philosophie seiner eigenen Rasse zurückverfiel…die für die westliche Welt im gegenwärtigen Zyklus nutzlos ist."(9)

Nein! Die uralte Philosophie seines Landes, die Philosophie der Veden, sucht *Moksha*, die Befreiung vom Leben in der physischen Form. Der Buddhismus betrachtet die Inkarnation als Qual, der man entrinnen muss. Es ist Krishnamurti, der fragt, warum wir diesem Ziel entgegenstreben sollen. Immer wieder führt er uns zu unserem täglichen Leben in dieser Welt zurück, das, das wir uns nicht qualvoll gestalten müssen. Es bietet uns genügend Schönheit. Ein Leben geistiger Integrität kann in dieser Welt gelebt werden. Und das sollte der westlichen Welt dienlicher sein.

David Anrias erscheint in diesem Buch als eine Person, die der Autor und seine Frau gerade getroffen haben. Viola erklärt, Krishnas Lehre sei nichts für sie.

„Natürlich", erwidert David, „nützt sie keiner Frau viel. Nur diejenigen, die in früheren Inkarnationen Raja-Yoga praktiziert haben, wie H.P.B. und A.B., können dem Ganzen etwas abgewinnen."(10)

Das trifft nicht zu. Zu denen, die Krishnas Lehre am raschesten begriffen, gehörten Frauen. Über einige von ihnen haben wir bereits gesprochen. Und was hat Raja-Yoga damit zu tun? Der Begriff „königlicher Yoga" besagt, Beherrschung des Niederen durch das Höhere. Krishnamurti aber verschiebt die Betonung von Beherrschung auf Wahrnehmung, und die Schönheit seiner Lehre besteht darin, dass sie von jedem verstanden werden kann, ohne darauf vorbereitet zu sein; zumindest aber bringt eine Vorbereitung keinen Vorteil.

Sir Thomas erklärt, Krishnamurti lehne einen Guru ab, aber lang anhaltende Meditationen ohne den Schutz eines Meisters seien gefährlich.(11)

Hier liegen zwei Missverständnisse vor. Es geschah niemals, dass Krishnamurti irgendetwas ablehnte oder befürwortete. Er vertrat die Ansicht, dass man von vielen Dingen und Menschen lernen könnte, manchmal auch von einem Guru. Mit gesenkten Augenlidern dazusitzen und zu meditieren, hatte er aufgegeben und ermutigte auch niemanden dazu. Ernsthaftes Nachsinnen über eine Sache war Meditation und konnte hinter den Kulissen geschehen oder auf der Straße. Eine bestimmte Zeit dafür festzusetzen, erschien ihm ein wenig unecht zu sein, so, als wolle man sich in einen gewissen „Zustand" versetzen, ohne dadurch notwendigerweise weiser, freundlicher oder einsichtsvoller zu werden.

Schließlich streichelt Sir Thomas seinen Hund und meint: „Mein Freund, wenn selbst der König dir sagte, dein Herr sei überflüssig, nehme ich nicht an, dass du ihm glauben würdest, oder?"(12)

Diese Analogie ist töricht, denn die Beziehung eines Hundes zu seinem Herrn ist direkt und echt, eine Zuneigung ohne Hintergedanken. Er hört nicht auf seinen Herrn, um des geistigen Fortschritts wegen, obwohl er diesen dabei macht.

Ich möchte nicht den Eindruck erwecken, dass ich Scott nicht leiden kann. Ich spiele gerne seine Musik, und als Lebensbeobachter hat er viel Interessantes zu vermerken. Aber die Geschichte "Der Eingeweihte" ist fiktiv, und weder er noch seine Frau scheinen meiner Ansicht nach Krishnamurti verstanden zu haben.

Ebenfalls 1932 erschien David Anrias Buch „Through the Eyes of the Masters, Meditations and Portraits". Ich wandte mich an die Theosophische Gesellschaft Adyar, um Näheres über den Autor zu erfahren. Der internationale Sekretär, Pedro R.M. Oliveira, schrieb zurück, laut ihren Unterlagen sei sein Name Brian Ross. Anscheinend war er nicht Mitglied der Gesellschaft geworden, hatte sich aber zwei Jahre in Adyar aufgehalten, bevor er wieder nach England ging. In dem Vorwort zur englischen Ausgabe des „Eingeweihten" heißt es, er sei 1927 nach England zurückgekehrt, woraus zu schließen ist, dass er in den Jahren 1925-27 in Indien gewesen sein muss.

Im ersten Kapitel seines Buches schreibt er von dem „Rishi der Nilgiri-Hügel", einem Adepten, den er als seinen persönlichen Meister bezeichnet, von dem er aber als Einzigem kein Bild liefert. Ich werde später auf die Frage einer möglichen Verbindung von Anrias zu diesem ehrwürdigen Hindu eingehen. Angeblich hatten die Meister erlaubt, ihr Portrait malen zu lassen, um den Glauben an sie wiederherzustellen, den Krishnamurti, der „den Wert der Meister als Lehrer und Führer herabsetzte" (13), zerstört hatte. Hier liegt das alte Missverständnis vor. Krishnamurti würdigte die Meister – die wahren – niemals herab, obwohl er meinte, viele Leute besäßen eine trügerische Vorstellung von ihnen. Anrias legt dem Rishi die Worte in den Mund: „Einige, wie Krishnamurti, die von den mit den neuen Kräften in Verbindung stehenden Devas inspiriert worden sind, um die Rolle des Shiva, des Zerstörers, anzunehmen, haben die Verbindung zu ihrem ursprünglichen Strahl verloren…"(14)

Das kann ich einfach nicht glauben. Die Vorstellung des Autors, der Meister Rakoczy sei der Kronprinz von Österreich-Ungarn gewesen, der sich selbst erschoss, war sicherlich von dem Film „Mayerling" inspiriert, nicht von dem Meister selbst, der für ein unabhängiges Ungarn kämpfte. Anrias scheint einiges richtig wahrzunehmen, aber man kann sich nicht darauf verlassen. So lässt er Maitreya behaupten: „Um mit den Devas besser zusammenarbeiten zu können, unterzog sich Krishnamurti den Einweihungen ihrer Evolutionslinie. Das Hauptmerkmal dieser Devas, die als Agenten des erhabenen Gesetzes dienen, zeigt sich in ihrer Unpersönlichkeit und ihrer Distanz, was nach und nach seine gesamte Sichtweise beeinflusste und ihn gefühllos und sogar unmenschlich erscheinen ließ."(15)

Selbst einige seriöse Theosophen scheinen von dieser Erklärung beeindruckt zu sein, die meiner Ansicht nach auf einer Fehlüberlegung basiert. Das tibetische Wort „bdeva" bedeutet Lichtwesen und bezieht sich auf eine ganze Gruppe von Wesenheiten, die feinstoffliche Körper besitzen und die dem Elfenreich angehören, das sich über viele Stufen bis hinauf zu den höchsten Engeln erstreckt. Das Hauptmerkmal der Devas liegt in ihrer Spezialisierung. Sie beschäftigen sich nur mit einer Sache; sie sorgen für das Wachstum der Pflanzen; sie wirken in der Musik; sie helfen den Frauen bei der Geburt; sie kümmern sich um einen Schrein und segnen jene, die ihn aufsuchen; immer aber richten sie ihr Augenmerk auf eine einzige Sache. Der Deva, der den Schrein bewacht, begleitet die Pilger nicht in ihre Heime; er ist nur an deren Andacht an diesem Schrein interessiert. Ein Mensch hingegen beschäftigt sich mit vielen Dingen. Er lebt vielleicht in einer Familie, gestaltet seine Freizeit, liest Bücher usw. Krishnamurti war kein engspuriger Spezialist, im Gegenteil, er verabscheute Spezialisierung. Er konnte ebenso Windeln wechseln, wie einen Kuhstall säubern oder ein Auto fahren. Solche besonderen Aufgaben, wie die Devas sie verrichten, machen sie unpersönlich. Auch wenn Krishnas Verhaltensweise kühl gewesen sein mag, so durchlebte er Beziehungen sehr persönlicher und warmherziger Art, und man könnte annehmen, dass Maitreya das wusste.

Ich bezweifle auch die Beziehung von Anrias zu dem Adepten, den er als seinen besonderen Lehrer bezeichnet. In seiner Einführung heißt es bei Scott: „Nach jahrelangen Bemühungen gelang es ihm, eine Beziehung zu dem Adepten aufzubauen, den man als den Rishi der Nilgiri-Hügel kennt, auf den er sich mental „einzuschwingen" gelernt hatte. Dieser ehrwürdige Weise ist besonders in der Astrologie bewandert und unterrichtete Anrias…"(16)

Aber im „Eingeweihten" erklärt Scott: „Er erzählte uns…er pflegte sich oft monatelang an einen Ort in den Nilgiri-Hügeln zurückzuziehen, wo er unter Anleitung des Meisters, den Madame Blavatsky den „Alten Herrn der Nilgiri-Hügel" nannte, meditierte. Dieser Meister hat sich in der Astrologie spezialisiert, die im Verhältnis zu den kosmischen Kräften steht."(17)

In dieser Version wurde er auf physischer Ebene von einem Meister unterrichtet, in der anderen aber nicht.

Es handelt sich dabei um den Yogi, dessen Portrait, das Madame Blavatsky für ihn anfertigte, Olcott in seinen „Old Diary Leaves" (18) abbildete. Er glaubte, sie habe ihn Tiravala genannt, obwohl er annahm, dass sie Tiruvalluvar meinte, einen südindischen Grundbesitzer, der in den Nilgiri-Hügeln lebte und die „Beziehungen kosmischer Zyklen zu den Fixpunkten der Sternbilder studierte". (19) Aus Madame Blavatskys Tagebuch zitierend, bezieht er sich auf ihn als „N". In ihrem Tagebuch aber lesen wir den Namen „Narayan".(20) Leadbeater gibt ihm in seinem Buch „The Lives of Alcyone" den Sternennamen „Jupiter" und bezieht sich als solchen auf ihn in „Die Meister und der Pfad".(21)

Ernest Wood aber gewährt den tiefsten Einblick in das Bild dieses Asketen. (22) Man erreichte ihn, wenn man mit der Madras-Mysore-Eisenbahn bis Tiruvallam fuhr und dann querfeldein zu seiner Hütte wanderte. Er war von zierlicher Gestalt, trug einen weißen Bart und war nur mit einem Leinengewand bekleidet. Sein Name lautete Narayan oder, mit dem ehrende Zusatz, Narayanaswami, obwohl die Einheimischen ihn den *Kurruttu Paradeshi*, den „blinden Wanderer", nannten. Obgleich arm, besaß er etwas Land, und obwohl blind, bewegte er sich auf einem Ochsenkarren zwischen den Dörfern in den Nilgiri-Bergen. Wood wunderte sich, wie der kleine Ochse trotz des blinden Fahrers genau wusste, welche Biegungen er einzuschlagen hatte. Wood verbrachte jeweils eine Woche bei dem Weisen. Dieser erzählte ihm, die Theosophen hätten einen Fehler gemacht, indem sie ihn als den Meister von Madame Blavatskys Meister beschrieben hätten.(23) Er hatte jemandem, der von Adyar zu ihm heraufgekommen war, gesagt, er selbst und Blavatsky hätten denselben Meister, der auch Woods Meister sei. Sein Name war Sitaram Bhavaji, der 1850 London besucht hatte. Das stimmt mit Blavatskys Aussage überein, die immer behauptet hatte, Morya das erste Mal 1850 in London gesehen zu haben, als er im Zug des Premierministers von Nepal herüber gekommen war und an dem Umzug durch den Hyde Park teilnahm. Der Name Morya, mit dem sie ihn in ihren Schriften nennen durfte, geht mit Sicherheit auf die südindische Dynastie der Mauryas oder Moryas zurück, gegründet von dem Kaiser Chandragupta Maurya oder Morya, einem Zeitgenossen Alexander des Großen, Großvater des Kaisers Ashoka, der 272-32 v.Chr. regierte. Sie waren eine Kshattriya Dynastie, Feinde der Brahmanen und Beschützer der Buddhisten gegen die Brahmanen. Narayanaswami erzählte Wood, er wäre dem erhabenen Mahatma begegnet, als dieser Südindien besuchte. Dort arbeitete er zusammen mit einem Meister aus Kashmir, einem jungen Mann, der in Oxford erzogen worden war. Er sprach wohl von Koot Hoomi, der laut Blavatsky an einer englischen Universität studierte und den sie einen „Brahmanen aus dem Norden" nennt, den Subba Rao und Leadbeater als Kashmiri-Brahmanen bezeichnen. Bei den Nachforschungen für meine Blavatsky-Biographie bemerkte ich, dass Olcott bei der Beschreibung ihres gemeinsamen Besuchs im „Goldenen Tempel" davon spricht, unter den Hütern einen Meister entdeckt zu haben, dessen Beschreibung auf den Meister Koot Hoomi passte. Ich konnte nicht verstehen, wie irgendjemand zwischen den Hütern des Goldenen Tempels auch nur für einen Moment erscheinen konnte, es sei denn ein Sikh. Als Brahmane wird man geboren, ein Sikh kann man werden. Die fünf ursprünglichen Sikhs entstammten den fünf Kasten und der einen Kaste der Ausgestoßenen, die gelobten, das Kastenwesen abzuschaffen. Viele Rajputen wurden Sikhs. Sowohl Morya als auch Koot Hoomi bestanden darauf, dass Brahmanen, die der Theosophischen Gesellschaft beitraten und ihre Schüler werden wollten, mit der Kaste brechen mussten, wie Damodar es tat und natürlich auch Krishnamurti und Nitya. Der Name Koot Hoomi hat einige Verwirrung verursacht, da er in keiner bekannten Sprache eine Bedeutung besitzt. Das *Vishnu Purana* jedoch bezieht sich auf einen Kuthumi, der zu den ursprünglichen Übermittlern der Veden gehörte. Wahrscheinlich hatte Blavatsky aufgrund der üblichen, aber in diesem Falle unrichtigen englischen Aussprache den Namen anders buchstabiert. Deshalb können wir wohl den Meister, den Leadbeater als Krishnas Meister ansah (unter Führung von Maitreya und Buddha) als einen Kashmiri-Brahmanen betrachten, der mit der Kaste gebrochen hatte und ein Sikh geworden war. Die Sikhs besaßen immer eine gute Beziehung zu den Buddhisten und auch zu den Sufis.

Narayan wusste, dass die Ankunft eines großen Lehrers bevorstand und sagte Wood, dass er (Wood) Indien nicht vor dem Auftreten des Nanjunda, des Einen, der erwartet wurde, verlassen werde. Wood werde der Lehrer dessen sein, der sein Lehrer werden sollte. Er erinnerte sich an diese Worte, als man ihm auftrug, Krishnamurti in Englisch, Sanskrit und Arithmetik zu unterrichten.

Lebte Narayan noch, als Anrias in den Zwanziger Jahren kam? Anrias Astrologie ist westlich geprägt. Er erstellt seine Horoskope nach dem tropischen Zodiak, der mit dem Frühlingspunkt beginnt, während die indische Astrologie den auf den Sternbildern basierenden Tierkreis zugrunde legt. Da wir von Olcott wissen, dass Narayan „die Beziehung der kosmischen Zyklen mit den Fixpunkten der Sternbilder" studierte, muss er das sich verändernde Verhältnis beider Tierkreise zueinander beobachtet und das Erscheinen des Einen, dessen Lehrer und dann dessen Schüler Wood werden sollte, erwartet haben, wenn die Frühlingstagundnachtgleiche (Null Grad Widder) in das Zeichen des ausgehenden Wassermanns schritt (zurückging).

Ich kann mir nicht vorstellen, dass dieser große Weise einen solchen Unsinn von sich gegeben haben soll, den man ihm in Bezug auf Krishnamurtis Verwandlung in einen Deva unterstellte.

Wie alt war Narayan? Das Bild, das Blavatsky für Olcott anfertigte, als sie sich beide Anfang 1870 in New York aufhielten und das einen liebenswürdigen, nicht mehr jungen Mann zeigt, schuf sie aus der Erinnerung. Ende 1850 hatte sie den Weisen in Indien gesehen. Wood begegnete ihm zwischen 1909 und 1910. Damals muss er mindestens in seinen hohen Neunzigern gewesen sein, wenn nicht sogar schon über Hundert. Als Wood nach einigen Jahren der Abwesenheit wieder in Indien weilte, fuhr er noch einmal nach Tiruvallar und wanderte zur Hütte des Weisen. Man sagte ihm, der blinde Mann sei gestorben. Wood nennt nicht das Datum seines Todes, vielleicht hatte er es auch nicht erfahren. Meiner Ansicht nach muss es vor Anrias Ankunft, Mitte der Zwanziger Jahre, gewesen sein.

21.

Ojai während der Kriegsjahre

Inzwischen hatte sich eine gewisse Bildungsschicht in Südkalifornien angesiedelt. Anfang 1939 erhielt Krishnamurti einen Brief von Gerald Heard, in dem er bat, ihn besuchen zu dürfen. Er übermittelte ihm eine Botschaft von Aldous Huxley, der bald darauf Krishnamurti ebenfalls einen Besuch abstattete. Die Huxleys – Aldous, Maria und ihr Sohn – und Heard waren im Frühjahr 1937 zusammen aus England gekommen und hatten ihren ersten Sommer in Neumexiko auf D.H. Lawrences ehemaliger Farm verbracht. Huxleys frühe Romane, besonders „Antic Hay", waren äußerst atheistisch, nihilistisch und zynisch geschrieben und schadeten mit Sicherheit einigen Leuten, die sie als Ideal und weniger als Satiren betrachteten. Huxley hatte sich mit dem sehr ernsthaften D.H. Lawrence angefreundet. Seit einiger Zeit hatte sich seine atheistische Anschauung abgenutzt. Audens Freund, Christopher Isherwood, der Anfang 1939 in Kalifornien eintraf, hatte Heard und Huxley Swami Prabhavananda vorgestellt. Er war also reif für ein Gespräch mit Krishnamurti. Wir besitzen keinen Bericht von ihrer ersten Begegnung, aber Sybille Bedford, die in ihrer Biographie über Huxley den August 1939 erwähnt, schreibt: „Am Mittwoch fahren sie nach Santa Barbara, wo Rosalind Rajagopal und Krishnamurti den Sommer verbringen."(1) Es ist nicht eindeutig, wen sie zitiert – „sie" bezieht sich wohl auf Huxley und seine Frau, mit oder ohne Heard – doch man beachte, wie natürlich es hingenommen wird, dass Rosalind und Krishnamurti den Sommer gemeinsam verbringen. Der Ehemann wird nicht erwähnt. Die Huxleys führten eine offene Ehe und gingen wahrscheinlich davon aus, dass es sich bei den Rajagopals ebenso verhielt und Krishnamurti Rosalinds wirklicher Gefährte war.

Seit einigen Jahren hatten sich die Schatten des Krieges abgezeichnet. In England wurden wir 1938 mit Gasmasken ausgestattet. Als ich während der letzten Augusttage 1939 über den Trafalgar Square in die St. Martins Lane radelte, bemerkte ich, dass die Ampeln schwarz verhängt worden waren und nur winzige Kreuze durchleuchteten. Erst in diesem Moment war ich überzeugt...Am 3. September verkündete Chamberlain den Kriegszustand zwischen England und Deutschland. Ich erinnere mich noch, wie meine Kollegin bei der Post während des „Blitzkrieges" mit beißendem Humor von „den Intellektuellen" sprach, „die zufällig nach Kalifornien gereist waren, kurz bevor es losging – und dort blieben." Huxley war seit langem erklärter Pazifist. Sie hätten wohl nicht viel in England tun können, aber ich glaube, es ging darum, dass man sie lieber zu Hause gesehen hätte.

Ojai war Krishnas Zuhause. 1922 war er zum ersten Mal dorthin gekommen und siebzehn Jahre lang immer wieder im Anschluss an seine Reisen dorthin zurückgekehrt. Daher blieb er einfach inmitten seiner Orangenbäume und immergrünen Steineichen. Huxley drängte ihn, nicht nur Vorträge zu halten, sondern ein Buch zu schreiben und unterstützte mit seiner Genehmigung den Beginn einer Arbeit mit dem Titel „Commentaries on Living". Wahrscheinlich war auch er (der immer unter Sehschwäche gelitten hatte) es gewesen, der Krishnamurti in die von Dr. H.W. Bates verordneten Augenübungen einführte. Krishnamurti bedurfte ihrer nicht, führte sie aber durch und benutzte bis zum Ende seines Lebens niemals eine Brille.

Für den Fall, dass der Krieg Nahrungsmangel bedeutete, hatte Rosalind eine Kuh für Milch und Butter angeschafft. Krishnamurti versuchte, sie zu melken, aber seine Hände waren zu kalt, weshalb sie die Arbeit machte. Jeden Morgen brachte er Radha zum Schulbus und holte sie abends wieder ab.(2)

Aldous Huxleys Frau Maria, eine gebürtige Belgierin, schrieb Anfang des Krieges: „Wir sind mit den Rajagopals, Krishnamurti, ihrem kleinen Mädchen und zwei Gänsen bei einem Picknick gewesen."(3)

Ihr ist ein seltsamer Satzbau zu Eigen; denn sie fährt fort: „Wir werden das Wochenende bei Rosalind verbringen. Sie und Krishnamurti und die Kinder sind einen Monat lang fort gewesen, und wir haben sie sehr vermisst. Ihre blauen, unschuldigen Augen..."(4)

Kinder? Vielleicht hatte man eine Spielgefährtin für Radha mitgenommen. Es klingt, als seien sie, wie „so manchen Sommer" in der Peter Pan Lodge gewesen.(5)

Dann schreibt Maria Huxley wieder an Sybille Bedford: „Wir wohnten bei Rosalind und Krishnaji in Ojai."(6)

Marias Schwester Jeanne schreibt: „Unsere Freundschaft mit Rosalind und Krishnaji wird immer enger, und wir bedauern, dass wir sie nicht sehen."(7)

Erwecken diese Zeilen nicht den Eindruck, als seien Rosalind und Krishnamurti ein Paar? Im Oktober 1940 machen sie, natürlich mit Radha, auf einer Insel im Atlantik, südlich von Massachusetts, Urlaub.

Inzwischen hatten die Nazis Frankreich, Belgien und Holland besetzt, und in England erlebten wir den „Blitzkrieg". In ihren Briefen an Krishnamurti warf Lady Emily ihm seine Distanz vor. Ich kann nachfühlen, was sie empfand. Ich war zu jener Zeit in London und arbeitete unter anderem als freiwillige Helferin bei den Aufnahmestellen für die Bombenopfer. Ich glaube, die meisten von uns dachten mit einer gewissen Verärgerung an diejenigen, die es geschafft hatten, in ein Land zu ziehen, in dem keine Bomben fielen. Doch wenn ich nicht Engländerin gewesen wäre und mein Zuhause in Kalifornien gestanden hätte, wäre ich wohl kaum eigens nach England gereist. Ommen war natürlich von der freien Welt abgeschnitten. Am 11. Oktober 1940 wurde Baron Phillip van Pallandt festgenommen und nach Buchenwald ins Konzentrationslager geschleppt, wo er das Ende des Krieges erlebte.

Anfang 1941 fuhr Krishnamurti mit den Rajagopals (diesmal mit beiden) zum „Sequoia-Nationalpark", wo sie zwei Blockhütten mieteten. Die Rajagopals blieben nur drei Wochen und fuhren dann in das vierhundert Kilometer südlich gelegene Ojai zurück, während Krishnamurti noch drei weitere Wochen blieb – alleine. Ein indischer Besucher erinnert sich, dass Krishnamurti lange Spaziergänge unternahm – er liebte die riesigen

Redwoods, die ältesten Bäume der Erde, von denen einige angeblich dreitausend Jahre alt sind – und Beethovens Neunter lauschte. Bücher hatte er keine mitgenommen. Sein einziger Gefährte war eine Spinne. Jeden Morgen fand er sie direkt innerhalb des Fensters; er setzte sie nach draußen und zerstörte ihr Netz, in dem sich Fliegen gefangen hatten. Aber jeden Morgen, wenn er erwachte, war die Spinne wieder da und hatte ein neues Netz gesponnen. Schließlich gab er auf und meinte: „Friede, wir wollen uns die Hütte teilen."(8)

Einen Einblick in jene Kriegsjahre in Ojai verdanken wir einem Nachbarn, William Quinn: „Wir waren nur zu Viert, die in täglichem Kontakt miteinander standen, Krishnaji, Rosalind, ihre Tochter Radha und ich selbst. Herr Rajagopal war nur selten da. Wir hatten achtzig Hühner, eine Kuh, die ich molk, und Bienen. Die stets fröhlich fleißige Rosalind machte Hüttenkäse und Butter und backte ein wunderbares Vollkornbrot. Sie bereitete unsere Mahlzeiten. Krishnaji und ich wuschen ab."(9)

Am 31. August 1943 schreibt Krishnamurti an Lady Emily, er habe sich gesorgt, weil er über ein Jahr lang nichts mehr von ihr hörte, obwohl er ihr mehrmals geschrieben hatte. Im weiteren Verlauf berichtet er von seinem Alltag in Ojai und dass er ein ganz besonderes, sehr kreatives und freudiges inneres Leben führe. Er schreibe jeden Morgen Tagebuch und meditiere täglich mindestens zwei Stunden. Die richtige Meditation sei das Ungewöhnlichste, das man erleben könne; sie sei eine kreative Entdeckung, ein Befreiungsprozess, bei dem das Höchste offenbart werde. Die inzwischen zwölfjährige Radha besuche eine Privatschule im Tal, und Rosalind nehme in Santa Barbara an Ernährungkursen teil.

Der Rest des Briefes fehlt.

Wir besitzen nichts Schriftliches von Krishnamurti hinsichtlich der Beendigung des Krieges mit Deutschland (8. Mai 1945), aber es gibt einen Brief an Lady Emily vom 22. Juni 1945, in dem er sich für sein spärliches Schreiben entschuldigt. Er habe wenig Zeit gehabt, da er mehrere Monate in Hollywood gewesen sei, wo er Gruppendiskussionen abhielt. Jedes Gespräch habe er notiert, damit es später einmal gedruckt werden könne, was alles Zeit gekostet hätte. Seit einer Woche spreche er jeden Sonntag in Ojai unter den Bäumen und Mittwochs fänden Diskussionen statt, was für etwa zwei Monate beibehalten werden solle. Er schreibe sowohl die Vorträge als auch die Gespräche nieder. Das Tal sei erfüllt vom Duft der Orangenblüten, und er wünsche, sie könne dort sein.

Aldous Huxley hatte für den Sommer ein Haus in Wrightwood gemietet, einem Gebirgsort zwischen Los Angeles und der Wüste. Ihm bekam die Höhe gut, nicht aber Maria. Auf ihren Vorschlag hin quartierten sich Krishnamurti, Rosalind und Radha in einem Nachbarhaus ein; Rajagopal besuchte sie gelegentlich an Wochenenden.

Krishnamurti war entsetzt über den Atombombenabwurf auf Japan im August 1945. Am 7. September schreibt Maria: „Wir brechen bald alle auf; Radha und Rajagopal werden am 14. nach Osten reisen... und Rosalind und Krishnaji werden Wrightwood am selben Tag verlassen."(10)

Inzwischen waren die zahlreichen Vorträge, die Krishnamurti im Oak Grove gehalten und sorgfältig für eine Veröffentlichung redigiert hatte, erschienen. Im Mai 1940 hatte er sie mit einer Anspielung auf den Krieg eröffnet und erklärt, es sei die Externalisierung des Krieges im eigenen Innern, die letztlich den Krieg zwischen den Nationen hervorbringe. Einige Leute behaupteten, wenn Ordnung in der Welt herrschte und alle genug besäßen, müsste man in Frieden leben können. Doch ganz so einfach ist es nicht.

„...Wir alle brauchen Nahrung, Kleidung und Unterkunft...Aber warum sind diese Dinge so wichtig, so bedeutungsvoll geworden?...Sie geben uns soziales Prestige....die Mittel, Macht auszuüben."(11)

Jemand fragte: „Wie kann man sich ändern, ohne Widerstand zu erzeugen?"

Er gab zur Antwort: „Die Vorstellung an sich, eine Veränderung vorzunehmen, enthält ein vorgefasstes Konzept, das ein Verstehen verhindert."(12)

Eine andere Frage lautete: „Wie kann man Gefühle beherrschen?"

Er antwortete: „Wir müssen das Problem des Beherrschens verstehen. In unserem Denken wirkt eine duale Kraft...Indem wir den Prozess der Dualität erkennen, werden wir jenes Verstehen wachrufen, das den Konflikt ausräumen wird..."(13)

An diesen Äußerungen erkennen wir die Hauptthemen seiner zukünftigen Lehre. „Verändern" und „beherrschen" sind Worte, wie er immer wieder betonen wird, die vorgefasste Konzepte, wie es sein sollte, vortäuschen und so verhindern zu sehen, was wirklich ist."

Man stellte ihm die Frage: „Ist es nicht natürlich, die Meister zu lieben?"

Er antwortete: „Es gibt zwei Arten von Gurus, Lehrern oder Meistern, solche, mit dem der Schüler auf dieser physischen Ebene in direktem Kontakt steht und solche, mit denen der Schüler indirekt verbunden ist. Der Lehrer, mit dem er unmittelbar, physisch, in Kontakt steht, beobachtet den Schüler, während er ihm hilft und ihn führt. Die „Meister" stehen nicht in unmittelbarer, physischer Verbindung mit dem Schüler, ausgenommen anscheinend mit denjenigen, die behaupten, dass sie Vermittler sind. In dieser Beziehung, kann der Verstand einer grenzenlosen Selbsttäuschung erliegen."(14)

Offensichtlich dachte er dabei daran, wie Leadbeater in Australien zu seinen Schülern über die Meister gesprochen hatte, die die Schüler nie zu Gesicht bekommen hatten. Blavatsky und Olcott hatten diese Leute tatsächlich auf physischer Ebene gesehen, aber was Leadbeater seinen Schülern bot, waren die Berichte seiner Visionen, die seit seinem Aufenthalt in Australien mehr und mehr eigene Wunscherfüllungen geworden waren.

Blavatsky hatte gewarnt: „…das Astrallicht ist…nur das Registriergerät jedes Gedankens; der universelle Spiegel, der jedes Ereignis und jeden Gedanken, wie jedes Wesen und jedes Ding, belebt oder unbelebt, widerspiegelt. Wir nennen es das große Meer der Illusion."(15)

Es war sicherlich in dem reflektierenden Spiegel der Illusion gewesen, dass Leadbeater einen Kirchen liebenden Kuthumi gesehen hatte, der seine Beförderung zum Bischofsamt billigte. Wenn er den Meister zitierte, dann oft aus seiner eigenen Vorstellung von ihm heraus. Das war die Gefahr, von der Krishnamurti sprach. (Schade, dass er weder Blavatsky noch die Briefe des Meisters selbst las.)

Einen Fragesteller, der anderen Menschen helfen wollte, warnte er: „In diesem Wunsch, einander zu helfen, einander zu dienen, liegt ein verborgener Stolz, eine Einbildung…das laute Geschrei, helfen zu wollen, entspringt der Eitelkeit."(16) Wenn jemand liebe, diene er ganz natürlich. Ein anderer Fragesteller (24. Juni 1944) wollte wissen, wie er mit seinem Verlangen nach Sex, das zu einem „quälenden Problem" geworden war, umgehen sollte. Krishnamurti antwortete darauf: „Es ist zu einem Problem geworden, weil wir aufgehört haben, kreativ zu sein; bloße Zurückhaltung und Unterdrückung lösen das Problem nicht, sondern wirken nur als ein Faktor der Erregung, Unruhe…Liebe ist keusch, aber ein Geist, der plant, keusch zu sein, ist es nicht."(17)

Als ich diese Worte vor mehr als einem halben Jahrhundert zum ersten Mal las, fragte ich mich, ob Krishnamurti damit meinte, dass jemand, der liebt, als Mönch lebt oder ob der sexuelle Ausdruck wahrer Liebe keusch ist. Gewiss letzteres.

1945 erwiderte Krishnamurti jemandem, der sagte, er suche Inspiration: „Warum wollen Sie inspiriert werden?…Haben Sie nicht bemerkt, dass die Inspiration kommt, wenn sie nicht danach suchen?"(18)

Und auf die Aussage: „Da das Leben ungleich ist, muss es Meister und Schüler geben", meinte er: „Ungleichheit wird so lange bestehen, wie der Schüler danach trachtet, Meister zu werden."(19)

Es ist nicht der Meister, der kritisiert oder dessen Existenz abgelehnt wird, sondern etwas in der Motivation des Schülers.

Auf die Frage: „Sollten wir nicht Ihre Erfahrung und was Sie uns sagen anzweifeln?" gibt er zur Antwort: „Was ist die Ursache des Zweifels? Taucht er nicht dort auf, wo man jemandem folgt…Wir beschuldigen oder kritisieren die einmal akzeptierte Autorität, den Anführer, den Lehrer, aber wir untersuchen nicht unser eigenes Verlangen nach einer Autorität, die korrigieren kann…"(20)

Sind wir nicht alle schon einem solchen Menschen über den Weg gelaufen, der zu Füßen eines bestimmten Gurus saß und irgendwann anfing, zuerst kleine, dann große Fehler zu entdecken, ihn verurteilte und nach einem anderen Guru Ausschau hielt, um mit ihm in der gleichen Weise zu verfahren?

Auf Fragen zur Verwirklichung von Intelligenz, entgegnete Krishnamurti: „Spezialisierung ist Tod, der Mangel an uneingeschränkter Geschmeidigkeit…Wie die Erde während des Winters brachliegen darf, so muss das Denken nach tiefgründigem Suchen schweigen. Gerade dieses Brachliegen ist die Erneuerung."(21)

Jemandem, der fragte, ob Kriegsverbrecher nicht bestraft werden müssten, erwiderte er: „Den Mörder zu morden, bedeutet wie er zu werden; Sie werden zum Verbrecher. Eine Untat kann man nicht durch falsche Mittel berichtigen."(22)

Nachdem zwanzig Jahre seit Annie Besants Spendenaufruf vergangen waren, wurde die „Happy Valley School" gegründet. Krishnamurti, Aldous Huxley, Rajagopal und Rosalind bildeten zusammen mit einigen anderen Personen die Treuhänder. Rosalind fiel die Rolle des Vorstands zu, die eine zunehmende Bedeutung in ihrem Leben spielen sollte. Es war eine Sekundarschule für Jungen und Mädchen, verbunden mit einem Wohnheim und vegetarischer Küche; man verlangte Schulgeld, da die Lehrer bezahlt werden mussten. Krishnamurtis Teilnahme war hauptsächlich geistiger Natur. Vorstandssitzungen waren nicht sein Fall, und er überließ die praktischen Dingen anderen. In jedem Fall war es nun an der Zeit, dass er sich wieder auf Vortragsreisen rund um die Welt begab. Rosalind bat ihn, diese Reisen aufzugeben und die Leute nach Ojai kommen zu lassen, was aber bedeutet hätte, dass nur die Wohlhabenden aus anderen Kontinenten hätten anreisen können.

Ursprünglich beabsichtigte er, nach Eröffnung der Schule, im September 1946, aufzubrechen. Aber wenige Tage vor seiner Abreise erkrankte er ernsthaft an einer Niereninfektion. Er war lange Zeit ans Bett gefesselt, und Rosalind pflegte ihn. An diese Krankheit sollte er sich später kaum noch erinnern. Als er sich im darauf folgenden Sommer gesund genug fühlte, um wieder zu reisen, stellte ihn Indiens frisch errungene Unabhängigkeit vor die Wahl, seinen britischen Pass zu behalten oder einen nationalen Pass zu bekommen. Obgleich er die Angehörigkeit zu einer Nationalität missbilligte, wählte er Indien und sagte seinen Orangenbäumen, dem kleinen Pfefferbaum und den Rosen, die er gepflanzt und gehegt hatte, Lebewohl.

22.

Die Geschichte von Ooty

Im September 1947 reiste Krishnamurti auf seinem Weg nach Indien über England, wo er drei Wochen bei Lady Emily blieb. Sie war inzwischen dreiundsiebzig Jahre alt und Witwe (Sir Edwin war Anfang 1944 gestorben), besaß aber immer noch ihre Etagenwohnung in der Mansfield Street und empfing den zweiundfünfzigjährigen Krishnamurti mit derselben Liebe wie früher. Marcelle de Manziarly war aus Paris gekommen, um ihn zu sehen und gemeinsam verbrachten sie ein längeres Wochenende bei Mary und ihrem neuen Ehemann. Mary, die damals nichts von spirituellen Dingen wissen wollte, ging 1930 eine Ehe ein, die sich als Hohn erwies, indem jeder über das Eigenleben des anderen stillschweigend hinwegsah. Nach fünfzehn Jahren ließ sie sich scheiden und heiratete kurz darauf Joe Links. Dieser kannte sich gut in Venedig aus und war ein Experte der venezianischen Kunst, besonders der Gemälde von Canaletto. Auf ihrer Hochzeitsreise führte er Mary an alle jene Orte, die Ruskin Effie auf ihrer Hochzeitsreise gezeigt hatte. Dieser glücklichen Reise entsprang ihr erstes Buch „Effie in Venice", eine Veröffentlichung von Effies Briefen, die sie nach Hause an ihre und seine Familie geschrieben hatte. Krishnamurti, Lady Emily und Marcelle trafen am 26. September 1947 in Marys Haus in West Sussex ein. Sie saßen in ihren Morgenröcken beim Frühstück, redeten und lachten. (Joe gestand mir fünfzig Jahre später, als er mich nach einem gemeinsamen Essen mit ihm und Mary zur Bushaltestelle fuhr und wir uns über Krishnamurti und die damalige Begegnung unterhielten: „Ich verstehe seine Lehre nicht, aber auf persönlicher Ebene kamen wir gut miteinander aus.") Auch Lady Emily hatte den Versuch aufgegeben, seine Lehre zu verstehen, sah in ihm (Krishnamurti) aber die „schönste Blume der Menschheit".

Am 4. Oktober 1947 flog Krishnamurti nach Indien, wo er kurz nach seinem Eintreffen wie üblich indische Kleidung anlegte. Als sein Flugzeug in Bombay landete, wurde er von Sir Chunilal Mehta, einem Industriellen und ehemaligen Mitglied des Staatsrates und ernsthaftem Schüler der Lehren Krishnamurtis, am Flughafen empfangen. Wieder zu Hause, erzählte er seiner Schwiegertochter Nandini Metha von der Begeisterung, mit der Krishnamurti die Gangway hinuntergeeilt war, um Fuß auf seinen Heimatboden zu setzen.

Krishnamurti wohnte bei Ratansi Morarji in der Carmichael Road. Morgens war das Haus für Gäste geöffnet. Sir Chunilal konnte seinen Sohn Bhagwan Mehta nicht überreden, mitzukommen, dessen Frau aber zeigte Interesse. So betraten also Chunilal Mehta und Nandini das Zimmer in der Carmichael Road, in dem Krishnamurti mit gekreuzten Beinen saß und die Fragen der Leute beantwortete, die gekommen waren, um ihn zu sehen.

Es waren noch keine zwei Monate seit dem Rückzug der Engländer aus Indien, am 15. August 1947, vergangen. Zwei unabhängige Staaten hatten sich gebildet, Indien unter Premierminister Jawaharlal Nehru und Pakistan unter Jinnah. Da diese Teilung auch die räumliche Trennung von Religionsbrüdern bedeutete, gab es viele Morde, besonders viele Sikhs wurden getötet. Dieser Missstand beschäftigte natürlich jeden. Aber Krishnamurti, der vor einer reinen Hindu-Versammlung sprach, weigerte sich, Partei zu ergreifen. Anstatt auf die Gewalt anderer Menschen hinzuweisen, sollten wir lieber die Gewalt in unserem eigenen Innern beachten.

Nachdem die Leute gegangen waren, führte Sir Chunilal Nandini zu Krishnamurti. „Dreißig Jahre habe ich gewartet, Sie zu sehen", sagte sie. Sie war dreißig Jahre alt.

Danach ging Krishnamurti nach Madras. Sein Büro, Vasanta Vihar, war nun die offizielle Zentrale für seine Arbeit in Indien. Im Januar kehrte er nach Bombay zurück. Am 30. Januar war Gandhi von einem Fanatiker aus den Reihen seiner eigenen Leute ermordet worden. Jemand fragte Krishnamurti nach der wirklichen Ursache für den Mord. Er antwortete:

„Sie liegt in euch…Wenn Ihr euch als Hindus, Moslems, Parsen oder Gott weiß was bezeichnet, muss das einen Konflikt in der Welt hervorbringen."(1)

Zu den in Ratansi Morarjis Haus Versammelten gehörten auch Achyut Padwardhan, der den Anruf über das Attentat entgegengenommen hatte, Pupul Jayakar, Nandinis ältere Schwester, die verheiratet war und Kinder hatte, sowie Maurice Friedman, der zwar die gelbe Robe trug, doch ein Jude aus Polen war. Klein und gebeugt, besaß er nach Aussage des Dalai Lama „die durchdringendsten blauen Augen und einen äußerst scharfen Verstand". Er war ein Freund der Tibeter. Pupul Jayakar, Nandini Mehta, Maurice Friedman und Sanjeeva Rao planten, eine Zeitschrift herauszugeben. Im April musste Krishnamurti wieder nach Madras und bat seine neuen Freunde, zu ihm zu kommen, um die Angelegenheit zu besprechen. Pupul Jayakar und Nandini Mehta mussten die Erlaubnis ihrer Ehemänner für diese Reise einholen, obwohl Sir Chunilal sie begleitete und natürlich wieder nach Bombay brachte.

Im Mai zog sich Krishnamurti in den nahe gelegenen Gebirgserholungsort Ooty zurück, um der Hitze von Madras zu entfliehen, und bat die beiden Schwestern erneut, zu ihm zu kommen. Das bedeutete, die Ehemänner wieder um Erlaubnis zu bitten. Bhagwan Mehta gefiel es nicht, aber er gab sie. Auch diesmal wurden sie von Sir Chunilal begleitet; die Kinder beider Schwestern kamen auch mit. Ootacamund war eine der alten britischen Niederlassungen in den Hügeln, die von den Offizieren, besonders ihren Familien, während der heißen Jahreszeit aufgesucht wurden. Da ihnen der Name Ootacamund zu lang war, nannten sie den nach englischer Art gestalteten Ort einfach Ooty. Selbst die Inder nannten ihn so, sogar Krishnamurti. Als die Gruppe Ende Mai eintraf, quartierten sie sich in einem Hotel in der Nähe von Haus „Sedgmoor" ein, in dem Krishnamurti wohnte. Es war in Ooty, wo Nehru Krishnamurti um ein Gespräch bat, das viereinhalb Stunden dauerte und bei dem nur spirituelle Fragen erörtert wurden.

Am 29. Mai begann der Prozess wieder. Krishnamurti ging auf sein Zimmer und bat Friedman, dafür zu sorgen, dass er unter gar keinen

Umständen gestört werde, er aber Pupul und Nandini bitten möge, zu ihm zu kommen. Friedman, der viele Jahre lang Yoga-Übungen gemacht hatte und wusste, was ein Aufsteigen der Kundalini bedeutete, muss der Gastgeberin Miss Petit erklärt haben, dass etwas geschehen würde. Krishnamurti forderte die beiden Frauen auf, nicht mit ihm zu sprechen, sondern im Falle einer Ohnmacht seinen Mund zu schließen und nicht zu versuchen, ihn zu beleben. Auf keinen Fall sollten sie einen Arzt rufen.

Er schien starke Schmerzen im Genick und im Kopf zu haben und meinte dazu: „Sie reinigen meinen Verstand."(2) Ich glaube, das ist die Antwort für diejenigen, die glauben, er leugne die Meister der Weisheit. Wer sonst konnten die geheimnisvollen „Sie" sein, die unsichtbaren Wesenheiten, die ihm in ihrer unendlichen Weisheit dies antaten, was von ihm als eine Notwendigkeit akzeptiert wurde, da es einem guten und heiligen Zweck diente.

Der Prozess wiederholte sich jeden Abend, und am 30. Mai keuchte er: „Gott, gib mir Frieden. Ich weiß, was sie wollen. Ich weiß, wenn die Schmerzgrenze erreicht ist, dann werden sie wiederkommen. Sie wissen, wie viel der Körper aushalten kann…Sie gehen sehr sorgsam mit diesem Körper um…"(3)

Er verstand also, warum sie ihm dies antaten. Obwohl der Schmerz zeitweise unerträglich zu sein schien, achteten sie darauf, dass das Vehikel nicht zerbrach. Am 18. Juni rief er aus: „Sie haben mich verbrannt, damit Leere vorhanden sein kann. Sie wollen sehen, wie viel von ihm kommen kann. "(4)

Jemand, weitaus größer als Er, sollte kommen, und es war mehr als jenes wiederholte Kommen des Maitreya. Bisweilen schlich sich Friedman hinein, um mit Suppe gefüllte Schalen hinzustellen, falls sie gebraucht wurden. Der Höhepunkt ereignete sich am 20. Juni, als der Schmerz ihm die Tränen aus den Augen trieb und sich sein gesamter Körper krümmte. Dann stürzte er plötzlich nach hinten, so, als sei er tot. Seine weit geöffneten Augen starrten ausdruckslos. Seinem ganzen Körper und seinem Antlitz, das ungewöhnlich schön geworden war, entströmte helles Licht. Ein Wind wehte durch das Zimmer, von dem die Frauen sich berührt fühlten, obwohl er nichts bewegte. Dann kehrte er zu seinem Normalbewusstsein zurück und sagte: „Habt Ihr das Antlitz gesehen? Der Buddha war hier, Ihr seid gesegnet."(5)

Das war es also, nicht der Maitreya, der zukünftige Buddha, sondern der eigentliche Buddha, Gautama, der gebürtige Prinz von Kapilavistu, der am Ganges gelehrt hatte und immer noch beim Wesak-Fest erscheint, wenn auch nur dem hellsichtigen Auge sichtbar, hatte sich wieder auf Erden inkarniert, in einem physischen Körper. Auch wenn es nur für wenige Sekunden geschah, so hatte es sich doch auf die ganze Welt ausgewirkt.

Krishnamurti bat die beiden Schwestern, niemals jemandem von diesem Erlebnis zu erzählen. Sie hätten einiges durchgemacht und müssten nun ausruhen.

23.

Vom Heiligen zum Profanen

Krishnamurti setzte seine Reden an vielen Orten in Indien fort; von Juli bis August 1948 sprach er in Bangalore, im September und Oktober in Poona und im Dezember in Neu Delhi. 1949 besuchte er auch wieder die beiden Schulen, die er gegründet hatte. Im April flog er nach London, war aber unerwartet in eine Krise verwickelt worden. Nandini hatte ihrem Mann erklärt, dass sie ein keusches Leben führen wollte und war aus dem gemeinsamen Schlafzimmer ausgezogen. In der Nacht des Holi-Festes nahm ihr Mann ihr die Kinder weg, und sie flüchtete sich zu ihrer Mutter, die in der Nähe von Sir Chunilal wohnte. Ihre Mutter war verzweifelt, ebenso Pupul, denn Nandini besaß kein eigenes Geld. Wovon sollte sie außerhalb der ehelichen Gemeinschaft leben?

Am nächsten Morgen suchte sie Krishnamurti auf. Auch er zeigte sich besorgt und meinte, wenn sie aus den Tiefen ihres Selbst heraus gehandelt hätte, aus dem inneren Wissen, würde die Strömung des Lebens sie tragen. Falls sie aber aufgrund einer Beeinflussung von außen gehandelt hätte, dann gnade ihr Gott. Der Guru sei verschwunden.(1) Damit wies er auf seine bevorstehende Abreise nach London hin. Auch Pupul und ihre Mutter gingen zu Krishnamurti. Pupul machte ihn darauf aufmerksam, dass Bhagwan ihm wahrscheinlich vorwerfen würde, Nandini in ihrem Entschluss, die sexuelle Beziehung zu ihrem Mann abzubrechen, beeinflusst zu haben, weshalb sein Name bei einer Scheidungsklage mit ins Spiel käme. Er schaute sie lange an und fragte dann, ob sie versuche, ihn zu beschützen. Es gäbe weitaus mächtigere Wesen, die ihn beschützten. Nandini solle handeln, wie sie es für richtig halte, ohne weiter darüber nachzudenken. Wichtig seien die Kinder.(2)

Am 9. April 1949 traf Krishnamurti in London ein, und Nandini reichte die Scheidungsklage gegen ihren Mann ein und verlangte die Trennung wegen Misshandlung und das Sorgerecht für die Kinder. Nach einem dreitägigen Aufenthalt in London reiste Krishnamurti nach Ojai. Rosalind freute sich wahrscheinlich, ihn wiederzusehen, obwohl wir nichts über ihr Wiedersehen oder die nachfolgenden sechs Monate erfahren.

Anfang Oktober 1949 flog er wieder nach London, wo er sieben Vorträge im „Friend's Meeting House" in der Euston Road geben sollte. Ich besuchte sie. Es gab nie jemanden, der ihn vorstellte oder den Vorsitz führte. Wenn man den Raum betrat, sah man nur einen harten Stuhl mitten auf dem Podium stehen. Kurz bevor er erschien, herrschte immer eine ungewöhnliche Stille, in der man den leisesten Laut hätte vernehmen können. Die Spannung der Erwartung war unvergleichbar. Dann pflegte er irgendwo aus dem Hintergrund hervorzutreten, auf den Stuhl zuzugehen, sich zu setzen, die Wirbelsäule kerzengerade, die Hände unter sich. Immer herrschte noch dieses Schweigen, diese Anspannung, die zu bleiben schien…Schließlich begann er zu sprechen. Seine Stimme war sanft, aber klar. Er saß auf seinen Händen, und nur wenn eine Geste nötig war, schoss eine Hand kurz hervor und kehrte dann wieder an ihren Platz zurück. Er trug einen schön geschnittenen, guten Gesellschaftsanzug und blank polierte Schuhe. Meistens hielt er seine Füße wie eine ägyptische Statue nebeneinander auf den Boden gestellt. Nachdem er etwa eine halbe Stunde lang gesprochen hatte, konnte man Fragen stellen. An einem Abend kamen diese nur zögernd, und er ermutigte die Leuten mit Worten wie: „Nur zu! Hat denn niemand irgendetwas zu fragen? Worüber sollen wir sprechen? Wollen sie über Sex sprechen? Sie können, wenn Sie möchten" – oder andere entsprechende Worte, an die ich mich nicht mehr erinnere, aber jeder nahm daraufhin seine Aufforderung an. Als ich wieder zu Hause war, fragte ich mich, warum er auf seinen Händen gesessen hatte, und es kam mir der Gedanke, dass es bei der indischen Sitzhaltung, bei der man mit gekreuzten Beinen auf dem Fußboden sitzt, leichter fällt, die Wirbelsäule gerade zu halten. Auf einem Stuhl neigt man eher dazu, sich hängen zu lassen, dem ein Sitzen auf den Händen entgegenwirkt. Es macht hellwach.

In meinem Tagebuch aus dem Jahre 1949 habe ich die Tage und Uhrzeiten vermerkt, an denen ich Krishnamurti hörte. Am 6. Oktober entdeckte ich unter den Zuhörern Edith Clarke, Vilayat Inayat Khans Sekretärin der Sufi-Bewegung in England, und Oliver Jones, den Sohn meines Freundes Professor Daniel Jones, dem Professor in Swami Omanandas Buch „The Boy and the Brother". Ich lud sie zum Kaffee ein.

Am 16. hatte ich Krishnamurti ein Schreiben von Maria Lloyd zu übergeben, die Hazrat Inayat Khan und seine Familie gekannt und mich zu sich in ihr Appartement in Monte Carlo eingeladen hatte, wo ich vom 2. bis 13. September gewesen war. Es war durchgesickert, dass sie Krishnamurti kannte und Briefe von ihm besaß. Seit seiner Trennung von der Theosophischen Gesellschaft schien sie unsicher zu sein, was sie von ihm halten sollte. Sie fragte mich, ob ich ihm begegnet wäre, was nicht der Fall war. Aber jetzt sollte ich ihm ihren Brief geben. Das bedeutete, ich musste ihn beim Verlassen der Halle abfangen. Er war nicht erfreut, angehalten zu werden. Sein durchdringender Blick wirkte geradezu verletzend. Ich zog mich rasch zurück.

Am Morgen des Siebenundzwanzigsten erhielt ich einen Anruf von Vilayat Inayat Khan aus Paris, in dem er mir mitteilte, dass er nach London komme. An jenem Abend sah ich ihn bei Krishnamurtis Vortrag.

Pir Vilayat bemerkte meinen Versuch, ein Bild von Krishnamurti auf dem Podium zu malen und meinte, wenn ich nur auf die Gestalt geachtet hätte, wären mir seine Worte entgangen. Das traf teilweise zu, da ich nicht alles hörte und vieles verpasste.

Vilayat erzählte mir von einem Brief, den er an Krishnamurti geschrieben, aber noch nicht abgeschickt hatte. Er gab ihn mir. Darin stand, dass er als Sohn des Sufi Lehrers Hazrat anfragte, ob ein Treffen zwischen ihnen nicht zu einer Versöhnung zwischen Moslems und Hindus führen könnte.

Am 3. November rief er mich ganz aufgeregt an. Krishnamurti hatte ihm geantwortet. Der Brief war von Hand geschriebenen und begann mit den Worten: „Mein lieber Inayat Khan…" Nichts würde ihn glücklicher machen, schrieb er, als den furchtbaren Konflikt zwischen Hindus und Moslems zu überwinden. Er wollte Vilayat sehen. Leider habe er schon seinen Flug nach Indien gebucht, den er nicht verschieben könne, und die verbleibende Zeit sei bereits in halbstündliche Interviews eingeteilt. Der einzige freie Termin sei sechs Uhr morgens. Ich habe vergessen, warum Vilayat dieses Angebot nicht nutzte.

Es war das erste Mal, dass ich Krishnamurtis Handschrift sah. Es fiel mir auf, dass er fast linear schrieb, was Ausdruck seiner Absicht zu sein schien, Diskussionen auf der Ebene des Alltags zu halten.

Dann teilte mir Maria Lloyd am 24.11.1949 aus Monte Carlo mit: „Ich bekam einen Brief von Krishnaji, in dem er mir schrieb, dass du ihm meinen Brief gegeben hast…Hast du dich mit ihm unterhalten? Erzähle mir mehr darüber. Es gibt so viele verschiedene Ansichten über ihn. Einige sind ganz begeistert, andere finden ihn distanziert und kühl. Ich vermute, vieles hängt davon ab, ob man ihn intuitiv versteht oder mit dem Verstand...“

Ich glaube, es bleibt ein Rätsel. Dass er warmherzig sein konnte – in seiner Jugend leidenschaftlich emotional – ist offensichtlich, aber wenn er auf dem Podium saß, konnte seine kalte Seite hervortreten. Ich nehme an, das kam von der Strenge, mit der er alles Unechte abschnitt, was ihn bei dummen Fragen brüsk werden ließ, wo er manchmal eine sanftere oder mehr tröstende Antwort hätte geben können.

Am letzten Novembertag reiste er nach Indien, zu Terminen in Madras. Anfang Dezember sprach er in Rajahmundi und flog nach Colombo, wo er fünf Vorträge halten sollte, beginnend am 25. Dezember, sowie zwei Reden im Radio. Der gebürtige Australier Ingram Smith war zu jener Zeit für die Programmgestaltung von Radio Sri Lanka verantwortlich. Er war mit Gordon Pearce befreundet, der Krishnamurti seit seiner Kindheit kannte und später Direktor der Rishi Valley Schule werden sollte. Während seines Besuchs in Colombo beschloss man, einen Spaziergang auf dem Lande zu machen. Als Pearce, Smith und Krishnamurti die Stadt mit dem Auto verließen, fragte Pearce Krishnamurti während der Fahrt, ob es wahr sei, dass er früher mit Meister Kuthumi gesprochen hatte. Smith erzählt: „Ich war sehr überrascht, als Krishnaji antwortete: „Ja, ich habe mit ihm gesprochen.“

Dann erzählte er, was geschehen war. Er erzählte uns, dass er bei ver-

schiedenen Anlässen, gewöhnlich am frühen Morgen, mit Kuthumi gesprochen habe, während er meditierte. Eines Morgens, gleich nach Son-
nenaufgang, erschien Kuthumi in der Tür von Krishnamurtis Zimmer.
Sie sprachen eine Zeit lang miteinander, bis Krishnaji, der vorher ähnliche Gespräche geführt hatte, entschied, dass er mehr wolle, als eine reine
mündliche Kommunikation, mehr als nur Worte. Er suchte die Berührung und wollte Kuthumi tatsächlich anfassen. Er stand auf und ging zur
Tür.

Dann kamen die erklärenden Worte.

„Ich ging geradewegs durch die Figur hindurch. Ich drehte mich um.
Er war verschwunden. Ich sah Meister Kuthumi nie wieder."(3)

Dieses Ereignis erinnert mich an die Geschichte von Psyche und Eros.
Als sie danach verlangte, das Antlitz des Geliebten zu sehen, der sie während der Nacht besuchte, und die Lampe emporhob, floh er; desgleichen
bei Orpheus und Eurydike. Als sie sich umblickte, um sicherzugehen,
dass er ihr folgte, verschwand er. Die Erzählungen an sich sind verschie-
den, der Grundgedanke ist der gleiche. Man soll nicht zweifeln und nach-
sehen.

In Indien wurde Nandinis Scheidungsklage verhandelt. Ihr Mann
behauptete, sie habe aufgehört, eine gute Ehefrau zu sein, nachdem sie
gewisse Lehren aufgenommen hatte. Man las Auszüge aus Krishnamurtis
Reden vor, die er in Bombay gehalten hatte. In diesen Reden prangerte er
die untergeordnete Stellung der indischen Frauen an und dass die Hindu-
Männer sie wie Dienerinnen behandelten. Einem Hindu-Mann sagte er:
„Wenn Sie dominieren und sie zu Ihrer Fußmatte machen, dann sagen
sie: „Ich bin glücklich verheiratet." Solche Reden hatten Nandini Mehta
angeblich beeinflusst, weshalb sie sich weigerte, länger die Fußmatte ihres
Mannes zu sein und sich der ehelichen Beziehung widersetzte. Sir Chunilal
Mehta, den man in den Zeugenstand rief, befand sich in einer schwieri-
gen Lage. Krishnamurti traf keine Schuld. „Niemals, er ist der Größte der
Großen!" rief er aus. Natürlich stand er auf der Seite seines Sohnes. Seiner
Meinung nach war es Nandini, die sich im Unrecht befand, da sie die
Lehren Krishnamurtis missverstand. Krishnamurti hatte nie gesagt, Frau-

en müssten keusch leben. Es hatte ihn gefreut, Mary und Joe glücklich zu sehen, und dann bedenke man auch seine eigene Beziehung zu Rosalind. Natürlich hätte er einer Frau, die ihren Mann verabscheute, nicht geraten, die Ehe aufrechtzuerhalten. Wenn das der Fall war, dann erhob sich eine andere Frage.

Sir Chunilal betonte, dass Nandini außerhalb des Hauses nicht immer darauf geachtet hatte, den unteren Teil ihres Gesichts mit einem Schleier zu verhüllen und sei manchmal beobachtet worden, wie sie auf der Straße lachte. Lady Chunilal muss Nandini nach der Hochzeit erklärt haben, die Stimme einer Frau dürfe nicht zu hören sein; sie dürfe auf keinen Fall lachen – sie könne lächeln, solange sie dabei nicht die Zähne entblößte.(4) Gegen diese Anklage der Leichtfertigkeit besaß ihr Gegenargument, dass ihr Mann sie geschlagen hatte, kaum Gewicht. Der Richter, Eric Weston, ließ keinen Zweifel daran, dass es Krishnamurtis Lehren waren, die die junge Frau aufbegehren ließen und sprach das Sorgerecht für die Kinder dem Ehemann zu.

Krishnamurti war zurzeit der Anhörung unterwegs gewesen. Von Madras war er nach Norden, nach Rajahmundi, gereist und dann in den Süden, nach Ceylon, wo er vom 25. Dezember 1949 bis 22. Januar 1950 Vorträge gehalten und im Radio gesprochen hatte. Danach ging er nach Madras und anschließend nach Bombay, wo er auf eigenen Wunsch bis zum 14. März unter freiem Himmel sprach, damit ihn möglichst viele Menschen ohne Einführung und Bezahlung hören konnten. Während dieser Zeit sah er die Schwestern Pupul und Nandini wieder. Von Pupul wissen wir, dass er Nandini wegen ihrer misslichen Lage keine besondere Sympathie entgegenbrachte, sich aber sehr um ihre Kinder sorgte. Wenn es ihr möglich war, führte sie die Kinder heimlich und ohne Wissen ihres Mannes zu ihm. Der Junge hatte eine Sehschwäche auf dem einen Auge, die die Ärzte für unheilbar hielten, da sich der Sehnerv nicht richtig entwickelt hatte. Krishnamurti legte seine Hände auf das Auge des Jungen, so, wie er es damals bei Nitya gemacht hatte. Die Sehkraft verbesserte sich. Der Scheidungsfall hatte in der Öffentlichkeit viel Aufsehen erregt. 1950 brachte die Januar-Ausgabe des Time-Magazins einen Artikel mit dem Titel „Revolte einer Fußmatte" heraus.

Am 17. März flog Krishnamurti nach Paris, wo er Vorträge halten sollte. Am 28. März schreibt er an Lady Emily:

„Der Unsinn, der im Time-Magazine erschien, ist ziemlich fürchterlich. Weil die Seite des Ehemanns sehr reich ist und die Leute sehr skrupellos sind, gab es viel Lärm. Man hat mir darüber berichtet. Es gibt noch ungefähr zwölf weitere Fälle, nicht nur in Madras, sondern auch in Bombay, wegen meiner Äußerungen bei den Treffen. Die armen Frauen haben sich gegen ihre Ehemänner erhoben…"(5)

Man kann Krishnamurti nicht einen Aufwiegler nennen, doch es scheint, dass seine Bemerkungen mehr als nur eine indische Frau dazu bewogen, nicht länger Fußmatte zu spielen.

Rosalind hatte den Artikel im Time-Magazine gelesen, der die angebliche Aussage Bhagwan Mehtas enthielt: „Ich war zu der Überzeugung gekommen, dass Krishnamurti unter dem Deckmantel der Lehre hinter meiner Frau her war."

Während der Zeit in Ojai, nach seiner Indien-Rundreise im Jahre 1947, hatte er Rosalind einmal, vielleicht auch mehrmals, mit Nandini angeredet. In Ooty, als nur Pupul und Nandini zugegen waren, hatte er einmal gefragt: „Bist du Rosalind?"(7) Rosalind war misstrauisch geworden, Nandini könnte eine andere Frau in seinem Leben sein. Obwohl er ihr versicherte, das dies nicht der Fall sei, konnte sie ihr Misstrauen nicht überwinden, da er Nandinis Namen nie in seinen Briefen erwähnt hatte. Nun las sie den Artikel im Time-Magazine und wusste, wer Nandini war.

Sie wartete nicht, bis er nach Ojai zurückkam, sondern flog über London nach Paris, um ihn dort zu treffen. Sie traf Rajagopal, der aus einer anderen Richtung nach Paris gekommen war, zuerst und erzählte ihm von ihrem Verhältnis mit Krishnamurti. Er tat überrascht, doch Krishnamurti meinte später dazu, er habe es von Anfang an gewusst. Krishnamurti wohnte bei den Suares. Sie bat ihn, mit ihr spazieren zu gehen, damit sie miteinander sprechen könnten.

Sie wanderten also am Ufer der Seine entlang, und er genoss den wunderschönen Frühlingstag. Sie aber, blind für die sich ständig wechselnden Landschaftsszenen, wollte nur Antworten von ihm hören. Mit den Worten ihrer Tochter: „Sie ritt auf einer einzigen Sache herum; sie wollte die Wahrheit wissen. Nichts, was Krishnamurti sagte, konnte sie überzeugen."(8)

Dies war wahrscheinlich der größte Fehler, den Rosalind in ihrem Leben machte. Niemand lässt sich wohl gerne ins Kreuzverhör nehmen. Ein Verhör ist nicht Liebe. Falls sie glaubte, nicht die ganze Wahrheit zu erfahren, lag es vielleicht daran, dass er ihr nichts von jenen Geschehnissen in Ooty erzählen durfte, und sie deutete seine Zurückhaltung falsch. In dieser Hinsicht befand sie sich im selben Boot wie Bhagwan Mehta. Jeder auf seine Art, fühlten sie sich von etwas ausgeschlossen. Ihr bereits eifersüchtiger und argwöhnischer Geist hinderte sie daran, an einem heiligen Geheimnis teilzunehmen, das sie für eine profane Verschleierung hielten. Obwohl sich Krishnamurti bemühte, mit Rosalind zurechtzukommen, hatte ihre Beziehung ihre Frische und Schönheit verloren.

Nach seiner Rückkehr nach Ojai, im August 1950, ruhte sich Krishnamurti ein Jahr lang aus. Im November 1951 reiste er wieder ab, zunächst nach London. Lady Emily war in eine kleinere Wohnung gezogen, in der es keinen Platz mehr für ihn gab, weshalb er bei Jean Bindley in Notting Hill blieb, Lady Emily aber täglich besuchte. Jean Bindley war die Landesvertreterin des Sternen-Ordens in Schottland gewesen und nun beinahe neunzig Jahre alt.

Dann reiste er nach Indien, diesmal in Begleitung von Rajagopal. Als sie von Bombay aus in Madras eintrafen, erwartete sie Jinarajadasa. Seit dem Tode von Arundale (1945) war er der Präsident der Theosophischen Gesellschaft. Es waren hauptsächlich Arundale und Wedgwood, von denen Krishnamurti auf Dauer die Nase voll hatte. Die freundliche Geste des Theosophen, der ihm nicht persönlich feindselig gesonnen war, freute ihn sichtlich. (Ich sah Jinarajadasa einmal bei einem Vortrag, den er als Präsident der Gesellschaft in der Queen's Hall in London gab. Seine Frau stand mit ihm auf dem Podium; zwei pummelige kleine Gestalten, die wohlwollend lächelten.)

In Madras wurde Rajagopal den Schwestern Pupul Jayakar und Nandini vorgestellt, die ihn für aufdringlich argwöhnisch hielten. Er hörte von einem Diener, der in Sedgmoor gewesen war, dass sich dort irgendetwas ereignet haben musste und quetschte die Dienerschaft vier Stunden lang aus, um etwas herauszubekommen. Da Krishnamurti ihnen aufgetragen hatte zu schweigen, konnten sie ihn nur hinhalten und spürten, dass er die ganze Zeit versuchte, sie in einem unbedachten Augenblick zu fangen.(9)

Nandini hatte - vielleicht als Trost für den Verlust ihrer eigenen Kinder – die kleine Tagesschule „Bal Anand" gegründet, die später, mit ihr als Rektorin, in die Krishnamurti Foundation von Indien einbezogen wurde.

Vom 5. Januar bis 12. Februar 1952 hielt Krishnamurti zwölf Vorträge in Vasanta Vihar, seinem Hauptquartier in Madras. Danach flog er wieder nach London, wo er, wie schon früher, bei Jean Blindley wohnte und Lady Emily täglich besuchte.

In meinem Tagebuch aus jenem Jahr lese ich: „24. April, 19.00 Uhr Krishnamurti". Es muss das Datum gewesen sein, an dem er in einer großen Halle im Norden Londons sprach, an deren Namen ich mich nicht mehr erinnere. Als man Fragen stellen durfte, nahm ich all meinen Mut zusammen und fragte, warum er immer im negativen Sinne von „Ich" redete; es gebe doch sicherlich ein „Ich", das fühlte und sich entwickelte. Wahrscheinlich hatte ich ihn falsch verstanden und drückte mich in einer Weise aus, dass ich ihm nicht klar machen konnte, was ich meinte, denn er tat die Frage als bloße Provokation ab.

Im Juni war er wieder in Ojai und nahm im Juli an der Hochzeit von Radha und Jimmy Sloss teil.

Im Sommer 1953 besuchte Jinarajadasa Amerika, und Krishnamurti lud ihn nach Ojai ein. Erwartungsvoll blickte er seiner Ankunft entgegen, als er erfuhr, dass Jinarajadasa am 18. Juni in Chicago plötzlich gestorben war. Traurig schrieb er an Lady Emily: „Raja war das Verbindungsglied zur Theosophischen Gesellschaft, und nun, da er gegangen ist, ist ein großer Teil der Vergangenheit mit ihm gegangen. Kürzlich musste ich denken, seit 1910 (eigentlich 1911) – und was noch seltsamer ist, wir haben uns all diese vierzig Jahre geliebt! Ich liebe dich immer noch, Mum."(10)

Diejenigen, denen Krishnamurtis Schriften vertraut sind, wissen, wie oft er seinen Zuhörern empfiehlt, die Vergangenheit in sich sterben zu lassen, jeden Tag, jede Minute, um offen für das Neue zu sein. Einige haben dies als herzlos empfunden, wie das Vergessen alter Freunde. Hier aber zeigt er selbst sich als sehr gefühlvoll. Durch seine langjährige Beziehung zu Lady Emily oder zu Jinarajadasa fühlte er sich mit einer Vergangenheit verbunden, die noch weiter zurückreichte, zu Leadbeater und Annie Besant. Man sollte sich also nicht von scheinbaren Widersprüchlichkeiten beunruhigen lassen zwischen dem, was er in der Öffentlichkeit sprach, im vollen Bewusstsein, nur das Instrument einer sehr viel stärkeren Kraft zu sein, und dem, was er privat äußerte, und ohne sich dabei seiner persönlichen Gefühle zu schämen. Dieses „tägliche Sterben" seiner öffentlichen Reden bezieht sich auf die Gehässigkeiten der Vergangenheit, die Begrenzungen, hervorgerufen durch die in der Vergangenheit erworbenen Vorurteile, und bedeutet nicht, das zu vergessen, was schön war und bleibt.

Im Herbst 1953 reiste er wieder nach Indien, begleitet von Rajagopal. Ihr Verhältnis zueinander war sehr schlecht geworden, wie Pupul Jayakar bemerkte.

Inzwischen hatte Lady Emily ein Buch mit dem Titel „Candles in the Sun" geschrieben, in dem sie erzählte, wie sie zur Theosophischen Gesellschaft und Krishnamurti gestoßen war, dessen Schülerin sie geworden war. Krishnamurti hatte sie zunächst zum Schreiben ermutigt, dann aber seine Meinung geändert. Als ich davon hörte, nahm ich an, dass er vor allem gegen den Bericht über den „Prozess" Widerspruch erhoben hatte, der gestrichen wurde. Ich persönlich bin dankbar dafür, dass die herausgenommenen Passagen schließlich doch noch in Marys Buch erschienen. Aber ich kann Krishnamurtis unmittelbare Reaktion darauf verstehen. Auch Rosalind wurde darin erwähnt; seine Beziehung zu ihr war schwierig geworden, und möglicherweise wollte er vermeiden, sich mit ihr darüber zu streiten. In seinem Brief an Lady Emily schreibt er, er hätte es vorgezogen, wenn das ganze Buch nicht veröffentlicht worden wäre: „Es wird unnötige und unwichtige Dinge in den Vordergrund rücken; es wird viele Leute empören und Bitterkeit verursachen…"(11)

Diese Zeilen bringen mich zu der Überlegung, ob er nicht das Bild, das sie von den Theosophen zeichnete, im Sinn hatte. Seit dem Tode Arundales fühlte er sich weniger von ihnen entfremdet. Er hatte „einem langen Gespräch" mit Jinarajadasa entgegengesehen, was vermuten lässt, dass er hoffte, eine gemeinsame Basis zu finden, um alte Wunden zu heilen. „Candles in the Sun" verletzte tatsächlich viele Theosophen. Ich selbst bedauerte ihre leichtfertige Bemerkung über Leadbeaters Katze in ihrer letzten Inkarnation. (12) Seine Sorge um die geistige Evolution von Tieren ist kennzeichnend für Leadbeater. Sie hätte sich nicht darüber lustig machen sollen.

Dennoch umgibt diese Katze etwas Geheimnisvolles. Es war eine große Schildpatt-Katze, was Mary mir bestätigte. Ein Tierarzt versicherte mir, dass ein Schildpatt-Kater sogar noch seltener sei als eine kupferrote Katze. Ein Schildpatt-Kater kann, anatomisch gesehen, nicht wie ein solcher fungieren, „so sehr ist es gegen seine Natur". Lady Emily hielt die Katze für einen Kater, wahrscheinlich weil sie gehört hatte, dass Leadbeater von „ihm" sprach, was ich auf seine Hellsichtigkeit zurückführe.

Meiner Ansicht nach ist es aber nicht richtig, die nächste Inkarnation der Katze als Mensch zu sehen. Gleichgültig wie fortgeschritten ein Tier ist, es wäre ihm wohl kaum möglich, sich in der menschlichen Gesellschaft angemessen zurechtzufinden. Dieser Tag liegt noch in ferner Zukunft. In Annie Besants Buch „Eine Studie über das Bewusstsein" – meiner Meinung nach ihr wichtigstes Buch – heißt es, dass die Haustiere, die sich der engen Freundschaft der Menschen erfreuen, am weitesten entwickelt sind und ihre eigene Hülle innerhalb der Gruppenseele ihrer Art entwickeln, so dass sie, während diese sie noch nährt, klar erkennbare, sich wiederverkörpernde Wesen werden, obwohl ihnen der „Kausalkörper", der den Menschen auszeichnet, noch fehlt.(13) Das trifft wohl zu, und sie kehren sicherlich zu denjenigen Menschen zurück, durch deren Liebe sie diese Individualisierung erreichten, indem sie ihrem menschlichen „Elternteil" von Leben zu Leben folgen.

Der Dalai Lama erzählt eine Geschichte, die auf derselben Ebene liegt. Ende der Sechziger Jahre gesellte sich eine schwarzweiß gefleckte Katze zu ihm, die er Tsering nannte. Er versuchte, sie vom Mäuse jagen abzubringen und „bestrafte" sie einmal. Sie sauste den Vorhang hinauf, fiel und verletzte die Hinterbeine. Obwohl er sie pflegte, starb sie innerhalb weniger Tage. Kurz darauf fand er in seinem Garten ein Kätzchen, das anscheinend von seiner Mutter verlassen worden war. Er nahm die kleine Katze auf und stellte fest, dass ihre Hinterbeine verkrüppelt waren. Sie sah aus wie Tsering, nur schöner und sanfter. Er behielt sie, bis sie starb, und beschloss, kein Haustier mehr zu haben. Doch er musste seinen Entschluss aufgeben, als er eines Tages draußen vor seiner Tür ein krankes Kätzchen fand, das wohl keine Nahrung von seiner Mutter nehmen konnte. Er musste die kleine Katze natürlich zu sich nehmen und fütterte sie mit der Pipette. Dabei entdeckte er, dass ihre Hinterbeine ebenso verkrüppelt waren wie die ihrer beiden Vorgängerinnen und er suchte nach einem geeigneten Namen für sie. (14)

Im Herbst 1955 flog Krishnamurti mit Rajagopal nach Sydney. Rosalind folgte ihnen im November, und als Rajagopal nach Ojai zurückreiste, begleitete sie Krishnamurti nach Indien. Es gibt einige herzliche Briefe von Rosalind an ihren Mann Rajagopal, denen zufolge man nicht annehmen könnte, dass es jemals eine Beziehung zwischen ihr und Krishnamurti gegeben hatte oder noch gab. Sie hielten sich in der „Foundation for New Education", der Schule, die Krishnamurti gegründet hatte, auf. Er nahm an, sie interessiere sich für die Treffen, doch sie fand nichts in Ordnung. Sie beklagte sich bei Rajagopal, dass nichts funktioniere und jeder kritisiere.

Weihnachten 1955 schreibt sie ihrem Mann, er möge bitte ein paar persönliche Zeilen beilegen, wenn er die Post nachschicke. Es sei so enttäuschend, nichts dergleichen zu finden. Die ständigen Treffen und Reden finde sie sehr ermüdend und sie wolle nichts damit zu tun haben. Wie wir von Pupul erfahren, war die Beziehung zwischen Krishnamurti und Rosalind äußerst gespannt. Er wurde „völlig ruhig und passiv", wenn sie auf ihn einredete. „Das machte Rosalind wütend. Es war ein Kampf ohne Gegner."(15)

Pupul mag ihre Gründe gehabt haben, Rosalind nicht zu mögen. Aber aus den vier Briefen Rosalinds an Rajagopal entnehme ich, dass sie ihrem früheren Geliebten negativ gegenüberstand; alles, was falsch lief, war seine Schuld. Er wurde in jede Kleinigkeit mit hineingezogen. Ihr Mann aber war perfekt.

Am 15. April 1956 reisten Krishnamurti und Rosalind gemeinsam aus Indien ab. Sie unterbrachen ihre Reise für eine Woche in Ägypten, wo sie bei den Suares blieben, und fuhren dann über Athen nach Rom. Hier verließ Rosalind ihn, um eine Woche allein in Paris zu verbringen, während Krishnamurti seine Freundschaft mit der Familie Passagli erneuerte. Vanda war inzwischen mit dem Marchese Scaravelli verheiratet, der Philosophie an der Universität lehrte. Krishnamurti verbrachte im Mai einige Tage in ihrem Heim, „Il Leccio", oberhalb von Fiesole. Dort konnte er sich ausruhen, bevor er in das kalte Schweden flog, um in Stockholm zu sprechen. Rosalind und Rajagopal trafen ihn dort. Bei einem Spaziergang eröffnete Rosalind ihrem Mann, sie wolle nicht, dass Krishnamurti nach Amerika zurückkehre; seine Anwesenheit rege sie auf. Sie persönlich müsse als Rektorin der Schule allerdings in Ojai wohnen, Krishnamurti aber könne woanders leben. Selbst Rajagopal fand das absurd. Ojai war Krishnamurtis Zuhause und Arya Vihara sein Heim.

Robert Logan starb im Juni und hinterließ Rosalind ein Erbe, das sie bis an ihr Lebensende unabhängig machte. Sie hätte sich also ein Haus kaufen können, das nicht auf Krishnamurtis Grund und Boden stand. Krishnamurti scheint ihren Wunsch, Ojai fernzubleiben, zunächst nicht ernst genommen zu haben. Von Skandinavien musste er nach Brüssel, Amsterdam und Paris reisen, wo ihn Radha und Jimmy Sloss, die ihn in Kopenhagen verpasst hatten, trafen. Radha Sloss schreibt: „Wir hatten uns häuslich in dem Appartement eines französischen Luftwaffengenerals in der Ecole Militaire niedergelassen. Es stand uns ein Wagen mit Chauffeur zur Verfügung. Der General und seine Frau waren Krishnamurtis Schüler."(16)

Sie sprach wohl von Michel Bouvard, General der französischen Luftwaffe, und seiner Frau Helene, einer Dichterin. Ich glaube, ich begegnete ihr zum ersten Mal 1946, lernte sie aber während meines Aufenthalts in Paris 1947 besser kennen. Sie und Michel waren damals noch nicht verheiratet. Sie beschäftigte sich aber schon zu jener Zeit intensiv mit den Lehren von Blavatsky, den Meistern der Weisheit und Krishnamurti.

Sie erzählte mir, dass sie und ihr Mann Krishnamurti in einem großen Wagen mitgenommen hatten, um ihm die Rhododendron-Sträucher in Versailles zu zeigen. Sie war zwei Wochen zuvor dort gewesen und hatte sie bereits in voller Blüte gesehen. Krishnamurti war so verblüfft beim Anblick ihrer Schönheit, dass er sich unvermittelt an die Kehle griff. Sie fürchtete, er werde ohnmächtig. Aber es war nur seine ungewöhnliche Empfindsamkeit für Schönheit, die ihn nahezu überwältigte.

Sloss schreibt über ihren Besuch bei den Bouvards: „Ich hatte eine leichte Erkältung; Krishnamurti saß mit mir im Appartement des Generals und versuchte, das Fieber aus meinen Füßen zu ziehen, wie er es immer getan hatte, als ich noch ein Kind war."(17) Das hört sich zunächst seltsam an, aber ich glaube, Krishnamurti zog gestauten Magnetismus heraus, wie Mesmer es tat.

Nach diesen wenigen Tagen in Paris blieb er bei seinen Freunden Leon de Vidas und seiner Frau in Cuzon, nahe Perigeux in der Dordogne. In der Schönheit dieser Landschaft ruhte er sich einen Monat lang aus. In dieser Zeit erschienen seine „Commentaries on Living".

Am 22. September 1956 reiste er ab und sprach in Brüssel, Hamburg und Athen. Im Oktober führte ihn sein Weg über Istanbul und Karachi nach Neu Delhi. Wie gewöhnlich hielt er Vorträge in seinen beiden Schulen, Rajghat und Rishi Valley. Im Dezember hielt er sich in Vasanta Vihar auf. Apu Sahib Pant, ein Beamter des Auswärtigen Amtes in Sikkim, der den Dalai Lama auf seiner Reise durch Indien begleitete, erzählte diesem von Krishnamurti. Seine Heiligkeit rief aus: „Ein Nagarjuna!"(18) und äußerte den Wunsch, ihn zu treffen. Nagarjuna war ein buddhistischer Mönch des zweiten Jahrhunderts. Als die Buddhisten aus Indien vertrieben wurden, ging er nach China und begründete dort den Buddhismus. Er ist auch der Begründer des „Diamant-Sutras", des „Weges der Verneinung". Der Dalai Lama besuchte Krishnamurti in Vasanta Vihar entweder Ende Dezember 1956 oder Anfang Januar 1957. Das genaue Datum gibt er nicht an, bemerkt aber zu diesem Besuch: „Er war eine eindrucksvolle Person, mit einem scharfen Verstand und einer beachtlichen Gelehrsamkeit. Trotz seiner sanften Erscheinung besaß er eine kristallklare Ansicht über das Leben und seine Bedeutung."(19) Das Gespräch ist nicht veröffentlicht worden; es war privater Natur und wurde wahrscheinlich nicht aufgezeichnet. Krishnamurti war nicht gelehrt im üblichen Sinne; es war wahrscheinlich die Art und Weise, in der er die Dinge ansprach, die dem Dalai Lama, der über eine große Gelehrsamkeit verfügte, den Eindruck vermittelten, er habe viele Bücher gelesen, was nicht der Fall war.

Apu Sahib schrieb Pupul Jayakar, es sei der Dalai Lama gewesen, der das Gespräch mit der Frage: „Sir, woran glauben Sie?" ins Rollen gebracht hatte.(20) Es war atemberaubend, die elektrische Zuneigung zu empfinden, die augenblicklich zwischen ihnen aufflammte. Sie unterhielten sich in einfachen, fast einsilbigen Worten. (Als ich den Dalai Lama am 5. Juli 1984 in der Albert Hall in London sprechen hörte, vermied er die Fachsprache der philosophischen Schulen; er vermittelte den Eindruck einer warmherzigen und direkt zugänglichen Persönlichkeit.) Auf der Rückfahrt zum Raj Bhagvan (es war vor der Invasion seines Landes) sagte der Dalai Lama über Krishnamurti: „Eine große Seele, eine große Erfahrung."(21) Er drückte auch den Wunsch nach einem Wiedersehen mit Krishnamurti aus. (Einige Jahre später sollten sie sich bei Indira Gandhi zum Mittagessen treffen, doch sie wurde am frühen Morgen dieses Tages ermordet.)

Krishnamurti reiste nun nach Ceylon, doch als er am 11. Januar 1957 in Colombo eintraf, hatte er Fieber. Es war ihm noch möglich, fünf Vorträge im Rundfunk zu halten, dann musste er aber einige Treffen absagen. Er fuhr nach Bombay, um weitere Vorträge zu halten, fühlte sich aber nicht wohl. Am 6. März flog er nach Rom, sagte aber sein ganzes zukünftiges Vortragsprogramm, das bis Neuseeland und Finnland reichte, ab. Um sich auszuruhen, fuhr er nach Villars am Genfer See, wo er mit Nitya gewohnt hatte – nicht nach Ojai, wahrscheinlich weil Rosalind nicht mehr die erholsame Gefährtin von einst war. Er erzählte Mary Lutyens, sie hätte zweimal versucht, ihn zu töten, einmal, indem sie ihn vom Bahnsteig stieß und ein anderes Mal, indem sie ihm mit dem Hammer auf den Kopf schlug. Das klingt eher nach Hysterie als nach geplantem Mord.

Rajagopal, der alle Reisearrangements gemacht hatte, war verärgert über die plötzliche Absage und meinte, er sei es leid, Krishnamurtis „Reisegestalter" zu sein. Er reiste ab.

Mary wunderte sich, warum Rosalind ihn ermorden wollte, da durch ihn doch Geld herein kam, an dem auch Rajagopal seinen Anteil nahm.

Krishnamurti antwortete: „Rajagopal glaubte, es ebenso gut selbst machen zu können." Die Verbreitung der Lehre zu übernehmen. Bernhard
von Clairvaux hatte eine gewaltige Macht ausgeübt; er hatte hinter den
Kulissen manipuliert, musste aber wohl erkannt haben, dass seine strenge
Einfachheit ihm den Ruf der Heiligkeit einbrachte. Er hatte sicher gelernt, wie man die Menschen beeinflussen konnte.

Rajagopal besaß lockiges Haar, was in Indien sehr ungewöhnlich ist.
Niemand bezweifelte sein untadeliges Brahmanentum. Man sagt, der Blick
der Augen sei von Leben zu Leben erkennbar, während der Gesichtsaus-
druck, die Verhaltensweise, dunkle oder helle Augen und gewisse Merk-
male der Rasse von den Genen bestimmt werden. Nach Blavatsky allerdings können starke vorgeburtliche Eindrücke das Erbgut aufheben. Man
glaubt, je höher entwickelt das Ego, desto weniger gleicht es den Eltern,
sondern mehr sich selbst. Eine körperliche Verletzung in einem früheren
Leben wird ihre Spuren in dem nachfolgenden hinterlassen, zum Beispiel
eine leichte Narbe, wo eine Messer- oder Schusswunde gewesen ist. Über-
triebene Entbehrungen in einem Leben werden die Gesundheit im Nächsten beeinflussen oder irgend eine Fehlfunktion kann sich wiederholen,
wenn sie nicht beseitigt wurde. Wir wissen nicht, ob Bernhards rotgoldenes
Haar glatt oder lockig war, aber abgesehen von seinem schlechten Allge-
meinzustand, gab es ein sehr ungewöhnliches Leiden in Rajagopals Leben. „Es fiel ihm schwer zu schlucken, und er entwickelte periodisch auf-
tretende Schmerzen in der Speiseröhre. Dies wurde zu einem chronischen
Problem mit ernstlichen Nebenwirkungen."

Und ein paar Seiten weiter heißt es: „…Die Schwierigkeit mit seiner
Speiseröhre flammte wieder auf."(22)

Die vorangegangenen Zitate stammen von 1953; die nächsten Zeilen
von 1958: „Raja erfuhr in der Klinik, dass die Schwierigkeit seiner Speiseröhre mechanischer Natur und ohne Operation unheilbar war."(23)

Geoffroi de Clairvaux sagte über Bernhards Leiden: „Die schlimmste
dieser Unannehmlichkeiten war eine Kontraktion seiner Speiseröhre, die
so eng war, dass er nichts Trockenes hinunterbringen konnte, es war sogar
schwierig für ihn, überhaupt feste Nahrung zu schlucken."(24)

24.

Ein neuer Kreis

Da Rajagopal die Gelder verwaltete, blieb Krishnamurti, versehen mit genug Geld, um die Hotelrechnung zu bezahlen, allein in Villars zurück. Leon de Vidas und seine Frau fanden ihn dort gestrandet und nahmen ihn mit in ihr Haus in die Dordogne, wo er bis zum November blieb und in dieser Zeit viele Briefe an Lady Emily schrieb. Dann reiste er wieder nach Indien. Inzwischen war beschlossen worden, dass Doris Pratt, eine Freundin aus den Tagen von Ommen und nun Sekretärin der KWINC (Krishnamurti Writings Incorporated) in London, einen Teil von Rajagopals Verantwortungen übernehmen sollte, auch die Reisevorbereitungen für Krishnamurti. Doch Rajagopal begleitete ihn auf dieser Indienreise.

Am 23. November 1958 unterzeichnete Krishnamurti in Madras vor einem öffentlichen Notar des Hohen Gerichtshofs ein Dokument: „Hiermit übertrage ich das Urheberrecht für alle meine früheren und zukünftigen Schriften der KWINC, in Ojai, USA; London, England; Madras, Indien.

Außerdem autorisiere ich Herrn D. Rajagopal, Präsident der KWINC, alle nötigen Arrangements für die Publikation meiner Bücher und Artikel, die ich geschrieben habe oder schreiben werde, zu treffen...."(1)

Warum dieser plötzliche Entschluss, zu einem Zeitpunkt, als seine Beziehung zu Rajagopal gestört oder bestenfalls geflickt war? Die Bedingungen, zu denen er für Krishnamurti arbeitete, waren völlig inoffiziell. Er scheint nie um ein Gehalt gebeten zu haben, aber er verwaltete die eingehenden Gelder, und man vermutete, dass er sich das nahm, was er für seine persönlichen Ausgaben brauchte.

Krishnamurti konnte sich nicht mehr daran erinnern, wann er seine Treuhandschaft von KWINC und der Happy Valley School in Ojai aufgegeben hatte. Er besaß weder die Zeit noch das Interesse für die Regelung solcher Angelegenheiten und vertraute den übrigen Vorstandsmitgliedern, dass sie gewissenhaft vorgingen. Wahrscheinlich unterzeichnete er das Dokument, das Rajagopal – ein Jurist – aufgesetzt und ihm vorgelegt hatte, um Frieden zu haben und innerlich sicher zu sein, in keiner Weise die Güte eines anderen auszunutzen. Er sollte es bereuen.

Obwohl er die Hitze unerträglich fand, blieb Krishnamurti während des Sommers 1958 bis 1959 in Indien.

Rajagopal war nach Ojai zurückgekehrt, wo er sich ganz unerwartet wieder verliebte, und zwar in Annalisa Beghe, eine Freundin von Rosalind. Sie war es auch, die Rosalind im Frühjahr 1959 davon unterrichtete. Diese aber wollte keine Scheidung. Sie ging in der Happy Valley School völlig auf. Louis Zalk, eines der Vorstandsmitglieder, schrieb „die Schule sei Rosalinds ganzes Leben", und jeder Wechsel wäre ungünstig für sie. Rajagopal aber wollte Annalisa heiraten, weshalb sie eine mexikanische Scheidung einholten.

Die aus der italienischen Schweiz stammende Annalisa war fünfundzwanzig Jahre jünger als Rajagopal und hatte ihn zusammen mit Krishnamurti gesehen, bevor sie ihm vorgestellt worden war. Nach Sloss muss ihr damals spontan der Gedanke gekommen sein: „Raja sollte eigentlich in Krishnamurtis Schuhen stecken."(2) Diese Aussage, der Sloss nicht widerspricht, weist wieder auf die Annahme hin, dass es sich um einen Irrtum gehandelt hatte und Rajagopal der auserwählte Träger des Weltlehrers hätte sein sollen, nicht Krishnamurti.

Krishnamurti reagierte auf die Nachricht von der Scheidung mit einem Brief an Rosalind, den er vor zwei Zeugen schrieb. Darin erklärte er, Arya Vihara solle ihr und Radhas Zuhause auf Lebenszeit werden. Damit wollte er wohl verhindern, dass Rajagopal mit seiner neuen Frau dort einziehen würde, obwohl dieser am anderen Ende des Tals in einem Haus neben den Vigevenos wohnte, das er gekauft hatte.

In diesem Zusammenhang sollten zwei Testamente angesprochen werden. Das eine wurde am 14. August 1956 in Ojai in Rosalinds fließender Handschrift verfasst, in dem sie ihren gesamten Besitz ihrem Mann und ihrer Tochter Radha vermacht. Austin Bee und Mignon Casselberry bezeugten ihre Unterschrift.

Das war drei Jahre bevor sie wusste, dass er eine Scheidung wünschte. Auf einem undatierten Papier, auch in ihrer Handschrift, finden wir Notizen zu einer Testamentsänderung, worin sie die Vollstreckung von Rajagopal auf Radhas Ehemann Jimmy Sloss zusammen mit einer Bank umändert.

Ein weiteres, sehr interessantes Dokument, Maschinen geschrieben und unter der Überschrift „Memo für Rosalind", besteht aus offensichtlich von Rajagopal aufgesetzten Passagen aus seinem eigenen Testament, die sie betreffen. Es beginnt (ein Datum fehlt) mit Punkt VI, nach dem er sein Haus und zwei Grundstücke in Santa Barbara an Delia Rich vermacht, die nach ihrem Tod auf Rosalind übergehen sollen. Punkt XXIII besagt, dass Rosalind sein Eigentum in Ojai, bekannt als Saro Vihara, zugedacht ist (wahrscheinlich der Besitz, auf dem er mit seiner zweiten Frau lebte). Punkt XXXVIII bestimmt die Übergabe seiner Immobilien, vorwiegend in Philadelphia, sowie Aktien an seine Treuhänder, deren Zinsverteilung er genau festlegt. Man fragt sich, warum er Radha überhaupt nicht bedachte und woher sein umfangreicher Besitz stammte.

Trotz seines Aufenthalts in einem Haus im kühleren Kaschmir, für das sein Freund Shiva Rao gesorgt hatte, ertrug Krishnamurti die Hitze von Neu Delhi nicht. Am 11. März flog er nach Rom. Vanda Scaravelli holte ihn am Flughafen ab und brachte ihn nach Il Leccio. Doch bald suchte er wegen seiner großen Erschöpfung eine Klinik in Zürich auf, wo er vom 11. April bis zum 1. Mai blieb. Danach flog er nach London. Doris Pratt, die ihn am Flughafen traf, war schockiert, wie müde und krank er aussah. Wieder wohnte er bei Jean Bindley und besuchte Lady Emily, fühlte aber, er müsse nach Ojai fahren, um seine jährlichen Vorträge dort zu halten. Er unterbrach seine Reise in New York und blieb wie gewohnt bei Frederick Pinter. Dieser sprach ihn auf die Angelegenheiten der KWINC an, indem er ihn davon unterrichtete, dass große Geldsummen für seine Arbeit dort hineingeflossen wären und er über deren Verbleib informiert sein sollte, das schuldete er den Spendern. In Ojai angekommen, bat er Rajagopal um nähere Informationen bezüglich der von Pinter angesprochenen Sache. Da er sie nicht erhielt, erklärte er, seinen Sitz im Treuhandvorstand wieder übernehmen zu wollen. Er hatte die Möglichkeit dieses Schritts immer für selbstverständlich gehalten, musste jedoch erfahren, dass dies nicht der Fall war. Obwohl die Initialen KWINC für KRISHNAMURTI WRITINGS INCORPORATED standen, besaß er keine Stimme mehr darin. Es war ausschließlich Rajagopals Sache geworden.

Man hatte erwartet, dass die ersten Vorträge in Saanen unter freiem Himmel auf dem erworbenen Grundstück stattfinden sollten, aber Krishnamurti plante, eine Halle darauf bauen zu lassen, in der sich die Zuhörer bei schlechtem Wetter versammeln konnten. Rajagopal weigerte sich, der KWINC dafür Gelder zu entnehmen. Das überraschte Krishnamurti. Das Grundstück hatte zwar 50.000,- Dollar gekostet, aber er nahm an, dass noch eine Summe von ungefähr 1.000.000,- Dollar zur Verfügung stand, der man das Baugeld hätte entnehmen können. Er bat Rajagopal erneut um Informationen, die ihm wieder verweigert wurden. Seine persönlichen Kosten aber kamen zur Sprache. Doch die einzige Extravaganz, die er sich erlaubte, waren seine maßgeschneiderten Anzüge. Seine Reisekosten hielt er so knapp wie möglich, und da ihm sehr oft von Freunden eine Unterkunft besorgt wurde, hatte er nur selten Hotelrechnungen zu bezahlen.

Es lag nun schon Jahre zurück, dass Freunde in New York ihn darauf aufmerksam gemacht hatten, dass die finanziellen Regelungen innerhalb der KWINC sich nicht ganz so gestalteten, wie er annahm. Aber seiner Bitte, wieder als Treuhänder eingesetzt zu werden, wurde ebenso wenig stattgegeben wie seiner Forderung nach klaren Aussagen in Bezug auf Vermögenswerte und Belastungen. Einer der übrigen Treuhänder meinte zu Krishnamurti: „Rajagopal ist KWINC, und KWINC ist Rajagopal." (3) Das war alarmierend, besonders weil er das Urheberrecht für alle seine Bücher der KWINC überschrieben hatte. Inzwischen waren Krishnamurti und Rosalind wieder ausgesöhnt, aber er sollte die nächsten acht Jahre immer wieder versuchen, seinen Sitz im Treuhandausschuss des KWINC wiederzuerlangen.

Die Vortragsreihe in Ojai im Jahre 1960 brachte einen willkommenen Neuankömmling, Mary Zimbalist, die ganz in der Nähe, in Malibu, wohnte. Sie hatte Krishnamurti 1944 zum ersten Mal sprechen gehört und später Sam Zimbalist geheiratet, den Produzenten von „Ben Hur". Seit zwei Jahren war sie Witwe und in ihrer Einsamkeit nach Rat suchend, bat sie nun um ein Interview. Es sollte der Beginn einer bedeutungsvollen Freundschaft werden.

Im November 1960 begab sich Krishnamurti wieder auf Reisen. Nach den üblichen Unterbrechungen bei seinen Freunden in New York, London, Rom und Bombay, traf er am 17. in Madras ein, wo er wie gewöhnlich in Vasanta Vihar blieb. Im Januar 1961 fuhr er wieder nach Neu Delhi und wohnte bei Shiva Rao, der inzwischen ein hohes Alter erreicht haben musste, da er als Lehrer Krishnamurti bereits 1909 unterrichtete. In Benares näherte sich ihm eine Frau, Vimala Thakar, die unter Schmerzen in einem Ohr litt. Sie hatte schon früher mit ihm darüber gesprochen und gefragt, ob die Beschwerden auf die strengen Yoga-Praktiken, die sie ausgeübt hatte oder ein Emporsteigen der Kundalini zurückzuführen sein könnte. Er war anderer Meinung gewesen und hatte ihr geraten, einen Arzt aufzusuchen. Sie war seinem Rat gefolgt und wurde operiert. Der Schmerz war verschwunden, aber nun war sie völlig taub auf dem einen Ohr. Daher kam sie wieder zu Krishnamurti. Pupul Jayakar berichtet von der Art, in der Krishnamurti Heilsitzungen durchführte. Der Kranke saß auf einem Stuhl, Krishnamurti stand hinter ihm und legte ihm die Hände auf den Kopf. Dann machte er eine Bewegung, mit der er die Energie, die auf seine Hände übergegangen war, abschüttelte. Dann ließ er seine Hände eine Weile still auf dem Kopf der Person ruhen.(4)

Dies scheint dem Vorgang zu gleichen, den Radha Sloss beschreibt. Krishnamurti „zog" die Grippe aus ihren Füßen, was mich an die Methode von Mesmer erinnert. Franz Anton Mesmer (1734-1815) verblüffte die westliche Welt seiner Tage, indem er von einem unsichtbaren „animalischen Magnetismus" sprach, in etwa dem entsprechend, was die Inder Prana nennen. Er betrachtete die Krankheit als eine Unregelmäßigkeit im Energiefluss, und die Bewegungen, die er mit seinen Händen machte, dienten dazu, die Energie wieder zum Fließen zu bringen. Moderne Enzyklopädien neigen dazu, dies als Vorläufer der Hypnose zu sehen, die sich prinzipiell aber davon unterscheidet. Die Bewegungen eines Hypnotiseurs mögen gleich erscheinen, beabsichtigen aber, den Patienten in einen schlafähnlichen Zustand zu versetzen, in dem der Geist für die Anregungen des Hypnotiseurs empfänglich wird. Darin liegen offensichtliche Gefahren. Die Bewegungen Mesmers jedoch machten den Patienten nicht schläfrig und zugänglich für Beeinflussungen.

Krishnamurti schien angestauten Körpermagnetismus, oder wie immer man es nennen will, herausgezogen zu haben, der ebenso ungesund ist wie abgestandenes Wasser, das eigentlich fließen sollte. Nach jeder Behandlung wusch er seine Hände. Auch Vimala Thakars Gehör besserte sich, nachdem er sie mehrmals behandelt hatte.

Anfang März war Krishnamurti wieder in Bombay. Einige Tage bevor er Indien verließ, hatte Nandini ein eigenartiges Erlebnis mit ihm. Er saß mit untergeschlagenen Beinen auf dem Bett in seinem Zimmer, während sie auf dem Fußboden in seiner Nähe hockte. Sie unterhielten sich. Plötzlich aber hielt er mitten im Satz inne, schloss seine Augen und wurde völlig still; kerzengerade und steif saß er da. Sie hatte das Gefühl, als ob durch alle Türen und Fenster ein unheimlich tosender Wind strömte.(5)

Am 16. März 1960 verließ er Indien. Wie gewöhnlich traf er in Rom Vanda Scaravelli, die ihn mit nach Il Leccio nahm, wo er sich einige Wochen ausruhte, bevor er im Mai nach London flog. Am 12. Mai schrieb er Nandini: „Die Räder von Ooty bewegen sich, von allen unbemerkt."(6) Jayakar glaubt, er meinte mit „Räder" die Chakras des Körpers; warum aber „von Ooty"? Mir scheint, er wollte damit zum Ausdruck bringen, dass sich die Räder des Schicksals in Ooty in Bewegung gesetzt hatten. Seine Chakras waren bereits lange vor den Ereignissen in Ooty aktiv. In einem weiteren Brief an Nandini schreibt er: „Du erinnerst dich, dass du zwei Tage vor meiner Abreise jene seltsame Energie im Raum gespürt hast. Um sie auszuhalten, muss man ungeheuer stark sein."(7)

In London hatte Doris Pratt mit Hilfe von Mary Cadogan ein kleines Haus in der Nähe von Wimbledon Common, das er so sehr liebte, gemietet und seine Treffen organisiert. In Wimbledon erlebte er ein leichtes Wiederaufflammen des Prozesses, erklärte aber Doris, es gebe nichts, das sie tun könnte, außer ruhig zu bleiben und ihn nicht zu berühren. Es stünde im Zusammenhang mit den Ereignissen, auf die die unzensierte Version in Lady Emilys Buch anspielte. (8) Es ging also tatsächlich um die Anspielung auf die Kundalini, die er gestrichen haben wollte. Von London aus reiste er nach Ojai, obwohl er sich vor diesem Besuch fürchtete, wie Doris Pratt an Vanda Scaravelli schrieb. Es geschah im Flugzeug, während der Prozess sich fortsetzte, dass er begann, einen Bericht über seine inneren Bewusstseinszustände zu schreiben, der später unter dem Titel „Krishnamurtis Notizbuch" veröffentlicht werden sollte. Darin spricht er nicht nur von den Schmerzen, sondern auch von den wunderbaren „Wesenheiten", die er spürt, die Heiligkeit, die Segnung…

Auf seiner Rückreise von Ojai blieb er drei Nächte in London bei Jean Bindley und besuchte Lady Emily. Ihr Gedächtnis hatte sehr stark nachgelassen, und er saß manchmal nur still bei ihr. Doris Pratt schrieb an Vanda Scaravelli, sie habe den Eindruck, dass er keine glückliche Zeit in Ojai verbracht hatte. Er sagte nichts, doch ihre Frage, ob Rajagopal seine negative Haltung ihm gegenüber geändert habe, verneinte er.

Aber Vanda konnte mit etwas Erfreulicherem aufwarten, als sie ihn am 11. Juli 1960 vom Flughafen in Genf abholte und zu dem Gebirgsort Gstaad brachte, der zwischen dem Genfer und dem Thuner See liegt. Sie hatte die Villa Tannegg für ihn gemietet und Vorträge im Rathaus von Saanen organisiert.

Er schrieb an Doris Pratt: „Du weißt ja nicht, was es bedeutet, jemanden wie Vanda besuchen zu können. Nie zuvor hat man mich so wundervoll behandelt."(9)

Aber Vanda erlebte nun zum ersten Mal den Prozess und die seltsame Kinderstimme, die von ihm in der dritten Person durch seinen Mund sprach. Er wurde mehrmals ohnmächtig, erklärte aber, sich danach besser zu fühlen. Seine Vorträge waren ein großer Erfolg. Aldous Huxley, der nach dem Tod seiner Frau wieder verheiratet war und am 27. Juli eintraf, besuchte mehrere seiner Vorträge. Es war, „als ob man den Worten des Buddha lauschte."(10)

Aufgrund der glücklichen Atmosphäre in diesen Tagen beschloss man, das Ereignis jeden Sommer in größerem Rahmen stattfinden zu lassen.

Am 11. August bildete sich ein Komitee, das sich um die nötigen Maßnahmen kümmern sollte. Krishnamurti hoffte, dass Saanen den Platz von Ommen einnehmen würde. Da man Ommen im Zweiten Weltkrieg in ein Konzentrationslager umgewandelt hatte, glaubte man, nie wieder eine glückliche Zeit dort verbringen zu können. Aber in Ommen war es den Besuchern möglich gewesen, in Hütten oder Zelten zu nächtigen, was in Saanen nicht der Fall war, da das Land fehlte. Man musste seine Unterkunft selbst besorgen. Huxley und seine zweite Frau wohnten im Palace Hotel. Weniger bemittelte Leute hätten verzagen können. Um dem entgegenzuwirken, baute man einen Stand auf. Wer wollte, konnte sich dort anstellen und sein Essen in Empfang nehmen. Man aß draußen im Stehen, wanderte umher oder setzte sich ins Gras. Wegen der wunderbaren Aussicht nahmen viele dieses Angebot wahr.

Vanda stellte Krishnamurti für den Zeitraum der jährlichen Vorträge ihr Auto, einen Mercedes, zur Verfügung. Nach jeder noch so kurzen Fahrt wischte er den Wagen sorgfältigst sauber. Man entnahm der KWINC etwas Geld für den Kauf eines kleinen Landstücks, so dass die folgenden Vorträge unter einem Zelt abgehalten wurden. Die landschaftliche Schönheit dieses Orts zog die Zuhörer selbst von weit her an.

Die Bouvards kamen jedes Jahr aus Paris und mieteten „Chalet Sunbeam". Helene tanzte mit Krishnamurti und berichtete: „Er tanzte sehr gut." Er war nun in seinen Sechzigern. Er ging früh zu Bett. Einmal rief sie ihn abends um neun Uhr an, was für sie eine ganz normale Zeit bedeutete. Er aber fand diese Stunde so ungewöhnlich, dass er glaubte, es handelte sich um einen Notfall. Zusammen mit Vanda, Krishnaji und Michel pflegte sie lange Spaziergänge in den Bergen zu machen. Manchmal pflückte Krishnamurti eine Blume, reichte sie ihr und fragte, ob sie gut dufte. Er roch nie zuerst daran, sondern überreichte sie mit ihrer ganzen Duftfülle. Zu den Mahlzeiten pflegte er ein kleines Glas Wein zu trinken. Ein Glas guten französischen Weins zum Essen könne niemandem schaden, erklärte sie. Er aß gut, um seine Kräfte zu erhalten.

Oft fragte er, ob es einen „guten Western" im Kino gebe, und er las „Mordgeschichten". Diese Art der Entspannung erklärend, meinte sie, bei den halbstündigen Interviews schenke er der Person, die gekommen war, um mit ihm zu sprechen, seine ganze Aufmerksamkeit, was ihn viel Kraft kostete. Wenn er sich entspannte, dann wollte er kein intellektuell anspruchsvolles Buch lesen oder einen ernsten Film sehen. Was die Interviews anbelangte, war er pünktlich auf die Minute; verpasste jemand seinen Termin, dann hieß es: „Tut mir Leid."

Michel Bouvard selbst hatte einmal um ein Interview gebeten. Als junger Mann hatte er eine Militärkarriere eingeschlagen, und jetzt war ihm als General der Luftwaffe eine wichtige Aufgabe in Senegal übertragen worden. Er fragte sich, wie er seine Karriere mit Krishnamurtis Lehre vereinbaren konnte. Zunächst war er nach Senegal geflogen, um seinen Auftrag in Angriff zu nehmen und kam dann wegen dieser halben Stunde nach Europa zurück. Krishnamurti antwortete ihm schlicht, er solle versuchen, mit seinen Untergebenen zu reden, anstatt ihnen Befehle zu erteilen. Ich erfuhr von dieser Begebenheit, als ich mit Helene und Michel zwei Wochen in Annecy verbrachte.

Krishnamurti behielt seine übliche Reiseroute bei, ausgenommen Ojai. Im September 1961 fuhr er mit den Suares nach Paris; mit Vanda nach Rom und mit den Shiva Raos nach Bombay, Rishi Valley, Madras, Rajghat (Januar 1962) und Delhi und wieder zurück nach Rom, wo er am 15. März 1962 eintraf. Hier erkrankte er und bekam Fieber. Seine Augen waren geschlossen. Es war nicht der übliche Prozess, und doch sprach diese Kinderstimme wieder durch ihn: „Dieses Gesicht ist sehr sorgfältig ausgearbeitet worden. Sie haben so lange daran gearbeitet, so viele Jahrhunderte gearbeitet, um so einen Körper zu erschaffen…diese ganze Reiserei…Der Körper…man hat auf ihn all diese Monate wie verrückt aufgepasst…wenn er in diesen Flughäfen ist, ist er mit sich allein. Der Körper wäre gestorben, wenn man ihn nicht entdeckt hätte…"(11) (Vanda kritzelte die Worte mit.)

Wer waren „Sie", die jahrhundertelang an dem Körper, den er jetzt trug, gearbeit hatten – wahrscheinlich von dem Augenblick an, in dem er seine gegenwärtige Mission angenommen hatte, möglicherweise bei seiner physischen Begegnung mit dem Buddha im sechsten Jahrhundert vor Christus. Es waren gewiss dieselben, die die einzelnen Stufen des Prozesses überwachten und genau wussten, wie viel er ertragen konnte. Diese

Worte waren wohl die Antwort auf die Behauptung, er leugne jene erhabenen Wesenheiten, denen die Theosophen den Namen „Meister der Weisheit" gegeben hatten. Aber wenn dieser Körper mit solcher Sorgfalt gebildet worden war, warum wäre er dann gestorben, wenn Leadbeater ihn nicht „entdeckt" hätte?

Der Hinweis auf seine Reisen und die Flughäfen zeigt Krishnamurtis zunehmende Erschöpfung. Er sehnte sich immer mehr danach, an einem einzigen Ort verweilen zu können. Nur sein Pflichtbewusstsein, an möglichst vielen Orten zu sprechen, ließ ihn weitermachen.

Von Rom aus reiste er nach London und gab eine weitere Serie von Vorträgen im „Friends House" und besuchte die inzwischen siebenundachtzigjährige Lady Emily. Von London ging es dann nach Paris und weiter nach Genf, zu Vanda und nach Gstaad für das Jahres-Treffen.

Es kamen Yehudin Menuhin, Oberst Lindberg mit seiner Frau und die meisten seiner alten Freunde.

Nach dem Treffen blieb er mit Vanda noch in Gstaad und fuhr dann mit ihr nach Rom, wo Pablo Casals für ihn spielte. In diesem Jahr ließ er Indien aus. Im Frühjahr besuchte er wieder Lady Emily. Still saß er an ihrer Seite und sang ihr vor, wahrscheinlich seine alten Brahmanen-Gesänge.

Im Juli reiste er zurück zu Vanda und nach Gstaad. Mary und Joe unterbrachen dort ihre Reise nach Venedig. In diesem Jahr kam der Franzose Alain Naudé nach Saanen. Er war Konzertpianist und sollte Krishnamurtis Werk mit Begeisterung unterstützen. Auch Marcelle Manziarly und Mary Cadogan vom Londoner Büro der KWINC waren anwesend.

Im September besuchte Krishnamurti Lady Emily zum letzten Mal, bevor er im Oktober nach Indien reiste. Er hielt sich gerade in Madras auf, als er Marys Telegramm erhielt, in dem sie ihm mitteilte, dass Lady Emily am 3. Januar 1964 gestorben war. Er telegraphierte zurück: „Ich habe sie geliebt."(12)

25.

Sonnenschein und Schatten

Zu dem Saanen-Treffen 1964 waren die üblichen Zuhörer erschienen. Die Bouvards waren dort. B.K. Iyengar war dort. Seit dieser ihm 1959 in Indien begegnet war, machte Krishnamurti regelmäßig seine Körperübungen. Er hatte versucht, Pupul Jayakar dazu zu überreden, aber sie war kein Freund von Gymnastik. Nun schlug er Helene Bouvard vor, bei Iyengar Unterricht im Hatha-Yoga zu nehmen, da es ihr gut tun würde. Da er nur ganz selten einen Rat gab, machte sie unverzüglich einen Termin mit dem Lehrer aus und berichtete mir ganz begeistert von der Unterrichtsstunde. „Kaufe das Buch.(1) Schreibe ihm an seine Adresse in Poona. Sage ihm, er solle dir beibringen, auf dem Kopf zu stehen. Bitte ihn um einen Termin, wenn er das nächste Mal nach London kommt. Bestehe auf Privatstunden. Erwähne Michel und mich." Dies alles tat sie.

Auch Radha und Jimmy Sloss waren gekommen. Radha empfand keine große Zuneigung für Krishnamurtis „neue Freunde". Besonders Alain Naudé, mit dem Mary Zimbalist gut auskam, mochte sie nicht. Helen war der Meinung, Krishnamurti gefiel an Naudé, dass er als professioneller Pianist kein Künstler war, der sich selbst herausstellen wollte, sondern spielte, weil es ihm Freude bereitete. Krishnamurti bevorzugte sein Spiel vor dem eines anderen Künstlers mit einem größeren Namen, der nach Krishnamurtis Ansicht nur seine Virtuosität zu Schau stellen wollte. Naudé spielte aber nicht nur Klavier. Im Herbst folgte er Krishnamurti auf eigene Kosten nach Indien, wo dieser ihn Pupul und Nandini vorstellte und meinte, Naudé werde eine „Art Sekretär" werden. Kurz danach wurde die Ernennung offiziell bekannt gegeben.

Dieser Posten war nur als vorübergehend geplant. Seit seinem ersten Besuch in Gstaad war Alain Naudé nach Südafrika zurückgekehrt, um von seinem Posten als Professor für Musik an der Universität von Pretoria zurückzutreten. Aufgrund der Apartheid fühlte er sich beschämt, eine Position in diesem Land innezuhaben. Aber er hätte seinen Lebensunterhalt damit verdienen können, Musikunterricht und gelegentliche Konzerte in Europa zu geben. Um ihn dafür zu entschädigen, dass er seine Karriere aufgegeben hatte, zahlte man ihm ein kleines Gehalt.

Im April und Mai 1965 sollte Krishnamurti in der „Black Memorial Hall" sprechen, und Doris Pratt sorgte für seine und Alain Naudés Unterkunft. Mary Lutyens traf Krishnamurti bei seinem Schneider. Naudé, der ihn begleitete, wurde Mary vorgestellt. Es entstand eine „augenblickliche Beziehung" zwischen ihnen. Gemeinsam mit Joe und Krishnamurti wanderte Mary in Sussex durch die Wälder mit den Sternenhyazinthen. Niemand erwähnte Rajagopal.

Mary aber hatte bereits seit einiger Zeit bemerkt, dass es nicht gut um die Beziehung dieser beiden Männer stand. Sie hatte Rajagopal getroffen und war verblüfft, als dieser begann, schlecht über Krishnamurti zu sprechen. Sie hatte ihm vorgeschlagen, seinen Vorsitz der KWINC niederzulegen, wenn das seine Meinung über ihn war und nicht mehr auf Krishnamurtis Grund zu leben. Dies hatte sich vor seiner Scheidung von Rosalind ereignet.

Sloss stellt ihren Vater dar, als habe er eine ausgezeichnete Karriere als Rechtsanwalt aufgegeben, um Krishnamurtis Angelegenheiten zu regeln. Bei der KWINC aber besaß er Macht, und Krishnamurti zu begleiten, bedeutete Gewinn. Beim Verlassen eines Flughafens soll einmal ein Mann auf sie zugestürzt sein und Krishnamurti ein großes Bündel Banknoten in die Hand gedrückt haben. Dieser war entsetzt, ließ es fallen und sagte: „Geben Sie es Rajagopal."(2)

Sloss erzählt diese Begebenheit, um darzulegen, wie beleidigend Krishnamurtis Verhalten war, die Banknoten einfach fallen zu lassen, damit sie vom Boden aufgelesen werden mussten.

Es gingen laufend Spenden ein, manchmal ganz inoffiziell. Da war, zum Beispiel, das „Burdick-Geld". Charles Burdick war ein langjähriger

Freund von Doris Pratt und Krishnamurti aus den theosophischen Tagen. 1947 beabsichtigte er, dem Fond für Krishnamurtis Arbeit eine Spende in Form von Geld und Aktien eines Unternehmens zukommen zu lassen, das er selbst gegründet hatte. Da es aufgrund der Umtauschregeln schwierig war, das Geld nach Ojai zu überweisen, hatte er es einfach Doris Pratt gegeben, die dafür ein eigenes Konto mit 2.000,- Pfund eröffnete und die Dividenden einzahlte. Später gab er eine zweite Schenkung, diesmal an die KWINC in Ojai. Da in London die Dividenden der Aktien aufgebraucht worden waren, nahm Doris an, Rajagopal würde es von dem Burdick-Geld in Ojai ausgleichen. Es überraschte sie, dass er sich weigerte. Doris hatte über die Ausgaben immer genau Buch geführt. Rajagopal aber schien nicht gewillt oder unfähig zu sein, Rechenschaft darüber abzulegen, was er mit dem ihm anvertrauten Burdick-Geld gemacht hatte.

In diesem Jahr legte Doris Pratt, die sich sehr um Krishnamurtis Gesundheit sorgte, Rajagopal auch eine Anzahl von Anträgen vor, die seine Unterschrift erforderten. Darunter befand sich auch der Vorschlag, Krishnamurti aus gesundheitlichen Gründen künftig erster Klasse fliegen zu lassen. Er verweigerte die Unterschrift. Später in diesem Jahr legte Doris die Verantwortung, die sie so viele Jahre getragen hatte, in die Hände von Mary Cadogan, ihrer langjährigen Assistentin, die mit ihrem Mann und ihrer Tochter in Beckenham wohnte.

Im Frühjahr 1965 kam Mary Zimbalist mit einem Mietwagen nach London, in dem sie Fahrten mit Krishnamurti und Alain unternahm. Über Frankreich fuhren sie in die Schweiz, und nach seinem Saanen-Treffen dort, reisten sie nach Indien.

Im Frühjahr 1966 sprach Krishnamurti wieder im „Friends House" in London. Mary und Joe waren angenehm überrascht, als ein Jaguar vor ihrem Haus vorfuhr, mit Mary Zimbalist am Steuer und Krishnamurti und Alain als Passagieren.

In diesem Sommer war nicht nur Iyengar in Saanen, sondern auch sein Neffe T.K.V. Desikachar. Während seines Aufenthalts in Indien hatte Krishnamurti einige Yoga-Stunden bei seinem Vater und ihm selbst genommen. Trotz seines Alters von neunundsechzig Jahren vermochte er die kompliziertesten Übungen zu machen, wie Kopf-, Schulter- und Handstand; aber seine Hände zitterten und sein Atem ging keuchend und sein Nacken war steif und hart wie Granit. Er hatte es wohl übertrieben. Der junge Desikachar holte sich Rat bei seinem Vater T. Krishnamacharya, einem erfahrenen Yoga-Lehrer, der vorschlug, Krishnamurti solle nur flach auf dem Boden liegen, die Beine aufwärts an die Wand gelehnt und einige ruhige Atemübungen machen. Krishnamurti hatte Desikachar gebeten, ebenfalls nach Saanen zu kommen. Dieser zögerte zunächst, da sein Onkel Iyengar ebenfalls dort war, kam aber dann auf Anraten seines Vaters doch nach Saanen, wo Onkel und Neffe in Chalet Tannegg wohnten.(3)

Nach dem Sommertreffen in Saanen 1966 flogen Krishnamurti, Mary Zimbalist und Alain Naudé nach Amerika. Sie blieben kurz in New York und reisten dann nach Kalifornien. Wegen der schwierigen Lage in Ojai nahm Mary Zimbalist sie mit nach Malibu in ihr Haus. Doch mit Ojai musste sich auseinander gesetzt werden, und im Oktober fuhren sie hinüber. Krishnamurti wohnte natürlich in Pine Cottage und zeigte Mary und Alain den (nicht mehr kleinen) Pfefferbaum, unter dem er vor so langer Zeit in jener denkwürdigen Nacht gesessen hatte und erzählte ihnen, Annie Besant habe gesagt, er müsse immer erhalten bleiben.

Sie aßen mit Rosalind in Arya Vihara. Mary und Rosalind fanden keinen Gefallen aneinander. Die Atmosphäre war gespannt, und Mary bezeichnete die Lunchs mit Rosalind „Magengeschwür fördernd"(4), weil diese Krishnamurti ständig dazu antrieb, irgendetwas zu tun. Alain, dessen Aufgabe als Krishnamurtis Sekretär teilweise darin bestand, seine Reden zum Zwecke der Veröffentlichung auf Band aufzunehmen, war schockiert, als Rajagopal ihn bat, Krishnamurtis Privatinterviews ebenfalls aufzuzeichnen und ihm darüber zu berichten. Selbst in Pine Cottage kamen sie nicht zur Ruhe. Alle drei waren überzeugt, dass man im Haus Wanzen installiert hatte.(5)

Krishnamurti erzählte, dass bei seinem letzten Besuch in Ojai die Zänkereien über die Scheidung zwischen Rosalind und Rajagopal ihn krank gemacht und er deshalb seine Vortragsreihe abgebrochen hatte. Alain meinte, dass müsse diesmal aber nicht geschehen.

Bevor sie Malibu verließen, hatte Krishnamurti am 22. Oktober einen Brief an Rajagopal geschrieben, in dem er ihm sagte, das Vermögen der KWINC müsse bekannt gegeben werden. Außerdem sei es nicht richtig, dass KWINC unter der Herrschaft einer einzigen Person, Rajagopal, stehe und der Vorstand deshalb erweitert werden solle. Er bestand auf Mary Zimbalist Beitrett und bat erneut, wieder in sein Amt als Vorstandsmitglied eingesetzt zu werden.

Am 10. November fand daraufhin ein Treffen zwischen ihm und Rajagopal statt, nach dessen Beendigung Krishnamurti aus dem Zimmer trat und Alain und Mary bedeutete, ihm ins Freie zu folgen. Er berichtete, was geschehen war. Auf seine Frage, was Rajagopal auf seine Vorschläge vom 2. Oktober hin unternommen hätte, muss dieser geantwortet haben: „Nichts. Warum auch? Ich lasse mir von dir nicht befehlen."(6) Krishnamurti hatte ihm entgegnet, er alleine müsse die Konsequenzen tragen, falls er nichts unternehmen würde.

Rajagopal darauf: „Ist das der Fluch eines Brahmanen? Ich bin auch ein Brahmane, und ich kann dich schlimmer verfluchen als du mich." Dann beschimpfte er Krishnamurti, nicht mehr der Weltlehrer zu sein und verunglimpfte Dinge, die heilig waren. Krishnamurti war es zu viel geworden und er hatte das Zimmer verlassen.

Der letzte seiner Sonntagmorgen-Vorträge in Ojai muss nach Mary Zimbalists Worten trotz des Drucks, unter dem er stand, einer seiner besten gewesen sein. Am folgenden Tag fuhren sie zurück nach Malibu. Während der Fahrt bot er Mary die Handlungsvollmacht an, die er einst Rajagopal übertragen hatte und die er zurückzuziehen gedachte. Am 16. mussten sie wegen eines Zahnarzttermins für Krishnamurti erneut nach Ojai fahren. Von Pine Cottage aus rief Krishnamurti Rajagopal an und bat ihn um die Bandaufnahmen seiner Ojai-Vorträge und die Aufzeichnungen (später als „Krishnamurtis Notizbbuch" veröffentlicht). Letztere hatte er Vanda Scaravelli geliehen. Sie hatte sie an Rajagopal weitergeleitet, damit er diese Krishnamurti zurückgebe. Rajagopal schrie ins Telefon: „Du musst eine gerichtliche Verfügung haben, um sie dir zu holen." Dann hängte er auf. Krishnamurti nahm diese Worte nicht ernst und bat Alain, die Unterlagen zu holen. Mary fuhr ihn zu Rajagopals Haus, wo dessen Frau ihn auf Anordnung ihres Mann abwies.

An diesem Tag schrieb Mary Zimbalist in ihr Tagebuch, das sie später

Mary Lutyens zur Verfügung stellte: „Was die Handlungsvollmacht anbelangt, werde ich mit K`s Einverständnis R. vor Gericht bringen."(7)

Ein Schweizer bot Krishnamurti 50.000,- Pfund an, um sich irgendwo in der Welt ein Haus für die Zeit seines Ruhestandes zu bauen. Da er beabsichtigte, niemals in den Ruhestand zu gehen, fragte er, ob er das Geld zum Bau einer Schule in Europa verwenden dürfte, in der Kinder im Geiste der Freiheit erzogen werden würden. Er wollte die Schule oft besuchen und sich dort manchmal erholen. Der Spender, dessen Name anonym blieb, entsprach seiner Bitte. Krishnamurti zog die Schweiz, Frankreich oder Holland in Erwägung.

Im Dezember flog er über Rom alleine nach Indien, da Alain seine Eltern in Südafrika besuchte. Am 6. März 1967 war er wieder in Rom, um wie immer bei Vanda Scaravelli zu bleiben. Rosalind flog nach Rom und bat Krishnamurti um Rat, wie sie zwischen ihm, Raja und Mima Porter (Marcelle Manziarlys Schwester und nun Vorstandsmitglied der KWINC) schlichten könne.

Am 22. Juni 1967 schrieb sie dann einen beunruhigten Brief an Krishnamurti, den ihre Tochter Radha veröffentlichte. Hier einige Sätze daraus: „Bevor du hastig und unbesonnen handelst, flehe ich dich an, überlege es dir…Offensichtlich wirst du sehr schlecht von einigen Leuten beraten, die nicht wissen, was sie tun… Mit R. kann ich nicht darüber reden; er schnauzt mich an, dass du und ich seine Ehe kaputt gemacht haben; er reitet immer wieder auf der Vergangenheit herum. Er hatte eine Operation, die schief gelaufen ist; er muss noch einmal operiert werden…ich flehe dich an, komme hierher. Ich werde mein Bestes tun, um die Dinge so angenehm wie möglich zu gestalten. Lieber Krishnaji, kannst du mich hören – erinnerst du dich an mich? Guter Gott, lasse etwas eindringen."(8)

Sie war furchtbar ängstlich. Aber warum?

Krishnamurti hatte in Holland Vorträge gehalten, das er am 2. Juni verließ, um zusammen mit Mary Zimbalist und Alain Naudé gemütlich durch Deutschland in Richtung Schweiz zu fahren, wo er in Gstaad auf Vanda warten wollte. Hier hatte ihn wahrscheinlich Rosalinds Brief erreicht. Doch alles drehte sich zunächst um die neue Schule. Krishnamurti hatte die ideale Rektorin gefunden, die Bildhauerin Dorothy Simmons, die mit ihrem Mann gerade pensioniert worden war, nachdem sie eine staatliche Schule geleitet hatte. Sie war Engländerin. Die Schule sollte daher in England gegründet werden, weil sie es als nachteilig empfand, in einer Fremdsprache zu unterrichten.

Ein anderer Gönner, Gerard Blitz, bot sich an, die Angelegenheiten der KWINC zu überprüfen. Er beabsichtigte, im Dezember nach Kalifornien zu reisen und wollte versuchen, Rajagopal zu treffen. Mehrere Jahre lang hatte es zwei nebeneinander laufende, rechtlich voneinander unabhängige Organisationen gegeben, den „Star Publishing Trust" in Holland, den Krishnamurti selbst gegründet hatte, und das „Ojai Star Institute", das von Rajagopal geleitet wurde. Der Star Publishing Trust wurde später in die KWINC umgewandelt. Krishnamurti unterzeichnete alles, was Rajagopal von ihm verlangte und übertrug auf diese Weise das gesamte Vermögen der KWINC in Holland auf das Star Institute, das Rajagopal völlig alleine verwaltete. „Ich hatte keine Ahnung, dass ich das tat."(9) Rajagopal verwaltete somit das gesamte Vermögen der KWINC, das etwa eine Million Dollar betrug. Blitz traf sich mit Rajagopal, konnte aber nichts erreichen.

Im September 1967 hielt Krishnamurti eine Reihe von Vorträgen in der Wimbledon Town Hall, beginnend am 16. Ich hatte mir die Daten gemerkt. Da starb meine Mutter. Es war ein Schock für mich. Am nächsten Tag hatte ich eigentlich zu seinem Vortrag gewollt. Auf der Fahrt nach Wimbledon fragte ich mich, was ich dort sollte. Ich war nicht in der Stimmung, um aufzupassen.

In der Town Hall empfing mich die übliche angespannte Stille. Die Vorhänge auf der Bühne teilten sich, Krishnamurti trat hervor, setzte sich auf seine Hände auf den kleinen Holzstuhl und begann zu sprechen. Ich fing den Satz auf: „Um zu untersuchen, muss man sich von bestimmten freudschen oder indischen Psychologien freimachen. Wenn Ihr wie sie untersucht, werdet Ihr herausfinden, was sie denken, und Ihr werdet nichts über euch selbst herausfinden…"

Dann schweiften meine Gedanken wieder ab. Ich hörte nicht auf seine Worte, sondern betrachtete sein Gesicht. So hatte er also ausgesehen, als er an den Ufern des Ganges lehrte. Es war nicht Krishnamurtis Gesicht, es war das des Buddha. Er sollte der Träger des Maitreya sein, aber das ist nicht Maitreya, das ist Buddha.

Er sagte wohl: „...zu schauen ohne Bildnis – zu betrachten, zu sehen, ohne Beurteilung, sondern bloß zu beobachten, was wirklich ist..."

Dieses Gesicht kam und ging. Manchmal war es das Gesicht Krishnamurtis, manchmal kam das andere zurück. Er sprach über das Abschweifen des Geistes. „Wenn mein Geist umherwandert, höre ich nicht hin (was für mich an diesem Morgen wirklich zutraf). Aber diesem Umherwandern Einhalt zu gebieten, ist eine Form von Disziplin, was eine Vergeudung von Energie ist..."

In seinem eigenen Leben ging es turbulent zu. Im März 1968 schrieb er aus Bombay: „Ich werde sicherlich nicht vor Gericht gehen. Rajagopal weiß das, da ich es ihm wiederholt gesagt habe..." Aber auch wenn Krishnamurti die Tantiemen seiner Bücher aufgegeben hätte, wären diejenigen, die ihm Geld für seine Arbeit gespendet hatten, nicht gleicher Ansicht gewesen. Im März 1968 wurde ein Termin mit Michael Rubinstein von Rubinstein, Nash & Co (Experten in Verleumdungsklagen und Urheberrecht) in den Raymond Buildings vereinbart. Dieses erste Treffen, bei dem die Beteiligten Krishnamurti, Alain, Mary Zimbalist, Doris Pratt, Mary Cadogan und Gerald Blitz zugegen waren, sollte in erster Linie die Lage sichten. Eine neue Stiftung sollte ins Leben gerufen werden.

Glücklicherweise hatten Doris Pratt und Mary Cadogan etwas Kapital angesammelt, um die Weiterführung der Stiftung zu gewährleisten. Während der letzten zehn Jahre hatte Mary Cadogan der KWINC in Ojai vierteljährlich die Kontoauszüge vorgelegt. Nach diesem Treffen hielt sie diese aber zurück. Doris musste die Briefe von Byron Castleberry beantworten, der als Treuhänder im Auftrag von Rajagopal handelte. Doris schrieb ihm, dass er kein Treuhänder von KWINC sein könnte, ohne sich unmittelbar vor Krishnamurti zu verantworten, um dessentwillen sie gegründet worden sei. „Ich sage dir, Byron, Raja hat versucht, Krishnaji zu „manipulieren" und hat im Laufe der Jahre die ganze Macht an sich gerissen."

Der Brief endete mit der Aufforderung: „Bitte ihn von mir und allen seinen Freunden, sich völlig aus dem organisatorischen Bereich zurückzuziehen und alles in die Hände von Krishnaji zu legen."(10)

Auf diesen Brief erhielt sie keine Antwort. Krishnamurti, Mary Zimbalist und Alain reisten nach Paris, wo sie zum zweiten Mal in einem Haus am Boulogne-Billancourt wohnten, das Mary gemietet hatte. Dann fuhren sie zu den üblichen Treffen nach Holland und Gstaad. Michael Rubinstein kam ebenfalls nach Gstaad, um sich im Chalet Tannegg mit Krishnamurti, Mary Zimbalist, Alain Naudé, Gerard Blitz, Doris Pratt und Mary Cadogan zu beraten. Am nächsten Tag, noch bevor Krishnamurti seinen ersten Vortrag in diesem Jahr hielt, verlas Michael Rubinstein vor den im Zelt versammelten Zuhörern folgendes Schriftstück: „Krishnamurti wünscht bekannt zu geben, dass er sich von den Krishnamurti Writings Incorporated in Ojai, Kalifornien gelöst hat.

Er hofft, dass infolge dieser öffentlichen Erklärung diejenigen, die mit seiner Arbeit und seinen Lehren verbunden sein wollen, die neue Krishnamurti Stiftung in England unterstützen werden, deren Aktivitäten eine Schule mit einschließen werden. Die Urkunde, die der Stiftung zugrunde liegt, stellt sicher, dass Krishnamurtis Absichten respektiert werden."(11)

Für viele, die nichts von den Unstimmigkeiten gewusst hatten, kam dies völlig überraschend, und Krishnamurti musste die Sachlage erklären.

Helene Bouvard erzählte mir, sie sei wütend gewesen, dass Rajagopal alle Spenden an sich gerissen hatte. In ihren Augen war Bernhard von Clairvaux der „Star" seiner Zeit gewesen und konnte es nicht ausstehen, dass nun jemand anderer diese Rolle übernommen hatte.

Für den 28. August wurde ein weiteres Treffen in Michael Rubinsteins Büro festgesetzt. Krishnamurti hatte am Morgen ein Telegramm von Rajagopal erhalten, in dem dieser ihm drohte, gerichtlich gegen die Verleumdung vorzugehen, die seine in Gstaad abgegebenen Erklärungen enthalten hatten. Die offizielle Satzung der neuen Foundation wurde festgelegt. Krishnamurti, Mary Zimbalist, Alain Naudé, Dorothy Simmons, Gerard Blitz, George Digby (ein Freund von Jean Bindley) und Graf van der Straten (ein belgischer Industrieller), die alle anwesend waren, wurden die Treuhänder. Mary Cadogan war die Sekretärin und Mary Lutyens und Doris Pratt besaßen als außerordentliche Mitglieder das Wahlrecht. Außer Krishnamurti mussten jedes Jahr zwei Mitglieder zurücktreten und konnten sich, falls sie es wünschten, zur Wiederwahl stellen. Damit sollte die Bildung einer dauerhaften Spitze verhindert werden.

Im September 1968 flogen Krishnamurti und Alain über Madrid auf die Westindischen Inseln. In Puerto Rico wohnten sie bei den Biascoecheas. Senor E. Biascoecheas, ein alter Freund Krishnamurtis, war der Nationalvertreter des „Sternen-Ordens" für Puerto Rico gewesen. Als Krishnamurti acht Jahre zuvor die Bircher-Benner Klinik in der Schweiz aufsuchen musste, hatte er das Geld für den Aufenthalt gesandt und darauf bestanden, dieses als ein Geschenk zu betrachten. Das Ehepaar hatte auch KWINC für seine Arbeit Geld gestiftet. Nun stellten sie ihm einen Bungalow zur Verfügung, von dem aus man San Juan überblicken konnte. Krishnamurti blieb achtzehn Tage dort und hielt eine Reihe von Vorträgen an der Universität von Puerto Rico.

26.

Töne und Untertöne

Während seines Aufenthalts in Puerto Rico beantwortete Krishnamurti einen Brief, den er in Gstaad erhalten hatte. Er stammte von Erna Lilliefelt. Ihr Mann Theodore war Schwede, sie Amerikanerin. Beide waren Theosophen gewesen und nach Adyar gereist. In Madras hatten sie Krishnamurti sprechen gehört und zogen da sie unabhängig waren, nach Ojai, um in seiner Nähe zu sein. Beide arbeiteten eine Zeit lang in der Happy Valley School, verließen sie aber, als sie erkannten, dass es nicht länger eine „Krishnamurti Schule" war. Viele Jahre lang war ihr Leben parallel gelaufen. 1954 heirateten sie. Sie waren zutiefst darüber enttäuscht, dass Krishnamurti Ojai im Stich zu lassen schien. Als sie aber von seiner offiziellen Trennung von KWINC hörten, schrieb Erna ihm einen Brief, den er nun beantwortete. Sie hatte ihn gefragt, ob er alle Gelder in den Händen von KWINC zurücklassen wolle? Tausende von Schenkungen, meistens bescheidene Summen von unzähligen Menschen, aber auch beachtliche Beträge von wohlhabenden Leuten steckten darin. Alle hätten sie das Geld für Krishnamurtis Arbeit gespendet, das sie zurückforderten, wenn es nicht zu diesem Zwecke verwendet werden sollte. Sie machte ihn darauf aufmerksam, dass er es seinen Gönnern schulde, jetzt zu handeln, da sie ansonsten wohl von weiteren Zuwendungen absehen würden. Sie selbst hätte einige Erkundigungen eingezogen und sich rechtlich beraten lassen und könne ihm helfen.

Krishnamurti lud sie ein, an einem Treffen in New York teilzunehmen, das im Oktober 1968 stattfand. Anwesend waren Krishnamurti, Erna Lilliefelt, Mary Zimbalist mit Mitchell Booth, ihrem eigenen New

Yorker Anwalt, Alain Naudé und Michel Rubinstein, der aus London gekommen war. Rubinstein vertrat die Ansicht, dass jenes Schriftstück bezüglich der Urheberrechte, das er 1958 in Madras unterzeichnet hatte, nicht rechtskräftig war. Aber KWINC war eine Wohltätigkeitsorganisation mit einem geschätzten Vermögen von ungefähr einer Million Dollar, deren Geschäfte im amerikanischen Stil abgewickelt wurden. Krishnamurti bat Mary Zimbalist, eine amerikanische Krishnamurti Stiftung einzurichten, ähnlich der in England. Sie sowie Theodore und Erna Lilliefelt wurden die ersten Treuhänder. Auf Anraten von Mitchell Booth beauftragten sie die Anwaltskanzlei Kaplan, Livingston, Goodwin, Berkowitz & Selwin in Los Angeles. Am 28. Oktober fand die erste Beratung statt, an der Krishnamurti, Mary Zimbalist, Alain Naudé und die Lilliefelts teilnahmen. Mary bezahlte die Gebühr für diese erste Beratung aus eigener Tasche, danach musste die KFA (Krishnamurti Foundation America) die Kosten aufbringen.

Niemand drängte, den Fall vor Gericht zu bringen. Die Anwälte bemühten sich um einen außergerichtlichen Vergleich.

Krishnamurti hielt sich gerade in Mary Zimbalists Haus in Malibu auf, als Rosalind ihm mitteilte, sie wolle ihn gerne sehen. Es gibt unterschiedliche Berichte über diese Begegnung. Nach Sloss wollte Krishnamurti ihr nur das übliche halbstündige Interview gewähren und bestand auf der Anwesenheit seiner Gastgeberin (der Name Mary Zimbalist wird nicht erwähnt).(1) In Marys Tagebucheintragung vom 2. November 1968 heißt es jedoch, sie habe Rosalind ins Wohnzimmer geführt und wäre gerade im Begriff gewesen sich zurückzuziehen, als Rosalind ihr bedeutet habe, zu bleiben und sich auf einen bestimmten Platz zu setzen (und das in ihrem eigenen Haus). Rosalind kam um zehn und ging um ein Uhr dreißig. (Wahrscheinlich wollte Krishnamurti, den ihre Gegenwart ermüdete, ihre Anwesenheit auf eine halbe Stunde begrenzen, sie aber überzog die Zeit.) Am folgenden Tag, dem 3. November 1968, schrieb Rosalind einen sehr langen Brief an Krishnamurti, der mit den Worten beginnt:

„Das gestrige Gespräch hinterließ ein schreckliches Gefühl von Schicksalhaftigkeit....Die Weichen sind gestellt..."(2)

247

Warum war sie so verzweifelt? Mit Rajagopal war sie nicht mehr verheiratet. Sie bezeichnete Krishnamurtis Erklärung zum Bruch mit KWINC als „boshafte Aufwiegelung" (3) und beendete ihren Brief mir der Zusicherung, sie würde dafür sorgen, dass ihm die notwendige Fürsorge zuteil werde, da sie dies Nitya versprochen hätte. Das klingt alles sehr seltsam und lässt sich kaum verstehen.

Krishnamurti reiste nach Indien, wo er in noch mehr Schwierigkeiten geriet. Bei seinem Besuch im vorangegangenen Jahr hatte er sich enttäuscht gezeigt. Obwohl er seit fünfundvierzig Jahren Vorträge halte, gebe es niemanden, der seine Lehren lebe, hatte er seinen Freunden in der „Foundation for New Education" erklärt. In seinen Schulen in Rishi Valley und Rajghat war nicht seinen Wünschen entsprochen worden; sie waren nicht im Geiste wahrhafter Spiritualität erblüht. Stillstand gebe es nicht; nicht kreativ zu sein, bedeute Stagnation. Diese Beobachtungen waren nicht sehr erfreut aufgenommen worden, ebensowenig wie die Neugründung in England. In Pupul Jayakars Buch bemerkte ich eine gewisse Abneigung gegen alles Englische. Sie könne nicht glauben, heißt es, dass man die beiden Brahmanen-Jungen Krishnamurti und Nitya zur Sauberkeit hätte erziehen müssen, da diese in den Ritualen der Brahmanen verankert sei. Sie beklagt auch, dass sie ihre melodische Muttersprache Telugu zugunsten der englischen Sprache vergessen hatten und sich an Betten und Stühle gewöhnen mussten, was eine Geringschätzung der indischen Kultur bedeute. Diese Kolonialherren-Mentalität sei sicherlich nicht einem Meister zuzuschreiben.(4) Ihre Kritik enthält zweifellos ein Körnchen Wahrheit. Annie Besant und Leadbeater waren übereifrig gewesen, die Jungen für ein Leben in England gesellschaftsfähig zu machen. Aber es war in guter Absicht geschehen und ohne Geringschätzung der indischen Kultur, der Annie Besant große Hochachtung entgegenbrachte. Selbst nach der Unabhängigkeitserklärung hatte man den Engländern ihre lange Anwesenheit in Indien wohl noch nicht vergeben.

Krishnamurti hatte ihnen im Oktober 1968 aus Saanen geschrieben und ihnen versichert, die neue, am 28. August in London gegründete Foundation diene dazu, die weltweite Verbreitung der Lehre zu leiten und zu koordinieren. Es handele sich dabei bloß um ein Büro, keine ´psychologische´ Organisation. Die Mitglieder dieses internationalen Komitees seien sich einig, nicht nur ihr eigenes Land, sondern alle betreffenden Länder zu vertreten. Obwohl es nicht der rechte Augenblick sei, alle Fehler aufzulisten, müsse die Foundation in Indien bestimmte Konditionen erfüllen, um der neuen Foundation angeschlossen zu werden.

Das ärgerte sie, und Pupul Jayakar setzte ein Antwortschreiben auf, in dem es hieß, man habe sich mit seinem Brief ernsthaft auseinander gesetzt. Ihr Versagen, seine Lehren zu verwirklichen, offenbare ihre Unzulänglichkeit, nicht aber einen Mangel an Hingabe. Sein Hinweis, nicht mit der neuen Foundation zusammenarbeiten zu können, habe sie verletzt. Die indische Foundation biete eine Kooperation, die auf völliger Gleichberechtigung basiere und als freie und unabhängige Körperschaft fungiere, an…"(5)

Als er in Indien eintraf, stellte er einen Meinungsumschwung zugunsten Rajagopals fest, wahrscheinlich weil man ihn als Verteidigung gegen eine drohende englische Beeinflussung empfand, die die neue Foundation repräsentierte. Er zeigte Verständnis für ihre Besorgnis und schlug vor, eine neue Krishnamurti Foundation in Indien zu gründen, deren Präsidentin auf sein Anraten hin Pupul Jayakar wurde.

Wieder in Amerika, traf er sich Ende 1969 mit Mary Zimbalist, den Lilliefelts und dem Anwalt Rosenthal, um den stellvertretenden Generalstaatsanwalt von Kalifornien, Lawrence Tapper, in seinem Büro in Los Angeles aufzusuchen. Tapper erklärte sich bereit, mit den Untersuchungen von KWINC zu beginnen, indem er zunächst Rajagopals Rechtsanwalt mit der Bitte um gewisse Erklärungen anschreiben wollte.

Unterdessen hatten sich die Treuhänder der Foundation in England nach Land für den Bau einer Schule umgesehen, das man sich leisten konnte. Es sollte möglichst in der Nähe von London liegen, verhältnismäßig leicht zugänglich, doch gleichzeitig weitläufig genug für eine gewisse Abgeschiedenheit sein. Krishnamurti telegraphierte: „Setzt sofort zweitausend Narzissenzwiebeln." Am 17. Dezember 1969 erhielt er ein Telegramm mit der Nachricht, man habe Brockwood Park gekauft. Von den gespendeten fünfzigtausend Pfund waren noch achttausend übrig geblieben. Das große georgianische Haus in Hampshire lag in einem zehn Hektar umfassenden Park und Garten mit wunderschönen Bäumen, darunter auch Krishnamurtis Lieblinge, die Sequoias.

Im März 1969 sah er die Anlage zum ersten Mal und liebte sie. Mary Zimbalist hatte einen ganzen Flügel des Gebäudes auf eigene Kosten neu dekoriert und mit antiken Möbeln aus ihrem eigenen Haus ausgestattet. Der Treuhänder George Digby, ein Freund von Jean Bindley und Kurator für Textilien im Victoria- und Albert-Museum und Experte für orientalisches Porzellan, steuerte zusammen mit seiner Frau das Porzellan bei. Ungeachtet ihrer Tätigkeit erhielten alle Angestellten das gleiche Gehalt. Einer der ersten Lehrer war ein Professor des Royal College für Musik, der Klavierunterricht gab. Man beabsichtigte, etwa sechzig Schüler aufzunehmen; vier waren bereits eingetroffen.

Im April erhielt Tapper die erste Antwort von Rajagopals Anwalt. Seit Krishnamurti sich von KWINC getrennt hatte, diente KWINC nicht länger seinem Zweck und besaß keinen Grund, weiterhin zu bestehen. Das Staatsanwaltsbüro hätte das Vermögen übernehmen und irgendeiner Organisation übertragen müssen, die es für ihre Zwecke einsetzte. Aber vorläufig betrieb Tapper weitere Nachforschungen.

Die Angelegenheit führte zu Familienspaltungen; nicht nur bei den Manziarlys – Marcelle auf Krishnamurtis Seite, Mima auf Rajagopals, sondern auch bei den Vigevenos.

James und Annie Vigeveno glaubten, ihr Leben dem Rat zu verdanken, Holland vor seiner Übernahme durch die Nazis zu verlassen. Sowohl Krishnamurti als auch Rajagopal hatte ihnen dies geraten, doch letztlich war es Rajagopal gewesen, der ihnen den letzten Anstoß gegeben hatte, als er ihnen berichtete, was er in Deutschland gesehen hatte. Keiner ihrer Angehörigen hatte überlebt. Und nun war Rajagopal ihr Nachbar und James sein Vizepräsident. Ihre inzwischen mit Albert Blackman verheiratete Tochter Gabriele jedoch stand ganz auf Seiten Krishnamurtis. Sie gehörte zu den regelmäßigen Besuchern der Saanen-Treffen. Kurz nachdem sie im Sommer 1969 dort eingetroffen waren, lud man sie und „Al" zum Lunch ins Chalet Tannegg ein.

„Krishnaji war auf der Veranda und las einen Brief. Nachdem er uns begrüßt hatte, meinte er: „Ich habe gerade den entsetzlichsten und schockierendsten Brief von deinem Vater erhalten – aber er hat ihn nicht geschrieben.““(6)

Bei diesem Brief muss es sich wahrscheinlich um den später von Vigeveno in einem Rundschreiben wiedergegebenen Brief gehandelt haben, den Sloss zitiert. Sie hält ihn nicht für verletzend, aber Krishnamurti beunruhigte wohl der mittlere Teil: „Ob du nun selbst vor Gericht gehst oder deine Freunde für dich, das Ergebnis wird gleichermaßen verheerend sein. Man wird gegen dich persönlich einen Prozess anstrengen, und die Presse wird den Fall gierig aufgreifen und dramatisieren. Du wirst als Zentralfigur im Scheinwerferlicht stehen. Das ist das, was Rajagopal zu verhindern sucht, damit dein Leben und deine Person nicht in der Öffentlichkeit erörtert, angeprangert und bloßgelegt wird."(7)

Wahrscheinlich erkannte Krishnamurti darin zum ersten Mal die direkte Drohung, dass sein Verhältnis mit Rosalind mit hineingezogen werden könnte. Rosalinds Verhalten hatte bereits darauf hingedeutet. Es war bloße Einschüchterung. Aber die Worte „was Rajagopal zu verhindern sucht" bezogen sich eigentlich auf das, was nur Rajagopal unternehmen konnte, da nur Rajagopal es wusste.

Gabriele Blackburn erfuhr erst vierzig Jahre später von ihrer Mutter, dass es nicht ihr Vater gewesen war, der dies geschrieben hatte. Unter dem Einfluss von starken Medikamenten, die er nach einer schweren Operation einnehmen musste, hatte er einige Notizen gemacht, was er Krishnamurti schreiben wollte, und sie Rajagopal zur Ansicht vorgelegt. Der fertige Brief aber, den dieser ihm zur Unterschrift zurückbrachte, enthielt Sätze, die er nicht notiert hatte und dessen Bedeutung er nicht hätte verstehen können.

Wie aber konnte es Krishnamurtis Ruf schaden? Er hatte nie Enthaltsamkeit gefordert. Mary Lutyens, die mit Mary Cadogan das Bulletin der neuen Krishnamurti Foundation herausgab, bat ihn, für die Sommerausgabe etwas über Sex zu schreiben. Sie erhielt folgende Zeilen: „Warum habt Ihr Sex zu einem Problem gemacht? Es spielt wirklich keine Rolle, ob ihr mit jemanden ins Bett geht oder nicht. Macht weiter so oder lasst es bleiben, aber macht kein Problem daraus…

Könnt Ihr euch nicht verlieben und keine Besitz ergreifende Beziehung haben? Ich liebe jemanden, sie liebt mich und wir heiraten…(Wenn ich sage, wir heiraten, kann ich ebenso gut sagen, wir wollen zusammen leben…) Kann man das eine nicht ohne das andere haben, sozusagen den Schwanz, der nachfolgt?…Zu lieben, ist kein Energieverlust. Der Energieverlust liegt in dem, was folgt…Eifersucht, Besitzergreifung, Zweifel, Misstrauen, in der Angst, diese Liebe zu verlieren, in der fortwährenden Forderung nach Bestätigung und Sicherheit. Es muss doch möglich sein, mit jemandem, den man liebt, ohne diesen Alptraum, der gewöhnlich folgt, in einer sexuellen Beziehung zu stehen. Natürlich ist es das."(8)

Klingt das nach einem Mann, der vorgibt, niemals eine sexuelle Beziehung gehabt zu haben? (In einer sexuellen Beziehung kommt es wohl hauptsächlich darauf an, ob man das Beste aus dem anderen herausholt und sich gemeinsam entwickelt.)

Nach dem Sommertreffen in Saanen hörte Alain Naudé auf, für Krishnamurti zu arbeiten. Wie ich von Helene Bouvard erfuhr, gab es sicherlich persönliche Gründe dafür, die nicht in diesem Zusammenhang standen. Aber der Kontakt brach nie völlig ab, wie Sloss und Jayakar glauben. Gelegentlich arbeitete er mit Krishnamurti, Mary Zimbalist und Vera Scaravelli zusammen.

Inzwischen hatte Brockwood seine Arbeit aufgenommen. Von Doris Pratt erhielt ich die Mitteilung, dass Krishnamurti Vorträge halten werde, beginnend am 6. September 1969. Martin Booth, der ihn noch nie hatte sprechen hören und den ich zu diesem Vortrag ermutigte, fuhr mich zu dem Gelände. Krishnamurti sprach nicht in dem großen Gebäude, sondern in einem Zelt. Ein Informationsblatt wurde ausgehändigt, das besagte: „Viele Leute haben geschrieben und ihre Besorgnis zum Ausdruck gebracht, dass Krishnamurti sich von der KWINC getrennt habe und fragen nach den Gründen. Krishnamurti ist der Meinung, dass die Öffentlichkeit darüber informiert werden soll, da sie seit vierzig Jahren seine Arbeit unterstützt und seinetwegen wesentliche Beiträge für KWINC aufgebracht haben.

Während der letzten zehn Jahre hat Krishnamurti Herrn Rajagopal, den Präsidenten der KWINC, wiederholt aufgefordert, ihn über die Geschäftspolitik und Angelegenheiten von KWINC zu informieren. Herr Rajagopal hat sich stets geweigert und Krishnamurti den Zugang zu seinen eigenen Manuskripten und Archiven verwehrt. Außerdem hat Krishnamurti kürzlich erfahren, dass er von allen im Laufe der Jahre in KWINC vorgenommenen Veränderungen ausgeschlossen worden war. Krishnamurti hat mehrere Male versucht, die Angelegenheit auf freundschaftlichem Wege mit Rajagopal und dem Vorstand von KWINC beizulegen, aber ohne Erfolg.

Er bedauert es sehr, dass es nötig gewesen ist, erneut um Gelder zu bitten. Aber die Gelder, die Krishnamurti für seine Arbeit gegeben wurden, sind zurzeit in dieser Organisation eingefroren und stehen nicht zu seiner Verfügung.

Die Satzung der Krishnamurti Foundation stellt sicher, dass es zu keiner Wiederholung einer solchen Situation kommen wird."(9)

Man schaute sich fragend an, und Martin meinte: „Wer ist Rajagopal?"

Fliegen schwirrten durch das Zelt und belästigten die Anwesenden. Zufällig drehte ich mich um und bemerkte Krishnamurti, der von hinten hereinkam. Als sich unsere Blicke trafen, legte er nach indischem Brauch grüßend die Hände aneinander. Ich folgte seinem Beispiel. Er ging auf das Podium zu, meinte dann aber: „Ich sollte wie Sie auf dem Boden sitzen…" Die Fliegen störten immer noch. Man bemühte sich, keine Notiz von ihnen zu nehmen. Nur Krishnamurt begann sie zu verscheuchen, während er sprach. Schließlich unterbrach er sich mitten im Satz und rief aus: „Das Zelt ist voller Fliegen!"

Alle atmeten erleichtert auf, denn nun konnten sie die Störung eingestehen. Diese Begebenheit barg eine Lektion. Solange man versuchte, sich nicht von den Fliegen belästigen zu lassen, befand man sich in einem Zustand der Dualität, im Widerspruch mit sich selbst. Sobald man aber anerkannte, dass es sich bei „dem, was ist", um die Gegenwart von Fliegen handelte, war die Spannung weg. Sie wurden fast amüsant.

Eine ähnliche Frage erhob sich bei der anschließenden Diskussion. Wenn das nächtliche Bellen eines Hundes einen vom Schlaf abhält, verschlimmert es sich, wenn man sich dagegen wehrt oder versucht, es nicht zu hören, dann lässt es einen bestimmt nicht schlafen. Was soll man also tun? Krishnamurti schlug vor, hinzuhören, sich nicht dagegen zu wehren, es anzunehmen wie es ist, dann wird es nicht so schlimm sein.

Damals störte mich das kratzende Geräusch der Fahrscheinautomaten in den Londoner Bussen. Ich befolgte Krishnamurtis Rat und hörte das Geräusch nach einiger Zeit überhaupt nicht mehr.

Ende September begann das erste Schulsemester in Brockwood. Krishnamurti traf sich mit der Belegschaft und den Schülern. Dann reisten er und Mary Zimbalist ab. Sie fuhr nach Malibu, er nach Rom und weiter nach Indien, um seine Schulen zu besuchen. Dieses Mal blieb er in Madras nicht in seinem Zentrum Vasanta Vihar, da Rajagopal behauptete, es gehöre zu KWINC. Alles schien Rajagopal zu gehören. Krishnamurti schrieb im Dezember 1960 an die Treuhänder der KFA, er stimme zu, dass Rajagopal sein Haus auf Lebzeiten behalten solle. Falls er kein eigenes Geld besäße, müsse er für die Arbeit, die er in all den Jahren verrichtet hatte, entschädigt werden. Im April 1970 erhielt Mary Zimbalist ein Schreiben von den Anwälten der KFA, in dem es hieß, Tapper teile nun ihre Ansichten in Bezug auf Rajagopal, obwohl er anfangs bezweifelt hatte, gegen dessen Handlungsweise Klage erheben zu können. Da Krishnamurti nicht die den Prozess führende Partei zu sein wünschte, wolle Tapper nicht als der alleinige Kläger auftreten, sondern nur zusammen mit den übrigen Treuhändern der KFA.

Am 20. April 1970 erklärte Krishnamurti, obwohl er selbst nicht in den Anklageprozess verwickelt sein wollte, werde er keinen der Treuhänder daran hindern, so zu handeln, wie er es für richtig halte.

Trotzdem bemühten sich die Anwälte immer noch um einen Vergleich. Rajagopals Anwalt Loeb schlug vor, dass KWINC bestimmte Ländereien und Gebäude, einschließlich Pine Cottage, an die KFA abtreten und auch gewisse Fonds übergeben, andere hingegen behalten werde. Die KFA ihrerseits sollte KWINC die Rechte an Krishnamurtis Schriften, die sie seit der Spaltung veröffentlicht hatten, überlassen…

Für die Treuhänder der KFA war das nicht annehmbar. Erna Lilliefelts Untersuchungen hatten Immobilientransaktionen aufgedeckt, bei denen Rajagopal Eigentum von KWINC auf sich übertragen hatte. (10) Krishnamurtis Hinweis auf die Möglichkeit, dass sein Verhältnis mit Rosalind zur Sprache kommen könnte, wurde von den Anwälten und Treuhändern als irrelevant bezeichnet, da es sich bei dem Fall um Veruntreuung handelte. Am 9. November 1971 wurde die Klage eingereicht.

Während der Rechtsstreit sich hinzog, setzte Krishnamurti seine Rundreisen fort. Meinen Tagebuchaufzeichnungen zufolge besuchte ich am 16., 20. und 27. Mai seine Vorträge im Friends House. Zu einer seiner Reden erschienen auch einige Mitglieder der astrologischen Abteilung der Theosophischen Gesellschaft, deren Vizepräsidentin ich war. Vor einiger Zeit hatte ich dort einen Vortrag mit dem Titel „Das Horoskop von Krishnamurti" gehalten und vorgeschlagen, sich Krishnamurtis Reden doch einmal anzuhören. Als wir später zu meiner Wohnung gingen, überraschte mich Terry Piercey mit der Frage: „Ist es wahr, dass dieser Mann in seinem ganzen Leben keinen Geschlechtsverkehr hatte?"

Ich hatte diese Behauptung nie gehört und wusste nicht, wie er darauf kam. Er wusste fast nichts über Krishnamurti, hatte diesen Punkt aber als allgemeine Ansicht, wie er glaubte, aufgefangen. Ich ging auf die Frage nicht weiter ein, da wir kaum etwas über sein Privatleben kannten.

Eine solche Vorstellung konnte nur entstanden sein, weil Annie Besant seinerzeit vor einer vorwiegend katholischen Zuhörerschaft Maitreya als Christus bezeichnet hatte. Aus diesem Grunde bin ich froh über die Veröffentlichung des Buches von Radha Sloss, obwohl ich seine Bitterkeit und Einseitigkeit bedauere.

27.

Der Wind

Krishnamurti hatte Shiva Rao, den er seit sechzig Jahren kannte, gebeten, seine Biographie zu schreiben. Nachdem sich sein Gesundheitszustand aber verschlechterte, zweifelte er an seiner Fähigkeit, sie fertig zu stellen und fragte Mary Lutyens, ob sie die Arbeit übernehmen wollte. Sie hatte schon damit begonnen, seine Reden zu veröffentlichen und sich auch als Schriftstellerin einen Namen gemacht. Sie stimmten zu, und Shiva Rao sandte ihr seine gesamten Unterlagen.

Im Sommer 1971 fand in Saanen das jährliche Treffen statt, gefolgt von einem Treffen in Brockwood im September. Danach reisten Krishnamurti und Mary Zimbalist nach Paris, wo er im Radio sprach. Sie kehrte daraufhin nach Malibu zurück, und er fuhr nach Rom, um weitere Vorträge zu halten. Er ging nicht nach Indien in diesem Sommer. Man hatte ihn gewarnt, er könne in Schwierigkeiten geraten, wenn er frei spräche, da Indira Gandhis Regierung sehr diktatorisch sei. Daher flog er über Brockwood nach Malibu, wo er sich mit Mary Zimbalist traf. Er erzählte ihr, sein Körper sei sehr müde, aber er fühlte beim Erwachen, dass das Zimmer voller „großer heiliger Wesenheiten" war. (1) Obwohl er jetzt in Santa Monica sprach und nicht mehr in Ojai, wurde bei einem Besuch der Lilliefelts zu Neujahr 1972 die Idee geboren, dort ein neues Erziehungszentrum zu bauen. Im Februar stieß Alain Naudé kurz zu ihnen, um als Fragesteller in einer Reihe von Gesprächen mitzuwirken, die auf Band aufgenommenen wurden und später als „The Urgency of Change" erschienen. Danach fuhren Krishnamurti und Mary Zimbalist nach San Diego nahe der mexikanischen Grenze. Aus den zwischen ihm und Dr.

Alan Anderson, Professor für Religionswissenschaften an dem San Diego State College, geführten Gesprächen werde ich später zitieren.

Krishnamurti hielt sich wieder in Santa Monica auf und war gerade im Begriff, auf das Podium zu gehen, als man ihm einen Brief in die Hand drückte. Es war eine Gegenklage von Rajagopal und KWINC bezüglich verschiedener Punkte, darunter das „Brechen eines mündlichen Abkommens, dass Krishnamurti Rajagopal auf Lebzeiten unterstützen werde…Er schade Rajagopal und seinem Ruf…"(2) Die übrigen Treuhänder von KFA hatten die Klageschrift per Post erhalten. Michael Rubinstein vertrat die Ansicht, die „mündliche Verpflichtung, Rajagopal auf Lebzeiten zu unterhalten", falle rechtlich nicht ins Gewicht. Es ist durchaus möglich, dass Krishnamurti, als sich die beiden Entdeckungen Leadbeaters damals in Lady De La Warrs Wohnung begegneten, geäußert haben mag: „Alles, was wir haben, gehört auch dir."

Krishnamurti und Mary Zimbalist reisten über New York, Brockwood und Paris nach Saanen, wo sie wieder mit Vanda Scaravelli in Chalet Tannegg 1972 zusammentrafen. Krishnamurti erhielt von James Vigeveno die Nachricht, Rajagopal sei zu einem außergerichtlichen Vergleich bereit. Am 2. November 1972 erhielt Krishnamurti, der sich bei Vanda Scaravelli in Rom aufhielt, einen Anruf von Rajagopal, der ihm versicherte, dass er ihn liebe, gleichgültig, was geschehen werde. (3) Krishnamurti meinte, die Angelegenheit könne sofort erledigt werden. Rajagopal erklärte, sie sei ihm entglitten und hängte auf. Was hatte er vor? Die beiden Entdeckungen von Leadbeater hatten das Beste aus ihrer Situation gemacht, ohne sich besonders zu mögen – ihre Veranlagung war zu unterschiedlich.

Die Anwälte sahen die größte Hürde eines Vergleichs in Rajagopals Weigerung, einer unabhängigen Buchprüfung von KWINC zuzustimmen.

Im Winter 1972-73 reiste Krishnamurti wieder nach Indien. Pupul Jayakar berichtete von einer sehr interessanten Unterhaltung mit ihm, die im Zusammenhang mit der Gründung der neuen Krishnamurti Foundation in Indien stand. Nandini und ein Freund, Asit Chandmal, waren ebenfalls anwesend. Das Gespräch fand beim Abendessen in Bombay statt.

Krishnamurti sprach von der Theosophischen Gesellschaft, Annie Besant, den Lehren bezüglich der Meister und wie Leadbeater die Dinge erklärt hatte. Er erläuterte die Hierarchie so, wie er sie von Annie Besant und Leadbeater kennengelernt hatte und zeigte keinen Zweifel daran. Er glaubte, Annie Besant und Leadbeater hätten ihre Aufgabe verstanden, seinen Körper zu beschützen, darauf zu achten, dass immer mindestens zwei Beschützer bei ihm waren und Maitreya ihn schließlich übernahm. Er sagte, er habe das Gefühl, immer noch diesen Schutz zu benötigten, den er auch hatte. Er hörte auf zu sprechen; etwas pulsierte durch den Raum. „Könnt Ihr es fühlen?" fragte er? (4) Und natürlich fühlten sie es.

Unterdessen hatte Mary Lutyens begonnen, an seiner Biographie zu arbeiten, aber sie hatte Zweifel bekommen, ob man die Geschehnisse veröffentlichen sollte. Deshalb fuhr sie nach seiner Rückkehr aus Bombay am 2. Februar 1973 nach Brockwood, um ihn dort zu treffen. Sie saß auf dem Sofa in dem geräumigen Salon des Westflügels, und er zog sich einen Stuhl heran und setzte sich ihr gegenüber. Er antwortete sofort: „Kannst du es nicht im Zimmer fühlen? Das ist die Antwort für dich." In diesem Augenblick fühlte sie tatsächlich ein sanftes Pulsieren im Raum. Sie fragte ihn, was diese Kraft sei, was hinter ihr stehe. Sie wusste, er hatte sich immer beschützt gefühlt, aber von wem oder was?

Er antwortete: „Es ist dort, als ob es hinter einem Vorhang wäre. Ich könnte ihn lüften, aber ich meine nicht, dass ich ein Recht dazu habe."

Krishnamurti hatte sich bereits in sein Zimmer zurückgezogen, als sie an diesem Nachmittag noch einmal in das Gebäude ging, um ihren Mantel zu holen. Sie kam an der offenen Tür des Salons vorbei. Niemand war mehr dort, aber eine Kraft strömte nun auf sie ein, ein mächtiger Wind, erschreckend in seiner Gewalt. Er kam nicht durch das Fenster, denn die Vorhänge bewegten sich nicht.(5)

28.

Die beiden ersten Verfahren

Die am 9. November 1971 eingereichte Klage wurde als Fall Nr. 54356 geführt
beim Höchsten Gerichtshof des Verwaltungsbezirks Ventura:
Die Bürger des Staates Kalifornien Mary Zimbalist, Erna Lilliefelt und
Ruth Tettemer als Treuhänder der Krishnamurti Foundation of America,
einer Wohltätigkeitsstiftung, und Sydney M. Roth, als Kläger
Gegen
D. Rajagopal, Mima Porter, William Weidman, James Vigeveno, Byron
Casselberry, Austin Bee, Annalisa Rajagopal, Krishnamurti Writings Inc.,
eine gemeinnützige Korporation in Kalifornien; K&R Foundation, eine
Wohltätigkeitsstiftung in Kalifornien; A. B. Trust, als Beklagte

Die beantragte Klage lautete unter anderem:
Wiedererlangung von Fonds für Wohltätigkeitszwecke
Absetzung und Belastung der Direktoren und Treuhänder aufgrund ei-
genständigen Handelns und Veruntreuung sowie schlechter Verwaltung
genannter Fonds.
Absetzung der Direktoren, weil sie die Aufgaben der Wohltätigkeitsstiftung
und gemeinnützigen Körperschaften nicht wahrgenommen hatten und
Gegner der Nutznießer dieser Stiftungen und Körperschaften geworden
waren.

Fünf Klagegründe werden aufgeführt. Die anschließenden, recht kom-
plizierten Maßnahmen sind in Erna Lillifelts Abhandlung des Falles im

Einzelnen wiedergegeben. Enrique Biascoechea kam von Puerto Rico, um unter Eid auszusagen, dass er durch KWINC Gelder für Krishnamurtis Arbeit bereitgestellt hatte. Weitere Rechtsexperten wurden hinzugezogen.

Am 18. März erhob Rajagopal Gegenklage wegen Verfahrensmissbrauch, Kontraktbruch, betrügerischer Einmischung aufgrund erhofften Vorteils, Verleumdung und rechtswidrigen Anspruchs.

Bei allem, was über diesen Fall geschrieben wurde, gibt es einige unklare Punkte. Was glaubte man, wovon Rajagopal seinen Lebensunterhalt bestritt? Wir erfahren nichts über das väterliche Vermögen, nur, dass er nach England kam und auf Kosten der Theosophen lebte, in dem Apartment von Lady De La Warr wohnte und von dem von Miss Dodge zur Verfügung gestellten Geld seinen Unterhalt bestritt. Anscheinend stand ihm nicht mehr Geld zur Verfügung als Krishnamurti. Aufgrund Rajagopals Behauptung, es habe eine „mündliche Abmachung gegeben, dass Krishnamurti ihn auf Lebenszeit unterstütze", mag man angenommen haben, dass er den verschiedenen Stiftungen einen angemessenen Betrag für seine persönlichen Ausgaben entnommen hatte. Treuhänder erhalten gewöhnlich ein Gehalt. Er hatte nie darum gebeten. Eine Gehaltssumme ist ein vereinbarter Betrag. So aber entnahm er den Fonds nach Gutdünken schweigend Geldsummen, die durchaus höher sein konnten als ein Gehalt. Wie hätte er sonst das Geld für den Kauf von Häusern in Philadelphia und anderswo, die in seinem Testament aufgeführt sind, aufbringen können?

Unter den „Huntington-Papieren" befindet sich ein Maschinen geschriebenes Dokument, das den Eid wiedergibt, den Rajagopal am 23. Dezember 1936 vor dem Konsul der Vereinigten Staaten abgelegte. Ein Grund für diesen Eid ist nicht angegeben. Möglicherweise hatte er die Staatsbürgerschaft beantragt (die nach dem Krieg gewährt wurde), da die einzelnen Daten seiner Ein- und Ausreise aufgeführt sind, beginnend mit dem 23. Oktober 1923, als er zum Zwecke persönlicher Studien zum ersten Mal in die USA kam. Ebenso sind alle Zeiten seiner Abwesenheit verzeichnet, in denen er seinen Angaben zufolge seine Mutter und seine Familie in Indien besuchte und seine Studien über historische und religiöse Bewegungen fortsetzte. Krishnamurti erwähnt er nicht, wohl aber, dass er Präsident der Star Publishing Foundation Inc. ist, ein ehrenamtlicher Posten, für den er keine Entschädigung erhält. Außerdem gibt er an, niemals gegen Bezahlung angestellt gewesen zu sein, noch irgendeine andere Gewinn bringende Beschäftigung innegehabt zu haben. Finanziell sei er völlig unabhängig. (Aus welcher Quelle?) Er besitze keinen Wohnort außerhalb der Vereinigten Staaten, und seine Frau und er seien gemeinsam an dem Haus 2126 North Gower Street in Hollywood beteiligt, das er als seine Adresse angibt.

Eigentlich lebten Rosalind und er in Arya Vihara, in Ojai. Rosalinds Mutter aber lebte in Hollywood, und seine Briefe an Rosalind aus Südamerika beziehen sich auf seine an die Gower Street adressierte Post. Er erwähnt seine seit Jahren bestehenden Konten bei der „Bank of America" in Ojai und der „First International Bank of Los Angeles" in Hollywood. Von irgendwelchem Eigentum in Philadelphia oder anderswo aber ist nicht die Rede. Dieses muss er demnach wohl erst nach dem Zeitpunkt jenes Dokuments erworben haben. Hatten Krishnamurti und die KFA überhaupt eine Ahnung von seinem Grundbesitz?

Im Laufe der dreijährigen Verhandlungen trafen sich Krishnamurti und Rajagopal zweimal im Beisein von Mima Porter und Mary Zimbalist und einmal alleine. Das „Notebook" wurde zurückgegeben. Am 26. Dezember 1974 stimmte das Höchste Gericht des Verwaltungsbezirks Ventura durch Richter Richard Heaton einem Vergleich zu. KWINC wurde aufgelöst und die K&R Stiftung erhielt das Urheberrecht für alle Schriften Krishnamurtis vor dem 1. Juli 1968. (2) Das Bargeld-Guthaben der KWINC ging an die KFA, desgleichen zwei Grundstücke, einschließlich Pine Cottage und Arya Vihara.

Der zweite Prozess betraf Vasanta Vihar in Madras. Der Star Publishing Trust in Eerde, Holland, hatte es 1934 für Krishnamurti als Wohnsitz gebaut, wenn er sich in Indien aufhielt. Es war sein Hauptquartier geworden, in dem seine Büroräume lagen und er Gäste, wie etwa den Dalai Lama, empfing. Dann aber unterzeichnete er jenes unglückliche Dokument, das Rajagopal ihm vorlegte und durch das er, ohne es zu wissen, das Anwesen auf KWINC übertrug und damit die Kontrolle aus seinen Händen gab und in die von Rajagopal legte, der ihn hinauswerfen konnte. Seit dem Beginn des Rechtsstreits und der Drohung der Regierung von Madras, das unbewohnte Anwesen zu übernehmen, hatte Krishnamurti das Anwesen nicht mehr betreten, sondern bei Freunden gewohnt.

Zu dem Fall gehörte auch ein umfangreicher Briefwechsel zwischen Indien und Holland, bei dem eine interessante Tatsache offenbar wurde. Die Übertragungsurkunde des „Star Publishing Trust" in Holland auf KWINC war wegen des Todes der zur Vervollständigung nötigen Person nie ausgestellt worden. Der „Star Publishing Trust" existierte noch und stand nach wie vor unter Krishnamurtis Aufsicht. Vasanta Vihar wurde der Krishnamurti Foundation von Indien durch den Hohen Gerichtshof von Madras zuerkannt.(3)

Rosalind hatte ihre Erbschaft dazu verwendet, sich ein Haus in Happy Valley zu kaufen, so dass Arya Vihara leer stand. Während Krishnamurti im Winter in Indien war, richtete Mary Zimbalist Arya Vihara und Pine Cottage für seine Rückkehr im Februar 1975 völlig neu ein.

Er aber war erfüllt von einem neuen Projekt. Die Idee vom Bau einer Schule in dieser idyllischen Umgebung war zum ersten Mal aufgekommen, als er sich drei Jahre zuvor mit den Lilliefelts dort aufhielt. Die Schule, die von den Geldspenden erbaut worden war, zu der Annie Besant aufgerufen hatte, war keine Krishnamurti Schule mehr. Man errichtete die Oak Valley Schule, eine Primärschule. Während die Einzelheiten noch mit dem Architekten besprochen wurden, ernannte Krishnamurti Mark Lee, der in Rishi Valley unterrichtet hatte, zum Rektor und begann, sorgfältig eine neue Belegschaft auszusuchen. Die Eltern sollten in dieser Tagesschule stärker mit einbezogen werden, als es bei einem Internat der Fall ist.

29.

Indira Gandhi

Krishnamurti war bestürzt, dass Indien in einen zweiten Krieg mit Pakistan geraten war. Der erste ging um Kashmir, dieser nun um Bangladesh. Die Erklärungen, die Pupul Jayakar ihm schrieb, ließen ihn unberührt. Es erschütterte ihn ebenfalls, dass Indira Gandhi, die in ihrer dritten Amtsperiode als Premierministerin stand und von allen Seiten ihres eigenen Landes auf Widerstand stieß, den Ausnahmezustand ausgerufen hatte, um Verhaftungen zu erleichtern.(1) Den westlichen Zeitungen entnahm er, dass Indien ein totalitärer Staat geworden war. Er hatte mehr Zeit darauf verwendet, in Indien zu sprechen, als in irgendeinem anderen Land. Wie konnte es angehen, dass dort nicht eine einzige Person seine Lehren lebte? Es hatte keinen Zweck für ihn, dieses Land zu besuchen, wenn es ihm nicht möglich war, frei zu sprechen. Er war nun über achtzig und musste darüber nachdenken, wie er den Rest seines Lebens am sinnvollsten gestaltete.(2)

Pupul Jayakar war verzweifelt. Sie war Indira Gandhis persönliche Freundin und fragte sie, was geschehen würde, wenn Krishnamurti nach Indien käme, um zu sprechen. Sie versicherte ihr, er sei jederzeit willkommen.

Am 27. Oktober 1976 gab Jayakar eine Dinner-Party. Zu ihren Gästen gehörten Indira Gandhi und Krishnamurti. Nach dem Essen zog sich die Premierministerin zu einem Privatgespräch mit ihm zurück, das nach Aussage von Pupul Jayakar am nächsten Morgen fortgesetzt wurde. Später erzählte sie Pupul, genau an diesem Tag, am 28. Oktober, habe sie die kurz darauf bekannt gegebene Entscheidung getroffen, den Ausnahmezustand zu beenden und Wahlen anzuordnen, denen sie sich so lange widersetzt hatte. Sie erlitt eine Niederlage, Krishnamurti aber zeigte nur tiefes Mitgefühl für sie. Sie gestand Pupul, Krishnamurti habe ihr gesagt, wenn sie richtig handelte, könnte dies die Folge sein.

Sie verbrachte einige Tage im Gefängnis und lud danach Krishnamurti und Mary Zimbalist zum Tee in ihr Haus ein. Krishnamurti hätte gerne gesehen, wenn sie die politische Bühne ganz verlassen hätte, aber aufzugeben, das konnte sich eine politisch so engagierte Frau nicht vorstellen.

Später stellte sie sich erneut den Wahlen und wurde für eine vierte Amtsperiode gewählt. Aber Krishnamurti sorgte sich um sie. Er hatte etwas sehr Feines in ihr gespürt, das seiner Meinung nach durch die Politik zerstört wurde und bemerkte, er habe eine dunkle Wolke um sie herum gesehen.

Die Forderung der Sikhs nach Trennung von Indien betrachtete sie nicht mit demselben Wohlwollen wie den Wunsch von Bangladesh, sich von Indien zu lösen. Die Sikhs wollten Unabhängigkeit, da sie nicht zu den Hindus gehörten – aber Indien war säkular. Wenn alle, die nicht zur Hindu-Religion gehörten, das Land verließen, wo blieb da der säkulare Staat? Zyniker behaupteten, es sei das fruchtbare Land im Punjab, das Indien nicht verlieren wollte. Auf den „Goldenen Tempel", das Heiligtum der Sikhs, wurde ein Bombenanschlag verübt. Obwohl ich nichts mit der Sache zu tun hatte, ging es mir durch den Kopf, als ich die Nachricht im Fernsehen sah: „Das ist schlecht. Das wird schlechtes Karma nach sich ziehen." Törichterweise hatten die Sikhs den Tempel als eine Art Festung benutzt. Kurz darauf wurde Indira Gandhi im Garten ihres Hauses von zwei ihrer Sicherheitsbeamten, die Sikhs waren, ermordet.

Krishnamurti berichtete Pupul, er hätte Indiras Gegenwart kurz gespürt. Sie solle keine Erinnerungen an sie im Gedächtnis behalten, da es sie an die Erde binden würde, sondern sie gehen lassen.(3)

30.

Erpressung

Als James Vigeveno 1977 starb, übermittelte Krishnamurti Gabriela telefonisch sein Beileid und versicherte ihr: „James war der freundlichste Mann, den ich kannte; er ist niemals gegen mich gewesen."(1) Als sie Jahre später erfuhr, dass Mary Lutyens an ihrem Buch „Krishnamurti and the Rajagopals" arbeitete, schrieb sie ihr von diesem Anruf. Mary schrieb ihr zurück, Krishnamurti habe gewusst, dass jener Brief nicht von ihrem Vater stammte, obwohl seine Unterschrift darauf stand. Gabriela bat, die folgenden Zeilen in das Buch aufzunehmen:

„Raja besaß die ungewöhnliche Gabe, ansonsten intelligente, selbstdenkende Menschen dazu zu bringen, mit ihm übereinzustimmen. Anhand von vielen Büchern über Magie, Zauberei und Sex untersuchte er die Wege, andere Menschen zu manipulieren und zu beherrschen. Das alles hielt er sehr geheim, nur meinem Mann Al zeigte er eines Tages seine Studien und sprach ausführlich mit ihm darüber. Er besaß die Macht, andere Leute denken zu lassen, sie wünschten gewisse Dinge zu tun oder dass einige Handlungen völlig ihre eigenen seien."(2)

Schwarze Magie – eine Magie, die sich nicht dem Heiligen, sondern dem Unheiligen widmet – ist eine fürchterliche Anklage. Sollte Rajagopal aber tatsächlich in seinem geistigen Zynismus mit der Dunkelheit gespielt haben, würde es jene ungewöhnlichen Worte erklären, die er Krishnamurti entgegengeschleudert hatte: „Ich bin auch ein Brahmane, und ich kann dich schlimmer verfluchen, als du mich."(3) Ich wusste nicht, dass sich Brahmanen überhaupt mit Flüchen abgeben und hielt es zunächst nur für einen wütenden Ausbruch, er könne Krishnamurti in größere Schwierigkeiten bringen als dieser ihn. Er dachte dabei wohl daran,

Krishnas Beziehung zu Rosalind in die Öffentlichkeit zu zerren. Aber was hatte das mit einem Brahmanen zu tun? Hatte er wirklich in einigen alten Zauberbüchern herumgewühlt?

Die Theosophie lehrt, dass Flüche wie ein Bumerang auf den, der sie ausspricht, zurückschnellen, wenn sie sich nicht in der Aura des vermeintlichen Opfers festkrallen können, da der Resonanzboden fehlt.

Es hatte verschiedene Verstöße bezüglich der Abmachungen von 1974 gegeben. Dazu gehörte die Einbeziehung unveröffentlichten Materials in eine Neuausgabe der Schriften von Krishnamurti, die vor 1968 lagen. Der KFA Anwalt Cohen wies seine Klienten darauf hin, dass eine Einwilligung in die Verletzung irgendeines Punktes des Abkommens ihr Klagerecht im Falle weiterer Übertretungen gefährden könnte. Sie erhoben also Klage, und der Verleger strich das unveröffentlichte Material.

Von einem Besucher aus Australien, Donald Ingram Smith, erfuhr die KFA zufällig, dass Rajagopal im Begriff war, der „Huntington Bibliothek" Archivmaterial zu übergeben. Man informierte Cohen, der den Bibliothekar Woodward am 30. Mai 1980 schriftlich auf die Vereinbarung aus dem Jahre 1974 hinwies. Woodward erwiderte, er stehe seit über einem Jahr in dieser Beziehung mit Rajagopal im Briefwechsel und habe angenommen, dass es sich bei dem Material um Rajagopals persönliches Eigentum handelte.(4) Es ist unklar, ob etwas davon tatsächlich ankam. Die erste Sendung sollte jedoch Briefe von Annie Besant an Krishnamurti und Krishnamurti an Annie Besant enthalten; ferner Briefe von Krishnamurti an Leadbeater und Jinarajadasa; Briefe von Krishnamurti und Nitya an Lady Emily Lutyens und von Lady Emily an Krishnamurti; außerdem verschiedene Schriften in der Hand Krishnas und Nityas Tagebücher. (5)

Nach dem Gesetz bleibt das Urheberrecht eines Briefes bei dem Schreiber, auch wenn der Brief als solcher dem Empfänger gehört. Anscheinend hatten einige Leute in Adyar zwischen ihren Papieren solche gefunden, die sich weniger mit der Theosophie als mit Krishnamurtis Person befassten. Im Glauben, er wolle sie haben, stopften sie wohl von Zeit zu Zeit ein Bündel davon in einen Umschlag – vielleicht ohne sie im Einzelnen aufzuführen – und sandten sie an die einzige Adresse, die sie von ihm kannten, nämlich KWINC.

Auf Anfrage der KFA-Treuhänder war es ihnen aber anhand der Postabschnitte möglich zu beweisen, dass sie die Post an „Mr. Krishnamurti" adressiert hatten.(6)

Es kann natürlich durchaus sein, dass Rajagopal auf seinen Reisen an anderes Material gelangt war. Als Cohen ihm in dieser Sache schrieb, erwiderte er am 9. Juli 1980, es sei ein persönliches Projekt, bei dem er über sechzig Jahre lang die Korrespondenz und andere Dinge gesammelt habe und keine andere Person oder Organisation darauf Anspruch erheben könne.

Am 7. August schrieb Krishnamurti, den man über diese Antwort informiert hatte, Erna Lilliefelt aus der Schweiz, niemandem sei es bewusst geworden, dass er diese Dinge für sich selbst zusammen trüge. Wenn das bekannt gewesen wäre, hätte man sie ihm nicht überlassen, auch er selbst nicht.(7)

Am 24. November 1980 legte Erna Lilliefelt dem Höchsten Gericht in Ventura eine Erklärung bezüglich der Verletzung des Abkommens vom 30. September 1974 durch unstatthafte Übertragung von Archivmaterial vor. Dies wurde der Fall 72710.

„Exploration into Insight" hatte enthüllt, dass John Coates, der damalige Präsident der Theosophischen Gesellschaft, und Radha Burnier zu jenen gehörten, die kamen, um mit Krishnamurti zu sprechen. Als Coates zurücktrat, schlug Krishnamurti Radha Burnier (Tochter von Shri Ram, dem Vorgänger von Coates) vor, für die Präsidentschaftswahl zu kandidieren. Er hielt sich 1980 gerade in Gstaad auf, als er von ihrer Nominierung erfuhr.(8)

Im Herbst desselben Jahres reiste er nach Madras, wo Radha Burnier ihn in ihrem Wagen abholte und durch die Tore fuhr, die er sechsundvierzig Jahre lang nicht mehr durchschritten hatte. Die versammelten Theosophen empfingen ihn mit strahlendem Lächeln. Wieder wanderte er über das Gelände der Theosophen, vorbei an seinen alten Zimmern, hinunter zum Fluss. Wieder stand er an jenem Strand, an dem Leadbeater ihn zum ersten Mal gesehen hatte. Damals war er vierzehneinhalb Jahre alt gewesen. Nun war er fünfundachtzig.

Während seines Aufenthalts wiederholte er diesen Spaziergang jeden

Tag. Radha Burnier lud ihn später zum Lunch ein und führte ihn in das Hauptgebäude der Theosophen. Er betrat sein altes Zimmer, dann Annie Besants Zimmer und betrachtete aufmerksam den „chowki", auf dem sie immer gesessen hatte und ihren Schreibtisch. Vor einer großen Photographie von Leadbeater blieb er stehen und meinte: „Das war zu meiner Zeit noch nicht da."(9) Es war tatsächlich erst später dorthin gehängt worden. Er betrachtete es eine Weile und sagte: „Friede, Friede" und verließ das Zimmer.

Im Sommer 1981 war er wieder in England. Am 20. Juli lud Bernard Levin ihn zu einem Interview ins Fernsehen ein. Ich rief Timothy d'Arch Smith an, die Sendung ebenfalls anzuschauen. Krishnamurti begann: „Alles Denken ist trügerisch." Mein erster Gedanke war: „Bernard Levin wird das nicht verstehen." Ich glaubte zu wissen, was Krishnamurti meinte. Sobald das Denken beginnt, gibt es keine unmittelbare Wahrnehmung mehr. Es kam zu plötzlich und hatte Levin eindeutig zurückgeworfen. Später rief mich Tim an und meinte: „Sie hätten uns sagen sollen, wer Krishnamurti ist – dass Annie Besant der Welt verkündet hatte, er sei die Wiederkunft Christi – die ganze Geschichte, für Leute, die ihn nicht kennen." Er konnte Recht haben. Aber vielleicht war es auch Krishnamurti gewesen, der eine solche Einführung nicht gewünscht hatte.

Wie gewöhnlich reiste er weiter nach Gstaad, dann Paris und im Herbst nach Indien. In Neu Delhi erinnerte sich eine Nachbarin, Anita Desai, sie hätte ihm von dem schlechten Benehmen einiger Jungen im Bus erzählt. Er entgegnete: „Du hättest sie schlagen sollen; wenn ich dort gewesen wäre, hätte ich sie geschlagen." Hätte er? Die Antwort widerspricht jedenfalls dem Bild der Ruhe, das man ihm anzuheften versuchte. Er sprach über die Musik und von einer Zeit, in der er Beethovens Neunte immer und immer wieder auf seinem Grammophon gespielt hatte und meinte: „Ein Künstler sollte wie Beethoven sein – er fühlte die Musik in seinem Innern, und sie strömte aus ihm heraus, und er konnte sie nicht anhalten oder kontrollieren, sie stieg einfach in ihm auf und strömte hinaus." Sie sah ihn noch, wie er mit erhobenen Armen einen Hund verjagte, der hinter einem Eichhörnchen her war, obwohl er Bälle auf den Hund warf. Sie brachte ihn gerne mit Gärten und Vogelrufen in Verbindung.(10)

Der Garten gehörte wohl zu Pupul Jayakars Haus, in dem er gerade weilte, als das Telefon klingelte. Überraschenderweise war es Radha Sloss. Sie und Jimmy waren in Indien, in Neu Delhi. Konnten sie vorbei kommen? Beim gemeinsamen Lunch saß an dem runden Tisch auch Nandini. Obwohl die Begegnung ganz zwanglos und freundlich verlief, hatte Radha Sloss gehofft, Krishnamurti von dem Prozess gegen ihren Vater abbringen zu können. Die Nachwelt werde ihn nur wegen seiner Gerichtsklagen „gegen einen Mann, der sein Leben hingegeben hatte, ihm zu helfen" in Erinnerung behalten.(11) Obwohl er sie bei der Begrüßung umarmt und wie damals als Kind „Kittum" genannt hatte, schlug er ihre Bitte ab, alleine mit ihm sprechen zu dürfen. Sie bat ihn, sie anzurufen, sobald er nach Ojai zurückkehrte. Er versprach es. Sie drängte: „Aber bitte, rufe du mich an. Ich kann dich nicht anrufen und versuchen, dich durch all die Leute, die dich umgeben, zu erreichen." Sie nannte ihn „Krinsh", wie sie ihn als Kind genannt hatte.

Es war Nandini, die ihnen ein Taxi besorgte, und Radha hatte das Gefühl, dass man sie hinausdrängte.

Wieder in Ojai, rief er sie wie versprochen an und willigte ein, ihren Vater zu treffen, jedoch nicht privat.

Das Treffen sollte am 15. März 1982 im Haus der Witwe Vigeveno stattfinden. Am 20. Februar musste sich Krishnamurti einer Bruchoperation unterziehen. Als er nach vier Tagen das Krankenhaus verlassen konnte, hatte er immer noch Schmerzen und legte sich ins Bett. Mary Zimbalist, die ihn in Pine Cottage versorgte, fürchtete, er werde für das Interview noch nicht kräftig genug sein. Aber er ging und nahm Mary Zimbalist und Erna Lilliefelt mit. Sie sahen Annie Vigeveno und Austin Bee, aber nicht Rajagopal. Krishnamurti überflog die Anzahl der bereitgestellten Stühle, sah nur fünf und fragte, wo Rajagopal sitzen sollte. Man teilte ihm mit, er fühle sich nicht wohl und werde deshalb nicht erscheinen. Krishnamurti entgegnete darauf, in diesem Falle sei das Treffen zwecklos und ging hinaus.

Später rief er Radha Sloss an und berichtete ihr, was geschehen war. Sie fragte ihn, ob er nicht bereit sei, Rajagopal alleine zu sehen. Er wandte jedoch ein, dass bei ihrer letzten Begegnung heimlich eine Bandaufnahme gemacht worden war, die man bei Mima entdeckt hatte. Sofort nach dieser Unterhaltung tippte Radha alles, was sie von dem Gespräch im Gedächtnis behalten hatte und gab es ihrem Vater. Es enthielt die Worte: „Entweder ist Rajagopal vollständig verrückt oder unehrlich oder spielt mit mir."(12) Rajagopal sollte diese Worte später verwenden.

Nachdem Rajagopal Mary Zimbalist und Erna Lilliefelt angerufen hatte, traf Austin Bee am 14. Mai mit fünf Kästen persönlich für Krishnamurti ein, die „unantastbares" Material enthielten, das Jinarajadasa vor Jahren geschickt hatte und das Rajagopal den Anwälten vorenthalten wollte.(13)

Als man die Kästen öffnete, fand man außer den bereits aufgeführten Dingen eine Sammlung wahllos zusammengestellter Papiere, die man in Adyar gefunden hatte. Es handelte sich um Korrespondenzen zwischen Krishnamurti und verschiedenen Leuten, die Adyar besucht hatten, oder Briefe, die sich auf Krishnamurti bezogen. Sie waren weder alphabetisch noch chronologisch geordnet und schienen kaum historischen Wert zu besitzen (obwohl man annehmen möchte, dass Krishnamurti sich für Nityas Tagebücher interessierte).

Zwei Tage später, am 16. Mai, rief Austin Bee wieder an und überbrachte diesmal eine handschriftliche Nachricht von Rajagopal, in der dieser Krishnamurti bat, öffentlich bekannt zu geben, wahrscheinlich bei der Oak Grove Rede, die er gerade halten wollte, dass „zwischen dir und mir alles wieder in Ordnung ist und ich immer ehrlich zu dir und dein Freund gewesen bin und es weiterhin sein werde und alle dunklen Wolken zwischen uns verschwunden sind. In Liebe danke ich dir, Rajagopal."(14)

Das muss sehr verlockend gewesen sein, aber Krishnamurti war vorsichtig. Da noch verschiedene Punkte ausstanden, war es Mary Zimbalist, die Rajagopal nach dem Vortrag anrief und ihm mitteilte, Krishnamurti danke ihm für seine Nachricht, aber es sei nicht der richtige Zeitpunkt gewesen, eine solche Ankündigung dieser morgendlichen Rede anzuschließen.

Dann wurden ihre Anwälte von Rajagopals neuem Anwalt Avchen, der seinen Vorgänger Christensen ersetzte, angewiesen, die Dokumente zurückzugeben, andernfalls werde man Schritte unternehmen, sie als „gestohlenes Eigentum" zurückzufordern. (15) Am 1. Juli reichte Avchen bei Gericht ein Gesuch hinsichtlich der Rückgabe ein. Das Gericht entschied zugunsten Rajagopals mit der Begründung, obgleich dieser seine Anwälte vorher nicht informiert hätte, sei anzunehmen, er habe die Dokumente nur zur Einsicht gesandt und sie sollten zurückgegeben werden.

Was war Rajagopals wirkliche Absicht gewesen? Wollte er ursprünglich die Dokumente tatsächlich zurückgeben, änderte dann aber seine Meinung, weil die Ankündigung, um die er gebeten hatte, unterlassen worden war? Die KFA-Treuhänder gaben sie Rajagopal zurück.

Sloss gibt an, Krishnamurti habe eine Übergabe der Dokumente an die „Huntington-Bibliothek" nicht gewünscht, da eine Aufdeckung seines Verhältnisses mit ihrer Mutter seinem Ruf geschadet hätte, was jeglicher Grundlage entbehrt. (16) In Adyar wusste man nichts davon, und der Inhalt der fünf Kästen hatte überhaupt nichts damit zu tun.

Sloss schreibt, dass bei der ersten Streitsache über das Vermögen von KWINC: „Meine Mutter, die davon überzeugt war, dass es zu einer Gerichtsverhandlung kommen und man in ihr Privatleben eindringen werde, die Anwälte beider Seiten auf die fürchterlichen Folgen eines möglichen Skandals, vor allem für Krishnamurti, aufmerksam machte."(17)

Aus diesem Grund rief sie damals wohl Mary Zimbalist an. Nun aber heißt es, zu den für Huntington bestimmten Adyar-Archiven, ein Gerichtsverfahren „würde alle Einzelheiten in Krishnas Leben aufdecken" und: „Falls Krishnamurti seine fast dreißigjährige Beziehung mit Rosalind und seine Verantwortung für die beiden Schwangerschaften leugnen oder versuchen würde zu behaupten, sie habe ihn verführt, Raja hätte ihr den Fehltritt verziehen und alles sei längst vorbei, dann würden seine leidenschaftlichen Briefe an meine Mutter das Gegenteil beweisen. Wahrscheinlich aber kam es Krishnamurti gar nicht in den Sinn, dass Rosalind seine Briefe aufbewahrt hatte."(18)

Dann brauchte sie diese nur vorzuzeigen. Warum sorgte sie sich denn? Weiter heisst es: „Rosalind unternahm einen letzten Versuch. Sie fürchtete sich immer noch vor einer Gerichtsverhandlung, die ihr ganzes Leben bloß stellen würde."(19)

Deshalb schrieb sie am 8. Juni 1982 die Geschichte ihrer Beziehung zu Krishnamurti, einschließlich aller Einzelheiten über ihre beiden Abtreibungen und die Fehlgeburt und legte sie in einem versiegelten Umschlag einem Brief an Vanda Scaravelli bei, in dem es hieß, Vanda möge Krishnamurti bitten, diesen Bericht in ihrem Beisein zu lesen. Laut Sloss hoffte sie, ihn auf diese Weise zur Vernunft zu bringen.

Das ist Erpressung!

Vanda Scaravelli erhielt den Brief am 6. Juli in Gstaad. Sie gab Krishnamurti den beigefügten Umschlag, der ihn an Mary Zimbalist weiterreichte, um den sechsseitigen Inhalt laut vorzulesen. Er unterbrach sie und wollte nur das Wesentliche wissen. Seine Frage, ob sie aufgebracht sei, verneinte sie, schrieb aber in ihr Tagebuch, es mache sie krank, dass er in die Hände solcher Leute gefallen sein sollte. Vanda Scaravelli schrieb Rosalind, Krishnamurti habe den Brief vor ihren Augen zerrissen.(20)

Erpressung ist ein Verbrechen. Krishnamurti hätte Rosalind anzeigen und sie dadurch in große Schwierigkeiten bringen können.

Ich frage mich, warum Rosalind so weit gegangen war. Es hätte ihr doch überhaupt nichts ausmachen können, ob das Adyar-Material in der „Huntington-Bibliothek" lag oder nicht. Sie fürchtete sich nicht ihretwegen, sondern sie hatte Angst um Rajagopal.

Als Krishnamurti Mary Lutyens von seiner Affäre mit Rosalind erzählte, meinte er, Rajagopal habe sie nicht nur verziehen, sondern selbst dafür gesorgt, dass sie stattfand. Als Mary nach dem Grund fragte, erwiderte er ohne zu zögern: „Um mich in den Griff zu bekommen."(21)

Dies bedeutet, dass Rajapol schon sehr früh angefangen haben muss, nach eigenem Ermessen mit den KWINC-Geldern umzugehen, weshalb es ihm gelegen kam, gegen Krishnamurti etwas in der Hand zu haben. Dieser hatte das von Anfang an erkannt und aus diesem Grunde die Treuhänder und die Anwälte über die Angelegenheit informiert, bevor sie Klage erhoben.

Aber Krishnamurti selbst war beunruhigt. Als er über Mary Zimbalist am 10. Juli die letzten Neuigkeiten von Erna Lilliefelt erfuhr, fragte er (Auszug aus ihrem Tagebuch): „Werden wir denn noch jahrelang kämpfen müssen?…Müssen wir all diese Energie, diese Zeit und das Geld daran verschwenden? Es hält uns in ständigem Kontakt mit diesen schmutzigen Menschen. Sie sind schmutzig; deshalb wollte ich den Brief von Rosalind weder lesen noch berühren. Ich will diese Leute nie mehr sehen oder mit ihnen reden, sie sind bösartig, schmutzig…; es ekelt mich an. Ich würde alles tun, um von ihnen fortzukommen. Ich will nichts mit ihnen zu tun haben, aber wir sind durch den Rechtsstreit mit ihnen verbunden. Am Anfang war er berechtigt. Ich fühlte mich den Spendern gegenüber verpflichtet, und es war gut, dass wir das Land und all das bekamen. Aber jetzt nimmt es kein Ende. Wünscht Ihr euch nicht, davon befreit zu sein? Ich würde kriechen, um die Sache zu beenden."(22)

Mary Zimbalist rief daraufhin Erna Lilliefelt an und berichtete ihr von seinem Wunsch, die Sache abzuschließen. Diese aber warnte davor, das Verfahren vorzeitig einzustellen, da Rajagopal Klage wegen falscher Beschuldigung und Unkosten erheben konnte. Es kam zur Aussage unter Eid. Am 28. und 29. März 1983 wurde in Cohens Büro Krishnamurtis Aussage im Beisein von Erna und Theo Lilliefelt und Mary Zimbalist und für die Angeklagten von Terry Avchen und Michael Chase aufgenommen; ebenfalls anwesend waren Annie Vigeveno und Austin Bee. Avchen fragte Krishnamurti nach seiner Beziehung zu Rosalind. Cohen bat ihn, nicht darauf zu antworten, da sie irrelevant sei. Daraufhin meinte Avchen zu Krishnamurti, er müsse am 8. April vor dem Gericht von Ventura dem Richter seine Gründe angeben, warum diese Fragen nicht beantwortet werden sollten; der Richter werde dann entscheiden, ob diese Angelegenheit sachbezogen sei oder nicht. Cohen meinte, es genüge, wenn er Krishnamurti vertrete; Avchen bezweifelte es. Rosalinds Befürchtungen schienen Gestalt anzunehmen. Krishnamurti hätte sie mit der Beantwortung der Fragen in einer Weise bloßgestellt, vor der sie Angst hatte. Die übrigen Treuhänder vertraten die Ansicht, er solle sich einer solchen Situation nicht aussetzen und unterrichteten Cohen, auf einige früher von Rajagopal gemachte Vorschläge einzugehen und einen bestmöglichen Vergleich herbeizuführen, damit man das Gerichtsverfahren einstellen könnte. Inzwischen lag es fast ein Jahr zurück, dass Krishnamurti Mary Zimbalist von seiner Sehnsucht nach einer Beendigung dieser Angelegenheit erzählt hatte; er war jetzt achtundachtzig Jahre alt.

Rajagopal reagierte prompt. Er erhob Klage gegen Krishnamurti und alle Treuhänder wegen einer Anzahl von Vergehen, wie böswilliger strafrechtlicher Verfolgung (der Rückzug der Klage sei ein Eingeständnis, dass sie unbegründet gewesen war), Einmischung mit geschäftlichem Vorteil (sein Angebot, der „Huntington-Bibliothek" die aus Adyar geschickten Papiere zukommen zu lassen etc.) und Verleumdung (23) (die von Krishnamurti während des Telefongesprächs mit Radha Sloss verwendeten Worte, er sei „wütend oder unehrlich").

Die Klageschrift wurde Krishnamurti am 17. Mai 1983 beim Verlassen des Oak Grove zugestellt, als er gerade eine seiner Reden dort gehalten hatte. Von Krishnamurti und jedem einzelnen Treuhänder forderte Rajagopal eine Schadenersatzsumme von neun Millionen Dollar. Niemand besaß so viel Geld.

Rajagopal muss das gewusst haben. Warum forderte er also eine solch hohe Summe? Vielleicht wollte er nur lästig sein.

Am 16. Juni ersuchten Rajagopals Anwälte um Einblick in alle Protokollbücher der KFA, den gesamten Schriftwechsel zwischen Krishnamurti und Erna Lilliefelt, Mary Zimbalist, Alan Hooker, Evelyne Blau, Alan Kisbaugh, Theodore Lilliefelt…jeglichen Briefwechsel zwischen irgendeinem von ihnen und der „Huntington-Bibliothek", mit Mary Lutyens und bezüglich des Buches „Krishnamurti – The Years of Fulfillment" mit ihren Verlegern; jegliche Korrespondenz mit Cadogan und Doris Pratt…

Wahrscheinlich hoffte er, darin irgendwelche diffamierenden Äußerungen über ihn zu finden, aufgrund derer er die Grundlage seines Vorgehens hätte erweitern können. Schriftliche Verleumdung ist schwer wiegender als mündliche.

In „The Years of Fulfillment" ist nichts dergleichen zu finden. Carlos Aveline vom Theosophischen Verlag in Brasilien, mit dem ich eine Zeit lang im Briefwechsel stand, stellte mir einmal die Frage, warum Mary Lutyens in ihren Büchern über Krishnamurti niemals erwähnt habe, dass er der Liebhaber von Rajagopals Frau gewesen war. Ich dachte, der Grund läge auf der Hand. Als ich Mary Lutyens noch zu Lebzeiten der Rajagopals traf, sprach sie von der notwendigen Sorgfalt, die sie walten lassen musste.

Sollte sie von ihnen überlebt werden, konnten sie gegen ihre Tochter vor-
gehen, hatte ihr Rechtsanwalt sie gewarnt. Ich warf ein, dies bedeute, es
sei nur eine Frage dessen, wer zuerst sterbe. Sie entgegnete, dafür habe sie
Sorge getragen; sie habe etwas geschrieben, das erst nach ihrem und dem
Tod der Rajagopals veröffentlicht werden dürfte. Sie überlebte beide
(Rajagopal starb am 22. April 1993), was es ihr ermöglichte, „Krishnamurti and the Rajagopals" zu veröffentlichen. (Meine Buchbesprechung
erschien in „The Theosophical Journal", London, Dezember 1997.)

Ich bewundere Krishnamurti, der angesichts dieser verworrenen Situation auch weiterhin seine Reden hielt. Im Frühjahr 1983 kam Dr. Jonas
Salk, der den Polio-Impfstoff entdeckt hatte, nach Ojai zu einer Diskussion mit Krishnamurti, die auf Video aufgenommen wurde. An einer Stelle
meinte Dr. Salk: „Ich höre, Sie sagen, es gebe Leute, einzelne und Grup-
pen, die die Eigenschaft besitzen, etwas auszustrahlen, was dem Rest der
Menschheit helfen könnte. Krishnamurti erwiderte: „…helfen, nicht führen, nicht zu sagen, was man tun soll…, sondern einfach so, wie die Sonne Licht spendet. Und wenn man in der Sonne sitzen will, dann sitzt man
in der Sonne, wenn man es nicht will, sitzt man im Schatten."(24)

In New York fragten ihn zwei Reporter vom „East West-Journal", was
er von dem Film über Gandhi halte. Er antwortete, seiner Meinung nach
sei er ein wenig einseitig, als ob er die einzige Person wäre, die Indien in
seinen Freiheitsbestrebungen unterstützt hätte. Es gäbe Hunderte. „Annie
Besant gehörte zu ihnen. Vierzig Jahre lang half sie dem Land, frei zu
werden. Sie wird niemals erwähnt."(25)

Frau Simmons rief an und berichtete von dem Feuer in Brockwood.
Kurz nach seiner Ankunft in Brockwood wurde sie mit einem Herzanfall
ins Krankenhaus geliefert. Während ihrer Abwesenheit bildete man ein
Notfall-Komitee; dazu gehörten Scott Forbes, der Englischlehrer Stephen
Smith, der Mathematiklehrer Harsh Tankka und die Sekretärin Ingrid
Porter. Scott Forbes war Amerikaner, der in Genf ein Antiquitätengeschäft
besessen hatte, als eine Reise nach Saanen seine Lebenseinstellung ränder-
te. Er trat an Frau Simmons Stelle und wurde Rektor.

Man darf nicht vergessen, dass es außer den Schulen, die Krishnamurti selbst ins Leben gerufen hatte, überall weitere Schulgründungen

durch seine Schüler gab, die bis nach Neuseeland und Brasilien, Indonesien und Island, Puerto Rico und Paris reichten.

Von Brockwood aus reiste Krishnamurti wie gewöhnlich nach Gstaad. Nach seinem Vortrag am 1. August 1983 bat ihn ein gewisser Friedrich Grohe um ein Treffen in Chalet Tannegg. Der vierundfünfzigjährige Deutsche hatte sich aus dem Familiengeschäft zurückgezogen. Am 5. Oktober kam er nach Brockwood. Drei Jahre zuvor hatte er zufällig Krishnamurtis Buch „The Impossible Question" gelesen, und um anderen zu helfen, mit dieser Lehre in Berührung zu kommen, finanzierte er ein von der Schule getrenntes Gebäude in Brockwood Park. In der Bibliothek wurden Krishnamurtis Bücher, Vorträge und Tapes untergebracht, die von Erwachsenen eingesehen werden konnten. Es gab ein ruhiges Lesezimmer, einen Aufenthaltsraum für Diskussionen, ein Speisezimmer mit anliegender Küche, achtzehn Gästezimmer, das Büro der Sekretärin und ein Büro für den „Krishnamurti Foundation Trust", einen Wintergarten…Er und Krishnamurti suchten gemeinsam nach dem geeigneten Platz, bei dem keine alten Bäume gefällt werden mussten. Er sollte abgeschieden und doch mit guter Aussicht gelegen sein. Man wählte einen Bereich mit separatem Straßenzugang, was die Trennung von der Schule deutlich machte. Man nannte das Anwesen gewöhnlich „Das Erwachsenen-Zentrum", obwohl sein eigentlicher Name „Krishnamurti-Zentrum" lautete.

Fünfzigtausend Pfund spendete Friedrich Grohe auch zur Unterstützung der Schule. Obwohl Schulgeld gefordert wurde, gab es auch einige Freiplätze. Grohe wurde einer der Treuhänder der englischen und der indischen Foundations.

Cohen glaubte nicht, dass die Gegenseite den Prozess gewinnen würde. Der Rechtsstreit ruhte; doch nicht ganz. Anfang 1985 arbeiteten die Anwälte noch hart daran. Avchen erklärte, Rajagopal fordere eine öffentliche Rücknahme jeglicher Unterstellung unrichtigen Handels seinerseits. Cohen erwiderte, seine Klienten wären bereit, zu erklären: „Der Krieg ist vorbei. Wir haben Frieden. Wir wollen von hier aus weitergehen."(26) Avchen aber wies das als für seinen Klienten nicht zufrieden stellend zurück. Die Aussage sollte der Öffentlichkeit klar machen, dass Krishna-

murti und die übrigen Treuhänder Rajagopal keine Veruntreuung anla-
steten. Cohen lehnte ab.(27)

Am 24. April gab Krishnamurti im Beisein von Mary Zimbalist und
Erna Lilliefelt folgende Erklärung ab, die auf Band aufgenommen wurde:

„An Rajagopal von Krishnamurti

Ich schreibe dir diese Zeilen, Rajagopal, weil du dich weigerst, mich
zu sehen…Während der Tage in Eerde begannen wir zu streiten…Von
Anfang an bist du ein Unterdrücker gewesen, gleich nachdem der Bruder
starb. Es fing ganz sachte an, wurde aber immer schlimmer. Ich konnte
niemanden sehen, ohne dir vorher zu sagen, wen ich besuchte, und dann
hast du mich angeschnauzt: „Warum triffst du dich mit dieser Person"…Es
gab niemanden, der überwachte, was du tatst. In Indien sagtest du ihnen:
„Gebt Geld und fragt nicht, was ich damit mache. Das geht euch nichts
an." Du sagtest ihnen, wenn sie wissen wollten, wozu das Geld verwendet
werde, würdest du dafür sorgen, dass ich nicht mehr nach Indien zurück-
käme. Du bist ein richtiger Tyrann geworden.…du hast schreckliche Dinge
getan. Du wolltest wirklich alles töten, die Lehren, nicht mich physisch,
denn das wäre Mord gewesen und davor hättest du dich gefürchtet.…"

Was Krishnamurti mit diesen Anschuldigungen zum Ausdruck bringen will, ist, dass Rajagopal im Grunde genommen seine Mission töten
wollte. Später wird er mehr dazu sagen. Einstweilen aber fährt er fort:

„….du hast alles versucht, denn du bist ein eifersüchtiger Mensch
…Offensichtlich bist du sehr eifersüchtig…Ich konnte nicht einmal zehn
Dollar ausgeben, ohne dir sagen zu müssen, wofür ich jeden einzelnen
Cent ausgegeben hatte. Lange bevor ich mit dir gebrochen habe, hast du
den Leuten in Holland und in England gesagt, du seiest ein wohlhaben-
der Mann. Ich traute meinen Ohren nicht. Wie konntest du reich werden? Wir haben doch beide arm angefangen; ich wollte niemals Geld. Ich
habe auch jetzt keines. Ich will es nicht. Ich habe nur ein paar hübsche
Kleidungsstücke, gute Schuhe und Krawatten, ansonsten besitze ich wirklich nichts. Und du bist nach all den Jahren auf ungewöhnlich schlaue
Weise zu Millionen gelangt."(28)

Diese Aussage wurde nicht abgeschickt, da Cohen es für unangebracht
hielt. Am 17. Mai diktierte Krishnamurti eine überarbeitete Version, dies-

mal in Brief-Form (er sprach auf Band, und Erna Lilliefelt schrieb sie nieder):

„Mein lieber Rajagopal!

Da es nicht möglich ist, persönlich mit dir zu sprechen, bin ich gezwungen, dir diesen Brief zu schreiben. Wenn du möchtest, kannst du ihn deinen Treuhändern zeigen oder aber ich schicke ihnen eine Kopie, falls es dein Wunsch ist…Während der ersten Jahre nach dem Tode des Bruders warst du rücksichtsvoll. Du hast dich um K. und die Angelegenheiten gekümmert, die in deiner Verantwortung standen. Aber in Eerde hast du angefangen, mit mir über Kleinigkeiten zu streiten. Zum Beispiel sagtest du, du würdest alle Arbeit erledigen, während ich nur vor mich hin träumte. Es begann langsam – diese Feindseligkeit und Eifersucht, das Manipulieren von Leuten und von K. Wir pflegten gemeinsam zu reisen, aber dann schicktest du mich auf anderen Wegen nach Amerika und Indien, um Geld zu sparen, während du den direkten und angenehmeren Reiseweg wähltest…Die Streitereien, das Tyrannisieren zogen sich viele Jahre lang hin. Ich hätte mich bei Annie Besant, die noch am Leben war, beschweren können und du wärst unverzüglich nach Indien zurückgeschickt worden, aber weil K. nicht der Typ ist, der sich beklagt, machten wir weiter so.

Morgens warst du immer depressiv, niedergeschlagen, reizbar, streitsüchtig. Am Nachmittag, nach dem Lunch, wurdest du ziemlich aktiv….Es spitzte sich langsam zu, deine vollkommene Verachtung, dein Argwohn und die Geheimnisse bezüglich der Bücher, des Geldes und so fort, die du für dich behieltest. Du hattest auch ein heimliches Konto und erzähltest mir, dass niemand davon wusste. Und so ging alles weiter – die Streitereien, die Beschimpfungen…

du hast mir oft gesagt, dass sie dich statt meiner hätten wählen sollen, da du den Verstand dazu besitzen würdest, ich aber nur gut aussehe und mehr oder weniger ein Idiot sei.“

Hier möchte ich noch einmal innehalten, denn das ist, glaube ich, der zentrale Punkt. Rajagopal hegte einen ungeheuren Groll, dass Krishnamurti und nicht er als der Träger des Maitreya, des Weltlehrers, auserwählt worden war. Man hatte ihm gesagt, er sei der Hl. Bernhard gewesen, zweifellos ein intelligenter und christlicher Mann, ein kanonisierter Heiliger. Warum hatte man Krishnamurti ihm vorgezogen? Hatte man einen Fehler gemacht? Es gibt machen Hinweis, dass ihn dieser Gedanke nicht losließ. Dennoch machte er bei der Mission mit, indem er zynisch Krishnamurti in seiner Weise „lenkte" und schließlich doch etwas für sich dabei herausholte.

Weiter heißt es in Krishnas Brief:

„Rajagopal, du sollst wissen, ich habe mich nie vor dir gefürchtet. Ich hasste Szenen, große oder kleine, deshalb vermied ich sie um jeden Preis...In Indien und Europa wurdest du als Sekretär behandelt, was du verabscheut und mir die Schuld dafür zugeschoben hast. Alles wurde so widerlich und brutal, und ich beugte mich all diesem Müll...Ich habe nicht über dich und die Lady (Rosalind) geredet. Nur nachdem der Prozess begonnen hatte und du die Sache mit hineingezogen hast, musste ich den Treuhändern hier von den Hässlichkeiten berichten, die du daraus gemacht hast...Obwohl genügend Geld vorhanden gewesen ist, hast du den Leuten immer gesagt, für die Reisen von K. fehlten die Gelder. Von verschiedenen Leuten hast du unterschiedliche Summen für dasselbe Ticket erbeten und immer betont, sie sollten darüber schweigen...

Jahrelang hast du intrigiert, unterschlagen und jeden betrogen. So wie ich dich kenne, hast du deine Freunde, die sich deine Treuhänder nennen, nicht über alle deine Machenschaften informiert, um zu deinem Eigentum zu gelangen. Wahrscheinlich hast du ihnen Nachteiliges über mich erzählt. Du hältst an deinem Besitz fest. Was du hast, ist dir nicht gegeben worden. Es wurde aus Großzügigkeit und Ergebenheit zugunsten der Lehre gespendet, und du hast diejenigen ausgenutzt, die das Opfer gebracht haben; du hast mich ausgenutzt und besitzt außerdem die Unverfrorenheit, mich zu erpressen.

Du hast eine Angelegenheit in den Prozess mit hineingezogen, die nichts damit zu hat, nur zum Zwecke der Erpressung. Ich nenne dich einen Erpresser, andere Leute bezichtigen dich der Veruntreuung, worauf du nichts zu sagen hast. Heute Morgen überbrachte mir Austin Bee eine

Erklärung, die ich persönlich unterzeichnen sollte. In diesem Brief ist wieder von der Drohung die Rede, die einer Erpressung gleichkommt. Schau, Rajagopal, ich fürchte mich wirklich nicht davor, dass du vor Gericht gehen willst, also bitte, höre auf zu drohen.

Du, der du behauptest, ein Brahmane zu sein, bist so tief gesunken, dass du alle um deiner persönlichen Macht, deiner Geheimniskrämerei und egoistischen Eifersucht willen betrogen hast. Das ist alles, was ich zu sagen habe. Dieser Brief ist nicht aus Rache geschrieben oder um deine Eitelkeit zu kränken. Er soll nur auf den tiefen Abgrund hinweisen, der zwischen dir und allem, was heilig und anständig ist, klafft. Wenn noch ein Funke von Ehrlichkeit und Anstand vorhanden wäre, würdest du alles zurückgeben und dich wie ein anständiger, ehrenhafter Mann benehmen und ein richtiger Brahmane werden." (29)

Auch dieser Brief wurde auf Anraten Cohens nicht abgeschickt.

Das Gerichtsverfahren sollte Krishnamurti überleben.

31.

Ein letztes Lebewohl

Die letzten Gespräche in Saanen im Juli 1985 wurden nicht nur von den Getreuen einer jeden Saison besucht, sondern auch von einem Verleger, der zum ersten Mal kam, dem jungen Deutschen Peter Michel. Seit über einem Jahrzehnt hatte er Krishnamurtis Bücher gelesen, ihn aber tatsächlich zu sehen, „diese zerbrechliche, filigrane Person auf ihrem schlichten Holzstuhl, die sich nur mit dem Wort heilig charakterisieren lässt", hinterließ einen tiefen Eindruck in ihm. Er veröffentlichte „Die letzten Gespräche in Saanen" in Deutschland und einige Jahre später schrieb er das Buch „Krishnamurti, Freiheit und Liebe, Annäherung an ein Geheimnis".(1)

Über dreitausend Menschen waren gekommen, und überall sah man die Zelte derer stehen, die sich kein Gasthaus leisten konnten. Krishnamurti sagte, er habe gehört, viele seien traurig darüber, dass „Saanen aufhört. Wenn man traurig wird, ist es an der Zeit, dass man aufhört…Wir hatten die herrlichsten Tage, wunderschöne Morgen…klaren, blauen Himmel…Niemals war ein ganzer Sommer so wie dieser. So sagen uns die Berge, die Täler, die Bäume und der Fluss Lebewohl."(2)

Als er in diesem Herbst nach Indien flog, befürchtete Mary Zimbalist, er werde unterwegs sterben, ohne sie – denn er hatte ihr nicht erlaubt, ihn diesmal zu begleiten, weil sie die Hitze nicht vertragen konnte. Doch als sie sich in Brockwood trennten, versicherte er ihr, er werde sie anrufen, falls seine Zeit gekommen sein sollte: „Ein anderer hat alles bestimmt. Ich kann nicht darüber sprechen. Ich darf nicht, verstehst Du?…Es gibt Dinge, die Du nicht weißt. Gewaltig, und ich kann es Dir nicht sagen. Es ist sehr schwierig, ein Gehirn wie dieses zu finden, und es muss so lange durchhalten, wie der Körper noch kann…"(3)

Dies war ein Eingeständnis, dass etwas Wunderbares geschehen war. Wieder hatte er eine „erhabene, heilige Wesenheit" erblickt, entweder jene, deren Kraft er übermittelte oder jene, die sein physisches Gehirn dafür vorbereitet hatte (hatten); er hatte sie gesehen, wie damals unter dem kleinen Pfefferbaum, aber mit einem „Schweige!" auf den Lippen.

Seit Rougemont wusste er, dass der Körper im Begriff war zu sterben. Pupul Jayakar und anderen hatte er gesagt, wenn er nicht mehr in der Lage sein werde zu reden, würde der Körper sterben.(4) Damit meinte er nicht unnützes Geschwätz, sondern dass der Körper, den er für „Sie" trug, nur als Instrument von Nutzen war, die Lehre zu überbringen, und wenn er diese Funktion nicht mehr ausüben konnte, brauchte er nicht länger am Leben erhalten zu werden. Die Natur konnte ihren Lauf nehmen. Dieser Körper war über neunzig Jahre alt und erschöpft von den vielen Reisen. Pupul Jayakar wusste, dass es das Ende war, als er nach Indien kam, um Lebewohl zu sagen. Unendlich erschöpft kehrte er auf der östlichen Route zurück, wo er in Singapur und in Tokyo das Flugzeug wechselte. Als S. Takahashi, ein japanischer Freund Krishnamurtis, von dessen Flug nach Los Angeles erfuhr, buchte er ein Ticket, nur um neben ihm sitzen zu können. Obwohl Krishnamurti für eine Unterhaltung zu krank war, kehrte Takahashi nach Tokyo zurück, ohne den Flug bereut zu haben.(5)

Mary Zimbalist holte Krishnamurti in Los Angeles vom Flugplatz ab. Er bat sie, sehr vorsichtig zu fahren, da die Manifestation sich verliere. Er schien damit andeuten zu wollen, dass der besondere Schutz, der ihm als dem Instrument gewährt wurde, nicht länger erwartet werden konnte. Es erinnert an Lady Emilys Vertrauen, als sie mit ihm auf dem Beifahrersitz Motorrad fuhr, dass Maitreya es nicht zulassen werde, dass sein Träger verunglückte und deshalb kein Unfall passieren konnte. Er wollte zum Ausdruck bringen, er habe keinen Schutzengel mehr, da seine Mission abgeschlossen war.

Er war froh, wieder in Pine Cottage, in seinem alten Zimmer zu sein. Mary Zimbalist schlief auf einer Matratze auf dem Fußboden, falls er in der Nacht etwas brauchen sollte, Scott Forbes auf einem Sofa im Wohnzimmer und sein langjähriger Arzt Dr. Parchure in Arya Vihara.

Seine Schmerzen wurden unerträglich, und Dr. Deutsch, den man ebenfalls hinzugezogen hatte, meinte, er, benötige die Geräte eines Krankenhauses, um die notwendigen Untersuchungen durchzuführen. Krishnamurti, der immer gegen einen Krankenhausaufenthalt gewesen war, um Behandlungen zu vermeiden, die sich störend auf seine besondere Konstitution auswirken konnten, willigte ein. Man stellte Bauchspeicheldrüsenkrebs und Lebermetastasen fest. Als er davon erfuhr, meinte er, zu Mary Zimbalist gewandt: „Was habe ich falsch gemacht?"(6), als hätte er nicht richtig für seinen Körper gesorgt oder als sei es karmisch bedingt.

Wegen einer möglichen Behandlung bat er, sein Verstand müsse klar bleiben; er dürfe nicht in ein Koma fallen, doch er wäre froh, wenn der Schmerz ein wenig gelindert werden könnte. Man gab ihm ein Lokalanästhetikum, auch Morphium und eine Bluttransfusion zu seiner Kräftigung. Seine Anweisungen, was mit seiner Asche geschehen sollte, sprach er auf Band. Sie sollte dreigeteilt werden und nach Ojai, Brockwood und Indien gehen. Der Ort, an dem seine Asche beigesetzt würde, dürfte aber nicht als heilig betrachtet werden. Nach einem dreiwöchigen Krankenhausaufenthalt kehrte er auf eigenen Wunsch nach Ojai zurück, um zu sterben. Es überraschte ihn, dass das „Andere", dessen heilige Kraft ihn erhalten hatte, immer noch da war. Er hatte angenommen, es hätte aufgegeben. Einmal sagte er: „Ich bin noch der Lehrer. K. ist so, wie auf dem Podium...solange dieser Körper lebt..."(7)

Mary Zimbalist hatte Mary Lutyens, Vanda Scaravelli und andere enge Freunde telefonisch über seinen schlechten Zustand informiert. Mary und Joe kamen von London. Von Brockwood waren Dorothy Simmons, Mary Cadogan und Jane Hammond angereist; aus Indien kamen Pupul Jayakar mit ihrer Tochter Radhika und ihrem Neffen Asit Chandmal und Dr. Krishna und drei jungen Leuten einer Generation, die die Arbeit weiterführen sollten. Krishnamurti gab genaue Anweisungen, wie er die Zukunft der Schulen und Foundations geregelt haben wollte. Dann bat er sehr höflich die meisten Besucher, doch bitte zu gehen.

Am 7. Februar sprach er auf Band: „...siebzig Jahre lang hat diese

Super-Energie, nein, diese unermessliche Energie, unermessliche Intelligenz diesen Körper benutzt. Ich glaube nicht, dass die Menschen wissen, was für eine gewaltige Energie und Intelligenz durch diesen Körper strömte – ein Zwölf-Zylinder-Motor…und jetzt kann es der Körper nicht mehr aushalten. Niemand, wenn der Körper nicht sehr sorgfältig vorbereitet worden ist, beschützt wird…kann verstehen, was durch diesen Körper hindurchströmte. Niemand. Niemand sollte so tun, als ob er es verstünde. Ich wiederhole das: niemand unter uns noch in der Öffentlichkeit weiß, was vor sich ging. Ich weiß, dass sie es nicht wissen. Und jetzt, nach siebzig Jahren, geht es zu Ende. Nicht dass diese Intelligenz und Energie–…irgendwie ist sie hier, jeden Tag und besonders nachts…Viele Jahrhunderte lang werdet Ihr keinen solchen Körper finden oder diese höchste Intelligenz, die in einem Körper wirkt. Ihr werdet sie nicht mehr sehen. Wenn er geht, geht sie mit ihm. Von jenem Bewusstsein, von jenem Zustand bleibt kein Bewusstsein zurück. Sie werden alle vorgeben oder versuchen sich vorzustellen, dass sie damit in Verbindung kommen können. Vielleicht gelingt es ihnen irgendwie, falls sie nach der Lehre leben. Aber niemand hat es bis jetzt getan. Niemand. Und so, das ist es nun."(8)

Es war seine letzte Aufzeichnung. Und nun ist die gesamte Lehre da, um gelebt zu werden.

Am 16. Februar, zehn Minuten nach Mitternacht, hörte Krishnamurti auf zu atmen.

Dieses Datum hätte Madame Blavatsky interessiert. Shri Krishnas Tod am 16. Februar 3102 v. Chr. leitete das Kali-Yuga ein. Es war wieder ein 16. Februar.

Mary Zimbalist begleitete ihn im Leichenwagen. Sein Körper wurde in Ventura eingeäschert. Seine Freunde in Indien streuten einen Teil der ihnen zugedachten Asche bei Rajghat, in der Nähe von Benares, in den Ganges. Die andere Hälfte brachten sie nach Madras, hinunter zum Strand von Adyar, dort, wo Leadbeater ihn zum ersten Mal gesehen hatte. Sie fuhren mit dem Boot hinaus und übergaben sie dem Meer.

32.

Das Mysterium

Wer war es, der gekommen und nun gegangen war?

Und „wie können wir seine Lehre mit dem vereinbaren, was wir von Blavatsky gelernt haben"? Diese Frage stellte mir Erica Laube, die ehemalige Präsidentin der Blavatsky Loge der Theosophischen Gesellschaft in England. „Ich hatte niemals Schwierigkeiten damit", entgegnete ich ihr, und sie schlug vor, ich solle etwas darüber schreiben.

Erstens: Ich kenne keinen Punkt, in dem er ihr tatsächlich widerspricht. Natürlich lässt sich ohne Weiteres sagen, wer was geschrieben hat, aber das beruht eher auf den Themen, die sie ansprechen. Blavatsky interessierte sich für die Kosmogonie, die Entstehung des Universums. Man sagt, dass Krishnamurti, der in Begleitung von zwei Personen spazierenging, die die Frage „Urknall oder stationärer Zustand?" diskutierten, leicht ungeduldig dazwischenfuhr: „Was macht das schon?" Nun, vielleicht ist es egal, was die Art und Weise anbelangt, wie wir unser Leben leben, was für ihn das Wichtigste war, doch für manche von uns ist es ein interessantes Thema. Blavatsky zeigte großes Interesse für die Evolutionsgeschichte des Kosmos, des Naturreichs und der Menschheit. Krishnamurti, dessen Augenmerk auf dem Jetzt lag, machte die psychologische Vorstellung des Werdens ungeduldig, weil es einen Beigeschmack von Allmählichkeit hatte – „allmählich bessere ich mich" - , wohingegen er keinen Grund sah, den erforderlichen Schritt nicht sofort zu machen. Aber trotz allem erkannte er die schrittweise Entwicklung seiner eigenen Sichtweise des gegenwärtigen Lebens. Er wollte nicht, dass seine sehr frühen Reden veröffentlicht wurden, ohne sie zuvor noch einmal überprüft zu haben. Früher verwendete er Begriffe wie „Pfad" oder „Ziel"; nun aber erschienen ihm beide Konzepte ein bisschen nachteilig zu wirken. Obwohl er auf einem Pfad dazu gelangt war, fand er es besser, nun zu sagen: „Die Wahrheit ist ein pfadloses Land."

Die Vorstellung vom Pfad ist sehr alt und findet sich nicht nur im Buddhismus oder Taoismus. Der Pilger schreitet auf einem Pfad voran, auf dem es unzählige Fallen gibt. Er darf sich weder von den fadenscheinigen Ratschlägen eines Herrn Weltklug vom Wege abbringen noch in den Sumpf der Mutlosigkeit ziehen lassen. Es ist ein weiter Weg zum Tempelberg, zur himmlischen Stadt. Zu Beginn von Dantes „Göttlicher Komödie" heißt es: „Auf halbem Wege meiner Lebensreise befand ich mich in einem dunklen Wald, in dem der rechte Weg verloren gegangen war." (Dantes „Inferno")

Es war sicherlich ein Pfad, auf dem Virgil Dante aus dem Inferno, in das er unglücklicherweise gefallen war, durch die einzelnen Ebenen des Fegefeuers heraus Stufe um Stufe hinauf zu den Pforten des Himmels führte und ihn Beatrice übergab, die ihn durch die ersten neun Kreise noch weiter hinauf bis zur Schwelle des Empyreums geleitete, wo sie ihn an den Hl. Bernhard von Clairvaux (warum gerade an ihn?) weitergibt, der ihn der Jungfrau vorstellt, durch deren Fürsprache er schließlich eingehüllt wird von „der Liebe, die Sonne und Sterne bewegt."(Paradies)

Die Wanderer auf diesen Pfaden mögen das Tor und den schmalen Pfad vor Augen haben, wie es bei Matthäus heißt. Ich frage mich, ob nicht auch die Suche des Aristoteles nach dem Prinzip des rechten Verhaltens einen Pfad enthält, wie alles, was zwischen zwei Extremen liegt. Wir denken nicht gut über einen Feigling oder einen tollkühnen Mann, über einen Geizhals oder einen, der sein Geld vergeudet. Zwischen Scylla und Charybdis scheint immer ein schmaler Pfad in der Mitte zu liegen, was uns zu Buddhas „Mittlerem Weg" führt. Dieses Bild ist sehr tiefgründig. Doch im 16. Jahrhundert heißt es bei Thomas Traherne: „Das Korn war leuchtender, unsterblicher Weizen, der niemals geerntet werden sollte, noch jemals gesät worden war. Ich dachte, es stünde da von Ewigkeit zu Ewigkeit…"(Centuries of Meditation). Er hatte es nicht erwartet. „Das pfadlose Land" ist ein neues Bild, das mit einer neu aufbrechenden Einsicht korrespondiert. „Das pfadlose Land" ist ein frisches Bild, das ein Gefühl der Nicht-Zielorientierung vermittelt. Krishnamurti, dem die Vorstellung eines stufenweisen Vorwärtsschreitens nicht gefiel, obwohl er selbst bestimmte Stufen auf seinem eigenen Weg erreichte, versuchte, diese Mühen für andere auszuschalten. Während einer unserer Unterhaltungen meinte der Theosoph Geoffrey Farthing, wenn man mit Besant und Leadbeater begonnen hätte, müsse man bei Blavatsky eine Menge umlernen. Ich glaube, das Gleiche gilt in diesem Falle auch. Blavatsky zeigte ein starkes Interesse für die feineren Schichten der Materie, die man mit physikalischen Instrumenten nicht mehr wahrnehmen konnte, die aber den Bereich der sogenannten magischen Phänomene bilden. Obwohl Krishnamurti bis zu einem gewissen Grade über übersinnliche Fähigkeiten verfügte, machte er kaum Gebrauch davon. Es interessierte ihn nicht.

Blavatsky, die im Kampf sowohl mit der materiellen Wissenschaft als auch mit der organisierten Religion stand, versuchte, das Universum in geistig befriedigenden Begriffen verständlich zu machen und Schüler auf den Pfad vorzubereiten. Ich habe nie gehört, dass irgendjemand mit einem persönlichen Problem zu ihr gekommen ist, einem Problem in der Beziehung zwischen Mann und Frau, mit den Kindern oder den Eltern, wie Krishnamurti es ständig erlebt hat. Es war nicht ihre Aufgabe. Krishnamurti aber betrachtete es als sein Dharma, dem Individuum mit seinen Problemen Gehör zu schenken.

Für mich besteht kein Zweifel, dass es Maitreya war, der den „Sternen-Orden" auflöste oder, falls Krishnamurti selbst die Entscheidung getroffen hatte, waren er und die übrigen Meister sicherlich dankbar dafür. Es war alles so verwirrend und ärgerlich. Meiner Ansicht nach beschlossen die Meister an einem bestimmten Punkt, sich wieder zu verhüllen. Sie hatten gesehen, wie ihre Bemühungen zu helfen von denjenigen mißachtet wurden, die Blavatsky schmähten und sich über sie lustig machten. Außerdem hatte man sich ein völlig falschen Bild von ihnen gemacht. Krishnamurti war der Träger; er sollte seine Rolle in seiner eigenen Weise spielen. Die Unterstützung, die sie ihm gewährten, kam von hinter den Kulissen.

Wie stehen die Theosophen zu all dem, was geschehen ist? Die Gesellschaft besitzt kein verbindliches Lehrsystem. 1988 lud man mich ein, bei der internationalen Konferenz der Theosophischen Gesellschaft, deren Gastgeber England in diesem Jahr war, über mein Blavatsky-Buch zu sprechen. Einer der anderen Vorträge behandelte die Frage, was die Theosophen mit dem Rest des Jahrhunderts anfangen sollten. Hugh Gray, der damalige Generalsekretär für England, erhob sich und erklärte, am nützlichsten sei es, „die Lehre Krishnamurtis aufzunehmen". Eine neben mir sitzende Frau meinte: „Joy Mills behauptet, nicht Krishnamurti habe die Theosophische Gesellschaft verlassen, die Theosophische Gesellschaft habe ihn verlassen." Jemand lud mich ein, im folgenden Jahr in der Norwich Loge zu sprechen. Ich kam der Einladung nach und blieb zur anschließenden Meditation. Man murmelte Worte, die zu meiner Überraschung etwas von „dem kommenden Christus" enthielten. Auf wen konnten sie 1989 warten? Ich dachte, einer wäre gerade gegangen. Oder sollte ich vielleicht zweitausend Jahre voraus, an das Zeitalter des Steinbocks, denken?

In London traf ich mich bei einer der Theosophischen Konferenzen mit Erica Laube und Geoffrey Farthing zum Lunch. Das Thema Krishnamurti kam auf, und Geoffrey meinte traurig: „Er benutzt nicht einen einzigen Begriff aus der Theosophie. Es stand ihm eine ganze Terminologie zur Verfügung, aber er verwendete sie nicht. Anstatt „manas" sagte er „mind"…" Es hätte Blavatsky sicherlich traurig gestimmt. Aber ich kann gut verstehen, warum Krishnamurti die Leute manchmal daran hinderte, Sanskrit-Begriffe zu benutzen, die sie vielleicht nicht sonderlich begriffen und sie aufforderte, englische Wörter zu verwenden. Die Sanskrit-Begriffe sind Teil eines ganzen Denksystems, und er sah es lieber, wenn sie neu und in ihren eigenen Vorstellungen dachten. Besonders wachsam war er, wenn es um Begriffe ging, die sich auf seine Rolle bezogen.

Im Gespräch mit Pupul Jayakar und Achyut Patwardhan gab er die Anwesenheit einer besonderen Kraft zu, die mit ihm verbunden war und ihm Schutz gewährte: „Ich glaube, da ist eine Kraft, die die Theosophen berührt hatten, aber sie versuchten, etwas Konkretes daraus zu machen. Aber da war etwas, das sie berührten und dann versuchten, in ihre eigene

Symbolsprache zu übersetzen, und so verloren sie es…Ist der Maitreya-Bodhisattva frei erfunden? Hat C.W.L. es erfunden?"(1)

Bei allem Respekt, Leadbeater hatte Maitreya nicht erfunden. Die gesamte buddhistische Welt glaubt an ihn, Norden und Süden, von Ceylon bis Japan, Mahayana und Theravada. Seine Statue steht im Tempel von Lhasa, und der Dalai Lama glaubt an ihn. Wie skeptisch konnte Krishnamurti noch werden? Der Maitreya wird in Texten des dritten Jahrhunderts erwähnt. Er thront auf einem erhöhten Sitz und hat blaue Augen. Dass Maitreya sich als die Person Krishna inkarnierte, die vor fünftausend Jahren starb, haben wir von Besant und Leadbeater erfahren, es sei denn Blavatsky erzählte es ihren Schülern.

Leadbeaters feindlicher Biograph Gregory Tillett stellte einmal bei einem Vortrag vor der Theosophischen Gesellschaft die rhetorische Frage, warum Maitreya sich einmal unmittelbar als die Person Krishnamurti inkarniert, später aber nur zunächst Jesus und dann Krishnamurti überschattet haben sollte. Die Welt hat sich seit 3102 v. Chr. stark verändert, und was damals möglich war, ist es heute nicht mehr. Da die materielle Welt seit ihrem Abstieg in das Kali-Yuga schwerer und gröber geworden ist und Maitreya sich immer weiter, feinstofflicher und feinstofflicher entwickelt hat, ist die Unvereinbarkeit zu groß geworden. Daher bedarf es eines Transformators, eines Wesens mit einem Körper, der einerseits fein genug ist, um sich auf die Schwingungen des Maitreya einzustellen, andererseits aber die Kraft besitzt, um die Schläge der Welt zu ertragen. Das würde die ungeheure Spannung erklären, die Krishnamurti durch sich hindurchströmen fühlte, jene Kraft, jene Energie, die er immer wieder erwähnte, die der Körper kaum zu ertragen vermochte und die ihn schließlich abnutzte. Maitreya war das Stromnetz, das einen gewöhnlichen Menschen, der es nur berührte, getötet hätte. Krishnamurti war das Instrument, das diese Kraft aufnahm und in das elektrische Licht verwandelte, das für jeden eingeschaltet werden konnte, und das jeder, wenn man ihm nur zeigte wie, ebenfalls einschalten konnte. Er wusste, dass das seine Rolle war, wenn er auch das Stromnetz nur zögernd mit Namen nannte.

Warum aber hat diese Kraft, die dem Körper bei der Vorbereitung für seine Aufnahme solche Schmerzen bereitete, ihn in der Kindheit nicht vor Stockschlägen und Vernachlässigung beschützt, bis Leadbeater ihn fand oder als Leadbeater ihn zu Rajagopal geführt und diesen mit Krishnamurti zusammengebracht hatte? Es wäre sicherlich besser gewesen, wenn sie sich nicht begegnet wären, denn die schlimmsten Schwierigkeiten in Krishnamurtis Leben resultierten aus dieser Begegnung. Sollte man geglaubt haben, Rajagopals praktischer Sinn unterstütze Krishnamurti, ist der Weitblick der Meister nicht unfehlbar. Rosalind kann man wohl kaum als schuldig bezeichnen. Sie war völlig in Rajagopals Hand. Und die enge Beziehung zu einem Wesen wie Krishnamurti, durch das eine solche Kraft strömte, wäre für jede Frau ungeheuerlich anstrengend gewesen, bedrohlich für ihr Gleichgewicht und fähig, das Karma der Unvorbereiteten zu beschleunigen. Das Wesen der Beziehung Krishnamurtis zu Rosalind lässt sich kaum ermessen, ohne seine Briefe an Rosalind einsehen zu können.

Zurück zu Buddha. In dem bereits erwähnten Gespräch mit Jayakar und Patwardhan sagte Krishnamurti, dass sein Empfinden von Buddha nicht aus irgendeiner Lektüre über ihn stamme – die Geschichte, er habe Frau und Kind verlassen, um Erleuchtung zu suchen, erschien ihm so töricht, dass er sie nicht glaubte* – sondern von jenem Bild von Tagore, das Lady Emily ihm gezeigt hatte und auf dem er als Bettler zu sehen war. Der konventionelle Buddhismus enthält eine Fülle von Dingen, die er abgelehnt hätte, angefangen mit der Unterteilung der Menschen in Haushaltsvorstand und Mönch, für die es unterschiedliche Regeln zu befolgen gibt. Krishnamurtis Lehren sind offensichtlich nicht buddhistisch. Der klassische Buddhismus geht davon aus, dass das Dasein Leid bedeutet und sucht einen Weg, diesem Leiden zu entfliehen. Die fünf Sinne, die unsere Aufmerksamkeit auf die äußere Welt richten, müssen geleugnet und als Fesseln abgelegt werden. In diesem Punkt unterscheidet er sich nicht mehr vom Vedanta. Krishnamurti jedoch betrachtete die Erde und alles, was auf ihr wuchs, als gut. Es gab keinen Grund, hier nicht glücklich zu sein. Der Buddha wird gewöhnlich mit gesenkten Augenlidern

---

* Blavatsky hatte immer davor gewarnt, die Lebensgeschichten der erhabenen Adepten, der Gründer großer Religionen, nicht ohne Weiteres zu glauben, da sie fast alle symbolischer Natur sind.(2)

dargestellt. Krishnamurti schlägt vor, alles, was einen umgibt, einfach zu betrachten, jede Einzelheit zu sehen, jedem Klang zu lauschen, aber ohne das Gesehene und Gehörte einzuschätzen, zu beurteilen oder zu kommentieren. Das Sehen und Hören weckt etwas im Innern.

Man hat ihn mit Nagarjuna verglichen. Aber Nagarjuna sagt: „Der Schüler, der nicht auf Form, Klang, Geruch, Geschmack und Berührung achtet, hat den rechten Pfad betreten."(3) Das ist nicht Krishnamurti. Liegt eine Verbindung zum Taoismus vor? Der Astrologe C.E.O. Carter meinte, die Lehre mute ihn wie eine Art Quietismus an. Wenn man im Tao te King liest: „Wir legen dreißig Speichen zusammen und nennen es ein Rad. Aber es ist der leere Raum, von dem die Nützlichkeit des Rades abhängt. Wir verwandeln Ton in ein Gefäß, aber es ist der leere Raum, der das Gefäß nutzbar macht"(4), möchte man einen Moment lang denken, dass darin etwas von dem Geist Krishnamurtis liegt. Doch wenn wir weiter lesen: „Die fünf Farben verwirren das Auge, die fünf Klänge betäuben das Ohr, die fünf Geschmäcker verwöhnen den Gaumen"(5), ist dies das Gegenteil von Krishnamurti. Die Vorstellung Laotses, es gebe eine Untätigkeit der magischen Kraft, kommt Krishnamurtis Aussage von der Untätigkeit, die die totale Tätigkeit ist, sehr nahe. Aber die anscheinend befürwortete Haltung kann leicht in Müßiggang und Faulheit ausarten; in jedem Fall hat Krishnamurti erklärt, er möge Quietismus nicht.

Wenn Krishnamurti die ersten Zeilen aus „Lam rin chen mo" (Den Geist beruhigen und die Wirklichkeit erkennen) von Tsong-kha-pa, der den tibetischen Buddhismus reformierte und bereinigte, gelesen hätte: „Am Anfang soll der Yogi Zuflucht zum Rüstzeug der Beruhigung nehmen. Es gibt sechs Stufen, wie folgt…"(6), hätte er entsetzt die Arme erhoben. Von der ganzen Idee, die Meditation als etwas zu betrachten, das der eigenen Vorbereitung und Beruhigung dient, versuchte er weg zu kommen.

Gibt es eine Übereinstimmung mit dem japanischen Buddhismus, mit irgendeiner Form des Zen, zum Beispiel, mit den „Koans"? Man soll keine Antworten finden können. Krishnamurtis Worte klangen manchmal paradox, aber er legte keine unsinnigen Fragen vor, um einen aufzu-

rütteln. Er wollte eine Antwort, und wenn es nur ein „Ich weiß es nicht"
war. Diese Anwort hielt er oft für die beste.

Cyril Scott irrt sich, wenn er sagt, Krishnamurti kehre zu einer Philosophie seiner eigenen Rasse zurück. Er ist nicht orientalisch. Sein Hatha-
Yoga, so betonte er immer wieder, diene nur der körperlichen Gesundheit, nicht um irgendeinen geistigen Zustand zu erreichen. Er glaubte
nicht an mentale Kontrolle und sagte, man schenke einer Sache, für die
man sich interessiert, ganz natürlich seine Aufmerksamkeit, ansonsten sei
sie wertlos. Bei Patanjali heißt es: „Yoga ist ein Prozess, durch den der
Geist kontrolliert wird….ständige Übung bedeutet regelmäßiges Bemü-
hen…"(7) Nach Krishnamurti schafft Bemühung einen inneren Konflikt
zwischen dem, was man ist, und dem, was man sich bemüht zu werden.
In den Upanishaden, den wohl ältesten Schriften Indiens, steht geschrieben: „Der Wille steht höher als der Verstand. Wenn ein Mensch will,
denkt er mit seinem Verstand, er bedient sich der Sprache und dazu klei-
det er diese in Worte. All dies zentriert sich im Willen und wohnt im
Willen. Meditiere über den Willen…(8)"

Helene Bouvard definierte Krishnamurtis Revolution als „die Übertragung der Betonung von Wille auf Wahrnehmung". Ein Reporter fragte
mich: „Was ist die Lehre?" Ich antwortete ihm: „Siehe die Tatsache. Rea-
giere nicht auf die Tatsache. Das Sehen ist das Handeln." Es überraschte
Mary Lutyens, als ich sie auf die Stelle in der „Geheimlehre" aufmerksam
machte, in der es heißt, wenn man etwas nicht versteht, soll man nicht
zurück, sondern weitergehen und meinte: „Das trifft wohl in noch stärke-
rem Maße für Krishnamurti zu." Sie fragte mich, ob ich irgendwelche
übersinnlichen Erfahrungen gemacht hätte. Sie selbst besaß ihrer Ansicht
nach überhaupt keine derartigen Fähigkeiten. „Aber ich spürte den Wind."
Sie hatte dieses Erlebnis in ihrem Buch erzählt, beteuerte mir aber, es
habe eine viel stärkere Wirkung auf sie ausgeübt, als man es wiedergeben
könnte. Nichts hatte sich im Zimmer bewegt, aber auf sie hatte diese
unerwartete, sich ohne Anlass selbsterzeugende Kraft eingewirkt. Sie hatte den Weg von irgendetwas gekreuzt, so, als sei sie unabsichtlich zu nahe
an dem kreisenden Propeller eines Flugzeugs vorbeigegangen, das im Be-

griff stand, abzuheben.(9) Sie hatte bereits ein Pulsieren bemerkt, als Krishnamurti sich noch im Zimmer aufhielt. Es war er gewesen, der sie darauf aufmerksam gemacht hatte. Vielleicht war es dadurch erzeugt worden und das Pulsieren zum Sturm angeschwollen. Sie wollte keine Theorien aufstellen, nur die Fakten bezeugen. „Ich habe den Wind gespürt." Etwas in ihrer Stimme sagte mir, dass nicht das Paranormale von Bedeutung war, sondern die Tatsache, das es sich als Wind darstellte.

Ich dachte lange darüber nach. Weder bei Buddha, Krishnamurti, Rama oder Elias ist von einem Wind die Rede. Schließlich fand ich in der Apostelgeschichte folgende Verse: „Als der Pfingsttag angebrochen war, waren alle an einem Ort beisammen. Da entstand plötzlich vom Himmel her ein Brausen, wie von einem daherfahrenden gewaltigen Wind, und erfüllte das ganze Haus, in dem sie saßen….Und alle wurden mit Heiligem Geist erfüllt und begannen, mit anderen Zungen zu reden, wie der Geist ihnen zu sprechen verlieh." (II, 1-4)

Ich hatte nach einem Menschenwesen gesucht, und es war der Heilige Geist, der Dritte Aspekt der Dreieinigkeit. Der Erlöser wird stets mit dem zweiten Aspekt in Verbindung gebracht (auch Buddha, Maitreya und Krishnamurti). Die Apostel Jesu waren nun, da er nicht mehr unter ihnen weilte, von diesem Etwas berührt worden, damit sie Seine Lehre in jeder Sprache zu übermitteln vermochten.

Weder die Bibel noch das „Oxford Lexikon des Christentums" lieferten eine zufriedenstellende Erklärung. Er war „ein Instrument Göttlichen Handelns", der bei der Taufe auf Ihn herabgestiegen war und Ihn allezeit beschützte und Seinen Jüngern zu Pfingsten die Gabe der Sprachen verlieh. Man nannte ihn auch den Paraklet. Madame Blavatsky hatte das Kommen eines Parakleten vorausgesagt – ein Begriff, der aus ihrer Feder seltsam anmutet, da sie sich in ihrer Symbolsprache eher auf den Vedanta oder den Buddhismus stützte.

Im ersten Johannesbrief (2,1) wird das griechische Wort Paraklet mit Christus übersetzt, im Johannes-Evangelium (9, 16, 26 und 16, 7) aber mit Hl. Geist oder Tröster. Wenn es sich um Christus handelt, soll dieses Wort laut Origenes mit Fürsprecher übersetzt werden, wenn aber der Hl. Geist gemeint ist, mit Tröster. In der Vulgata blieb das Wort unübersetzt.

„Para" bedeutet jenseits von und „kletos" Ruf. (Eine Quelle, die man anrufen kann?)

Im Johannesbrief heißt es: „Meine Kindlein, das schreibe ich euch, damit ihr nicht sündigt. Und wenn einer gesündigt hat, dann haben wir einen Fürsprecher beim Vater, Jesus Christus, den Gerechten."

Im Johannes-Evangelium heißt es: „…und ich werde den Vater bitten, und er wird euch einen anderen Helfer geben, damit er in Ewigkeit bei euch bleibe.."(14,16-17)

„Der Helfer aber, der Heilige Geist, den der Vater in meinem Namen senden wird, der wird euch alles lehren und euch an alles erinnern, was ich euch gesagt habe."(14,26)

„Wenn der Helfer kommt, den ich euch vom Vater senden werde, der Geist der Wahrheit, der vom Vater ausgeht, der wird von mir Zeugnis ablegen."(14,26)

„Aber ich sage euch die Wahrheit: Es ist gut für euch, dass ich weggehe. Denn wenn ich nicht weggehe, wird der Helfer nicht zu euch kommen. Wenn ich aber weggehe, werde ich ihn euch senden."(16,7)

Was bedeutet das? Solange Jesus als Person da war, scharten sich seine Jünger um ihn und hingen an jedem einzelnen Wort, das er sprach. Erst nachdem er weggegangen war, würden sie in ihr eigenes Inneres blicken, um Antworten auf ihre Fragen zu finden. Es ist nicht gut, den Lehrer immer persönlich um sich zu haben. Man muss ihn auf höherer Ebene finden, das heißt, sich auf ihn einschwingen.

Paulus schien anzunehmen, der Hl. Geist sei der aufgefahrene Christus, im Gegensatz zu dem Menschen Jesus. Diese Auffassung leuchtet mehrere Male in seinen Briefen an die Korinther, Römer und Galater hervor. Vielleicht besaß auch er die Vorstellung, dass es das ist, was bei dir bleibt, nachdem der Lehrer gegangen ist, wenn du es findest. Doch es war bereits bei seiner Taufe da.

Nandini Mehta hatte 1961 in Krishnamurtis Zimmer in Bombay den Wind erlebt; sie und Pupul Jayakar erlebten ihn gemeinsam in der letzten Nacht des Prozesses in Ooty 1948.(10) Dieses Phänomen trat auch in Benares, am 11. Dezember 1911, auf, als die Leute vor ihm in die Knie fielen, ein „Kraftstoß…der einen unwiderstehlich an Pfingsten mit dem brausenden, gewaltigen Wind und dem Ausgießen des Heiligen Geistes erinnerte."(11) Ein Kleriker wäre wohl rascher darauf gekommen als ich.

Das Pfingstereignis konnte mir aber nicht erklären, was Krishnamurti war. Er gab zu, als ein von „großen, heiligen Wesenheiten" vorbereitetes Instrument beschützt zu werden. Warum zögerte er, sie zu nennen?

Er scheute davor zurück, war aber nicht gleichgültig. Als ihm während seines letzten Besuchs in Indien der Pandit Jagannath Upadhyaya berichtete, er habe in einem tibetischen Text von 600 oder 800 den Namen Krishnamurti als die nächste Inkarnation des Maitreya gefunden, zeigte er Interesse, war aber vorsichtig, da dieser Name nicht ungewöhnlich ist.

Im tibetischen Totenbuch heißt es, dass der Mönch Asanga (etwa 300-400 n.Chr.), der Vater der „Yogacarya-Schule", behauptet, sein Werk „Die fünf Bücher des Maitreya" seien von diesem inspiriert worden. Die Begriffe Mahayana und Hinayana bedeuten „großer und kleiner Weg". „Ya" (von Yana) bedeutet gehen und „Yana" womit man geht. Westliche Orientalisten haben „Träger" als ein Äquivalent von Yana angenommen und Maitreya als den nächsten Weltlehrer…(12)

Daher belegte Annie Besant Krishnamurti mit dem etwas seltsam anmutenden Namen: Das Werkzeug des Weltlehrers. Dieser Begriff war ihr wohl von Pandit Gopinath Kaviraj in Sanskrit gegeben worden.

Blavatsky, nicht aber Besant, bringt man mit Tibet in Verbindung. Nach Pupul Jayakar muss Annie Besant jedoch sehr früh in Benares mit Swami Vishudhanand und dessen Schüler Gopinath Kaviraj in Kontakt gestanden haben. Letzterer behauptete, mit einem Zentrum jenseits des Mansarovar-Sees in Tibet in unmittelbarer Verbindung zu stehen, wo eine Geheimlehre, die lange vor Buddhas Zeit in Indien ihren Ursprung hatte, aufbewahrt wurde. Von Vishudhanand und Kaviraj soll Annie Besant von dem nahe bevorstehenden Kommen des Maitreya Bodhisattva in einem menschlichen Körper erfahren haben und auch, dass dieser Körper der des jungen Krishnamurti sein werde. Als Pandit Upadhyaya Krishnamurti im Beisein von Jayakar davon berichtete, wehrte Krishnamurti sofort mit den Worten ab: „Der Maitreya kann sich nicht manifestieren, es wäre, als ob sich der Himmel manifestieren wollte. Es ist die Lehre, die sich manifestiert." Als aber das Thema am folgenden Tag erneut zur Sprache kam, hatte er plötzlich eine Vision und sagte: „Amma reitet auf einem Pferd und besucht Kaviraj."(13) (Annie Besant konnte reiten.) Er bestätigte also zumindest ihren Besuch bei Kaviraj, der ihr irgendetwas gesagt haben musste.

Wenn Krishnamurti tatsächlich das „Yana" des Maitreya war und er sich als Überbringer einer gewaltigen Kraft bewusst war, warum scheute er davor zurück, den Ursprung dieser ungeheuren Strömung, deren Spannung mitunter so hoch war, dass sie ihn fast verbrannte, zu nennen? Schon als Junge hatte er seine verschiedenen übersinnlichen Fähigkeiten abgelegt, da er fühlte, dass er sie nicht gebrauchen sollte. Sie verließen ihn, ohne ihm die Möglichkeit zu hinterlassen, seine Identität zu erkennen.

In einem Gespräch mit Lutyens erwähnte ich, dass Annie Besant und Leadbeater ihn zu Recht als den Träger des Maitreya bezeichnet hatten. Er behauptete jedoch, er sei es nicht, entgegnete sie. Während einer Unterhaltung mit ihr, die von Mary Zimbalist aufgenommen worden war, erklärte Krishnamurti: „Der Maitreya ist zu konkret, nicht fein genug…Ich habe gesagt, es ist nicht der Maitreya, der Bodhisattva. Dieser Schutz ist zu konkret, zu ausgearbeitet. Aber ich habe diesen Schutz immer gespürt…wenn die Zeit kommt, mit dem Reden aufzuhören, dann ist da das Sterben. Wenn dieser Zeitpunkt kommt, endet der Schutz."(14)

(Aber er endete nicht, wie wir gesehen haben, sondern blieb zu seiner Überraschung bis zum Schluss bei ihm. In einem seiner Briefe sagt Koot Hoomi, Undankbarkeit gehöre nicht zu ihren Merkmalen.)

Bei einer Unterhaltung zwischen Krishnamurti, Mary Zimbalist und Mary Lutyens, die am 4. Juni 1979 in Brockwood stattfand, bemerkte letztere zu ihm, dass sich Annie Besants Voraussagen alle bewahrheitet hätten und es wohl Maitreyas Bewusstsein sei, das mit dem seinen verschmelze. Er stimmte zu, dass diese Theorie die wahrscheinlichste sei. Aber dann nahm er es geschwind wieder zurück und erklärte, er glaube nicht, dass dies zutreffe…."zu konkret". Von sich selbst in der dritten Person sprechend: „Ein anderer seltsamer Punkt an der ganzen Sache ist, dass sich K. immer stark zu Buddha hingezogen fühlte."(15)

Er ermutigte sie, Theorien aufzustellen, machte aber jede einzelne zunichte – selbst eine seiner eigenen – dass das Ego des Jungen, der er einmal gewesen war, in Berührung mit dem Maitreya und dem Buddha gestanden hatte: „Ich ziehe mich zurück; das ist wichtiger als mein tierisches Selbst", und verließ seinen Körper. Aber das konnte auch nicht richtig sein. „Es birgt eine Menge Aberglauben. Es fühlt sich irgendwie nicht rein und richtig an."(16)

Er wehrte sich gegen jede Theorie, die ihn einzigartig machte, denn dann wäre seine Lehre wertlos geworden. Er konnte es selbst nicht herausfinden. „Wasser kann nicht wissen, was Wasser ist." Vielleicht vermochten die anderen es herauszufinden. In diesem Fall wäre er in der Lage gewesen, ihre Lösung zu bestätigen. Aber niemand fand eine Lösung des Rätsels.

Auch ich dachte darüber nach. Konnte es Buddha sein, dessen Träger er geworden war? Aber das hätte er ebenso zurückgewiesen, wie den Gedanken an Maitreya, „zu konkret". Bei Judge gibt es eine Passage, die davon spricht, dass der nächste Avatar einer Kombination von Buddha und Krishna entsprechen werde – er muss diesen Gedanken von Blavatsky übernommen haben.

Im Diamant-Sutra stieß ich auf eine merkwürdige Sache. Buddha hat nie erwartet, dass seine Lehre für immer gültig sein, sondern ihre Vitalität im Laufe der Zeit allmählich verlieren werde. Sich auf eine Art Zwischenzeit oder den Abschnitt eines Zyklus beziehend, heißt es: „Am Ende der letzten fünfhundertjährigen Periode, die dem Tode des Tathagata (ein Titel des Buddha) folgt, werden selbstbeherrschte Menschen, die sich verdient gemacht haben, kommen, um diese Lehren zu hören, die durch den Glauben inspiriert werden…und der Tathagata wird sie erkennen."(17)

Das genau Datum von Buddhas Tod ist leider nicht bekannt. Blavatsky betrachtete die singalesische Berechnung als richtig – 543 v.Chr. Rechnen wir 2500 Jahre dazu, ergibt es das Jahr 1957. Für Krishnamurti war es kein bedeutungsvolles Lebensjahr. Er war so erschöpft, dass er sich ausruhen musste. Dennoch, seine Begegnung mit dem Dalai Lama lag Ende Dezember 1956 oder Anfang Januar 1957, was sehr nahe kommt. Wir wissen nichts über ihre Unterhaltung. Doch beide Männer hatten sich

„verdient gemacht" und wurden von Buddha erkannt, der sie wahrscheinlich inspirierte. Der Buddha war zu dieser Zeit aktiv. Obwohl Krishnamurti im Gespräch mit seinen Freunden jede aufkommende Theorie zunichte macht, bewegt er sich um den Buddha und den Maitreya; es muss also irgendwo in diesem Bereich liegen.

Danksagung

Mein besonderer Dank gilt der verstorbenen Mary Lutyens für ihre Großzügigkeit in jeder Hinsicht. Sie ermunterte mich, eine Biographie über Krishnamurti zu schreiben und las auch den Hauptteil meines Erstentwurfs. Sie übermittelte mir die Genehmigung der Krishnamurti Foundation in England, aus seinen Werken, die nach dem 1. Juli 1968 lagen, zu zitieren: „Zitat mit Erlaubnis der Krishnamurti Foundation Ltd., die sich nicht unbedingt mit dem Inhalt des Buches assoziiert." Mary machte mich ebenfalls darauf aufmerksam, dass ich mich für Zitate aus Werken, die vor 1968 lagen, an Mark Lee von der KFA wenden müsste. Eine Erlaubnis, Krishnamurtis Briefe im Original zu zitieren, erhielt ich nicht von ihm.

Danken möchte ich Diane Muller, die mir verschiedene Fragen beantwortete und Ingrid Porter für die Überlassung ihres eigenen Exemplars des vergriffenen Büchleins „Let Understanding Be the Law".

Mein großer Dank gilt der Huntington Bibliothek in Kalifornien für Fotokopien von Briefen Krishnamurtis an Nityananda, Leadbeater und Lady Emily Lutyens sowie von Annie Besant und Leadbeater an Krishnamurti; Briefe, die zu der sogenannten „Rajagopal-Sammlung" gehörten. Der Kurator von Western Manuscripts, Peter J. Blodgett, und seine Vertretung Jennifer L. Martinez ließen mir ein Paket zukommen, in dem sich auch Briefe von Rajagopal an Rosalind befanden.

Weiterhin möchte ich Leslie Price danken für die zeitlich unbegrenzte Überlassung einiger Kopien von „The Link" und „The Disciple" sowie einiger Briefe von Annie Besant aus seinem eigenen Besitz und den Hinweis, dass ich die sogenannten David Graham Pole Papiere jetzt in der „British Library" finden könnte.

Helene und Michel Bouvard gaben mir so manchen Einblick zum Thema Krishnamurti.

Mein Dank gilt Vanda Scaravelli, I. Andrede la Porte van Pallandt, Baron van Pallandts Tochter, Grace Knoche, dem Bibliothekar von der buddhistischen Gesellschaft, R.B. Parson, meinem langjährigen Freund Dr. Theodore J. Cadoux und meinen Freunden in der Theosophischen Gesellschaft überall auf der Welt.

Mein Dank richtet sich an Dr. Peter Michel, der mir Fotokopien bestimmter Passagen aus vergriffenen Büchern zukommen ließ und ein Exemplar seines Buches „Leadbeater – Mit den Augen des Geistes" schenkte.

Sehr herzlich möchte ich mich bei Timothy d'Arch Smith für seine unermüdliche Unterstützung bedanken.

Jean Overton Fuller

Anmerkungen

Kapitel1:
1. The Boy Krishna, The first fourteen years in the life of J. Krishnamurti, Mary Lutyens (Brockwood, Krishnamurti Foundation Trust, 1995, S.1-13. Auf diesen Seiten findet sich eine kürzlich erst wieder aufgetauchte Aussage Naraniahs, die er 1911 Kathleen Taylor in Adyar diktierte. Sie wurde von ihm selbst unterschrieben.
2. Krishnamurti, A Biography, Pupul Jayakar, San Francisco, 1988 S.16 (dt. Ausgabe Bauer Verlag, Freiburg 1988)
3. ebd., S.55

Kapitel 2:
1. „No Religion Higher than Truth", Ernest Wood in: The Canadian Theosophist (Toronto, Vol. 46, Nr. 1, März -April 1965)
2. H.P. Blavatsky, The Secret Doctrine, (dt. Die Geheimlehre) II, S.387; III, S.148-149; siehe auch Collected Writings, VIII, S.174 und XII, S.384
3. Vgl. H.P. Blavatsky, Collected Writings, VII, S.543
4. William Q. Judge, The Ocean of Theosophy, New York 1983, S.119-120 (dt. Das Meer der Theosophie)
5. H.P. Blavatsky, The Key to Theosophy, S.306-307 (dt. Der Schlüssel zur Theosophie)
6. The Link (Adyar, Februar 1903) I, S.103
7. ebd.
8. Balfour Russell Clarke, The Boyhood of Krishnamurti, Bombay 1977, S.6
9. Arthur Nethercot, The Last Four Lives of Annie Besant, Chicago 1963, S.132
10. Mary Lutyens, The Years of Awakening, S.23 (dt. Krishnamurti - Jahre des Erwachens)

Kapitel 3:
1. Vgl. J. Krishnamurti, Krishnamurti's Journal, London 1982, S.26
2. Vgl. Ernest Wood, Is This Theosophy?, London 1936, S.150
3. ebd., S.135
4. Vgl. Mary Lutyens, The Years of Awakening, S.24
5. Wood, S.138-40
6. ebd., S.34-5
7. Joan Grant (persönliche Gesprächsnotiz). Vgl. auch meine Monographie: Joan Grant, Winged Pharaoh (Fullerton, Kalifornien, Theosophical History, Occasional Papers, 1995)
8. C.W. Leadbeater, The Hidden Life in Freemasonry, Adyar 1925, S.14-5 (dt. Das verborgene Leben in der Freimaurerei)
9. Wood, S.146-7

10. Annie Besant und C.W. Leadbeater, The Lives of Alcyone, Adyar, 1924, Bd.II, S.402-5

11. ebd., S.674-9

12. C.W. Leadbeater, The Soul's Growth through Reincarnation, Adyar 1950, VIII, (Abel)

13. ebd.

14. Jayakar, S.26

15. Black's Medical Dictionary, hrsg.v. John D. Cumrie, London 1914, S.573-4

16. Wood, S.150

17. Mary Lutyens, ebd. S.35

18. Huntington MSS

19. Huntington MSS

20. Huntington MSS

21. Annie Besant und C.W. Leadbeater, Thought-Forms, London 1901, S.53 und Figur 10 (dt. Gedankenformen)

22. Jayakar, S.34

23. Blavatsky, The Secret Doctrine, I, S.59, 87

24. Blavatsky, The Voice of the Silence, Adyar 1889, S.10 (dt. Die Stimme der Stille)

25. The Lives of Alcyone, II, S.716

26. Blavatsky, Collected Writings, XIV, S.509

27. C.W. Leadbeater, The Masters and the Path, Adyar 1925, S.413 (dt. Die Meister und der Pfad)

28. Vgl. Ernest Wood, The Seven Rays, Adyar 1925, S.137. Diese scharfsinnige Arbeit wird von den meisten theosophischen Schriftstellern unterschätzt. Siehe auch Annie Besant, A Study in Consciousness, Adyar 1904, S.64,(dt. Eine Studie über das Bewusstsein). Geoffrey Hodson, The Seven Human Temperaments, Adyar 1953, und Alice Bailey, A Treatise on the Seven Rays, New York, Lucis, 1944-61) fünf Bände, (dt. Eine Abhandlung über die sieben Strahlen).

29. J. Krishnamurti, At the Feet of the Master, Adyar 1910, S.11 (dt. Zu Füßen des Meisters)

30. Balfour Clarke, S.9-10

31. The Masters and the path, S.85

32. At the Feet of the Master, S.58

33. At the Feet of the Master, S.40-1

34. The Link, II, Mai 1909, S.7

35. At the Feet of the Master, S.12

36. Wood, Is This Theosophy?, S.163

37. ebd., S.149

38. Mary Lutyens, The Years of Awakening, S.26

39. Emily Lutyens, Candles in the Sun, London 1957, S.27

40. The Years of Awakening, S.41

Kapitel 4:

1. The Link (nur für die Mitglieder der „Esoterischen Abteilung oder Schule" gedacht, nicht für einen weiteren Leserkreis, Februar 1912) IV, S.30

2. Emily Lutyens, S.26

3. Esther Bright, Old Letters and Memories of Annie Besant, London 1936, S.134

4. Mary Lutyens, The Years of Awakening, S.51

5. Emily Lutyens, S.52

6. Huntington MSS

7. Huntington MSS

8. Mary Lutyens, S.55

Kapitel 5:

1. Nethercot, S.172

2. Mary Lutyens, The Years of Awakening, S.57

3. C. W. Leadbeater, The Masters and the Path, Adyar 1925, S.484 und Deckblatt

4.-7. Huntington MSS

8. C.W. Leadbeater, Man Visible and Invisible, Adyar 1902, S.104-106; Tafel XI (dt. Der sichtbare und der unsichtbare Mensch)

9.-10. Huntington MSS

11. E. Lutgens. S.48

12. David Graham Pole, Papiere, Teil 2, Britische Bibliothek, und indische Sektion

13.-22. Huntington MSS

23. Pole Papiere

24-27 Huntington MSS

28. Pole Papiere

29.-39 Huntington MSS

40. Britische Bibliothek, Blatt 45285, The Mahatma Papers, f. 284; The Mahatma Letters, S.175 (dt. Die Mahatma-Briefe)

41. Helene Bouvard an mich

42.-44. Huntington MSS

45.Vgl.: Mary Lutyens, The Years of Awakening, S.77-78

46. Emily Lutyens, S.63

Kapitel 6:

1. J. Spierenburg, Rudolf Steiner und die Mahatmas", in Theosophical History, London 1986, Bd. I, S.225

2. The Link, IV, S.159

3. Emily Lutyens, S.42

4. Meyer, The Bodhisattva Question, London 1993, S.159

5. Volguine, La Téchnique des Révolutions Solaires, Paris 1958, S.145-146
David Graham Pole Papers

Kapitel 7:

1. George Eliot, Daniel Deronda, Edinburgh o.J., S.26

2. Mary Lutyens, The Years of Awakening, S.82

3. Emily Lutyens, S.75; Mary Lutyens, S.86

4. Vgl.Mary Lutyens, S.92

5. Mary Lutyens, Occult Investigations, Adyar 1938, S.128 f und Leadbeater,
   The Lives of Alcyone, Adyar 1924, Bd. II, S.725 f.

Kapitel 8:
1. Leadbeater, The Lives of Alcyone, Adyar 1925, Bd. II, S.727-8

Kapitel 9:
1. Emily Lutyens, S.87
2. Jinarajadasa, Occult Investigations, Adyar 1938, S.129
3. ebd., S.130
4. Mary Lutyens, Years of Awakening, S.121
5. ebd., S.122
6. Mary Lutyens, Krishnamurti and the Rajagopals, Ojai 1996, S.22

Kapitel 10:
1. Mary Lutyens, The Years of Awakening, S.128
2. Evelyne Blau, Krishnamurti 100 Years (dt. Krishnamurti 100 Jahre), New York 1995,
   S.41-42
3. Helen Nearing (geb. Knothe), Loving and Leaving the Good Life, Vermont 1992,
   S.39-40
4. ebd., S.41-42
5. Mary Lutyens, S.132
6. Emily Lutyens, S.95
7. Mary Lutyens, S.135
8. Nearing, S.44
9. Mary Lutyens, S.160 ff.
10. Josephine Ransom, A Short History of the Theosophical Society, Adyar 1938, S.319

Kapitel 11:
1. The Oxford Dictionary of the Christian Church, London 1958
2. Jean Overton Fuller, The Comte de Saint-Germain, Last Scion of the House of
   Rakoczy, London 1988, S.289-96
3. Gregory Tillett, The Elder Brother, A Biography of Charles Webster Leadbeater,
   London 1982, S.289-96
4. Peter Anson, Bishops at Large, London 1964, S.170
5. Mary Lutyens, S.145
6. A.T. Barker, The Mahatma Letters to A.P. Sinnett from Mahatmas M. and K.H.,
   London 1923, S.52
7. Tillett, S.192
8. Mary Lutyens, S.143
9. Tillett, S.284
10. Vivienne Browning, The Uncommon Medium, London 1995, S.29, S.142
11. Mary Lutyens, S.142
12. ebd., S.144

Kapitel 12:
1. Mary Lutyens, S 148
2. ebd., S.153-4
3. ebd., S.159
4. ebd., S.160
5. ebd., S.163 f.
6. Jayakar, S.53
7. ebd., S.55
8. ebd., S.51
9. Mary Lutyens, S.166

Kapitel 13:
1. Jean Overton Fuller, Tintagel, Knotting 1970
2. Roger Worthington, A Student's Guide to Patanjali, London 1987, Sutra III, 26, S.26
3. Old Diary Leaves I, S.364 f.
4. Arthur Avalon, The Serpent Power, Madras 1924
5. C.W. Leadbeater, The Chakras, Adyar 1927 (dt. Die Chakras)
6. B.K. Iyengar, Light on Yoga, London 1968, S.379-80
7. Leadbeater, a.a.O., S.20
8. Frances Parkinson Keyes, The Third Mystic, The Self Revelation of Maria Vela,
   A Sixteen Century Spanish Nun, London 1960, S.210
9. ebd., S.219
10. Roy Campbell, Poems of St. John of the Cross, London 1917, S.13
11. ebd., S.29
12. G.K. Chesterton, St. Francis of Assisi, London 1927, S.157
13. Oxford Dictionary of the Christian Church (Stigmatation)
14. Swami Omananda Puri, The Boy and the Brothers, London 1959, S.122-5
15. The Mahatma Letters, S.117
16. ebd., S.84 u. S.96

Kapitel 14:
1. J. Krishnamurti, The Path, Ommen 1930
2. Vgl. Nearing, S.48
3. Blau, S.52
4. Nearing, S.52-3
5. Mary Lutyens, Krishnamurti and the Rajagopals, S.35
6. Mary Lutyens, The Years of Awakening, S.184
7. ebd., S.186
8. ebd., S.188
9. ebd., S.193
10. ebd., S.194

Kapitel 15:
1. The Mahatma Letters, S.25-6
2. Blavatsky, Collected Writings, Bd. IX, S.109; Bd. XI, S.328; Bd. XII, S.706-7

Kapitel 16:
1. Mary Lutyens, S.212
2. ebd.
3. Emily Lutyens, S.138
4. Mary Lutyens, S.119
5. ebd., S.220
6. ebd., S.281
7. Mary Lutyens, The Life and Death of Krishnamurti, London 1990, S.60
8. Nearing, S.55
9. Mary Lutyens, The Years of Awakening, S.223
10. ebd., S.223-4
11. ebd., S.121
12. ebd., S.225; Tillet, S.222
13. Mary Lutyens, The Years of Awakening, S.225

Kapitel 17:
1. Mary Lutyens, The Years of Awakening, S.228
2. Josephine Ransom, A Short History of the Theosophical Society, Adyar 1938,
    S.475, n.1
3. J. Krishnamurti, The Pool of Wisdom, Eerde, Ommen 1928, S.7
4. Mary Lutyens, S.231
5. Emily Lutyens, S.150
6. ebd. S.151 f
7. Mary Lutyens, S.238
8. ebd. 239
9. ebd. S.241
10. The Pool of Wisdom, S.43 f.
11. ebd. S.44
12. ebd. S.44 f.
13. ebd. S.45
14. ebd. S.46
15. Die Brüder Karamassow, Buch V, Kap. 6
16. The Pool of Wisdom, S.48-51
17. ebd. S.64
18. ebd. S.65
19. ebd. S.69 f.
20. ebd. S.70
21. ebd. S.77 f.
22. Mary Lutyens, S.251 f.
23. ebd. S.258

24. Blau, S.58
25. Nearing, S.42
26. George Arundale, Krishnaji: Light-Bringer, Adyar 1928, S.14
27. Mary Lutyens, S.257
28. ebd. S.258
29. Blavatsky, Isis Unveiled, II, S.10, 41, 50 ff.; The Secret Doctrine, I, S.152; III, S.54; Collected Writings, XIII, S.22, 37, 299 f; siehe auch mein Buch Blavatsky and Her Teachers
30. Leadbeater, The Masters and the Path, S.375.
31. J. Krishnamurti, Let Understanding be the Law, Eerde, Ommen 1928, S.9 f.
32. ebd. S.11 f
33. ebd. S.15
34. ebd. S.27
35. International Star Bulletin, Eerde, Ommen Juli 1929, S.6 ff.
36.International Star Bulletin, Eerde, Ommen September 1929, S.5 ff.
37. ebd. S.29 ff

Kapitel 18:
1. Radha Rajagopal Sloss, Lives in the Shadow with J. Krishnamurti, London 1991, S.103
2. ebd. S.47
3. Mary Lutyens, The Years of Awakening, S.276
4. ebd. S.177
5. Star Bulletin, Ommen, März 1931, S.7
6. ebd. S.8
7. Star Bulletin, Ommen, April 1931, S.11
8. ebd. S.13
9. R. Sloss, a.a.O., S.111 f.
10. ebd. S.112
11. ebd. S.115
12. Sloss, S.115; Mary Lutyens, The Years of Fulfillment, London 1983, S.23
13. Sloss, S.117

Kapitel 19
1. Sloss, S.119
2. Vgl. Johannes-Evangelium XIII, 23; XIX, 26; XXI, 20,24
3. Michael Baigent, Richard Leigh, Henry Lincoln, The Holy Blood and the Holy Grail, London 1982
4. Holger Kerston, Jesus Lived in India, London 1993
5. "How a World Teacher Comes, as seen by Modern and Ancient Psychologists", Vier Vorträge von Annie Besant in der Queens Hall, London Juni und Juli 1926
6. Mary Lutyens, The Years of Awakening, S.283
7. Nethercot, S.452
8. Sloss, S.120

9. Wood, What is Theosophy? London 1936, S.304

10. Hesketh Pearson, Bernard Shaw, London 1942, S.115

11. Mary Lutyens, The Years of Fulfillment, S.29

12. ebd. S.30

13. Rom Landau, God is my Adventure, London 1935, S.349

14. ebd. S.383

15. Sloss, S.111, 132

16. ebd.

17. Sloss, S.134

18. J. Krishnamurti, The Song of Life, Ommen 1928; Nachdruck: J. Krishnamurti, Poems and Parables, London 1980, S.79, 81, 85

19. Sloss, S.134

20. Mary Lutyens, The Years of Fulfillment, S.37

21. ebd. S.38

22. Sloss, S.141

23. Mary Lutyens, Krishnamurti and the Rajagopals, Ojai 1996, S.65

24. ebd. S.64

25. Gabriele Blackburn, The Light of Krishnamurti, Ojai 1996, S.26

26. Sloss, S.166

27. ebd. S.108

28. ebd. S.120 f.

Kapitel 20:

1. Cyril Scott, The Initiate in The Dark Cycle, London 1932, S.25 (dt. Der Eingeweihte, 2. Bd.)

2. ebd. S.69

3. ebd. S.71

4. ebd. S.66

5. J. Overton-Fuller, Percy Bysshe Shelley, A Biography, London 1968, S.173

6. Rom. XII, 5

7. Jean Overton Fuller, Cyril Scott and a Hidden School, or Towards the Peeling of an Onion, Fullerton 1998, S.2

8. Scott, a.a. O., S.135

9. ebd. S.136

10. ebd. S.97

11. ebd. S.148 f.

12. ebd. S.140

13. David Anrias, Through the Eyes of the Masters, London 1932, S.17 f.

14. ebd. S.27

15. ebd. S.66

16. ebd. S.16

17. Scott, S.89

18. Henry Steele Olcott, Old Diary Leaves, New York 1895, S.368 f.

19. ebd. S.248

20. Blavatsky, Collected Writings I, The Diaries of H.P.B.
21. C.W.Leadbeater, The Masters and the Path, Adyar 1925, S.11
22. Ernest Wood, Is This Theosophy?, London 1936, S.186
23. ebd. S.166 (Der Fehler, auf den Narayan hinweist, erscheint in Alice A. Baileys Buch, Initiations, Human and Solar, New York 1922, S.52 f. u. S.37 (dt. Initiation)

Kapitel 21:
1. Sybille Bedford, Aldous Huxley, A Biography, London 1973, Bd. I, S.381
2. Sloss, S.319
3. Bedford Bd. II, S.10
4. ebd, S.21
5. Sloss, S.130
6. Bedford, ebd. S.24
7. ebd. S.40
8. Jayakar, S.86 f.
9. Blau, S.121
10. Bedford, S.107
11. J. Krishnamurti, Authentic Notes of Discussions and Talks 1940, Ojai 1940, S.9
12. ebd. S.12
13. ebd. S.18
14. ebd. S.36
15. Blavatsky, Collected Writings XII, S.58
16. J. Krishnamurti, Authentic Notes of Ten Talks given 1944, Ojai 1945, S.34
17. ebd. S.46 f.
18. J.Krishnamurti, Authentic Report of Sixteen Talks given 1946, Ojai 1947, S.33 f
19. ebd. S.59 f.
20. ebd. S.64
21. ebd. S.95
22. ebd. S.16

Kapitel 22:
1. Jayakar, S.7
2. Dalai Lama, Freedom in Exile, London 1990, S.190
3. Jayakar, S.125
4. ebd. S.126
5. ebd. S.128

Kapitel 23:
1. Jayakar, S.159
2. ebd. S.156 f.
3. Blau, S.146
4. Jayakar, S.156
5. Mary Lutyens, Krishnamurti and the Rajagopals, S.75
6. Sloss, S.217

7. Jayakar, S.119
8. Sloss, S.220
9. Jayakar, S.181
10. Mary Lutyens, The Years of Fulfillment, S.82
11. ebd. S.88
12. Emily Lutyens, S.117
13. Annie Besant, A Study in Consciousness, Adyar 1904 (1954), S.108
14. The Dalai Lama, Freedom in Exile, a. a. O., S.205 f.
15. Jayakar, S.200
16. Sloss, S.258
17. ebd.
18. Jayakar, S.202
19. The Dalai Lama, a. a. O., S.201
20. Jayakar, S.202 f.
21. The Dalai Lama, a. a. O., S.271
22. Mary Lutyens, Krishnamurti and the Rajagopals, S.75
23. Sloss, S.240
24. Oldenbourg, a. a. O., S.214

Kapitel 24:
1. Mary Lutyens, The Years of Fulfillment, S.99
2. Sloss, S.267
3. Lutyens, S.102
4. Jayakar, S.205
5. ebd. S.241
6. ebd. S.242
7. ebd. S.243
8. Lutyens, S.108
9. ebd. S.111
10. Bedford II, S.296
11. Lutyens, S.120
12. ebd. S.128

Kapitel 25:
1. B.K. Iyengar, Light on Yoga, London 1966
2. Sloss, S.185
3. Blau, S.176-9
4. Mary Lutyens, Krishnamurti and the Rajagopals, S.98
5. ebd.
6. ebd. S.99
7. ebd. S.100 f.
8. Sloss, S.293 f.
9. Mary Lutyens, The years of Fulfillment, S 143 f
10. ebd. S.147-9

11. Erna Lilliefelt, The History of the KFA, Ojai 1995, S.3

Kapitel 26:
1. Mary Lutyens, Krishnamurti and the Rajagopals, S.109
2. Sloss, S.297
3. Lutyens, ebd. S.108
4. Jayakar, S.26 f.
5. ebd. S.287 f.
6. Gabriele Blackburn, The Light of Krishnamurti, Ojai 1996, S.121
7. Sloss, S.300
8. Bulletin, Brockwood Sommer 1969, Nr. 3, S.8-11
9. J.Krishnamurti, Brockwood Talks and Discussions, 1969 S.7
10. Lilliefelt, S.15 f.

Kapitel 27:
1. Mary Lutyens, The Years of Fulfillment, S.10
2. ebd. S.181
3. ebd. S.185
4. Jayakar, S.292 f.
5. Persönliches Gespräch mit Mary Lutyens

Kapitel 28:
1. Lilliefelt, S.19
2. ebd. S.34-40
3. ebd. S.41 f.

Kapitel 29:
1. Jayakar, S.287
2. ebd. S.339 f.
3. ebd. S.364 f.

Kapitel 30:
1. Blackburn, S.123
2. Mary Lutyens, Krishnamurti and the Rajagopals, S.110
3. ebd. S.99
4. Lilliefelt, S.49 f.
5. Lutyens, ebd. S.113
6. ebd. S.114
7. Lilliefelt, S.50
8. Mary Lutyens, The Open Door, S.26
9. Jayakar, S.404 f.
10. Lutyens, ebd. S.52-54
11. Sloss, S.309 f.
12. ebd. S.311

13. Lilliefelt, S.53
14. ebd. S.68
15. ebd. S.53
16. Sloss, S.314 f.
17. ebd. S.302
18. ebd. S.314
19. ebd. S.313
20. Mary Lutyens, Krishnamurti and the Rajagopals, S.115 f.
21. ebd. S.62
22. ebd. S.116
23. Lilliefelt, S.62
24. Mary Lutyens, The Open Door, S.70 f.
25. ebd. S.70
26. Lilliefelt, S.65
27. ebd. S.68
28. Lutyens, Krishnamurti and the Rajagopals, S.66 f.; 121
29. ebd.

Kapitel 31:
1.Peter Michel, Krishnamurti, Liebe und Freiheit, Grafing 1992, S.IX
2.Last Talks at Saanen, S.9 (dt. Die letzten Gespräche in Saanen – Wo Liebe ist, kann
    Leid nicht sein, Grafing 2000)
3.Mary Lutyens, The Open Door, S.115
4.Jayakar, S.496
5.Mary Lutyens, ebd. S.117
6.ebd. S.135
7.ebd. S.145
8.ebd. S.148 f.

Kapitel 32:
1. Jayakar, S.440
2. Blavatsky, Collected Writings, XIV, S.140
3. A.F. Price, The Diamond Sutra, Boston 1969
4. Arthur Waley, The Way and its Powers, A Study of the Tao Te Ching, London 1934
5. ebd. S.156
6. Calming the Mind and Discerning the Real, New York 1978, S.98
7. Roger Worthington, A Student's Guide to Ptanjali, London 1987, S.1 f.
8. Swami Prabhavananda, The Upanishads, New York, 1958, S.71
9. Mary Lutyens, The Years of Fulfillment, S.186
10. Jayakar, S.129
11. Mary Lutyens, The Years of Awakening, S.55
12. W.Y. Evans-Wentz, The Tibetan Book of the Dead, London 1926, S.232, 190
13. Jayakar, S.30 f.
14. Mary Lutyens, The Years of Fulfillment, S.234

15. ebd. S.225
16. ebd. S.227 f.
17. The Diamond Sutra, S.30

Bibliographie

1. WERKE

Zu Füßen des Meisters (Alcyone), Graz 1976[5]

Königreich Glück, Jena 1929[2]

Reden am Feuer, Jena 1929

The Search, NewYork 1927

CollectedWorks, Vol.1, NewYork 1980

The Path, Ommen 1930[3]

Towards Discipleship, Chicago 1926

By What Authority, Ommen 1928

EarlyWritings (EW),Vol.1-7, Bombay (Chetana 1969 ff.)

Early Talks (ET),Vol.1-7, Bombay (Chetana 1972 ff.)

Later Talks (LT),Vol.1-5, Bombay (Chetana 1974 ff.)

Krishnamurti`s Talks, Verbatim Reports Vol.1-9, Madras 1934 ff.

Vertrauen zum Leben, München 1954

Schöpferische Freiheit, München 1956

Gedanken zum Leben, Hamburg 1957

dass. Ideal und Wirklichkeit, Bern o.J. (4.Aufl.)

Konflikt und Klarheit, Bern o.J. (2.Aufl.)

Verstand und Liebe, Bern o.J.

frei sein!, Bern o.J.

Religiöse Erneuerung, Bern o.J. u. München 1989 (KnaurTB)

Revolution durch Meditation, Bern o.J. (2.Aufl.)

Meditationen, Berlin 1969

Der Strom der Selbstsucht, Höchheim o.J.

Gespräche über religiöse Irrwege, Berlin o.J.

Leidlos inmitten derWelt, Berlin o.J.

Der Weg aus dem Chaos, Berlin 1987[4]

Die andere Dimension, Berlin o.J.

Der Ruf des Lebens, Berlin o.J.

Gespräche über das Sein, München 1982[3]

The Flight of the Eagle, New York 1972
You are theWorld, New York 1972
Tradition and Revolution, Madras 1972
Einbruch in die Freiheit, Grafing 2000
On Love, London 1980
Exploration into Insight, London 1979
In Kommunion mit dem Leben, Zeppelinheim 1981
Das Tor zu neuem Leben, Zeppelinheim 1981
Leben ohne Illusionen, Hopferau 1982
Das Netz der Gedanken, Hopferau 1983
Letters to the Schools Vol.1, London 1981
Letters to the Schools Vol.2,Wassenaar 1985
Krishnamurtis Notebook, London 1985
Welt des Friedens, München 1985
Fragen und Antworten, München 1985
Aus dem Schatten in den Frieden, Berlin 1987
The Future of Humanity, Den Haag 1986
Vom Werden zum Sein, München 1987
Meditations, Madras 1989[3]
Erziehung zur Kunst des Lebens, Heidelberg 1988
The Awakening of Intelligence, London 1990[2]
The Way of Intelligence, Madras 1989[2]
Krishnamurtis Journal, London 1982
Selbstgespräche - Das letzte Tagebuch, Grafing 2000
Die letzten Gespräche in Saanen, Grafing 1986
Die Vorträge in Washington, Grafing 1990
The future is now, San Francisco 1989
Vollkommene Freiheit, Das Krishnamurti-Buch, Frankfurt a. M. 1999
Krishnamurti – Understanding ourselves, Brockwood 1999

WERKAUSWAHLEN

Sayings of Krishnamurti (S.Weeraperuma), Bombay 1986
AusgewählteTexte (I.v.Massenbach), München 1988

BIBLIOGRAPHIE

SusunagaWeeraperuma, A Bibliography of the Life andTeachings
of J.K., Leiden 1974
ders., A Supplement to a Bibliography of the Life andTeachings
of J.K., Bombay 1982

II. SEKUNDÄRLITERATUR

Der Eingeweihte Bd.1 und 2, München 1985 f.
Anrias, David, Adepts of the five elements, NewYork 1934
ders. ,Through the eyes of the masters, London 1976[8]
Balfour-Clarke, Russell, The boyhood of J.Krishnamurti, Bombay 1977
Baker, Gladys, Krishnamurti -Who is he?,The Birmingham
New-Age-Herald (1.4.1929)
Blackburn, Gabriele, The Light of Krishnamurti, Ojai 1996
Besant, Annie, World-Teachers, Herald of the Star 1/1913, S.5 f. dies.,
Die Arbeit des Weltlehrers, Vortrag Wien 2.9.1927 (unveröff.dt.
Nachschrift)
Burnier, Radha, Krishnajis Challenge, The American Theosophist
Vol.75/10, S.344 ff.
Chandmal, Asit, One thousand moons, NewYork 1985
Coleman, John E.,The quiet mind, London 1971
Desikachar, T.K.V., Krishnaji - The student and the teacher, Madras o.J.
Dhopeshwarkar, A.D., K. and the experience of the silent mind,
Bombay 1981[7]
ders., K. and the texture of reality, Bombay 1982[3]
ders., K. and mind in revolution, Bombay 1976[2]
ders., Meditation a la K., Bombay 1978
ders.,The yoga of J.K., Bombay 1981[2]
Field, Rodney, K. -The reluctant messiah, NewYork 1989
Fouere, Rene, K. : The man and his teaching, Bombay 1981[8]
Grohe, Friedrich, Die Schönheit des Berges - Erinnerungen an
K., Bramdean 1991

Heber, Lilly, Krishnamurti, London 1931

Hodson, Geoffrey, (Bericht über den Star Congress 1924), Herald of the Star, 10/1924, S.422 ff.

ders., Camp Fire Gleams, Herald of the Star 10/1927; S.403 ff.

ders. ,Thus have 1 heard, Adyar 1947

ders., K. and the search for light, o.A.

Hodson, Sandra & Thiel, M. van, C.WLeadbeater - der große Hellseher (unveröff. Ms.)

Holroyd, Stuart, The quest of the quiet mind, Wellingborough 1983[3]

Jayakar, Pupul, K. -Leben und Lehre, Freiburg 1988

Krishnamurti at Rajghat, Krishnamurti Foundation India, Madras 1993

Krohnen, Michael, The Kitchen Chronicles, Ojai 1997

Landau, Rom, God is my adventure, London 1964

Leadbeater, CharlesW., A momentous incident, Herald of the Star 1/1912, S.33 ff.

ders. ,48 Leben Alcyones (unveröft. dt. Ms.)

ders., Gespräche über zu Füßen des Meisters, Düsseldorf 1926

Lutyens, Emily, Candles in the sun, London 1957

Lutyens, Mary, K. -Jahre des Erwachens, München 1981

dies., K.-The years of fulfillment, New York 1984

dies., K. -The open door, London 1988

dies. ,The life and death of K., London 1990 (dt. Grafing 1991)

Mehta, Rohit,The intuitive philosophy, Bombay 1988[3]

ders. J.K. and the nameless experience, Bombay 1979[3]

Methorst-Kuiper, A.J.G., Krishnamurti, Bombay 1976[2]

Nahal, C.L. Aconversation with J.K., New Delhi 1965

Narayan, Giddy, As the River joins the Ocean, Ojai 1998

Nethercot, Arthur H. ,The last four lives of Annie Besant, Chicago 1963

Niel, Andre, K. the man in revolt, Bombay 1982[4]

Patwardhan, Sunanda, A Vision of the Sacred, Ojai 1999

Peacocke, C.L., An historical meeting, Herald of the Star 2/1912, S.40 ff.

Pilavios, Nikos, Krishnamurti in Greece, Athen 1998

Prasad, N. Lakshmi, Real change is revolutionary, The Quest 4/ 1990, S.75 ff.

Rajneesh, Osho, K.-Gescheiterte Verkündung, Connection 6/1989

Ransom, Josephine, A short history of the Theosophical Society, Adyar 1938

Ravindra, Ravi,The mill and the mill-pond, K. Found. of America, o.J.

Robertson, John Kirk, Aquarian occultist (unveröft. Biographie G. Hodsons)

Ryzek, Marianne, Über K., Eurasburg 1985

Sanat, Aryel, The Inner Life of Krishnamurti, Wheaton 1999

Sarabhai, Leena, Krishnamurti – Leaves from a Diary, Bombay 1990

Singh, Shashi, K. remembered, The American Theosophist, 10/ 1987, S.348 ff.

Sloss, Radha Rajagopal, Lives in the Shadow with J. K., London 1991

Smith, Ingram,Truth is a pathless land,Wheaton 1989

ders., The Transparent Mind, Ojai 1999

Suares, Carlo, K. and the unity of man, Bombay 1982[5)]

Thakar,Vimala, Meine Begegnung mit K., Grafing 1989

Tillett, Gregory, The elder brother, London 1982

Torwesten, Hans, Befreiung vom Antiguru, Connection 6/1989

Vas, Luis S.R.(ed.), The mind of J.K., Bombay 1975[2)]

Vitelleschi, C., Ethik alsTat, Jena 1930

Weber, Renee, Wissenschaftler und Weise, Grafing 1987

Weeraperuma, Susunaga, K. as I knew him, Bombay 1988

ders. ,That pathless land, Bombay 1987[2)]

ders., Bliss of reality, Bombay 1984

ders., Living and dying, Bombay 1987[3)]

White, John (Hrsg.),Was ist Erleuchtung, Freiburg 1988

Wodehouse, E.A., A conversation with K., Intern. Star Bulletin 3/1930, S.19 ff

KRISHNAMURTI

Krishnamurti :
Selbstgespräche • Das letzte Tagebuch
ISBN 3-89427-016-0

Krishnamurti • Die letzten Gespräche in Saanen
Wo Liebe ist, kann Leid nicht sein
ISBN 3-89427-146-9

Die Vorträge in Washington
ISBN 3-922936-92-X

Einbruch in die Freiheit
ISBN 3-89427-100-0

Über die Liebe
ISBN 89427-074-8

Peter Michel • Krishnamurti - Freiheit und Liebe
ISBN 3-89427-018-7

Peter Michel • Die großen Weg-Weiser
Krishnamurti
ISBN 3-89427-122-1

Evelyne Blau • 100 Jahre Krishnamurti 1895-1995
ISBN 3-89427-072-1

Vimala Thakar • Meine Begegnung mit Krishnamurti
ISBN 3-922936-85-7